R

37228

INTRODUCTION

A L'ÉTUDE

DE LA PHILOSOPHIE.

TOME I.

Autre ouvrage du Traducteur :

DE LA SYNTHÈSE

ET DE L'ANALYSE,

DISCOURS TRADUIT DE L'ITALIEN

DE PAUL COSTA.

IMPRIMERIE DE MARTIAL PLACE.

INTRODUCTION

A L'ÉTUDE

DE LA

PHILOSOPHIE,

Par M. l'Abbé Vincent GIOBERTI,

OUVRAGE TRADUIT DE L'ITALIEN

PAR M. L.-J. ALARY.

TOME PREMIER.

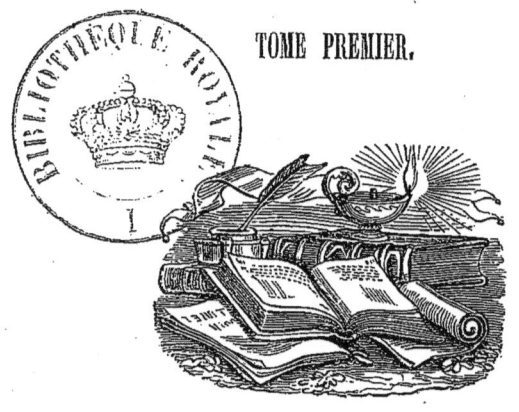

MOULINS

MARTIAL PLACE, LIBRAIRE-ÉDITEUR,

9, RUE DES GRENOUILLES.

1845

nature, qui nous fait souvent recommencer, par un mouvement rétrograde, le chemin déjà poussé fort loin par nos devanciers, qui ne nous permet de voir que ténèbres, au moment même où poignait à nos yeux la Lumière sublime et sans fin de l'Absolu et du Parfait.

Non, la philosophie n'est pas un vain rêve de l'esprit en délire, puisque son objet embrasse à la fois l'Infini et le Fini, Dieu et la Pensée, le Créateur et l'Univers; non, elle n'a pas perdu ses droits au nom de science, puisqu'elle a rangé sous sa bannière les plus beaux et les plus vastes génies dont puisse se glorifier l'humanité; non, elle n'est pas indigne de nos méditations, puisqu'elle nous offre une série de démonstrations irrécusables, qui doivent servir de guide à notre croyance.

Mais ce qu'il y a de vicieux et de dangereux dans ces nobles études, ce sont les méthodes qui préconisent tour-à-tour les principes les plus opposés, qui cherchent à s'exclure réciproquement, au lieu de se compléter et de se suppléer les unes par les autres dans un accord plein d'harmonie. Il n'est besoin pour en acquérir la preuve irrécusable, que de s'arrêter un instant à contempler les dissidences profondes qui séparent les diverses écoles, qui ne se calment point avec les années et la longue évolution de l'idée civilisatrice, et qui enfin sont aujourd'hui aussi vives que jamais.

Le mouvement philosophique, qui suivit la chute de la Scolastique, cette imposante reine du moyen-âge, fut grand et sublime, par les hommes et par les résultats : la France, l'Italie, l'Allemagne et l'Angleterre y prirent tour-à-tour une large part, et chacune d'elles y vit entrer des génies dont elles s'énorgueilliront à jamais. Un mouvement de retour se fit ensuite, qui nous conduisit avec le dix-huitième siècle au philosophisme, au déisme, à la négation des croyances, et à l'athéisme. L'école sensualiste renouvela toutes les erreurs des anciens, en y ajoutant les siennes propres, et plus souvent le sarcasme que le raisonnement. La France fut, comme on le sait, le théâtre spécial de cette déplorable élaboration sociale.

Mais la Croyance est d'une trop grande nécessité à l'esprit humain, pour qu'il puisse long-temps vivre dans l'élément contraire. Passant donc par les écoles des Idéologues et des Spiritualistes, il a essayé, au moyen du Rationalisme, de se relever du néant où l'on avait voulu le tenir à jamais enseveli. Des hommes de talent se sont employés à cette grande œuvre; mais les uns sont arrivés à un éclectisme, qui n'est autre chose qu'une variante du doute absolu; les autres à un panthéisme nébuleux, qui rappelle la philosophie indienne; qui ne peut satisfaire ni le jugement, ni le cœur; qui supprime Dieu, l'ame et la matière, en voulant les identifier l'un à l'autre, comme des émanations perpétuelles d'un même principe.

Au milieu de ce conflit, l'esprit catholique ne pouvait rester spectateur passif et indifférent. Car, si nier Dieu et la spiritualité de l'ame, c'était nier la religion; identifier Dieu et l'ame à la matière, c'était également nier le Christianisme, c'est-à-dire la révélation, la tradition, l'Évangile, cette source vive et pure de la civilisation moderne, de la régénération de la chair par l'esprit. Au dix-septième siècle, l'esprit catholique avait eu dans nos grands écrivains de dignes et illustres représentants, et le mouvement philosophique était resté catholique, malgré la Liberté de pensée et d'examen *conquise* le siècle précédent, malgré le Doute donné pour auxiliaire à la Raison. Au dix-huitième siècle, ce même esprit catholique vit peu à peu diminuer son influence et son énergie, à mesure que montait la vague envahissante du scepticisme et de l'incrédulité. Il n'eut, en ce jour de grande bataille, que de faibles, quoique zélés représentants ; aucun homme de génie, aucun esprit réellement au niveau de l'époque ne fut par lui opposé à ses ennemis, qui purent ainsi marcher la tête haute, au milieu des pygmées. Comme à une autre époque fameuse dans les annales de l'humanité, toute chair semblait avoir corrompu sa voie ; les enfants de Dieu avaient fait alliance avec les filles des hommes, et une régénération était devenue nécessaire. Elle était dans l'air, dans les esprits, dans les idées, l'humanité devait s'y soumettre sous peine d'être brisée.

Au moment où l'école sensualiste commençait à se dissoudre pour se transformer ; où fuyaient derrière les idéologues, les matérialistes obstinés ; où l'école écossaise entrait à pleines voiles dans les idées françaises ; l'esprit catholique eut parmi nous d'habiles représentants, mais dont quelques-uns restèrent incomplets par la faute des temps et d'autres luttes, qui vinrent les absorber. Le cardinal de la Luzerne, Bonald, de Maistre, Frayssinous ne suffirent pas, malgré tout leur talent, à rétablir l'équilibre rompu par un siècle entier de sophismes, de persifflage et d'aberrations.

Cependant se formait en France une grande école, qui se croyait appelée à de hautes destinées, à la restauration des sciences métaphysiques; qui est restée en deçà du but; mais qui n'en a pas moins la gloire incontestée et incontestable d'avoir relevé et remis en honneur parmi nous les études philosophiques, trop long-temps dédaignées par des esprits superficiels et impatients des longues méditations. L'école éclectique a beaucoup, et beaucoup trop emprunté aux philosophes allemands; de là cette couleur de panthéisme qu'on lui a tant reprochée, qui lui fait aujourd'hui de si chauds adversaires, car le panthéisme est la mort de l'idé catholique.

Ce n'est pas que les éclectiques aient voulu être panthéistes; ils s'en défendent avec trop d'énergie et de bonne foi, — du moins si nous les en croyons, — pour qu'on n'hésite pas à les frapper d'un anathème définitif. Mais la marche qu'ils ont adoptée, et les développements mêmes dans lesquels ils sont entraînés par la force de la logique, les y poussent d'une manière fatale. Le tort le plus grand peut-être de cette école, c'est de faire avec une complaisance surabondante l'histoire des systèmes, ce qui fait que, malgré elle, il lui en reste une empreinte funeste des égarements reprochés aux philosophes qu'elle réhabilite, même quelquefois avec raison, sous certains rapports. Chez elle le bon grain et l'ivraie se trouvent trop confondus dans le même champ. Or, la vérité éternelle s'accommode peu de ce mélange adultère.

Si, comme le déisme du siècle dernier, le rationalisme contemporain ne proscrit pas l'idée catholique et ses développements, en les déclarant ennemis de la *religion naturelle*; s'il admire l'influence heureuse des croyances qui ont si puissamment contribué aux progrès de la civilisation moderne, sa doctrine n'en est pas moins en opposition avec ce même esprit catholique qu'il ne nie pas, et les variations presqu'infinies de méthode et de principes où elle l'entraîne, doivent éveiller contre lui un antagonisme incessant. Car le Christianisme, par son essence même, par l'idée de vérité immuable qui fait sa base, ne peut se soumettre au joug de la raison, en recevoir des modifications, la perfection et la lumière.

De là cette lutte, aujourd'hui si vivement engagée en France entre le clergé et les écrivains catholiques d'une part, et l'école philosophique de l'autre. Nombre d'ouvrages ont déjà été publiés parmi nous par les défenseurs du catholicisme; plusieurs évêques, dans leurs mandements, ont protesté contre des doctrines qui, pour n'être pas grossièrement impies n'en travaillent pas moins au renversement de celles dont ils sont constitués les défenseurs et les gardiens. Mais ces publications trop empreintes de la vivacité inséparable de l'esprit de controverse, trop passionnées quelquefois, injustes même en quelques points, — nous en exceptons cependant le plus grand nombre, et notamment l'excellent écrit récemment publié par monseigneur l'archevêque de Paris (*), — n'ont pas toujours atteint leur but. D'ailleurs aucune d'elles n'a jusqu'ici embrassé toutes les faces de cette immense question ; aucune d'elles ne nous a montré un ensemble satisfaisant et complet à substituer à ce qu'elles condamnent. Le mal est signalé, la clinique attend encore l'opérateur habile qui, après avoir porté le fer sur le corps dangereusement affecté, doit le rappeler sans retour à une vie sinon nouvelle, du moins plus assurée.

Or, tandis que la lutte se poursuit parmi nous, et s'empreint du triple caractère de la religion, de la philosophie et de la politique, elle préoccupe aussi vivement les esprits en Italie. De grands métaphysiciens se sont élevés dans cette contrée, que nous avons tort de croire exclusivement livrée aux plaisirs faciles et à ce *far niente* tant vanté par les voyageurs menteurs et désœuvrés ; et les écrits des Rosmini, des Galuppi, des Gioberti n'excitent pas de moindres controverses au-delà des monts, que parmi nous ceux de l'école rationaliste et de l'école catholique.

C'est donc faire une œuvre utile que de traduire dans notre langue des ouvrages qui doivent être d'un grand poids dans le débat ; ce sont autant de pièces

---

(*) *Introduction philosophique à l'étude du christianisme*, par Mgr l'archevêque de Paris ; 1 vol. in-18, Paris, Adrien Le Clere et Cie, 1845.

intéressantes, destinées non à le prolonger inutilement mais à y porter de nouvelles et utiles lumières. Déjà quelques essais ont été tentés dans ce but, et nous avons vu paraître successivement l'*Essai sur l'origine des idées* de Rosmini, les *Considérations sur les doctrines religieuses de M. Cousin*, par Gioberti, et un ouvrage de Galuppi. Nous avons aussi voulu entrer dans la lice, non pas pour combattre, ce rôle ne convient ni à notre faiblesse, ni à notre insuffisance; car la lutte doit rester entre philosophes, et nous n'eûmes jamais la prétention de nous élever si haut; nous nous bornons à reproduire dans notre langue un des plus grands ouvrages qui aient été publiés sur la question. Entreprenant donc plus que les traducteurs qui nous ont devancé, nous avons voulu faire connaître au public lettré, qui n'a pu la lire dans le texte original, l'*Introduction à l'étude de la philosophie* par Gioberti; heureux si nous ne sommes pas resté trop inférieur à une tâche qui offre des difficultés de plus d'une nature !

Nous n'entreprendrons pas de faire ici l'éloge de notre auteur; il serait suspect dans notre bouche, le traducteur conservant rarement une froide impartialité à l'égard de l'auteur avec lequel il a été obligé de s'identifier si souvent; nous n'avons d'ailleurs complétement épousé ni ses sympathies ni ses aversions, nous bornant modestement à reproduire une pensée toujours noble et pure, le plus souvent équitable, quelquefois aussi passionnée, mais passionnée en vue du bien, par cet entraînement qui pousse le vrai à combattre le faux, même jusque dans ses plus légères apparences. Nous ne sommes pas cependant, et il s'en faut, de ceux qui, classant dédaigneusement Gioberti parmi les *ultras* et les *sanfédistes* de l'Italie, veulent lui faire un titre à notre proscription de ce qu'il est avant tout de son pays, Italien patriote, même plus que philosophe. M. V. Gioberti est un homme d'un talent éminent, un métaphysicien estimé de ses compatriotes; à ce titre, sa voix doit être entendue, quitte à ceux qui le croiront dans l'erreur à le combattre ensuite, s'ils ont à lui opposer autre chose que des sophismes ou de vaines déclamations.

Nous n'avons pu nous procurer sur notre auteur que de très courtes notes biographiques, répandues déjà, pour la plupart, dans quelques écrits périodiques. Nous croyons cependant devoir les résumer ici, quelque incomplètes qu'elles soient; c'est leur place naturelle.

M. Vincent Gioberti est Piémontais : en 1831 il tenait un rang distingué dans sa patrie, où il était en même temps chapelain du roi de Sardaigne et professeur de philosophie à l'Université de Turin. Les troubles politiques, survenus en 1833 dans les États Sardes, comme dans les autres parties de l'Italie, compromirent M. Gioberti, chez qui l'amour de la liberté et de l'indépendance de la Péninsule se trouve à un degré aussi éminent au moins que celui de l'unité catholique. Menacé par la proscription qui atteignait alors tous les Italiens qui, trompés par l'espoir que certains hauts personnages se souviendraient, au faîte du pouvoir, de leur ancienne participation aux rêves et aux complots de la Charbonnerie, s'étaient précipités dans la croisade contre le joug de l'étranger et le despotisme, avec plus d'ardeur et de dévouement que de prudence et de certitude de succès ; il dut quitter le sol natal, la terre qui s'était fermée aussi devant Silvio Pellico, où V. Alfiéri avait pu maudire les oppresseurs de son pays après avoir applaudi à son aurore la révolution qui en avait fait des conquérants. Gioberti mit le pied sur la terre d'exil ; et cette terre ce fut celle-là même pour laquelle son cœur semblait avoir le moins de sympathie, mais où il était sûr de trouver plus de liberté que partout ailleurs, la France, cette dominatrice d'un jour de la Péninsule italique.

Après avoir habité quelque temps Paris, où il espérait trouver des ressources surabondantes pour continuer ses études, et exécuter les ouvrages qu'il méditait, où il ne put cependant se procurer cet avantage par des motifs qu'il nous apprend lui-même à la fin de la préface de son *Introduction*, M. Gioberti se retira à Bruxelles. Là, l'ancien professeur de faculté exerce aujourd'hui les modestes et pénibles fonctions de professeur dans une maison d'éducation, et se livre avec une ardeur infatigable à ses études de prédilection. Bien des compagnons d'exil de notre philosophe ont sollicité, depuis que les jours d'orage sont passés, le retour dans la patrie, quelques-uns ont obtenu de revoir ces *fines patrios*, qu'on n'aime jamais mieux que lorsqu'on en est séparé. M. Gioberti n'a rien demandé ; invité spontanément par le gouvernement sarde à rentrer dans ses foyers, il a préféré le séjour de Bruxelles, et semble avoir dit adieu pour toujours à une patrie qui l'estime et le regrette. Nous augurons toutefois que, si la Péninsule était affranchie de la domination étrangère, il s'empresserait d'aller encore respirer l'air de la liberté sous un ciel où il a appris à l'aimer et à la désirer avec tant d'ardeur. En effet, M. Gioberti n'oublie pas sur la terre d'exil sa belle Italie, il s'efforce encore de lui être utile par la publication d'ouvrages importants, qui y sont reçus avec faveur par des congrégations religieuses et par des évêques; un de ces derniers même, l'évêque d'Asti, le citait avec beaucoup d'éloges dans son mandement pour le carême de 1844. Du reste, ce n'est pas seulement en Italie que le clergé a manifesté sa sympathie à notre philosophe; plusieurs prélats français l'ont aussi tout récemment mentionné honorablement dans leurs mandements. En dehors des rangs du clergé, M. Gioberti a trouvé encore bon accueil parmi des hommes savants et estimables de toutes les classes. Qu'on nous permette d'invoquer ici le témoignage d'un de ses compatriotes, M. le comte César Balbo qui, dans son livre des *Espérances de l'Italie*, publié l'année dernière à Paris (*) en parle en ces termes :

« Comme le savent désormais tous les Italiens

(*) *Delle Speranze d'Italia* (Des Espérances de l'Italie), par le comte César Balbo; traduit en français par M. Léopardi, 1 vol. in-12, texte et traduction séparément. Paris, Didot, 1844.

» éclairés et un grand nombre d'étrangers, M. Gio-
» berti est un des premiers philosophes de la chré-
» tienté. Après s'être fait connaître et admirer tout
» ensemble par sa *Théorie du surnaturel*, il a publié
» successivement plusieurs autres ouvrages, avec
» cette fécondité qui est à la fois la manifestation
» et la preuve d'un grand talent. Philosophe catho-
» lique, il est certainement un des maîtres, — que
» d'autres décident de son rang, — dans cette école
» italienne, qui se distingue de ses pareilles par une
» catholicité, une théologie plus exacte, ou même
» la seule exacte.... Habitant un pays étranger,
» Gioberti trouvait dans cette situation une liberté
» d'écrire qui n'existe pas dans la Péninsule italique;
» et il n'était pas homme à n'en pas profiter. Ita-
» lien passionné, et, il est permis de le dire, exa-
» géré, il a mêlé à toutes ses spéculations philo-
» sophiques une multitude de considérations sur
» l'histoire et aussi sur la politique pratique de
» l'Italie; abandonnant ensuite, non l'esprit mais la
» forme philosophique, et faisant de ce qui était un
» accessoire dans ses autres écrits, le but principal
» d'un nouvel ouvrage, il vient de publier deux vo-
» lumes d'une grande importance sur la *suprématie
» morale et civile de l'Italie.* »

M. le comte Balbo, appréciant cet ouvrage, plus spécialement en rapport avec le sujet qu'il traite lui-même, complète son jugement sur Gioberti par le passage suivant, qui est également applicable à l'ouvrage que nous offrons au public, et que par conséquent nous n'hésitons pas à joindre au précédent.

« .... Je ne chercherai pas s'il distingue toujours
» avec une précision suffisante le passé, le présent
» et l'avenir de l'Italie; si dans ses éloges il évite
» toujours les exagérations, et les tempère convena-
» blement par le blâme ; si homme aussi grave que
» qui que ce soit, il est toujours gravement sévère
» comme le furent Dante et Alfiéri dont il fait jus-
» tement l'éloge. Quand M. Gioberti serait tombé
» dans ces défauts et d'autres encore, ce serait peu
» de chose comparativement à ses bonnes qualités.
» Je ne parle pas de sa valeur littéraire, d'un style
» facile et pur de toute pédanterie, d'une éloquence
» admirable, ni de sa science ; son plus grand mérite
» est d'avoir parlé de cet avenir de la patrie, sur le-
» quel on se plaît tant à discourir en d'autres pays,
» sur lequel on garde depuis si long-temps le si-
» lence dans le nôtre, d'en avoir parlé le premier
» ouvertement, largement et avec la plus grande
» modération. Aussi, contrairement peut-être à l'at-
» tente de certains railleurs, il en a parlé, lui phi-
» losophe, d'une manière beaucoup plus pratique
» que ne l'ont fait le petit nombre d'historiens ou
» d'hommes pratiques qui ont touché timidement ce
» sujet périlleux...... »

Pour achever de peindre notre auteur, voyons maintenant comment il parle de lui-même, et quel esprit le guide dans ses profondes études. Nous lui emprunterons pour cela un passage de son *Traité du Bon*, où il fait la déclaration suivante :

« Je proteste que je ne sers aucun individu,
» aucune secte, aucune classe d'hommes, quelque

» respectable qu'elle soit : je veux avoir une indé-
» pendance, une liberté d'esprit telle, que peu la
» possèdent dans ce siècle servile. Jamais cependant
» ma liberté ne deviendra de la licence; car autant
» j'aime à soustraire mes idées à l'influence et à
» l'autorité des hommes, autant je reconnais et j'a-
» dore la divine souveraineté de l'Église, et celle de
» son chef suprême. »

Les œuvres de M. V. Gioberti se composent jus-qu'ici de 14 volumes in-8°, comprenant les ouvrages suivants :

1° *Del Primato morale e civile degli Italiani* (De la Suprématie morale et civile des Italiens), 2 vol.;

2° *Del Buono* (du Bon), 1 vol.;

3° *Del Bello* (du Beau), 1 vol. 2e édition;

4° *Teorica del Sovrannaturale* (Théorie du Surnaturel), 1 vol. 2e édition;

5° *La Protologia* (La Protologie), 1 vol. inédit;

6° *Degli Erroni filosofici di Antonio Rosmini* (Des Erreurs philosophiques d'Antoine Rosmini), 4 vol.;

7° *Introduzione allo Studio della Filosofia* (Introduction à l'Étude de la Philosophie), 1re partie, 4 vol. 2e édition.

Il serait superflu d'essayer ici de faire connaître le plan de l'ouvrage que nous avons traduit, l'auteur lui-même l'expose et le justifie dans la préface dont il l'a fait précéder et que nous avons reproduite en entier malgré son étendue. Un coup-d'œil sur la table analytique qui accompagne chaque volume, suffira d'ailleurs pour faire connaître au lecteur l'ensemble des questions qu'il soumet à son examen et qu'il traite avec une profondeur de science et de pensées, avec un esprit de méthode et de lucidité, qui dédommagent amplement celui qui le suit au milieu des nombreuses difficultés devant lesquelles il ne recule jamais, et qu'il sait provoquer au besoin.

Les notes occupent une grande place dans les quatre volumes que nous publions; en les supprimant ou en les diminuant, nous aurions ôté à l'ouvrage une grande partie de son mérite. L'auteur a besoin de produire les pièces à l'appui de ses théories et de ses jugements; un simple renvoi aux écrivains qu'il prend à partie, serait presque toujours insuffisant. Plusieurs de ces notes sont même comme de petits traités à part, où il réfute d'une manière complète les doctrines combattues dans le corps de l'ouvrage. Nous plaçons à la suite de l'*Introduction* les *Considérations sur les doctrines religieuses de M. V. Cousin*, que l'auteur y a jointes, en forme d'appendice. Nous dirons en son lieu quelques mots sur ce grand travail qui, malgré son bon à propos au milieu du conflit soulevé depuis près de deux ans, ne peut être considéré ni comme un pamphlet ni comme un ouvrage de circonstance, puisqu'il a été composé, comme l'*Introduction*, avant 1840, c'est-à-dire à une époque de calme et de paix, à une époque où les passions n'avaient pas usurpé la place de la discussion froide et impartiale.

Nous avons ajouté quelques annotations très courtes soit au texte soit aux notes, et nous avons eu soin de les faire suivre de ce signe : т, afin de n'en pas faire peser la responsabilité sur notre auteur. Nous n'attachons pas, du reste, à cette petite partie de notre travail plus d'importance qu'elle n'en a en effet; nous n'avons eu qu'un désir, celui d'être utile au lecteur et de lui épargner quelquefois des vérifications ou des recherches que notre devoir de traducteur nous avait commandées.

Il nous conviendrait peu de parler de notre manière de traduire; qu'il nous suffise de dire que nous nous sommes fait une loi de la plus scrupuleuse exactitude, que nous avons tâché autant que possible d'être littéral, afin de rendre les sentiments de l'auteur dans l'ordre et avec la couleur et la forme qu'il leur a donnés. Nous serons assez récompensé de nos peines, si nous parvenons à faire lire l'ouvrage de M. Gioberti, que nous croyons digne de l'attention de la jeunesse de écoles catholiques, des membres du clergé, et de tous ceux qui, par état ou par positition doivent suivre le grand mouvement intellectuel de notre époque. Les hommes du monde y trouveront un guide sûr au milieu du désordre que sèment dans les idées quelques penseurs téméraires ou imprudents; les ecclésiastiques y reconnaîtront un défenseur zélé et profond de la révélation et des dogmes catholiques en général. Les uns et les autres se plairont à y remarquer un esprit d'élite et sévère qui sait, sans cesser d'être de son époque, rester fidèle aux traditions du passé et tracer une voie sûre aux progrès de l'avenir.

Moulins, avril 1845.

PRÉFACE DE L'AUTEUR.

Publier aujourd'hui un ouvrage de philosophie spéculative, dans lequel se trouvent traitées les questions les plus ardues, les plus compliquées et les moins conformes au génie de notre époque, c'est une entreprise qui peut paraître extraordinaire et inutile. Notre siècle, avide du positif et de la frivolité (singulier assemblage!), abhorre et méprise ce qui n'est pas palpable ou chimérique; il ne le croit pas même digne d'attention et d'examen, parce que le critérium courant de la vérité et la règle de tout être pensant, est l'opinion de la multitude. Si elle ne plaît à cette dernière, la vérité ne peut ni se faire accepter ni même se faire entendre; et si on fait grâce à la nouveauté, qui cependant est vivement recherchée, ce n'est que lorsqu'elle flatte les préoccupations injustes ou frivoles des hommes, et les caprices de la mode. La doctrine que je publie est nouvelle, autant que toute autre peut l'être sur cette matière. Mais aux yeux du plus grand nombre, elle aura le tort très grave de s'accorder parfaitement avec une doctrine ancienne, que nos sages croient morte, et même enterrée, et indigne d'exciter la colère de ses ennemis. On dira donc que je veux ressusciter un cadavre, rajeunir l'antiquité, m'opposer à la loi suprême du progrès ; et le tort que ces imputations, vraies ou fausses, causent à la bonté d'un système, est de nos jours irréparable. Que si j'osais donner à entendre que ce cadavre est plus vivant que ceux-là même qui célèbrent ses funérailles, mes raisons pourraient bien être prises pour des injures. Néanmoins, je publie hardiment mon livre, au risque de ne pas trouver un seul lecteur ; bien sûr, dans tous les cas, d'avoir accompli un devoir.

Le présent écrit est simplement le préliminaire d'un ouvrage qui devrait embrasser, sinon toute la philosophie, au moins ses parties principales. Les matériaux de cet ouvrage sont presque tous prêts ; mais je ne sais si je pourrai l'achever et le mettre en état de voir le jour. Toutefois, le travail que je publie maintenant peut former une œuvre indépendante ; car il me paraît contenir tout ce qui est nécessaire pour qu'il soit compris des lecteurs exercés aux études spéculatives. Il se divise en deux livres : l'un doctrinal, l'autre historique. Dans le premier je commence par établir, qu'*aujourd'hui, en Europe, il n'y a plus de philosophie ;* et comme cette opinion peut paraître singulière à ceux qui jugent des choses sur les mots, puisque le mot de *philosophie* et ses dérivés se trouvent si fréquemment sur les lèvres et sous la plume des hommes, je me fais un devoir de la prouver, en passant en revue les diverses causes qui ont produit le déclin des études philosophiques, et en montrant leurs effets présents et visibles. C'est là la matière des trois premiers chapitres. Je ne veux pourtant pas nier qu'il n'existe des esprits vastes et profonds, très aptes aux spéculations les plus abstruses et les plus sublimes ; mais autre chose est la philosophie, autre chose les philosophes. Car on peut posséder la faculté de bien raisonner, sans que pour cela on fasse usage de cette faculté. Une mauvaise méthode, et l'usage de certains faux principes qu'une habitude invétérée a accrédités et rendus universels, peuvent égarer les meilleurs esprits. Je ne nie pas non plus que notre siècle ne puisse se glorifier, dans les sciences rationnelles, de quelques précieux travaux dont j'aurai plus tard occasion de parler; mais je fais remarquer que ces travaux regardent les parties accessoires, secondaires, les dépendances de la philosophie plutôt que sa substance. Or, quand les parties vitales et les racines de cette noble science sont négligées, quand ses règles sont intrinsèquement vicieuses, qu'on voie si l'on peut dire avec vérité que la philosophie est vivante, bien que quelques hommes cultivent avec bonheur quelques branches des études philosophiques. Certes, si l'art de la médecine se réduisait à guérir les tumeurs ou la colique, et la science des végétaux à connaître les herbes de mon jardin, personne ne voudrait affirmer que la chirurgie, la médecine, la botanique fussent des arts ou des sciences encore existantes. Mais encore, ces hommes habiles à cultiver les sciences philosophiques sont aujourd'hui très rares, si bien que, si un écrit de quelque portée, relatif à la métaphysique, venait à paraître en Europe, les personnes capables de l'entendre et d'en apprécier la valeur se réduiraient à un nombre infiniment petit; comme il arriva pour les hautes mathématiques à l'époque de Descartes. Si on en veut une preuve, on n'a qu'à examiner quelles misérables productions reçoivent en France et ailleurs le titre d'ouvrages remarquables, et procurent à leurs auteurs la réputation de philosophes; tandis que d'autres écrits, infiniment supérieurs, restent incompris et dans l'oubli, sans pourtant avoir d'autre défaut que leur propre mérite, ou une supériorité qui les place trop au-dessus des hommes et de l'époque. Il est vrai que les *amateurs* sont aussi nombreux que les vrais amis de l'étude sont rares; comme si l'abondance des uns pouvait compenser la disette des autres. J'appelle amateurs ceux qui n'ont en vue que le plaisir, et amis de l'étude ceux qui prennent pour but l'instruction. Les premiers ne lisent que pour passer le temps, ce qui est une affaire très sérieuse et très difficile pour une bonne partie de nos contemporains. Il ne faut pourtant pas les vouer au mépris; loin de là, je les tiens pour une race aimable et précieuse, s'ils se contentent de lire pour se distraire ou pour s'endormir, et traitent les études comme un passe-temps ou un narcotique innocent. Mais toutes les fois qu'ils se mêlent de juger et de critiquer, ils deviennent, sans le vouloir, des fléaux pour les sciences. Avec de telles gens il vous est difficile de sortir d'embarras; car, comme ils ne connaissent point le sujet dont ils parlent et qu'ils n'en possèdent pas même la langue, il vous est impossible de les convaincre, de les désabuser; et toute discussion entamée avec eux est une perte de temps. Or, comme il est rare que du rôle d'auditeur on ne passe à celui d'interlocuteur, on pourrait peut-être bien conclure que, s'il est bon pour les sciences qu'elles aient des amateurs, il serait peut-être meilleur qu'elles n'en eussent pas. Dans tous les cas, j'estime heureuses les mathématiques dans lesquelles les amateurs ne brillent pas. Ces sortes de gens sont comme la populace de l'empire des lettres et des sciences; si on met celles-ci à leur discrétion, elles sont bientôt la proie du caprice et de la licence; de même que dans la société civile, si on repousse les conseils des sages, on s'assujettit au caprice de la multitude (1).

Après avoir examiné les principales causes qui ont conduit la philosophie à sa nullité actuelle, je propose les moyens qui me paraissent les plus convenables à opérer sa restauration. La réforme de la philosophie consiste, à mon sens, dans les principes et dans la méthode; ces deux choses sont inséparables, puisque la bonne méthode est fournie et déterminée par la juste connaissance des principes. Le plus grand nombre croit aujourd'hui que la méthode donne naissance aux principes; c'est une erreur des plus graves. Ceux qui soutiennent cette opinion, voulant expliquer la génération des principes, se contentent d'établir les raisons de la méthode ; tandis que ce sont les premiers et non celles-ci qu'il faut trouver et déclarer légitimes. Les principes sont objectifs, éternels, absolus : ils n'ont point d'origine : ils se légitiment par eux-mêmes : ils se trouvent et ne se cherchent point ; ou, pour mieux dire, ils se présentent d'eux-mêmes à l'esprit qui les reçoit et se les rend familiers dans l'acquisition réfléchie du savoir. La méthode, au contraire, est un instrument subjectif et psycologique, que l'homme doit se procurer, non pas en procédant au hasard ni en discourant avec art (tout discours fait avec art supposant déjà la méthode), mais en le saisissant à l'aspect immédiat de la vérité, c'est-à-dire des principes. Par ce mode de procéder, le progrès subjectif se conforme à la vérité objective, et le réel détermine le possible. Je dois pourtant remarquer que pour énoncer et expliquer les principes, on emploie aussi une certaine méthode qui en dérive, en cela que la réflexion se base sur une intuition immédiate et primitive; ce qui sera clairement démontré dans le cours de mon ouvrage (2).

Les principes déterminatifs de la méthode, et, par le moyen de la méthode, productifs de la science, consistent en quelques vérités premières de la connaissance entière ou incomplète desquelles dépend le sort de la philosophie. Aussi après avoir, dans le premier livre, déterminé ces vérités, et les avoir réduites à une formule aussi précise et rigoureuse que celle des mathématiciens, j'appliquerai, dans le second, cette formule à l'histoire de la philosophie, non pas en passant en revue toute la série des siècles, mais en me limitant, comme essai, aux systèmes qui ont fleuri dans les âges les plus reculés. Car, si la formule est vraie, elle doit contenir la raison de tous les systèmes ; elle doit montrer et expliquer leur vérité ou leur fausseté, autrement elle serait évidemment erronée, ou du moins inexacte et incomplète. Pour cette raison et d'autres que je laisse de côté, une vérification historique des principes me paraît, sinon nécessaire, du moins très utile.

Dès le premier pas qu'on fait dans ces recherches, la première question qui se présente, c'est de savoir en quoi consiste l'histoire de la philosophie, afin de pouvoir en déterminer les commencements et en suivre la marche, les progrès, les vicissitudes. Plusieurs auteurs modernes, parmi lesquels Hégel est le plus illustre, excluent de ses Annales les antiques religions de l'Europe et de l'Orient, et osent à peine les commencer pour la Grèce, aux écoles italique et ionienne, ou mieux encore à l'école éléatique, et pour l'Asie, aux sectes indiennes qui modifièrent la doctrine des Védas (3). Tous les peuples les plus civilisés de la première antiquité, ou bien n'eurent pas de philosophie, au dire de ces auteurs, ou il n'en reste plus aucun vestige. — Mais il subsiste certainement beaucoup de monuments religieux de ces antiques nations : nous possédons, en entier ou en partie, des livres qui nous révèlent les croyances et le culte de quelques-unes d'entre elles. Or, quiconque étudie ces documents peut facilement se convaincre que ces vieilles religions sont, en grande partie, des systèmes philosophiques, différents des théories plus modernes, non par la substance, mais par la forme. Or, la forme ne fait pas la science ; autrement Capila (4) et Parménide, Empédocle et Lucrèce, qui écrivirent en vers, ne seraient pas des philosophes, du moins pour nous. Les Védas, les Ching, l'Avesta, et les autres livres de ce genre, sont de véritables encyclopédies où le culte, les dogmes positifs, les institutions civiles, les faits historiques, et quelquefois même les spéculations philosophiques, se trouvent à côté les uns des autres, tantôt confondus tantôt distincts, et reliés entre eux par le génie national, non moins que par le caractère poétique du style. On ne peut mettre sur la même ligne la Bible, parce que le christianisme avec le judaïsme, son légitime prédécesseur, étant la seule religion divine, la philosophie y est distincte du dépôt révélé contenu dans les livres sacrés. Les Hébreux sont peut-être les seuls parmi tous les peuples de l'antiquité, qui, dès les temps les plus anciens, n'aient pas eu de philosophie, parce qu'ils possédaient la révélation primitive dans sa plénitude; et, entre les anciens livres orientaux, le Pentateuque est celui dans lequel la religion se dégage le mieux de toute discussion philosophique, bien qu'il soit en même temps un code législatif, une histoire, un rituel et un catéchisme. On pourrait en dire autant des autres livres canoniques, sans en exclure celui de Job, qui toutefois paraît être l'œuvre d'une autre tribu sémitique, habitante du désert, et que les Israëlites ont adopté à cause de son origine divine. Mais chez les autres nations, qui ne possédaient ni dans sa pureté, ni dans son intégrité le dépôt traditionnel, la philosophie était le supplément naturel de la religion et en composait la partie la plus intime, conservée et cultivée par les prêtres.

Hégel et ses disciples n'admettent, il est vrai, aucune différence substantielle entre la religion et la philosophie; mais ils prétendent que, quoique la matière soit la même, cependant le mode selon lequel elle est traitée, différencie essentiellement les deux sciences. Il y a là une double erreur; car ce n'est pas moins se tromper d'identifier toutes les parties des doctrines religieuses avec les doctrines philosophiques, que de les exclure de la science rationnelle toutes les fois qu'elles se ressemblent par la substance. La religion est en partie intelligible, en partie surintelligible. Le surintelligible dépend de la révélation seule, et n'appartient pas, au moins directement, à la spéculation humaine, d'où il suit que les philosophes rationalistes se trompent en le confondant avec l'intelligible; et Hégel, qui est dans ce cas, se montre évidemment un pur rationaliste, bien qu'il prétende le contraire. Or, comme dans les dogmes de la vraie religion, le mystère accompagne l'évidence, ainsi dans la théologie des Païens on trouve à côté des vérités philosophiques quelques restes du surintelligible révélé dès le principe, et altéré depuis par les spéculations et par les fables. Mais soit qu'il se conserve dans sa pureté, soit qu'il se trouve obscurci et corrompu, le surintelligible n'appartient pas de sa nature à la philosophie, et l'opinion contraire est une grande erreur de notre siècle. Il n'en est pas ainsi de l'intelligible : dans la vraie religion c'est un pur dogme fondé sur la tradition, mais dans les faux cultes il est à la fois traditionnel et philosophique, comme on le voit par les monuments. Et au sein même de la Chrétienté, lorsqu'aux décisions de l'autorité ecclésiastique vient se joindre la science, l'intelligible révélé devient lui-même une doctrine philosophique. D'où il suit que la scolastique, en ce qui regarde les vérités rationnelles, n'est pas, comme le veut Hégel, une doctrine amphibie, mais une vraie philosophie, plus digne encore, en beaucoup de points, de ce nom que celle de Diaïmini ou de Platon. Il est singulier que Hégel et ses partisans, en excluant d'un côté la religion du domaine de la philosophie, et en affirmant d'un autre la parfaite identité de leur matière, attribuent à la philosophie ce qui lui est étranger, tandis qu'ils lui enlèvent ce qui lui appartient en propre : ils la dépouillent, ils l'enrichissent d'un superflu, et, dans les deux cas, ils la gâtent.

Ils soutiennent que la philosophie devant être le fruit d'une spéculation libre, ne peut exister quand l'esprit prend pour point de départ et pour règle la doctrine religieuse. Or, disent-ils, les spéculations sacerdotales étaient fondées sur l'autorité de certains livres réputés d'origine divine ; donc elles ne doivent pas avoir pour objet ce qu'on appelle véritablement philosopher. Je pourrais dire que cet argument n'est pas valable, au moins par rapport aux auteurs de ces livres, dans lesquels on trouve quelques parties, comme par exemple les Oupanichads (5) des Védas, qui sont purement philosophiques. Mais comme on peut m'objecter que ces auteurs se sont fondés aussi sur les traditions, ce qu'il ne me répugnerait pas d'admettre, je passe à une autre réponse, et je dis que j'appelle philosophie toute élaboration des principes rationnels, faite par le moyen de la réflexion et de la parole. Or, quelle que puisse être la source où l'on puise les principes, pourvu que ceux-ci soient rationnels et qu'on leur applique pour les expliquer l'artifice de la science, il y a travail philosophique. Peut-on nier, par exemple, que les Oupanichads renferment un système complet de panthéisme, ou du mois d'émanatisme, exprimé poétiquement? Non, assurément; et j'en donnerai ailleurs les preuves. Or le panthéisme et l'émanatisme sont des systèmes philosophiques. — Mais la spéculation du philosophe doit être libre, et ici elle est liée par le dogme religieux. — Je réponds qu'elle doit être libre dans l'expression, dans les déductions ; mais qu'elle ne doit et ne peut l'être quant aux principes et à l'œuvre de l'intuition. Or, le dogme religieux en philosophie appartient aux principes, pour lesquels il est absurde de réclamer la liberté. Je sais que Descartes et toute la philosophie moderne, qui procède de lui, ont prétendu introduire la recherche et par conséquent le libre choix des principes; mais je démontrerai dans la suite de mon ouvrage combien cette assertion est déraisonnable et ridicule. Les principes sont fournis par l'intuition qui, ne pouvant se transformer en connaissance réfléchie, sans l'intervention de la parole, dépend nécessairement de celle-ci, pour ce qui regarde la philosophie. La parole est double, religieuse ou sociale; la seconde procédant de la première, puisqu'en tous lieux et en tout temps la société fut formée, instruite et policée par la religion. La parole religieuse est le dogme traditionnel; et cependant la philosophie, en puisant ses principes dans les traditions sacrées, s'adresse à la source la plus légitime, lors même qu'elles sont altérées, parce que la parole sociale dérivant de l'autre ne peut jamais la surpasser en intégrité et en pureté. Nos philosophes, qui se croient très libres quand ils discourent sans reconnaître aucun frein, substituent la parole sociale à la parole religieuse, et les opinions ou les préoccupations reçues de l'éducation et du commerce des hommes à l'autorité du dogme théologique. Tel est le progrès introduit par Descartes, qui n'aurait certainement pu penser et dire : *Je pense, donc je suis*, s'il n'avait reçu des hommes l'usage du langage. Il n'aurait pas été exposé à enfanter un mauvais système de philosophie si, malgré ce doute dont il parle si élégamment dans son discours sur la méthode et dans les Méditations, il n'avait pas conservé une infinité d'opinions et de croyances acquises par le moyen du langage et de la vie sociale. Ainsi, il se montre prudent et sage, comme un homme qui croirait boire plus librement, et avec plus de plaisir, à un ruisseau bourbeux qu'à une source d'eau vive.

Toutes ces questions seront amplement traitées plus tard. Je les ai ici indiquées en courant, pour justifier mon dessein de considérer les religions anciennes comme se rapportant à l'histoire des sciences philosophiques. La philosophie étant l'explication des principes rationnels, commença aussitôt que l'homme se mit à travailler par la réflexion sur les parties rationnelles de ses croyances religieuses, et qu'il fit de ses discours un corps de science. Ce fut certainement d'abord quelque chose de grossier et d'imparfait, comme le sont les origines de la philosophie ancienne. Les prêtres l'augmentèrent et le polirent ensuite, et, en consignant dans des livres les traditions qu'ils avaient reçues, ils nous transmirent aussi avec elles quelques notions de leurs spéculations. Quand la doctrine hiératique passa aux mains des laïques, alors naquirent les écoles que les modernes appellent encore proprement philosophiques; toutefois celles-ci, comme les précédentes, avaient pour point de départ, au moins en partie, le dogme et les traditions. On ne peut donc bien comprendre les doctrines des écoles laïques, si l'on ne remonte à celle des temples. D'où l'on voit que la philosophie remonte à la plus haute antiquité : elle n'est pas née d'hier comme elle ne mourra pas demain : elle est le privilége de tous les peuples civilisés : elle est la fille première-née de la religion : elle a pris naissance avec la première réflexion de l'homme parlant sur les enseignements célestes, et elle est destinée à durer autant que la religion et la pensée humaine.

L'étude des anciens monuments religieux, écrits ou peints, nécessite de nombreuses recherches sur les origines, sur l'histoire, sur la langue, sur les institutions et sur les migrations des peuples. Si j'avais connu un petit nombre d'ouvrages, ou même un seul, qui traitassent avec profondeur et exactitude de ces matières et les réunissent en un tableau, je me serais contenté de les citer dans la circonstance, en invitant le lecteur à aller les consulter. Mais je ne crois pas qu'il s'en trouve un seul, du moins je n'en connais pas. Les résumés d'ailleurs, fussent-ils excellents (et peu sont bons), ne suffiraient pas à mon objet. Toutefois le travail est fait, du moins en grande partie; mais il est épars, et il faut prendre la peine de le rassembler et d'y puiser seulement ce dont on a besoin. Depuis deux siècles, les érudits de l'Europe ont fait de merveilleuses recherches sur tous les points de l'antiquité, et elles se grossissent successivement des nouveaux matériaux que viennent y ajouter les voyages et l'ethnographie; de telle sorte qu'il est aujourd'hui difficile de trouver dans le cercle de l'érudition accessible à l'homme un seul angle où n'ait pénétré l'œil de quelque curieux ou sagace investigateur. Le nombre des ouvrages produits par ces recherches est effrayant; et la vie de plusieurs hommes infatigables serait insuffisante, non-seulement pour les lire tout entiers, mais même pour les feuilleter. J'ai seulement pu prendre connaissance d'un nombre infiniment borné proportionnellement à une quantité si démesurée; mais si mon travail ne peut, sans une ridicule témérité, être présenté comme un tableau historique complet, je crois pourtant qu'il sera suffisant pour le but doctrinal que je me propose. Quant à la méthode à suivre pour ces recherches historiques, il m'a paru qu'il fallait joindre la concision la plus rigoureuse à une certaine profondeur; ne pouvant d'un côté m'étendre surabondamment sur une partie accessoire de mon sujet, sans nuire à l'économie de l'ensemble, et sachant de l'autre que toute recherche est absolument inutile, quand elle est faite superficiellement. Or, comment concilier deux qualités qui semblent mutuellement s'exclure? puisque les recherches d'érudition ne peuvent avoir quelque valeur, si elles n'embrassent une foule de faits particuliers, et ne tiennent compte des plus petits détails; et qu'il n'est pas possible dans les faits historiques de procéder par généralités et par abstractions. Or, l'exposition des faits particuliers réclame un très grand espace, et je devais me rappeler que j'écris, non pas un ouvrage d'histoire mais de philosophie. J'ai cru trouver un tempérament convenable en me contentant d'indiquer brièvement les faits les plus essentiels et en citant au bas de la page les auteurs que j'ai lus et étudiés, et d'où j'ai tiré les preuves et les éclaircissements qui m'étaient nécessaires. Ainsi, le lecteur qui voudra acquérir une connaissance plus complète et plus profonde des choses dont je parle, trouvera en un instant, en recourant aux ouvrages cités, les textes relatifs à la question, avec tout l'accompagnement de critique et d'érudition qui se rapporte au sujet. Je ne cite que les écrits que j'ai pu consulter; ce dont je croirais superflu d'avertir, si ce n'était pas aujourd'hui un usage commun de copier les citations des autres et de montrer avec peu de livres une riche et facile érudition. Quand, par une raison quelconque, il m'a été impossible d'étudier un écrit dont j'ai eu connaissance de seconde main, je l'ai expressément indiqué, de sorte que le lecteur peut être assuré que parmi les auteurs que je cite directement, il n'y en a pas un seul que je n'aie lu le plus souvent d'un bout à l'autre, ou du moins consulté avec le plus grand soin.

Dans les questions relatives à l'antiquité et aux origines, il est rare qu'on puisse arriver à une entière certitude, et celui-là doit penser qu'il a fait beaucoup qui est arrivé à une certaine vraisemblance. Or, celle-ci résultant le plus souvent du concours de plusieurs probabilités, dont chacune, prise séparément, serait peut-être de peu de poids, le critique ne doit en négliger aucune. Si donc le lecteur trouve que je m'arrête trop quelquefois à des arguments faibles, qu'il fasse attention que ce n'est jamais sur ces seules preuves que je fonde mes inductions ou mes déductions; en effet, j'ai pour habitude de les appuyer d'une telle masse de preuves, que, quand même quelques-unes seraient défectueuses, la vraisemblance de mes raisonnements n'en serait point annulée. Il est vrai que la concision, dont l'abondance des matières m'a fait une obligation, et la nécessité d'éviter les répétitions ne m'ont pas permis d'expliquer toujours les choses, mais seulement de les indiquer; je crois pourtant en avoir dit assez pour quiconque comparera ensemble les diverses parties de mon livre et les lira avec quelque attention. Il est bien entendu que mes lecteurs doivent posséder beaucoup de notions, au moins générales, sur les langues, sur les pays, sur les annales et l'état social des peuples; car je n'écris point des éléments de géographie, d'histoire, d'ethnographie, d'archéologie, ou de toute autre science semblable. Celui donc qui serait absolument étranger à ces matières ne pourrait à bon droit m'imputer les obscurités et les lacunes de mon traité.

J'ai apporté à cette partie de mon écrit toute l'exactitude dont je suis capable et que m'ont fournie le peu de moyens extrinsèques d'érudition dont je puis disposer. Quand un auteur, pour corroborer une démonstration scientifique, se met à feuilleter les livres d'histoire et d'archéologie, et à y chercher des arguments à propos d'une opinion qu'il a déjà préconçue, le travail qui en résulte ne peut être que hérissé de sophismes, et superficiel. Bien loin de procéder de cette manière, je n'ai jamais accommodé les faits aux idées, comme aussi je n'ai jamais subordonné les idées aux faits, ce qui serait un vice encore plus grand que le premier. Les idées et les faits sont deux ordres parallèles qui doivent aller spontanément de concert, sans se faire réciproquement violence. Mais, par la nature de l'esprit humain, de même que la science idéale doit nous servir de fil conducteur pour marcher dans la région des faits sans nous égarer, de même l'examen minutieux et exact des faits peut et doit corriger et perfectionner la science idéale; de façon que les deux ordres se prêtent un mutuel secours. Il ne faut pourtant jamais oublier que chacun d'eux doit se régir par lui-même, et qu'il n'est jamais permis d'établir entre eux une correspondance artificielle, qui n'étant pas naturelle et spontanée, n'aurait aucune valeur.

Je n'ignore pas que malgré tous ces soins, beaucoup donneront, par mépris, au second livre de mon ouvrage, le nom de *compilation*, et croiront par là l'avoir condamné. Mais je voudrais bien leur demander ce qu'ils entendent par ce mot. Si c'est compiler que de recueillir des faits; tout philologue, tout archéologue, tout historien est un compilateur; et le nom est alors aussi honorable que la fonction. Si ensuite on appelle compiler, rassembler des faits, en les puisant non pas à leur source, mais dans les courants qui en dérivent, je fais remarquer que dans les traités généraux, comme le mien, on ne peut faire autrement. Telle est la brièveté de la vie et la multitude des matières, qu'il est impossible aux hommes même les plus savants (au nombre desquels je n'ai point la témérité de me placer), de recueillir les faits à leur source, sinon lorsqu'il est question d'investigations partielles. Et c'est en cela que consiste l'utilité de la division introduite dans les travaux littéraires et scientifiques; au moyen de cette division, en effet, en limitant ses études à une partie des connaissances humaines, et en y consacrant spécialement son temps et les facultés de son esprit, on peut pénétrer dans son sujet et arriver à en avoir la connaissance la plus complète et la plus profonde qu'il soit donné à l'homme d'en acquérir. Or, il serait impossible de parvenir à ce but, si chacun aspirait à la science universelle, et voulait accomplir à lui seul l'œuvre de plusieurs hommes; que serait-ce s'il s'agissait de celle de tous. La manie d'être un homme encyclopédique pouvait passer pour raisonnable et utile, lorsque les sciences étaient dans l'enfance : quand elles eurent atteint un certain degré d'étendue, cette même manie put encore paraître plausible, quoiqu'elle ne fut pas exempte de témérité ; aujourd'hui elle n'est plus que ridicule. Qui oserait de nos jours prétendre à posséder seulement une douzaine de sciences ou de langues orientales ? Que si toutefois il existe un seul homme qui ait une telle ambition, cela prouve que la race des insensés se perpétue et qu'on doit penser avoir fait beaucoup quand on s'est permis d'en rire. Mais les travaux partiels des savants seraient inutiles, si les uns ne pouvaient profiter des fatigues des autres, chacun dans l'ordre de ses propres études ; puisque les liens mutuels de toutes les sciences, et spécialement de quelques-unes d'entre elles, sont tels qu'on ne peut les cultiver d'une manière convenable, sans un secours et un concours réciproque. Or, comme il est impossible d'en professer un grand nombre, il s'ensuit que lorsqu'un savant a besoin pour ses études de données ou de notions extrinsèques, il les emprunte à ceux qui les possèdent et qui les lui donneront bien plus solides, plus abondantes et plus certaines qu'il ne pourrait les acquérir par lui-même sans la préparation indispensable. Par ce moyen, les diverses branches des connaissances se prêtent secours, et la science propre à chaque savant devient, dans l'occurrence, commune à tous. C'est ce qui arrive principalement dans les travaux généraux, comme dans l'essai que je publie ; en effet, devant y passer en revue tous les peuples de l'antiquité et y rechercher la formule fondamentale de leur doctrine, je suis forcé de recourir aux élucubrations des hommes savants qui ont fait de chacun d'eux une étude approfondie. Il serait aussi ridicule de la part des autres d'exiger plus que de la mienne de vouloir faire davantage.

Ce serait en vérité une chose singulière si d'autres que ceux qui en font une étude spéciale ne pouvaient parler, par exemple, des antiquités indiennes, iranéennes, sémitiques, mongoles et américaines, des hyéroglyphes de Thèbes et de Palenque, des caractères cunéiformes, des runes scandinaves, des nœuds des Péruviens, des signes numériques employés par les Ardres, les Guanches et les Chinois, et de cent autres choses de même sorte, en s'appuyant des recherches des érudits, non pas pour les répéter et faire une vaine dépense d'érudition, mais pour les appliquer à l'étude des idées et à la recherche des origines et des doctrines. Je demanderai dans quel but ont écrit tant d'hommes de mérite, qui ont consumé une longue vie et un esprit plein de force dans de savantes recherches, si le philosophe ne peut s'appuyer de leurs travaux, et doit remonter directement aux documents originaux? Si je voulais apprendre, par exemple, les éléments du Sanscrit ou de l'Arabe, je ne me méfie pas assez de ma mémoire pour que je ne me crusse en état, au bout de quelques mois d'étude, de barder mon livre de citations orientales, qui émerveilleraient les ignorants, et leur donneraient une haute idée de mon érudition. Et quelqu'un dirait peut-être : voyez quel homme extraordinaire ! Il fait profession d'être philosophe, et cependant il sait toutes les langues ! Mais je ne tromperais pas pour cela les hommes instruits, qui savent distinguer l'érudition superficielle et empruntée, de celle qui est propre et profonde. Et je ne me ferais certainement pas non plus illusion à moi-même, persuadé comme je le suis, qu'aucun homme ne peut suffisamment posséder une seule langue savante, au point d'en interpréter en toute sûreté les monuments, sinon après une étude assidue d'un grand nombre d'années. J'ai connu de très habiles hellénistes qui, après une étude constante de deux lustres et plus, disaient ne pas savoir le Grec, et procédaient avec circonspection et en tremblant lorsqu'il s'agissait de décider quelque point obscur et difficile de philologie grecque. Et d'autres voudraient se faire passer pour des Orientalistes après une étude de quelques mois ! Si, dans les langues modernes, qui nous sont plus familières, on ne peut remonter aux origines et déchiffrer les anciens monuments sans une étude spéciale ; s'il se trouve en Italie, en Espagne, en France, peu de savants qui possèdent une connaissance approfondie de leur propre langue, quoiqu'ils l'aient apprise dès leur enfance, voudrions-nous nous persuader que l'entreprise sera plus facile et plus prompte pour les idiomes orientaux, si riches, si compliqués, si éloignés par le son et leur caractère de tous ceux auxquels nous sommes habitués ? Si donc j'ai recours à l'autorité des orientalistes et des philologues de profession, je crois qu'on doit non-seulement m'excuser, mais même m'en louer. Mais comme l'autorité des érudits varie selon leurs études et leurs talents, d'où il suit que, pour s'appuyer de leurs témoignages, il est nécessaire de les peser plutôt que de les compter, j'ai cherché à m'attacher autant que cela m'a été possible, aux meilleurs, et lorsque ceux-ci ne suffisaient pas, j'ai fortifié leur autorité par des raisonnements. Je me suis aussi très souvent conduit avec les philologues comme avec les voyageurs qui ne sont pas tous des Anquetil, des Cook, des Pallas, des Niebhur, des Ker-Porter, des Humboldt, et dont le témoignage ne peut obtenir une pleine confiance que lorsque plusieurs s'accordent sur le même récit.

La méthode que j'ai suivie dans la partie doctrinale de mon ouvrage, est un mélange de synthèse et d'analyse ; mais elle est principalement synthétique. La nature préliminaire de ce travail ne comportait pas que je procédasse avec une méthode absolument rigoureuse, sous peine de tomber, infailliblement, dans un malheur qui maintenant est seulement probable : celui de ne pas trouver un seul lecteur. Mais j'ai dû donner le premier rôle à la synthèse ; le caractère de mon sujet m'en faisait une nécessité. Aussi ceux qui ne sont pas habitués à ce mode de procéder me trouveront d'abord obscur, et il leur semblera que j'affirme gratuitement sans m'appuyer de preuves. Mais s'ils ont la patience d'aller plus avant, ils trouveront peut-être que les obscurités se dissipent et que ce qui suit explique ce qui précède. De cette manière, on peut dire que les conséquences fortifient les prémisses; non pas que celles-ci ne soient déjà évidentes et légitimes par elles-mêmes, mais parce que l'esprit ne peut jouir pleinement de leur lumière, s'il ne les embrasse conjointement avec les déductions, joignant pour ainsi dire les ruisseaux à leur source. Cette vue complective de toute la vérité produit une conviction irrésistible contre laquelle se brisent toutes les forces et les embûches du scepticisme. La synthèse descend des idées aux faits, et dans le développement même des idées elle part des points les plus élevés, les plus généraux, et par conséquent aussi les plus réels, les plus concrets, les plus substantiels, pour descendre peu à peu aux régions inférieures, dans lesquelles, par une synthèse intermédiaire, les choses sensibles s'unissent aux intellectuelles. Or, comme ces régions inférieures nous sont plus familières que les supérieures (de même que les vallées nous sont mieux connues que la cime et la pente des montagnes), elles éclaircissent et confirment la notion de celles des autres auxquelles elles se rattachent. Tout homme possède une notion réfléchie du vrai intuitif, connexe et pour ainsi dire participant de la nature des idées d'un ordre inférieur qui lui sont les plus usuelles ; de manière que le discours qui passe successivement à des objets plus voisins et plus palpables, fortifie ses propres prémisses et acquiert une clarté qui se réfléchit sur le chemin qu'il a parcouru. Si quelqu'un me demandait pourquoi je ne me suis pas tenu dans la route la plus facile, en m'élevant du particulier au général, je lui répondrais que j'ai dû m'attacher essentiellement à la vraie méthode scientifique, laquelle, dans les matières spéculatives, n'est pas autre que la synthèse, comme je le prouverai ailleurs. L'analyse n'est applicable que partiellement aux idées, c'est-à-dire en tant qu'à chaque pas de la méthode synthétique on peut revenir en arrière, et refaire analytiquement le chemin qu'on a parcouru; ce qui serait impossible, si l'on n'avait commencé par la synthèse. J'ai moi-même pratiqué quelquefois ces retours confirmatifs; le lecteur pourra les appliquer aux autres parties de la doctrine.

Dans un petit écrit antérieur, composé et publié pour une circonstance particulière, et favorablement accueilli, malgré ses défauts, par des hommes très savants, jai touché plusieurs questions philosophiques intimement unies à la religion, qui était l'unique objet de mon travail. Mais cet ouvrage, qui n'était guère qu'une suite d'aphorismes accompagnés de courtes explications, ayant donné lieu à plusieurs difficultés qui m'ont été soumises par ceux-là même qui l'avaient accueilli avec bienveillance, sur quelques points de philosophie plutôt indiqués qu'éclaircis, je crois pouvoir les satisfaire en expliquant davantage ma pensée. C'est ce que je commence à faire dans la présente introduction, et je continuerai successivement, à mesure que la marche scientifique m'ouvrira l'accès des parties les plus reculées de la science, si la Providence me permet de poursuivre mon entreprise. Les idées du surintelligible et du surnaturel sont d'une grande importance en philosophie; la première, particulièrement, est liée intimement avec toutes ses parties, et renferme la clé d'une foule de problèmes sans cela insolubles. Beaucoup de systèmes philosophiques, comme par exemple toutes les doctrines orientales et celles des néoplatoniciens, sont tellement liées avec ces deux idées, que sans une profonde analyse de ces dernières on ne peut en acquérir une parfaite connaissance. Aussi y aurait-il de quoi être frappé de stupeur et de pitié de voir combien elles sont négligées par les philosophes modernes, si l'état déplorable dans lequel est tombée la métaphysique, pour les parties que l'on cultive, ne diminuait la surprise et le regret que devrait exciter une pareille négligence.

A propos de ce petit écrit et des objections savantes et bienveillantes qui me furent adressées, je ne ferais point mention des critiques d'un autre genre, si la nature de mon sujet ne m'en faisait une obligation. En effet, pour celui qui écrit pour la défense de la religion, la bonté et la sainteté de sa cause lui font un devoir d'éloigner toute interprétation peu favorable qu'on pourrait tirer de son silence. Je dis donc que l'on ne doit répondre, selon moi, qu'aux critiques qui sont polies et faites par des personnes qui comprennent la matière. Dans le cas dont il s'agit, je n'ai pas dû examiner si les censeurs en question avaient rempli la première condition, puisque j'ai reconnu à des indices manifestes que, quand même ils l'auraient voulu, ils ne pouvaient satisfaire à la seconde. J'ai assurément éprouvé quelque surprise en voyant des personnes douées d'un certain bon sens s'occuper de matières abstruses et compliquées, et dans lesquelles la dignité du demi-savant qui veut s'en mêler court au moins le plus grand danger. Je crois très volontiers néanmoins que quelques-uns de ces critiques déterminés sont versés dans les mathématiques, la physique, la chimie, ou toute autre science; que d'autres s'entendent aux belles-lettres, ont écrit quelque article de journal, fait quelque petite traduction, tourné quelques vers; je crois que tous ont lu quelque volume de cette philosophie et de cette théologie qui ont cours de nos jours : mais qu'ils connaissent même médiocrement les sciences spéculatives dans leur ensemble, et qu'ils possèdent cette profondeur spéciale d'esprit nécessaire pour en pénétrer les parties les plus reculées ; qu'ils connaissent bien les doctrines et les traditions du christianisme, je ne peux me le persuader autant que je le désirerais. Et je pense que ces critiques eux-mêmes, s'ils réfléchissent un peu, riraient si je faisais mine d'y croire. Ils me pardonneront par conséquent si je fais de leurs censures le cas qu'elles méritent ; et si je les rappelle ici, c'est afin d'apprendre au besoin, dès aujourd'hui, à ceux qui les ont prononcées, quel prix j'attache à leur jugement.

L'écrivain, qui de nos jours se montre religieux, bien loin de se promettre l'approbation universelle, doit au contraire s'attendre au blâme, à des critiques acerbes, et au mépris du plus grand nombre. Ce n'est pas que le christianisme et la religion soient tout-à-fait passés de mode ; mais il faut distinguer. Il est permis de faire profession de piété et d'être chrétien à la moderne ; mais être chrétien à l'antique, c'est une honte ou une audace intolérable. S'il vous prend fantaisie de parler religion, gardez-vous d'en parler tout simplement et de vous servir du langage du catéchisme ; gardez-vous d'employer ces formules précises et vénérées que l'Église a consacrées comme le langage authentique des sciences sacrées. A la nouveauté étrange des paroles doit répondre celle des pensées ; peu importe que celles-ci soient vraies pourvu qu'elles paraissent inconnues. La nouveauté est aujourd'hui le suprême but du savoir, et heureux qui sait le mieux y marcher. Un système religieux et philosophique, pour plaire au goût des modernes, a besoin d'être un roman d'idées,

comme les romans ordinaires sont des systèmes d'images ;
bien plus, les doctrines rationnelles et théologiques ont d'autant plus de vogue qu'elles sont plus vaines et moins solides
que les fictions poétiques. Or, je n'ai pas dissimulé et je ne
dissimule pas que je ne puis estimer de pareilles extravagances
que pour ce qu'elles sont, c'est-à-dire, pour des jeux ingénieux qui seraient supportables comme passe-temps, si elles
ne roulaient sur les choses les plus respectables et les plus
importantes qu'il y ait au monde. Écrire un livre de plaisanteries me paraît indigne d'un homme grave ; plaisanter
sur les sujets les plus sérieux, indigne d'un homme honnête
et bien élevé. Dans le cours de cet ouvrage, il m'arrivera
souvent de parler de la religion ; parce que, quoique la philosophie soit distincte de cette dernière et que chacune d'elles ait
ses principes et sa méthode propre, leurs liens de parenté sont
cependant si intimes et si multiples, que souvent l'une est
inséparable de l'autre. J'avertis donc mes lecteurs que comme
je n'entends point plaisanter, mais parler sérieusement, la
manière dont j'écrirai sur la religion sera celle qui convient
à l'homme catholique, celle qui est conforme à ma foi ; de
plus, je ne rougirai jamais d'employer le langage respectable
de l'Église, soit qu'elle parle à la raison des savants, soit
qu'elle s'adresse aux petits enfants et aux simples d'esprit.
L'usage contraire est la marque d'un esprit frivole et apprêté ;
c'est une faute non-seulement contre la saine théologie, mais
encore contre le bon goût. Toutefois, j'ai la confiance que la
nouveauté convenable ne manquera point à mon ouvrage ; je
tiens même pour certain qu'il se trouve plus de nouveauté et
de singularité de pensées dans un seul dogme catholique, bien
qu'ancien comme le monde, que dans tous les philosophes
pour rire de l'époque. J'ai voulu donner cet avis afin qu'aucun
de mes lecteurs ne s'y trompe, ce dont je serais très fâché.

Celui dont la religion catholique excite la bile ou le dédain, fera bien de s'adresser à d'autres et de ne pas lire mon livre.

Il se présentera peut-être une autre classe de critiques qui, sans se plaindre précisément que je sois orthodoxe, trouvera que je le suis à l'excès. Cette accusation, portée contre un livre traitant de matières entièrement théologiques, sera plus forte contre celui-ci; attendu qu'il peut paraître étrange qu'un philosophe fasse quelquefois le théologien, lorsqu'il est d'usage de renverser et de ruiner la religion en faveur de la philosophie. Mais je voudrais bien que ces critiques me déclarassent ce qu'ils veulent dire par trop orthodoxe. C'est là une expression que je ne comprends pas. Je sais que l'on peut être plus ou moins protestant, plus ou moins incrédule, parce que ces mots expriment des qualités négatives, qui, hors de la négation absolue, n'ont point de règle constante; mais je ne vois pas que l'on puisse dire que l'on est plus ou moins catholique, sinon en parlant improprement, comme quand on dit d'une doctrine qu'elle est plus ou moins vraie. La vérité en elle-même est une, immuable, indivisible. Le catholicisme qui est la perfection du vrai moral et religieux, jouit des mêmes avantages; de sorte qu'on ne peut rien en ôter, ni rien y ajouter sans le détruire. Celui qui croirait avec une foi parfaite aux enseignements de l'Église, excepté à un seul article, ne serait pas plus catholique que ceux qui en rejetteraient toute la doctrine. On pourrait dire de cet homme-là qu'il est moins loin que les autres d'être catholique, comme les Stoïciens disaient de l'homme médiocrement bon, qu'il s'en fallait qu'il fût éloigné d'être un sage; mais on ne pourrait le dire catholique, sans détruire le catholicisme. L'essence de celui-ci, en effet, consiste à reconnaître l'absolue souveraineté de l'Église sur la définition du vrai moral et religieux; et nier cette souveraineté pour la partie la plus petite, c'est la détruire aussi bien que si on la niait pour le tout. Il est vrai que l'autorité ecclésiastique, en définissant les vérités révélées, et en en déterminant les points essentiels, a laissé autour d'eux pour ainsi dire une certaine marge à laquelle ne s'étendent pas ses définitions. Or, telle est la nature de la pensée et du langage humain, qu'on ne peut sortir des simples formules ni entrer dans des explications, sans s'étendre sur cette marge indéfinie, et ajouter quelque opinion personnelle au dogme établi par l'Église. Distinguer avec précision l'un de l'autre, cela dépend de l'instruction et de la prudence du lecteur ; et on ne peut inculper l'écrivain, quand il s'écarte le moins qu'il lui est possible de la ligne mathématique de la certitude.

La sagesse catholique déplaît autant au goût des modernes, par sa sévérité que par sa modération; éloignée qu'elle est des deux excès de la superstition et de l'incrédulité, dans lesquels se laisse entraîner volontiers l'esprit humain. Je me suis étudié à éviter tout excès et à me renfermer constamment dans cette modération qui, selon moi, dans les choses spéculatives, est l'ensemble et l'harmonie des vérités ; aussi, je ne puis me flatter de ce côté de trouver beaucoup de personnes qui accueillent avec bienveillance mes doctrines. En effet, l'homme modéré ne peut être agréable aux factions, ou pour mieux dire à tout le monde, puisque dans ce siècle exagéré tout individu appartient à un parti. Sans compter que l'écrivain qui évite les idées extrêmes, trouve du vrai et du faux dans presque toutes les opinions et les discerne avec soin pour retenir l'une et rejeter l'autre. Or, ce triage ne convient pas aux factieux qui sont plus portés à vous en vouloir pour ce que vous rejetez, qu'à vous être reconnaissant pour ce que vous approuvez dans leurs opinions. Au contraire, celui qui exagère, quelque étranges et grossières que soient ses inductions, est sûr de trouver des gens qui l'applaudissent et qui prennent ardemment son parti. Êtes-vous le défenseur d'une liberté licencieuse et dont la durée est impossible ? vous pouvez compter que vous trouverez des compagnons dans beaucoup d'hommes sincères, mais qui sont dans l'erreur, et dans les mécontents de tous les pays, qui sont en grand nombre. Aimez-vous le despotisme et la tyrannie ? vous serez honoré dans les lieux où ils règnent, et où se trouvent établies des sectes qui aspirent à les faire régner. Êtes-vous incrédule, matérialiste, athée, fauteur d'une philosophie désolante et dégradante ? il ne manque pas de partisans du siècle dernier qui vous appelleront le conservateur des bonnes doctrines. Êtes-vous l'ami de ce demi-christianisme sans nom, sans base, sans ordre, que l'on peut savoir sans étude et professer sans fatigue ? vous êtes heureux, parce que c'est la religion qui est à la mode ; vous serez prôné comme un génie neuf, profond ; vous serez célébré comme un homme progressif, un philosophe éclectique, un chrétien humanitaire, et les journaux des deux mondes retentiront de votre éloge. Appartenez-vous à ces catholiques qui voudraient ressusciter les horreurs du moyen-âge, prêcher la croisade contre les ennemis de l'Église, rallumer les bûchers et déshonorer par les persécutions une religion d'amour, de générosité, de patience, d'espérance, de mansuétude ? Vous trouverez malheureusement encore quelques hommes (je veux espérer qu'ils seront en petit nombre), qui vous regarderont comme un apôtre, un père de l'Église. Je laisse de côté les opinions qui regardent la littérature, dans laquelle on ne fait cas que des sentiments extrêmes. Mais si vous rencontrez un homme qui déteste les violences des peuples et des princes, qui aime une liberté tempérée et une monarchie libre, qui se rit de la fausse philosophie et d'une religion puérile, capricieuse, superficielle, impuissante à défendre ses titres et à circonscrire ses dogmes, inconstante comme la mode avec laquelle elle naquit et avec laquelle elle devra bientôt mourir; qui ne reconnaisse d'autre croyance, d'autre culte raisonnable que celui de l'Église visible, perpétuelle et universelle; qui distingue dans cette Église l'essence immuable des usages et des abus passagers et locaux; qui déplore les persécutions exercées quelquefois au nom de la religion, comme une violation de l'Évangile et une grave injure à la sainteté de cette même Église; celui-là ne fera certainement pas fortune dans le monde, trouvera peu de lecteurs, aura contre lui tous les partis, et sera méprisé comme un écrivain médiocre, faible, absurde, ou combattu à outrance comme un homme dangereux.

Je ne peux donc me dissimuler qu'en évitant les exagérations et les absurdités, j'ai mal travaillé pour la fortune de mon livre, et choisi une voie qui aujourd'hui ne mène pas à la gloire. Je serais fâché d'ailleurs, je l'avoue franchement, qu'on me crût un homme d'assez peu d'esprit et de cœur pour m'être proposé d'agir tout autrement, et n'avoir su le faire. Celui qui veut dépasser les bornes, pousser jusqu'aux extrêmes et se signaler en se rendant singulier, n'a qu'à se laisser aller à une opinion ou à un sentiment; mais se renfermer dans de justes limites, conserver l'équilibre entre les diverses facultés et inclinations de son propre esprit, et éviter de parler à la légère, c'est, à mon avis, un art plus difficile. Que les modernes dispensateurs de la renommée sachent que mériter et conquérir amplement leurs éloges, est une gloire que l'on peut se donner sans être pour cela taxé de présomption. Courir après des images fantastiques, se livrer à des inventions bizarres et monstrueuses, en cherchant son plaisir dans les erreurs et les paradoxes, comme sont en usage de le faire aujourd'hui ceux qui aspirent à la célébrité, c'est chose aisée pour tout esprit vain et médiocre. Mais peut-être est-il plus difficile de forger des mots nouveaux, de rajeunir certaines opinions vieillies, d'abuser d'une érudition vulgaire pour composer, comme le font quelques-uns, l'apologie des sottises et des cruautés du moyen-âge? Peut-être que cette philosophie éclectique, qui concilie ensemble toutes les erreurs et n'exclut de ses doctrines autre chose que le vrai, exige un discernement subtil et profond? Peut-être faut-il une rare supériorité d'éloquence pour ennuyer les lecteurs les plus patients et faire rire les plus graves, en discourant fort au long et en l'air sur la perfectibilité et le progrès? Peut-être exigera-t-on une grande et singulière force d'invention pour démontrer la vérité des mystères du christianisme par les étamines des fleurs et la forme de leurs coroles; pour adoucir par quelque variété de pensées l'invraisemblance des mythes et des symboles bibliques; pour inventer subitement et organiser, comme on le fait de nos jours, une nouvelle religion? Peut-être faut-il avoir une vaste connaissance des hommes et une profonde notion de leur destinée pour improviser une république parfaite sur le papier, et cent autres choses de même espèce? Quiconque opère quelques-uns de ces miracles, est certain aujourd'hui d'être applaudi; il est certain d'obtenir cette immortalité de vingt-quatre heures que les journaux peuvent accorder à tout honnête homme, dans leurs colonnes. Mais je suis assez peu ambitieux pour que ces splendeurs ne me tentent pas. J'aime mieux survivre aux critiques qu'aux éloges de mes contemporains.

Je ne voudrais pas cependant qu'en me voyant avare d'éloges pour certaines inventions modernes, on me crût l'ennemi de la civilisation de notre siècle, j'en suis au contraire le fervent et sincère partisan; et c'est le zèle même qui m'anime pour les progrès véritables qui me fait détester tout ce qui amollit l'ame, rend le savoir superficiel et revêt la barbarie ressuscitée de dehors agréables. La grossièreté antique était moins à redouter, moins opposée à la véritable civilisation que la délicatesse moderne, parce qu'une barbarie forte conduit souvent à la civilisation, tandis que la corruption mène à une barbarie faible et impuissante, véritable décrépitude des peuples, avant-courrière de leur mort. Malheur à ceux qui fondent la civilisation sur les encyclopédies, les journaux et certaines doctrines nouvelles ; qui honorent du nom d'Ostrogoths et de Vandales ceux qui n'admirent pas leurs inepties ! J'aime le progrès, moi aussi ; mais non certes le progrès comme ils l'entendent. Le vrai progrès est comme l'innocence du jeune âge ; l'homme le possède sans le savoir, et quand il sort de cette heureuse ignorance, quand il se met à discourir sur un bien si précieux, il montre qu'il l'a perdu. Les siècles qui ont le plus avancé la civilisation ne s'en sont pas doutés. Aujourd'hui que tout le monde parle de progrès, que des livres et des journaux se parent de ce beau nom, les hommes sensés, s'il s'en trouve encore, savent si les effets répondent aux espérances et aux promesses. On ne se tient plus immobile ; on marche, on court... mais en arrière, en arrière !... et le vertige fait croire qu'on va en avant. On peut dire des théories du progrès, ce qu'on dit de celles de la poétique, de la rhétorique, de l'esthétique, elles fleurissent et apportent le beau dans l'art quand le génie est devenu impuissant à le mettre en œuvre. Ainsi, depuis que les hommes se sont accoutumés à marcher comme les écrevisses, on enseigne l'art d'aller en avant, et heureux qui sait parler le plus longuement du progrès. Si la folie se prolonge, il arrivera un temps où un homme de mérite n'osera plus prononcer, sans rougir, le mot de progrès ; et déjà aujourd'hui, celui qui en parle doit, s'il veut sérieusement être écouté du petit nombre d'hommes sages qui restent, circonscrire très strictement sa pensée et se séquestrer de certains partis.

Je serais profondément affligé qu'on m'accusât d'excéder, relativement aux personnes, les limites de modération et de décence qu'on peut aujourd'hui dépasser par rapport aux doctrines, non-seulement sans encourir de blâme, mais même avec éloge. Dans le cours de mon ouvrage il m'arrive quelquefois de combattre des penseurs et des écrivains, de noter les défauts et les vices particuliers de certaines classes d'hommes et de citoyens. Parler contre les autres a déjà une apparence d'animosité; et elle s'augmente si l'on parle avec quelque chaleur, si l'on blâme, non pas les opinions, mais les habitudes et les affections d'autrui, bien qu'on ne sorte pas des généralités. Le langage humain est très imparfait; celui qui combat les erreurs et les vices semble hanter les hommes qui se laissent aller à l'erreur et au vice; et cependant si l'on s'impose l'obligation de rendre cette interprétation impossible, il faut renoncer à écrire, ou le faire d'une manière insupportable et employer un style où il n'y aura ni spontanéité ni chaleur. Sans compter que, soit en parlant soit en écrivant, celui qui reste dans les généralités ne peut pas toujours indiquer les exceptions; il est réduit à exprimer le probable comme certain, le relatif comme absolu, et à commettre beaucoup d'autres impropriétés d'expression inséparables du langage humain, comme le savent fort bien tous ceux qui sont habitués à se servir d'une manière spéciale de la parole. Les lecteurs doués de discernement savent rabattre de ces expressions et les réduire à leur vrai sens; mais tous ne le sont pas. Je déclare cependant d'une manière expresse que je n'entends faire allusion à aucune personne privée en particulier; convaincu que l'habitude d'attaquer les vivants n'est ni d'un homme poli, ni d'un honnête homme, ni d'un chrétien. Interpréter autrement mes paroles, serait contraire à mes intentions dont la sincérité ne sera point révoquée en doute par ceux qui me connaissent. Je déclare en outre être convaincu que parmi les défenseurs de toutes, ou de presque toutes les opinions, il se trouve des personnes dignes d'estime, et que, dans les diverses classes de citoyens, il ne manque pas d'exceptions honorables aux vices et aux défauts qui sont le plus communs dans chacune d'elles. Je n'ignore pas qu'il y a beaucoup d'hommes qui professent des opinions religieuses, philosophiques, politiques, très opposées aux miennes, et qui par leur génie, par leur savoir, par leur grandeur d'ame, par leurs vertus morales et civiles sont très dignes d'amour et de respect; je pourrais même en citer quelques-uns que je me glorifie de connaître et d'avoir pour amis. Mais généralement parlant, je ne m'abstiens point de noter les défauts et les erreurs, pas plus que de dire la vérité, qu'elle soit dure pour un petit nombre ou pour un grand. Et j'ai cru pouvoir le faire sans qu'il y ait présomption de ma part; car un écrivain serait non-seulement injuste, mais souverainement ridicule, si, en notant les fautes des hommes, il ne se souvenait pas que lui aussi il est homme, et participe aux misères de la nature humaine; s'il ne savait pas que la défense de faire allusion aux individus, quand on parle ou qu'on écrit, s'étend à tous le monde, sauf la personne de celui qui parle ou qui écrit.

Ces considérations concernent les personnes privées. Il en est qui voudraient les étendre aux personnes publiques; il me semble qu'ils ont tort. Tout le monde s'accorde à reconnaître qu'en politique il est permis de critiquer et de blâmer les actes publics des citoyens, pourvu qu'on le fasse avec la justice et la modération convenables. Pourquoi ne serait-il pas permis, et quelquefois même nécessaire d'en faire autant dans les autres ordres d'actes publics? Un écrivain, considéré comme écrivain, n'est pas un homme privé; divulguer par le moyen de la presse ses propres pensées et les communiquer à tous les hommes, est une action publique, plus publique même que les actes d'un prince ou d'un ministre, si l'écrivain est illustre, s'il est tel qu'il se fasse lire par beaucoup de monde et passe à la postérité. Dans l'auteur d'un livre, il faut distinguer l'homme de l'écrivain. L'homme, dans le cercle de ses habitudes et de ses actions privées, doit être respecté de chacun; il ne peut être justiciable que de la loi; hors ce cas, ses démarches sont inviolables. Il n'en est pas de même de l'écrivain, si en publiant ses opinions il commet une faute quelconque, il peut être blâmé par le premier venu, en ce qui a rapport à cette faute publique. Or, aujourd'hui personne ne se fait scrupule de cette espèce de censure par rapport aux opinions littéraires et surtout aux opinions politiques. Si quelqu'un abandonne son drapeau et passe au parti contraire, quoiqu'il n'agisse point ainsi par de vils sentiments, tous les autres lui tombent sur le dos, et il devient l'objet des rires et des railleries de la foule. Il ne lui épargnent pas les calomnies; ils l'appellent traître et vendu; ils attribuent son changement aux plus vils motifs; ils scrutent et passent en revue avec une merveilleuse sollicitude sa vie passée, et malheur à lui si elle offre quelque prise à leur malignité subtile et inexorable! Mais, dans les affaires de religion, les choses se passent tout autrement. Si un homme trahit la foi qu'il a donnée à Dieu et son ministère, insulte la religion, l'Église, la majesté du pontificat, se rend publiquement renégat et profanateur, et, par son exemple, entraîne beaucoup de gens simples dans sa ruine; il n'est pas permis de dire contre lui une parole sévère, de condamner un scandale si criant. Celui qui le fait est traité d'homme intolérant; et c'est là un de ces mots magiques qui donnent raison à quiconque les emploie le premier. Mais la tolérance et l'intolérance regardent les actions et non les jugements. La tolérance interdit de violenter la conscience d'autrui et non de la juger quand elle s'expose elle-même en public ; elle interdit d'entraver et de circonscrire la liberté d'autrui, mais non d'agir sur les opinions par la parole, non de dire que le bien est bien, et que le mal est mal, quand il s'agit de choses notoires et passées sous les yeux de tout le monde ; autrement ce serait de l'indifférence, et l'immunité donnée aux uns tournerait à l'esclavage et au détriment des autres. Il est vrai qu'en tout cela il faut procéder avec une grande modération, et celui qui ne le fait pas, n'est plus intolérant, mais pèche par l'excès contraire, du moins pour quiconque ne veut pas changer, comme on le fait d'ordinaire, la signification des mots. Dans le siècle dernier, on appelait intolérant quiconque défendait la religion avec les armes de la science : aujourd'hui on ne conteste plus ce droit ; cependant, comme la défense de la foi ne permet pas qu'on se taise toujours sur les scandales qui l'offensent, on veut sévèrement le prohiber. Mais je ne puis me persuader que tandis qu'il est permis de s'élever contre les renégats d'une secte et d'une opinion politique, la seule apostasie religieuse soit respectable. Les peines temporelles contre les délits purement religieux doivent être réprouvées, parce qu'elles ont au moins pour effet de rendre pire le délinquant, de faire haïr la religion, qui par sa nature est pleine de douceur et de mansuétude ; mais la censure, même grave, n'est pas une peine et ne produit aucun de ces inconvénients. Bien mieux, elle peut produire des effets contraires, et elle est souvent nécessaire pour empêcher ou diminuer l'influence pestilentielle que les scandales publics et éclatants produisent sur la multitude. Autrement, la douceur chrétienne serait de la molesse et de la lâcheté ; ce serait une connivence tacite avec ceux qui insultent et blasphèment la religion qui enseigne cet esprit de douceur. Aujourd'hui, on exige de la religion cette humilité qu'elle commande à ses sectateurs, et on permet de la défendre pourvu qu'on le fasse tout bas. Réfutez les objections de ses adversaires, mais avec une grande modestie ; gardez-vous de dire un mot, bien que juste, qui puisse déplaire ; gardez-vous d'avoir trop confiance en votre cause, de montrer cette généreuse hardiesse qui anime le défenseur de la vérité. Vous ferez preuve au contraire d'une grande prudence en louant les intentions de tout ennemi de la foi, et en vantant dans tous les cas la noblesse et la fermeté de sa conduite (6). En vous tenant dans ces termes, il vous sera permis d'écrire ; autrement on vous appellera intolérant, déclamateur, fanatique, homme incivil et indigne de toute honnête société. J'ai toujours pensé que le chrétien doit être humble dans ce qui le concerne personnellement ; mais qu'il ne faut pas refuser une noble fierté au défenseur de la vérité. Je ne pourrai jamais croire que la religion ne soit et ne doive être hautement fière ; parce que la religion, c'est Dieu ; et que ce qui est orgueil dans les hommes, est en Dieu le sentiment légitime de sa propre excellence. Il n'y a rien de plus impérieux que la vérité, suprême et absolue souveraine des esprits créés, et sûre, au milieu des persécutions, d'un triomphe immortel. Ceux qui conseillent de traiter mollement sa cause, ont pour but, sans que cela paraisse, de la ruiner ; artifice digne de l'empereur Julien, qui voulait déraciner le christianisme, en faisant semblant de le tolérer. —Que les défenseurs de la religion ne prêtent point l'oreille à ces conseils et à ces menaces ; qu'ils se gardent bien d'être timides et lâches par appréhension du siècle. Respect souverain, en toute circonstance, pour les hommes privés, modération envers les écrivains ; mais quand l'honneur de la vérité l'exige, sévère franchise. Les oreilles sensibles s'offenseront; on criera, on fera du bruit; on verra se soulever d'indignation beaucoup d'individus qui entrent en fureur toutes les fois que la religion qu'ils voudraient écraser ose lever la tête et les regarder en face; mais ces colères n'auront aucun effet. L'indignation et les fureurs des hommes passent; les opinions injustes s'évanouissent; la raison seule ne peut jamais avoir le dessous, et elle est sûre de vaincre et de triompher (7).

La délicatesse moderne ne défend pas seulement de censurer la personne des vivants, quand il s'agit de religion ; mais elle ne souffre pas même qu'on parle sévèrement des morts. Ce n'est pas que la défense soit absolue, et que ces hommes difficiles qui la portent se fassent scrupule d'invectiver à droit ou à tort contre les réputations les plus illustres, toutes les fois qu'elles ne sont point consacrées par la mode. Mais malheur à quiconque touche aux idoles de cette dernière! malheur à qui parle avec peu de respect de certains noms adorés du vulgaire élégant et efféminé! Il m'est arrivé dans mon précédent écrit de parler avec sévérité de Georges Byron et du caractère moral de ses ouvrages. Je n'ignorais pas que ceux-ci sont la nourriture préférée d'un demi-monde de lecteurs et de lectrices, et que quiconque élève la voix contre le poëte anglais peut attirer sur sa tête un grand orage; bien qu'à vrai dire, de tels ennemis soient plus redoutables par leur nombre que par leur valeur. Mais quand j'ai des raisons fondées de croire que ma manière de voir s'accorde avec la vérité, je n'ai pas pour habitude de m'inquiéter beaucoup si je suis d'accord avec la sagesse et l'opinion de la foule, qui, elle-même, s'inquiète fort peu de la vérité et de la justice. En effet, si Byron eût été pauvre et plébéien, religieux et réglé dans sa vie et dans ses écrits, on peut mettre en doute qu'avec tout son génie poétique il fût devenu aussi célèbre qu'il l'a été de son vivant, et qu'après sa mort il eût trouvé tant de panégyristes de sa personne, et tant d'admirateurs de ses écrits. Moi, je ne flatte ni les morts, ni les vivants ; je méprise hautement les illustres vicieux, et je les juge les plus abjects des hommes, à l'exception de leurs admirateurs. Je voudrais ensuite demander à ces fougueux défenseurs de Byron qu'ils me disent si ce que j'ai dit de sa conduite et de la moralité de ses écrits, est vrai ou faux. Si c'est faux, je serais bien aise de le savoir ; si c'est vrai, qu'on me permette de dire ou que la religion et la morale sont une folie, ou que je n'ai point excédé les bornes. Et je ne suis pas seul à penser de la sorte ; j'ai connu des anglais très savants et très modérés qui n'avaient pas une meilleure idée de leur compatriote, et qui ne s'exprimaient pas avec plus de bienveillance sur son compte. Eh quoi ! Un homme a passé sa vie à blasphémer la Providence de son Créateur, et il ne sera pas permis de prononcer contre lui une parole de blâme ? Un poëte a employé son génie à corrompre ses semblables en les amusant, à sapper les bases de la société humaine qui reposent sur les terreurs et les espérances de la religion, et on ne pourra le déclarer plus coupable devant Dieu et devant les hommes que ces malfaiteurs vulgaires qui languissent dans les prisons et expirent sur le gibet ? Les beaux vers feront excuser la dissolution des mœurs et l'impiété des doctrines ? Vous méprisez avec raison et vous regardez comme des hommes vils, le voleur, le parjure, le traître ; et vous justifiez, vous louez, vous élevez jusqu'au ciel le blasphémateur, le sacrilége, le corrupteur de la jeunesse et de l'innocence ? C'est être coupable à vos yeux que d'offenser les hommes, et vous prônez ceux qui s'attaquent à Dieu ? Où en sommes-nous, si c'est ainsi que l'on raisonne ; si, pour un poète, on ne tient point compte de ce qu'il y a de plus sacré et de plus respectable ? — Mais ce fut un poëte d'un grand génie, d'un beau caractère, d'une naissance illustre.—

Qui le nie? Les qualités de Byron auraient-elles été plus grandes encore qu'elles ne le furent; qui ne voit qu'elles augmentent sa faute au lieu de l'affaiblir? Plus sont grands les dons de la nature et de la fortune que le ciel fait à un homme, plus il est coupable s'il en abuse. Le talent et l'éducation aggravent les fautes en augmentant d'un côté les mauvais effets qui en résultent, et de l'autre la faculté de les éviter. Quant à la noblesse de la naissance, je suis vraiment surpris que l'on réclame, pour excuser un écrivain, ce qu'on tournerait en ridicule si on l'alléguait pour disculper un prince. Tacite a-t-il fait grâce, par hasard, à la toge des patriciens et à la pourpre des empereurs? — Mais Byron avait reçu de la nature des passions ardentes, qui rendent ses égarements excusables. — Je sais que l'impétuosité des passions diminue les fautes, et je ne cherche point à juger la conscience des coupables. Je désire de tout mon cœur que cette considération ait eu la plus grande valeur possible pour cet infortuné aux yeux du souverain Juge. Mais si la passion diminue la faute, elle ne l'annule point; si elle peut rendre dignes de pardon les fautes et les emportements passagers, elle ne peut disculper et justifier une vie tout entière. Si elle peut excuser une parole libre, quelques vers fugitifs, elle n'efface pas la turpitude d'un livre infâme. Et quand je parle ainsi, je me borne aux actes extérieurs auxquels s'arrête notre compétence à nous autres hommes, qui ne pouvons pénétrer plus avant pour juger du démérite d'autrui. La juste et salutaire sévérité de l'histoire serait anéantie, si l'on devait pallier ou flatter les grandes fautes par des ménagements insensés pour les passions de ceux qui les ont commises. Quel est l'homme vicieux qui ne soit le jouet de ses passions, et qui, sous ce rapport, ne soit digne de pitié et d'excuse? Qui ne sait que la gravité du délit est proportionnée à la véhémence des causes qui le produisent, et que les grands criminels sont le plus souvent des hommes d'une trempe ardente et très passionnés? La perversité calme est très rare, ou même ne se trouve point parmi les hommes. Le bandit aussi est la victime infortunée du mal qui travaille notre nature. Et si malgré cela vous abhorrez celui qui s'approprie le bien d'autrui, si vous condamnez l'homme qui a répandu le sang de son frère, n'aurez-vous pas en exécration l'auteur d'un mauvais livre, qui est le spoliateur et le meurtrier des ames, qui est coupable d'autant de morts qu'il y a de personnes auxquelles il a fait perdre la foi et l'innocence? Si nous pouvions avoir clairement exposés devant nos yeux les meurtres moraux qu'un écrit impie ou licencieux, mais célèbre, fait dans le cours de plusieurs générations, nous en serions effrayés. Nous verrions, que si la valeur morale des actions dépand en partie de leurs effets, aucun crime n'est peut-être comparable à celui-ci. Mais le poëte anglais a racheté ses erreurs, en consacrant sa fortune et sa vie à la cause sacrée des Grecs.— Oui ; il a porté secours aux Grecs de son temps, mais il sera nuisible à toute l'Europe, autant que dureront ses écrits, foyers d'impiété et de corruption. Il protégea les intérêts politiques d'un peuple qui en était très digne ; mais en foulant aux pieds la vertu et la religion, il coopéra à la dépravation de ces mêmes populations qu'il voulait arracher au joug des Turcs. Or, je ne sais dans quelle balance ce bien peut faire contrepoids à ce mal, à moins que ce ne soit à la balance du siècle à laquelle je m'en remets entièrement. Beaucoup de personnes absolvent Voltaire de ce lourd bagage d'obscénités et de blasphèmes qui surchargent ses écrits, en faveur de quelques bonnes maximes qu'on y rencontre ; et elles le surnomment le bienfaiteur de l'humanité, parce qu'il a écrit sur la tolérance, et fait réhabiliter la mémoire de quelques innocents. J'avoue qu'à ce point de vue, Byron aussi est très justifiable. Mais alors, je ne sais comment on peut rire des casuistes foudroyés par Blaise Pascal dans ses *Lettres Provinciales*, lesquels, avec tout leur relâchement, auraient eu honte d'excuser un écrit impie et obscène par un acte de vertu politique. De toute manière, si je ne puis louer la doctrine des nouveaux moralistes, j'admirerai leur simplicité et leur ingénuité, puisqu'ils ne s'aperçoivent pas qu'en faisant l'apologie de Byron, ils font une sanglante satire d'eux-mêmes et du siècle dans lequel ils vivent (8).

Ces sentiments, et la liberté avec laquelle je les exprime, ne peuvent me conquérir des approbateurs ni des amis parmi mes contemporains ; loin de là, ce sera la haine et le mépris du grand nombre qu'ils m'attireront. Je ne me le dissimule pas, et je proteste dès ce moment que, malgré cela, je ne rendrai pas aux malveillants haine pour haine, que peut-être même je ne répondrai pas à leurs railleries. Je remercie la Providence de m'avoir accordé, au milieu de beaucoup de défauts naturels, deux bonnes qualités, savoir : une certaine fermeté pour m'attacher à ce que je crois vrai et bon, et un esprit qui peut se suffire à lui-même et vivre assez heureux sans l'approbation et les louanges de la multitude. C'est pourquoi, si, parce que je fais profession d'être un homme catholique, je me vois taxé d'esprit faible, idiot, étranger à la civilisation du siècle, ami des vieilleries, incapable d'apprécier la perfection du savoir moderne, je supporterai tout cela avec patience. Si l'on m'accuse de ne pas aimer la liberté, parce que je hais la violence qui en précède la conquête, et la licence qui en accompagne la possession ; ou bien d'être un cerveau troublé, parce que je déteste le despotisme, et que je souhaite à ma patrie une condition plus digne de sa grandeur, je n'en serai point surpris, et je ne tiendrai pas grand compte de l'accusation. Si mes spéculations philosophiques sont méprisées, comme étant des abstractions inutiles, des rebuts de l'école, indignes par conséquent d'examen, je n'en serai pas non plus bien troublé (9). La conscience que j'ai de ne pas les mériter, me consolera suffisamment de ces imputations et d'autres semblables. Un seul soupçon me pèserait cependant beaucoup, et la considération de son injustice ne suffirait peut-être pas pour en adoucir l'amertume ; ce serait que l'on pût croire que quelqu'un de mes sentiments n'est pas sincère, n'est pas dicté par une vive affection envers ma patrie. Je peux me tromper par défaut d'intelligence, mais non par défaut de volonté et de cœur. Je m'applique à faire entendre aux Italiens ce que je crois vrai et utile, sans m'informer si cela leur est pareillement agréable, si c'est conforme à la manière de voir de tous ou du grand nombre. Je le dis sans hésitation, sans subterfuges, sans voiles, avec cette chaleur, cette franchise avec laquelle je le sens, avec laquelle on doit parler à des hommes généreux qu'on croit dignes de sa société. Si je me trompe, qu'on me reprenne ; mais que personne ne m'accuse de ne pas aimer ma patrie, parce que je parle sincèrement, parce que je n'hésite pas à dire des choses même dures et désagréables, quand je les crois utiles. Le mensonge seul est une injure ; et de tous les ennemis qu'on puisse avoir, les pires sont les flatteurs.

Et je croirais être pire qu'un flatteur, si je me rangeais à l'opinion de ceux qui, pour rendre heureuse l'Italie, veulent lui inspirer l'amour des choses et des usages étrangers. J'ai écrit ailleurs contre ces gens-là, et je ne les ménage pas dans le présent ouvrage ; et, s'il plaît à Dieu, je parlerai contre eux tant que je vivrai ; parce que c'est un de ces sujets sur lesquels je ne peux pas plus craindre de me tromper, que je ne puis douter que je suis Italien. Les étrangers ont toujours été nuisibles à l'Italie, non moins par leur influence morale, que par la violence et les armes. Le dernier siècle a vu naître, et nous voyons fleurir aujourd'hui une secte de Gallo-Italiens, qui voudraient tirer de Paris, comme on en tire la façon des habits, les trois fondements de la cité : la philosophie, la religion, la langue. Aucun aliment ne plaît à leur goût si la substance ou du moins l'assaisonnement ne sont français. Les Français sont assurément une nation très illustre ; ils ont produit de grands hommes et fait de grandes choses ; ils possèdent quelques inventions et quelques institutions que nous pourrions sagement nous approprier ; on leur doit en partie la liberté civile et politique de l'Europe ; ils semblent destinés à être les alliés de l'Italie, quand l'Italie sera redevenue une nation ; mais leur génie national est très différent du nôtre, et en tout ce qui concerne non les liens politiques, non le matériel et le positif de la vie extérieure, mais le moral ; en ce qui a rapport à la trempe de l'esprit et de l'ame, nous devons soigneusement nous garder de les imiter, autrement nous en prendrons le mauvais et non le bon ; parce que, comme il est impossible de dépouiller sa propre personnalité pour prendre celle d'autrui, et de changer sa nature, celui qui s'obstine à vouloir le faire ne parvient qu'à copier les défauts des autres. Ainsi voit-on ces Gallo-Italiens échanger l'or de leur patrie contre le clinquant étranger. C'est là une chose souverainement indigne et ridicule et qui doit faire rire les Français eux-mêmes, à moins que, dans leurs rapports avec nous ils n'aiment mieux rencontrer des singes que des hommes. Le commerce civil entre les nations, bien loin d'exiger que l'une dépose son caractère propre pour prendre celui de l'autre, veut au contraire que chacune se montre jalouse de conserver son propre génie ; car, sans cela, les peuples perdent leur individualité, et avec elle toute leur force. La France et l'Angleterre sont deux nations amies ; cependant les Français se moquent avec beaucoup de raison des anglomanes ; et nous, Italiens, nous applaudirions les Gallisants ? Mais les Français eux-mêmes les désapprouvent ; et Sevelinges (*), si j'ai bonne mémoire, traite assez mal les écrivains italiens qui ignorent leur propre langue et marquettent leur style de gallicismes. Mais qu'y a-t-il d'étonnant qu'on aime mieux parler et écrire à la française qu'à notre manière, puisqu'on n'étudie point celle-ci ? Combien y a-t-il d'Italiens qui lisent nos auteurs classiques ? tandis qu'on dévore, en Italie, toute espèce de mauvais romans imprimés sur les bords de la Seine. Combien qui étudient la philosophie dans M. Cousin, et qui n'ont pas ouvert un volume de Galluppi, qui fut pourtant le premier de ses contemporains à traiter de la psychologie, dans l'esprit italien ! Combien qui ne connaisent Vico que d'après le mauvais abrégé d'un écrivain français ! Combien qui admirent la prose poétique et désordonnée de nos voisins, et qui méprisent le style pur et sage de Botta, de Léopardi, de Giordani ! Combien qui font leurs délices de la prose rimée au moyen de laquelle Lamartine affaiblit sa réputation de poëte, tandis qu'ils rabaissent Monti et ne font aucun cas de l'Arici et de Niccolini ! Cicéron, qui parlait une langue un peu moins parfaite que le Grec, affirme qu'après avoir lu dans l'original une tragédie de Sophocle, il se faisait un plaisir de la relire dans la mauvaise traduction d'Attilius (**) ; et moi j'ai rencontré en Italie plus d'un Italien, qui ne connaissait Manzoni et Pellico que par les versions françaises. Cette incroyable folie pourrait encore se supporter, si elle ne s'étendait pas hors du domaine des lettres, ou de quelque branche secondaire de la philosophie ; mais elle a envahi les parties les plus nobles et les plus im-

---

(*) Dans la préface de la traduction française de l'*Histoire d'Amérique*, par Botta.

(**) *De fin.* I, 2.

portantes des connaissances et infecté dans ses sources la sagesse civile. Depuis un siècle, les Italiens s'obstinent à vouloir chercher en France la philosophie et la religion, lorsque, depuis un siècle et plus, les Français ont perdu la religion et la philosophie! Je démontrerai cela dans cette *Introduction*; si j'en dis ici un mot en passant, c'est pour avoir occasion d'admirer notre habileté qui nous fait chercher des biens, dont nous pourrions regorger, dans un pays où ils ne se trouvent pas. Beaucoup de personnes se plaignent que les livres italiens sont vides d'idées et de choses bonnes et utiles, tandis qu'ils sont remplis de futilités et de balivernes. Cela est faux, si l'on veut parler de tous; si on ne l'applique qu'à une grande partie, j'en conviens. Notre littérature est véritablement devenue stérile et avilie; la faculté d'inventer et de produire est comme totalement tarie dans les cerveaux italiens. Mais depuis quelle époque? — Depuis que nous avons perdu l'indépendance nationale et que nous avons commencé à subir le joug des étrangers. Nous devrions désormais nous persuader que la fécondité du génie dérive des mêmes causes qui produisent la grandeur politique d'une nation; qu'un peuple civilement esclave ne peut être moralement libre et penser d'après lui-même. La foi religieuse et la vigueur de l'esprit dans les recherches philosophiques dépendent de la force de l'ame, qui souffre difficilement qu'une nation soit assujettie et partagée par des barbares. Mais d'un autre côté, une nation divisée et opprimée ne peut espérer de conquérir et de conserver son unité et son indépendance, si elle ne recouvre son énergie morale, si elle ne s'accoutume à se procurer par sa propre industrie ces nobles pâturages où l'esprit et le cœur trouvent leur nourriture. Je tiendrai l'Italie pour civilement affranchie, quand je la verrai en possession d'une philosophie et d'une littérature

véritablement à elle ; quand je la verrai cultiver avec amour
et avec soin sa langue (10), ses arts, ses richesses intellectuelles ; quand je la verrai catholique, et fière de posséder
le siége de la religion et la gloire du pontificat chrétien. Les
anciens Romains, quand ils vénéraient la majesté du Sénat,
étaient libres au-dedans, et maîtres du monde au-dehors ; mais
aussitôt qu'ils commencèrent à mépriser cette paternité civile,
ils tombèrent sous le joug impérial d'où ils passèrent sous celui
des barbares. Les Italiens du moyen-âge virent fleurir parmi
eux la liberté, le commerce, les arts, les lettres ; s'illustrèrent
dans les armes, eurent une glorieuse renommée, tant qu'ils
furent pleins de respect pour la paternité spirituelle du premier
citoyen de l'Italie ; mais du moment qu'ils la méprisèrent, la
porte fut ouverte à la servitude. Les anciens Gibelins furent la
cause principale de la ruine de l'Italie ; les modernes Gibelins
continuent, sans le vouloir et le savoir, l'œuvre que ceux-là
avaient commencée. — Et qu'on ne m'allègue pas les vices
des hommes ; ce ne sont point les hommes que je considère
mais les institutions ; ceux-là passent et changent, celles-ci
durent et sont immortelles. Voulez-vous réparer ces fautes ?
Commencez par embrasser les institutions, par les vénérer
et les défendre avec l'ardeur de la charité et de la foi :
faites que la vie morale, la vie de l'esprit circule de nouveau
dans le grand corps de la nation, et vous verrez ses membres
les plus nobles participer au mouvement universel, devenir
plus beaux et plus animés. Quand le corps est accablé sous
le poids de la léthargie, comment serait-il possible que la tête
ne languît pas quelquefois ? Sortez de votre erreur, le moyen
que je vous indique est le seul que vous ayez de vous racheter ;
le salut de l'Italie ne peut venir d'autre part que de Rome.
Par un décret éternel de la Providence, Rome a eu en partage
le privilége d'être la métropole et la reine du monde ; son

ancienne république, son empire, préparèrent la voie à l'unité cosmopolitique du pontificat ; voici le but, voilà les moyens. Quiconque ne peut comprendre cette grande vérité, n'a pas d'yeux pour lire l'histoire.— Mais savez-vous de quoi dépend la force de Rome, même dans les affaires civiles ? de l'obéissance de ses enfants. Crescentius, Arnauld de Brescia, Niccolo de Lorenzo, Francesco Baroncelli, Stefano Porcari, voulurent opérer la restauration de Rome en ressuscitant un fantôme de liberté payenne, et ils périrent. En effet, leur entreprise ne pouvait avoir d'autre issue ; restaurer Rome chrétienne en renouvelant les institutions du paganisme, était un trop grand anachronisme. Voulez-vous l'union de l'Italie ? Voulez-vous la soustraire aux tourments de la tyrannie intérieure, à l'ignominie du joug étranger ? commencez par la racheter du joug des fausses doctrines ; par la réunir dans la profession et dans la foi sainte de la vérité ; commencez par répudier ces folles théories d'une liberté licencieuse, mère du despotisme, enfantées par la rébellion de Luther et fomentées par les philosophies d'Angleterre et de France (*). Si, au lieu de combattre et d'extirper ces fatales doctrines, vous les consacrez ; qu'y aura-t-il d'étonnant que l'autorité conservatrice de la vérité se montre l'adversaire de vos projets ? La sagesse dont le chef de l'Église donna une preuve, il y a quelques années, en repoussant des conseils dangereux, pourrait paraître douteuse à certaines gens, si l'infortuné qui les donnait ne s'était chargé de la justifier et d'en instruire le monde par l'égarement le plus inouï dont notre siècle ait été le témoin. L'erreur de beaucoup de personnes consiste à croire que la vie peut naître des membres seuls, sans le

---

(*) Je prie les lecteurs impatients de ne pas se récrier contre les opinions que j'énonce ici ; elles seront démontrées dans le cours de l'ouvrage.

concours et l'influence de la tête. La vie, c'est-à-dire, la liberté, la puissance, l'union, la nationalité d'un peuple dépendent de la vigueur de son esprit; et la vigueur spirituelle de l'individu, de l'État, de la société en général, a son principe dans la religion. La rédemption de l'Italie, je le répète, doit naître principalement de cette croyance qu'elle a dans Rome son siége suprême. Mais si l'on pense qu'elle doit venir de Paris, et si on va puiser à cette source ces pauvres idées dont on veut faire vivre l'esprit et le génie italien, notre infamie sera éternelle. Et, pour Dieu, quelle est la valeur de ces idées dont les Gallo-Italiens inondent la Péninsule? quelle est la portée, quelle est la force des compositions philosophiques et littéraires qui sortent de leur école? Quand on lit ces misères, les termes manquent pour exprimer la honte et la douleur que l'on éprouve, pour peu que l'on conserve une étincelle de l'esprit antique. Ne nous plaignons donc pas si les idées nous manquent, puisque pour en avoir on va puiser à une source si bourbeuse; et ne soyons pas surpris, si le petit nombre de nos auteurs qui méritent le nom de penseurs, sont précisément ceux à qui il répugne de s'abreuver aux sources françaises. Quel est, le plus grand, et je dirai mieux, le seul philosophe italien du siècle dernier? Jean-Baptiste Vico, qui seul, ou presque seul, entre les penseurs ses contemporains, se préserva de la contagion française, et sut penser à l'italienne. Quel est par la hauteur des pensées, la force des sentiments, la dignité de la vie, la constance et la fermeté d'ame, le plus grand poëte du même siècle, le seul qui soit *égal au nom italien*, et le plus digne de reposer dans l'église de *Santa-Croce* à côté d'Alighieri? C'est Victor Alfiéri, le plus illustre adversaire des Français après Dante, Jules II et Machiavel. Si nous descendons aux régions inférieures de la littérature et des sciences, et que nous y cherchions les noms des hommes qui ont le mieux mérité de l'Italie, nous y trouvons ceux de Gravina, de Métastase, de Goldoni, de Gaspardo Gozzi, de Maffei, de Marini, de Muratori, de Tiraboschi, de Zanotti, de Parini, et de quelques autres qui furent entièrement exempts de l'influence française, ou en furent moins infectés que leurs contemporains, et seulement pour obéir à la nécessité du temps et de la fortune.

Que le lecteur ne croie cependant pas que je sois injuste envers les Français, au point de leur refuser la gloire qui leur est due, ni que je veuille outrager ceux qui se recommandent par des qualités vraiment dignes d'éloge. Ennemi comme je le suis de toute exagération, je crois qu'il y a du bon et de l'excellent dans tous les pays; je crois qu'il y en a en France, bien que ce ne soit pas ordinairement ce qu'on y cherche. Les hommes sages qui savent profiter des exemples et imiter les vertus des autres, débarrassées de tout vice, sans pour cela faire abnégation de leur propre personne, ne sont pas non plus ceux contre lesquels je parle. Je m'élève contre ces Italiens bâtards, qui foulent aux pieds la patrie, tandis qu'ils proclament Paris la capitale du monde civilisé; qui portent aux nues toutes les inepties qui s'y débitent en littérature, en philosophie, en politique, en religion; qui admirent seulement ce que possèdent les autres, sans prendre connaissance, sans s'inquiéter le moins du monde de leurs propres richesses; qui préfèrent aux beautés et aux trésors de leur pays les fripperies étrangères. Ce sont des enfants, qui, s'amusant avec des jouets, se croient des hommes; des aveugles qui s'estiment voisins de l'âge d'or, et ne voient pas que l'Italie est au moment de tomber dans une barbarie plus profonde, plus incurable, plus horrible que celle du moyen-âge. Mais comment convaincre ces gens-là, comment même s'en faire entendre? On peut suppléer au peu de savoir par l'instruction; on ne peut remédier à la médiocrité de l'esprit, à la trivialité des pensées, à la trempe mesquine et vulgaire des sentiments. Il y a, et il y aura toujours une foule de gens (et toutes les foules sont de même), pour lesquels toute véritable réputation, tout mérite, toute vertu, toute grandeur consistent à faire du bruit (11). Ils aiment le tapage par-dessus tout, et ressemblent à ces hommes de la campagne qui donnent la palme de l'éloquence à celui qui a les poumons les plus larges et crie le plus fort. Et réellement, si les progrès de la civilisation devaient se mesurer à l'action de la langue et des oreilles, on ne pourrait refuser à nos voisins le privilége qu'on leur attribue ; car le fracas qui se fait en France, depuis un siècle, assourdit tous les pays civilisés. Personne ne niera que l'influence des Français ne soit universelle et très efficace ; mais seulement pour détruire. Religion, morale, littérature, langue, usages, dans toutes les parties du monde civilisé, sont corrompus, altérés, anéantis par elle ; et si c'est à cela que l'on fait allusion, quand on dit que Paris est la métropole de la civilisation universelle, on ne peut le nier. Seulement il faut remarquer que la civilisation n'est point une chose négative ; elle édifie et ne démolit pas ; elle ne se complaît point dans les ruines ; son œuvre est pareille à celle de l'architecte qui ne met point son art à démanteler les anciens édifices, mais à les restaurer et à les ramener à leur perfection. Le génie français, impropre à la synthèse et dépourvu de la vertu créatrice, montre pour abattre une force de géant, et pour construire une faiblesse d'enfant ; tant ses œuvres sont mesquines, faibles, puériles ! aussi, s'il réussit merveilleusement à s'approprier et quelquefois à perfectionner les inventions des autres peuples, on n'en pourrait peut-être pas alléguer une seule dont il soit vraiment l'auteur, dans les domaines de l'imagination, de la politique ou de l'intelligence. Les erreurs même qui dominent en France sont d'origine étrangère. Descartes a pris à Luther sa méthode philosophique. Locke a exercé un empire absolu sur la philosophie française pendant l'espace d'un siècle, et il règne encore sur la politique de nos jours; Condillac et Rousseau furent ses disciples. Maintenant on s'est mis à copier les Allemands, et à en extraire le panthéisme, le rationalisme théologique, et autres monstruosités pareilles. Je dis monstruosités, parce que toutes ces doctrines ne sont pas moins funestes dans la pratique qu'absurdes dans la spéculation. Les deux systèmes dominants parmi le vulgaire des écrivains, c'est-à-dire la souveraineté du peuple, et la théorie du progrès (comme l'entend le plus grand nombre), sont deux formes du sensisme qui annulent tout pouvoir politique, toute vérité spéculative, toute tradition sociale et religieuse; car l'un plaçant le droit dans la force, et l'autre le vrai dans la mode; celui-là introduisant un gouvernement matériel qui repose sur la majorité, et celui-ci une vérité changeante subordonnée aux vicissitudes des temps, ils détruisent l'absolu dans le double ordre de la société et de la science, et ouvrent le chemin à un athéisme théorique et pratique, privé et public, qui est le plus large et le plus contagieux qui se puisse imaginer. Privée de toute consistence logique, de toute fécondité civile et scientifique, la souveraineté du peuple est la barbarie dans la société, comme la doctrine hétérodoxe du progrès est la barbarie dans la science. Or, il ne me serait pas difficile de prouver que presque toutes les opinions qui ont cours en France aujourd'hui sur la politique, la philosophie, la religion, et même sur la littérature, appartiennent à l'un ou à l'autre de ces deux systèmes, et souvent à tous les deux; tellement qu'on peut en conclure que la culture des esprits en France est aujourd'hui souverainement destructive.

L'œuvre de la France est donc absolument inutile? me

dira quelqu'un. La Providence a donc permis que depuis plus d'un siècle ce noble pays, et à sa suite presque toute l'Europe, se soient égarés sans retour du droit chemin ? — Gardons-nous encore ici de toute exagération ; souvenons-nous que le ciel ne permet le mal et même les désordres les plus graves qu'en vue de quelque bien. Si l'on considère dans toute son étendue le cycle de l'hétérodoxie moderne dont la Germanie, l'Angleterre et la France sont les principaux agents, on voit que ce mal a été permis par l'ordonnateur suprême de toutes choses pour la correction et l'enseignement des hommes, selon cette profonde et divine parole, que *les hérésies sont nécessaires* (*). Le moyen-âge, qui conserva beaucoup de désordres anciens et en introduisit de nouveaux, ne fut pas innocent. L'arbitrage civil des papes, utile et saint en lui-même, dégénéra quelquefois en abus : peuples et princes, petits et grands firent également des fautes. Or, selon une loi universelle et pleine de sagesse, quand les corps mêlés de la société humaine s'affaiblissent, le remède doit naître du mal même. *La période de l'hétérodoxie moderne fut permise par la Providence pour purger l'hétérodoxie et détruire les abus introduits dans la pensée et dans les actions des hommes.* Dans ce cas le comble du désordre, qui par l'effet de son excès même devient un principe d'ordre, et comme une crise salutaire qui sauve le malade, est un de ces bouleversements qu'on appelle *révolutions*. Ces changements, qu'ils aient lieu dans l'ordre politique ou dans l'ordre intellectif et religieux, détruisent et n'édifient point, ils sont utiles négativement en purgeant le champ de la zizanie qui l'embarrasse et le rend stérile. Mais ils déracinent le bon grain avec l'ivraie ; d'où la nécessité, la tempête une fois

---

(*) I Corinth. xi, 19.

passée, de semer de nouveau. Notre époque est favorable à cette sainte œuvre ; et tous les hommes doués d'un esprit élevé et d'un noble cœur devraient y concourir, en consacrant toutes leurs fatigues au sublime dessein de *rétablir l'orthodoxie européenne détruite depuis trois siècles*. Mais pour atteindre ce but il n'est pas nécessaire d'avoir recours à ceux qui ont accompli l'œuvre de la destruction (12).

L'imitation des Français est dangereuse par-dessus toutes les autres, bien qu'elle soit moins conforme au génie italien. Il faudrait une longue dissertation pour démontrer comment ces deux idées qui semblent répugner l'une à l'autre s'accordent pourtant ensemble. Mais cette imitation n'est certainement pas la seule dont nous devions nous garder ; car, lorsqu'une nation est tombée au fond de l'abîme, il se produit chez la plupart de ses membres une défiance d'eux-mêmes, une faiblesse d'ame, une pusillanimité, une paresse, qui les dispose à recevoir la becquée de quiconque se présente; pareils à ces mendiants de profession qui, sortant dès le matin pour demander, tendent la main au premier inconnu qu'ils rencontrent sur leur passage. Ainsi, de nos jours, beaucoup de nobles fils de l'Italie voudraient forcer leur mère à vivre d'aumônes ; et ne sachant pas être de bons Italiens, se font les singes de l'étranger. Je ne serais pas surpris, si d'ici à peu de temps on introduisait l'usage d'imiter, par exemple, les Russes, et si l'on cherchait à adoucir notre langue en faisant de judicieux emprunts à l'idiôme moscovite. En attendant, quelques-uns nous conseillent d'emprunter aux Allemands leur philosophie ; et comme ce point appartient plus spécialement à mon sujet, j'en dirai deux mots. — Personne n'estime plus que moi la nation allemande, tant pour son caractère que pour son mérite dans beaucoup de branches des sciences, et spécialement l'érudition où elle a peu de concurrents parmi les peuples modernes. On peut même dire en général que les Allemands sont, sous certains rapports, les seuls Européens qui sachent encore étudier, et qui n'aient pas abjuré ces laborieuses habitudes qui, il y a deux siècles, étaient communes à toutes les nations lettrées de l'Europe ; aussi, si quelqu'un nous conseillait d'imiter les Allemands dans la diligence et l'ardeur avec lesquelles ils entreprennent et poursuivent les études, dans le soin qu'ils mettent à acquérir une solide et vaste érudition ; bien loin de le combattre, je voudrais joindre ma voix à la sienne. — Mais j'ajoute franchement que je ne crois pas les Allemands en position de nous donner des leçons de religion et de philosophie ; et cela parce qu'ils les ont perdues l'une et l'autre, et qu'ils se trouvent, comme je l'ai déjà indiqué, dans une condition semblable à celle des Français. Que les Allemands ne s'offensent pas de cette opinion qui ne fait aucun tort à leur savoir et à leur génie ; sous certains rapports, au contraire, comme je le dirai ailleurs, j'honore leur caractère et leur esprit. Mais parce qu'ils ont anéanti leurs croyances religieuses en vertu de la logique, par le même fait ils ont réduit la philosophie à l'état où on la voit maintenant. La philosophie n'est pas possible, si elle n'est fondée sur la religion et dirigée par elle ; celle-ci est la base, celle-là le toit de l'édifice. Luther, par sa révolte, déracina les fondements, et les Allemands ses contemporains furent grandement coupables de se laisser séduire par l'éloquence fatale de ce moine forcené. Mais après qu'à la seule foi possible on a eu substitué ce fantôme trompeur que l'on nomme Protestantisme, les générations qui se sont succédé sont dignes d'excuse si, travaillant sur le sable mobile, tout leur talent et tous leurs efforts n'ont abouti qu'à élever des édifices exposés à s'écrouler sous les yeux même des constructeurs. La philosophie allemande, jusqu'au temps d'Emmanuel Kant, fut en grande partie catholique, bien que cultivée par des protestants; parce que la science rationnelle étant en apparence distincte de la théologie, il était naturel que, dans la première période de la nouvelle hérésie, ses disciples philosophassent plus ou moins selon l'ancienne méthode. Voilà pourquoi le luthérien Leibniz (*) se montre catholique dans la spéculation, comme le catholique Descartes est protestant dans ses méditations. Et c'est précisément à Descartes que commença l'application de l'hétérodoxie religieuse aux choses philosophiques : c'est à lui que Kant a emprunté la réforme rationnelle pour l'introduire dans sa patrie qui en avait jadis fourni le principe; de sorte que le kantisme est le cartésianisme poussé à sa perfection. Parmi les philosophes qui fleurirent après Kant, les uns combattirent la doctrine critique, philosophèrent d'après eux-mêmes, renouvelèrent les anciens systèmes, essayèrent d'en créer de nouveaux; mais ils produisirent des résultats peu remarquables, et la preuve, c'est que parmi ce peuple si studieux, chez lequel toute idée féconde germe et fructifie, ils ne firent point école et restèrent isolés. Les autres au contraire, partant de la psychologie de Kant et se proposant de créer une ontologie tout opposée, arrivèrent au panthéisme; et celui-ci se modifiant successivement et prenant des formes différentes, a produit ce cycle panthéistique, qui, commençant à Fichte et se perpétuant jusqu'à nous, est ce qu'on entend ordinairement sous la dénomination de philosophie allemande. Or, si l'on examine la valeur scientifique de ces diverses périodes, on trouvera que la plus grande est celle de la première époque et de l'école de Leibniz; car je tiens pour certain que la vraie philosophie, con-

---

(*) J'écris *Leibniz*, et non pas *Leibnitz*, comme la plupart du temps on le fait aujourd'hui, parce que, si j'ai bonne mémoire, telle était l'orthographe de ce grand homme qui probablement savait écrire son nom.

sidérée dans sa substance et non dans ses accessoires, finit en Europe avec Leibniz et Malebranche. Par conséquent, quiconque veut renouveler la science peut partir du point où ces deux grands génies l'ont laissée; mais il doit la polir et l'augmenter, parce que l'ancien capital de la vérité ne peut être remis en crédit qu'enrichi de nouvelles additions, et que l'ancienne philosophie elle-même n'aurait point péri si elle n'avait pas été défectueuse. Emmanuel Kant est un très grand psychologue; mais sa doctrine théorétique est radicalement vicieuse; et même, rigoureusement parlant, ce n'est pas une doctrine. Quant aux panthéistes, on ne peut véritablement nier qu'ils n'aient fait preuve de beaucoup de talent, et qu'il ne se trouve quelque chose de bon dans leurs ouvrages. Mais le panthéisme qui en fait le fonds, outre qu'il est essentiellement faux, est encore la substance de l'hétérodoxie philosophique, laquelle ne mérite pas rigoureusement le nom de science, de même que l'hérésie ne peut réclamer celui de religion. La vérité seule a le privilége d'être philosophique, c'est-à-dire, idéale : l'erreur est une pure négation, qui ne peut revêtir les apparences du positif qu'en substituant aux idées de vaines abstractions ou de frivoles fantômes. Aussi le système des panthéistes est-il plutôt une poésie ou une algèbre de pensées, qu'une doctrine philosophique. De là la courte fortune de pareils systèmes; comme on le voit aujourd'hui dans l'Allemagne, qui, après avoir gaspillé à les fabriquer un immense talent, et avoir épuisé à ce travail une riche imagination, se trouve très pauvre au sein de son opulence, sans qu'au milieu des vingt ou trente théories philosophiques qu'elle possède, on puisse dire qu'elle ait une demi-philosophie.

Si les Italiens veulent être philosophes, s'ils aspirent à la gloire de rendre à l'Europe la philosophie dont elle est depuis long-temps deshéritée, ils doivent se fier à Dieu et à leur propre génie, et non point aux leçons ni aux exemples des étrangers. J'ai beaucoup de confiance dans la valeur du génie italien, je veux dire du génie d'un petit nombre d'hommes, parce que la multitude est en Italie comme ailleurs, et fait comme les moutons qui marchent en aveugles les uns à la suite des autres, sans s'inquiéter si le chemin qui a été pris conduit au but ou au précipice. La culture de la vraie philosophie demande qu'on resaisisse le fil de la vraie science; que l'on fasse usage d'une plus grande précision de principes et de méthode; que l'on enrichisse le domaine qui nous a été légué par nos prédécesseurs, de nouvelles déductions et d'applications utiles. J'exposerai dans le cours du présent traité, ma manière de voir sur ces divers points; et l'on verra que la science ontologique dans laquelle consiste la substance de la philosophie, est perdue, et qu'il est nécessaire de la reconstruire depuis les fondements en en empruntant les principes à la seule source qui peut les fournir. Mais si elle ne peut logiquement trouver ses fondements qu'en elle-même, l'esprit peut y être préparé jusqu'à un certain degré par les recherches psychologiques. Pour ce travail, je crois que les jeunes Italiens trouveront des secours plus nombreux dans leur propre patrie et dans l'école écossaise que chez les Allemands, excepté Leibniz et quelquefois Kant. Qu'ils s'accoutument aussi à se familiariser avec nos philosophes du moyen-âge et des siècles qui ont suivi jusqu'à Vico, non pas pour les suivre en tout, mais pour s'en inspirer, pour donner de la fécondité et de la chaleur à leurs pensées, en les rapprochant de la flamme vivifiante de l'ancien génie italien.

Et ce génie se manifeste non-seulement dans la vérité et la bonté des choses que l'on dit, mais encore dans la manière dont on les exprime. La mesure et la perfection du style philosophique ne se trouvent, je crois, chez aucun peuple moderne à un degré aussi parfait que dans nos écrivains, j'entends ceux qui sont vraiment des nôtres, par leur manière de penser et de sentir et non pas seulement par la désinence des mots. Aussi, devons-nous en faire d'autant plus de cas et nous en montrer d'autant plus jaloux, que cette qualité est comme un privilège à nous. Ajoutez que dans toute espèce de science, la langue et le style dont se servent celui qui parle et celui qui écrit, sont de la plus haute importance, et plus encore en philosophie qu'en toute autre matière. Je donnerai donc mon opinion sur ce sujet, quoique parler de langue dans le préambule d'un ouvrage scientifique puisse paraître étonnant à quelques personnes et leur faire augurer peu avantageusement de l'ouvrage lui-même. S'occuper des mots aujourd'hui, c'est faire preuve de peu d'esprit, d'une ame étroite, de peu de science ; on n'est un homme de quelque valeur, on ne mérite le nom d'érudit et de philosophe que si l'on parle ou l'on écrit en barbare. Et je dis ceci pour quelques-uns de nos compatriotes, qui n'estiment hors de l'Italie que les artisans de paroles. Pour moi, je ne rougirai jamais d'imiter, selon mes forces, les meilleurs auteurs anciens qui ont soigneusement cultivé leur langue, et de suivre l'exemple de Cicéron qui, dans les prologues et dans le cours de ses ouvrages, s'occupe souvent de la langue, et prouve par là qu'il y attachait une haute importance. Je ne me laisse pas intimider par l'usage opposé. Quand je crois avoir de mon côté la raison et les hommes les plus illustres et les plus judicieux, je ne m'inquiète pas si j'ai peu de compagnons et si je marche contre le courant.

Nier une vérité en faveur d'une autre, c'est la faute ordinaire des esprits superficiels. Que les choses soient plus importantes que les mots, c'est une vérité si évidente, qu'il paraît presque ridicule d'en douter, bien que l'opinion et la pratique contraires ne soient pas fort rares, comme j'aurai occasion de le dire ailleurs. Les écrivains qui vont à la recherche des phrases, font étalage de style, assujétissent les pensées aux artifices de la rhétorique, ne sont pas seulement vains mais pernicieux, et font du tort au vrai savoir en débitant au lieu de choses sérieuses, des songes et des frivolités. S'en suit-il par hasard qu'on ne doive faire aucun cas de l'élocution, et que ce soit un bien de négliger l'étude de la langue? Non, assurément : cet excès, sans égaler les inconvénients de l'autre, serait très préjudiciable; parce que si l'élégance ignorante n'est d'aucune utilité, la science sans élégance ne porte pas en grande partie les fruits dont elle est capable. Si par défaut d'éducation littéraire, par des revers de fortune, un homme savant n'a pas pu acquérir l'art difficile d'écrire avec élégance, il serait injuste et ridicule de lui en faire un reproche; qu'il dise seulement des choses vraies et neuves avec simplicité et clarté, s'il ne peut le faire avec pureté et élégance; il aura largement payé sa dette à sa patrie. Qui oserait blâmer Vico des imperfections de son style? — Mais si un homme, quoique très savant, veut convertir ses défauts en mérite et s'en vanter au lieu de s'en excuser, il mérite d'être censuré. — Si un autre, sans posséder une science profonde, veut établir pour règle qu'on doit écrire comme les pensées se présentent, que chacun peut modifier la langue selon son talent, que l'art de composer n'a point de règles fixes et dépend du caprice de l'artiste; celui-là est digne qu'on se moque de lui. — J'ai toujours remarqué que ceux qui méprisent la langue en théorie, montrent dans la pratique qu'ils l'ignorent; et qu'au contraire ceux qui la connaissent, en confessent sans difficulté l'importance. Or, si la langue est d'une haute importance, il est nécessaire que dans tout pays civilisé il se trouve des hommes lettrés qui en fassent une profession spéciale et la traitent comme l'objet principal et unique de leurs études. L'œuvre de ces derniers est honorable et très utile, et ils méritent, selon moi, d'autant mieux de leur patrie, qu'il importe à celle-ci d'avoir des hommes qui lui conservent intact le noble patrimoine de sa langue. Combien n'a-t-on pas crié, il y a quelques années, contre Antonio Cesari? Et cependant, malgré tous les cris élevés contre lui, je le tiens pour un des hommes les mieux méritants de l'Italie qui aient vécu à notre époque. Il remit en honneur l'étude des auteurs du quatorzième siècle ; il déterra de la poussière quelques précieux manuscrits, et en publia des éditions correctes ; il nous donna dans l'Imitation et dans le Térence les deux plus belles traductions en prose italienne dont nous puissions nous glorifier après celles de Cavalca, de Caro, de Firenzuola, de Segni, d'Adriani, de Davanzati ; il enrichit ce vocabulaire qui, malgré ses défauts, sera toujours la base de tout bon travail de ce genre ; il combattit avec les armes du bon jugement les corrupteurs de la langue, d'autant plus blâmables qu'ils ont coutume de se couvrir du manteau de la philosophie et de rendre, aux yeux des simples, celle-ci complice de leur barbarie. Que Cesari ait exagéré quelques opinions ; que, comme écrivain original, il manque souvent de souplesse, de vivacité, de cette vie qui provient des pensées et des sentiments ; qu'il soit quelquefois affecté ; personne ne se présentera pour le nier. Mais y aurait-il de la justice à ne tenir compte que des défauts d'un auteur, à ne pas avoir égard au but qu'il s'est proposé et à l'effet durable de ses travaux ? La gloire de Cesari est d'avoir été, dans un siècle entièrement dépravé, *le restaurateur de la langue italienne, en faisant remonter son étude vers ses principes, c'est-à-dire à celle des auteurs du quatorzième siècle ;* d'avoir consumé sa vie à faire ce que

Gozzi, Parini, Alfieri avaient désiré, et qu'ont ensuite heureusement continué Botta, Giordani, Léopardi et d'autres encore. Quoique parmi les écrits de Cesari il n'y en ait pas eu un seul qui soit digne de passer à la postérité, peu de vies furent cependant aussi bien employées que celle de cet homme; car, depuis trente ans, il n'y a peut-être pas un seul Italien écrivant passablement, qui ne doive reconnaître qu'il lui a quelques obligations, et que sans l'impulsion que ses travaux avaient donnée aux études, il écrirait peut-être aujourd'hui en vrai barbare.

On dira que je n'ai point d'idées, que je renouvelle des doctrines vieillies, que je suis incapable de connaître et d'apprécier les progrès du siècle. Si j'ai quelques idées ou non, celui-là en pourra juger qui aura la patience de lire mes écrits. Ces amateurs d'idées ne considèrent point que les pensées fausses ou vulgaires, vulgairement exprimées, selon l'habitude des modernes, n'ont aucune valeur; mais que les pensées vraies, quoique vulgaires (et à plus forte raison si elles sont neuves et inconnues), ont toujours beaucoup de prix quand elles sont revêtues d'une forme élégante et nouvelle; parce que la vérité les rend utiles et l'éloquence efficaces. C'est en cela seulement que consiste aujourd'hui le mérite de beaucoup de livres anciens : la doctrine qu'ils contiennent est devenue si familière à chacun de nous qu'ils ne nous apprennent plus rien; toutefois nous les lisons avec plaisir et profit à cause de la beauté de la forme, qui donne à ces vieux écrits une fraîcheur de jeunesse perpétuelle. Et ces vérités parfaitement connues, mais si bien exprimées font une impression plus vive, entrent mieux dans l'esprit, et sont plus profitables au lecteur. Croire que les paroles ne sont que des paroles, est une bien grande erreur. L'idée n'a accès à la réflexion qu'autant qu'elle est revêtue d'une forme; et son évidence, sa précision, sa justesse, sa force dépendent de la perfection avec laquelle elle est habillée. Entre les innombrables manières d'exprimer une pensée, il n'en est qu'une ou du moins un petit nombre, qui aient seules la vertu de la bien rendre, et de telle sorte qu'elle puisse produire sur l'esprit et sur le cœur des autres l'effet désiré. Toute langue contient virtuellement de semblables formes, comme toutes les formes possibles ; mais savoir choisir les plus parfaites et les mettre en œuvre, c'est le privilége des grands écrivains qui, sans changer la nature de la langue, mais en mettant au jour ses trésors secrets, la perfectionnent et l'enrichissent. Or, toutes les fois qu'à la vérité des pensées se joint la beauté des expressions, on ne peut plus regarder celle-ci comme n'appartenant pas aux pensées exprimées ; puisqu'en cherchant à les manifester d'une manière juste et à leur donner la lumière et les contours convenables, elle s'est identifiée avec leur nature. De là vient que lorsqu'on rencontre ce rare bonheur d'expression, la pensée se grave dans l'esprit du lecteur comme d'elle-même et sans fatigue, et avec elle s'y imprime aussi la forme qui la revêt ; et alors la forme et la pensée s'incorporent tellement ensemble dans la mémoire, qu'elles ne peuvent plus absolument se séparer l'une de l'autre. Tant il est vrai que la parole, quand elle est parfaite, fait partie intégrale et indivise de l'idée ! Mais aujourd'hui on ne fait point de cas de l'élocution qui exprime pleinement et fidèlement les pensées. On dirait qu'en vertu même de sa perfection elle passe inaperçue, pour laisser l'attention du lecteur ou de l'auditeur s'arrêter sur les choses mêmes qui sont exprimées. Comme si l'on pouvait avoir une parfaite connaissance des choses à moins que le style ne soit excellent. Au contraire, si l'expression est étrange, obscure, confuse, affectée, le lecteur est forcé malgré lui à réfléchir ; pareil à un homme qui voudrait pénétrer dans une maison et qui serait contraint de s'arrêter à la porte par la difficulté qu'il éprouverait à l'ouvrir. Si c'est un homme patient, il admirera peut-être les formes solides de cette porte, ses sculptures et ses autres ornements, sans faire attention que ce sont là des mérites accessoires pour la nature d'une porte qui, pour être bonne, doit avant tout tourner facilement sur ses gonds et laisser pénétrer sans difficulté ceux qui ont besoin d'entrer dans l'édifice. De même les lecteurs ignorants font des merveilles des livres difficiles à comprendre par le défaut de ceux qui les écrivent, et méprisent les doctrines rendues aisées par l'art de ceux qui les exposent. Je pourrais citer des exemples de livres italiens et modernes, contenant peu ou même point de choses excellentes, qui ont procuré à leurs auteurs la réputation de grands penseurs, seulement parce qu'ils sont écrits avec une obscurité affectée et en style barbare. Le néologisme peut quelquefois recouvrir des pensées neuves et grandes, comme chez Kant et chez Vico; mais le plus souvent c'est seulement un ornement barbare avec lequel l'écrivain dore la pauvreté et la trivialité de ses pensées.

Beaucoup de personnes se plaignent que les écrivains italiens manquent d'abondance dans les pensées et de perfection dans la doctrine. Toutes les fois que j'entends faire ce reproche par des hommes savants et judicieux, je me garde d'y répondre, parce qu'il est en partie fondé. L'Italie déplore assurément que quelqu'un de ses écrivains les plus parfaits et les plus éloquents n'ait pas appliqué son talent à quelque travail qui, par la grandeur et l'importance de la matière fût digne de son mérite et de sa renommée. Elle déplore, et beaucoup, que chez quelques-uns le soin de bien dire prévale sur celui de bien penser; que chez d'autres la pureté et l'élégance dégénèrent en affectation, et que les lois immuables du bon goût soient confondues avec les prétentions des pédants. Elle déplore de voir en si petit nombre les poëtes aux pensées fortes et élevées, chez lesquels la verve de l'idée n'est point séparée de la perfection des vers ; que Manzoni soit plus admiré qu'imité dans les qualités qui en font un grand homme ; qu'on sache peu de gré à Silvio Pellico d'avoir ajouté la douceur à notre lyre et sanctifié le cothurne italien ; que l'exemple donné par Giovanni Berchet de faire servir la poésie lyrique à répandre la sagesse civile, à enseigner au peuple l'amour de la patrie, la fierté et la dignité nationales, ait si peu d'imitateurs. Mais quand j'entends faire ces plaintes par ceux qui ne trouvent rien de beau et de bon hors de ce qui s'écrit en France ; qui parmi les productions françaises préfèrent ce qu'il y a de plus mauvais, de plus frivole, de plus faux ; qui admirent les folles théories d'un nouveau christianisme, d'une nouvelle littérature, d'une nouvelle langue, d'une démocratie pure, d'un changement absolu de l'ordre social ; qui mettent leur plaisir à lire ce torrent inépuisable de niaiseries qui inondent les journaux et la majeure partie des livres qui se publient à Paris, et qui donnent le nom d'idées à ces généralités insensées, à ces opinions sans base, à ces abstractions sans substance, à ces déclamations empoulées et sonores, à ces parodies des livres sacrés, auxquelles on applique la dénomination de philosophie, de prose poétique, d'éloquence ; qui enfin, lorsqu'ils veulent, je dis mieux, quand ils croient écrire en Italien (car à leurs yeux, écrire en Français est plus convenable et de meilleur ton), emploient notre idiome si harmonieux de manière à effrayer les oreilles mêmes des Goths, et à faire prendre la langue des Hottentots pour une musique délicieuse ; je me sens porté à préférer notre pauvreté, quelque grande qu'elle soit, à l'opulence d'au-delà des monts. Je préfère de beaucoup un petit nombre de pages italiennes, dans lesquelles un sage écrivain expose clairement un fait, même peu important, ou démontre, dans un style facile et élégant quelques vérités utiles déduites du sens commun, à plusieurs volumes de ces stériles discours, où la verbeuse trivialité des pensées est rendue intolérable par une élocution affectée et ambitieuse. La connaissance des faits, même peu importants, a toujours quelque prix, et les vérités les plus communes ne le sont jamais assez pour qu'il ne soit pas important de les répéter souvent, et qu'on ne doive point savoir gré à celui qui, les exposant avec agrément, les rend plus persuasives. Il n'y a de méprisables que les erreurs et les vaines généralités, parce qu'elles sont inutiles et funestes ; et j'appelle vaines généralités celles qui sont bâties en l'air, qui sont l'œuvre de l'esprit, de la fantaisie, d'une induction imparfaite, qui ne procèdent pas légitimement de l'étude de réalités correspondantes, que celles-ci appartiennent soit au cercle des choses sensibles, soit à l'ordre supérieur des choses rationnelles. Or, tel est aujourd'hui presque tout le fonds de beaucoup de livres français, et spécialement des livres philosophiques, dont je ne peux cependant dire s'ils enseignent le vrai ou le faux, parce qu'on ne peut tirer aucun profit de leurs généralités vagues, insignifiantes, dociles aux opinions contraires. Mais nos sages lecteurs, quand ils ont digéré une balourdise de cette espèce, s'émerveillent et s'écrient : Quel profond philosophe ! comme si on pouvait donner ce nom à celui qui fait des abstractions sans une connaissance suffisante des choses concrètes, ainsi qu'un algébriste qui ignorerait les figures et les nombres. Je trouve que les savants français sont de mon opinion et se moquent des neuf dixièmes des productions de la littérature moderne de leur pays. Et quand il se montre par hasard parmi eux un écrivain qui, sans composer un livre d'une vaste dimension et d'une profonde érudition, se fait l'interprète élégant de vérités utiles, et ramène l'art d'écrire vers la pureté antique, ils le louent, l'exaltent, le placent au-dessus de la foule des auteurs vulgaires. Paul-Louis Courrier a acquis le nom de premier écrivain français du siècle par quelques opuscules, dans lesquels il a exprimé les opinions de son temps, qui ne sont pas toutes également louables, et presque sans autre mérite que la forme. Mais celle-ci a suffi pour faire sa renommée, et c'est avec raison ; car son art, comme écrivain, est vraiment des plus rares et n'a rien de commun avec la faconde déclamatoire qui a aujourd'hui les honneurs de la lice. Si Courrier avait écrit en Italien, on l'aurait tourné en ridicule et traité de bavard (13). Nous serons donc les seuls, nous Italiens, qui ne saurons pas apprécier le bon quand il est rare, et nous garderons d'imiter les Français seulement dans ce qu'ils ont de bon, l'estime des hommes de mérite qui font l'honneur de la patrie.

La première qualité du style est la clarté. Je me suis appliqué à être clair autant qu'il m'a été possible, et j'espère que personne ne se plaindra que j'aie manqué à ce devoir, en ce qui touche à l'élocution ; car pour l'obscurité propre à la matière que je traite, il n'était pas en mon pouvoir de la faire disparaître ou de la diminuer. D'ailleurs, comme je n'écris pas un ouvrage élémentaire, mais que j'expose un nouveau système de philosophie, je suppose que le lecteur connaît l'état où se trouve actuellement la science, et les révolutions qu'elle a antérieurement éprouvées. Je ne pense pas que personne vienne me reprocher la concision comme un défaut de pénétration d'esprit ; car, un écrit, quelle qu'en soit la concision, n'est obscur que pour ceux qui se contentent de le feuilleter mais non pour ceux qui le lisent avec attention. J'estime même que pour ceux-ci la concision, pourvu qu'elle ne soit pas séparée de la précision, contribue à la clarté, tandis qu'au contraire la prolixité verbeuse obscurcit les pensées (14). J'ai dû me restreindre, non pas pour faire la satire de ce siècle bavard, mais soit pour éviter d'être trop long, attendu l'abondance des matières, soit pour plaire aux lecteurs instruits, si ma bonne fortune m'en donne quelqu'un (*). Cependant, je n'ai pas évité de me répéter toutes les fois que cela m'a paru absolument nécessaire à la clarté, ou lorsque j'ai traité quelques questions qui m'ont semblé très importantes et de nature à pouvoir être répétées avec fruit.

La simplicité est la seconde qualité que doit se proposer celui qui écrit; sans elle, il est même difficile d'acquérir la première, parce que la recherche gâte et obscurcit les pensées. Elle varie selon les divers genres de style, et peut être plus ou moins grande proportionnellement au sujet que l'on traite. Dans les compositions didactiques, comme l'est en grande partie le présent ouvrage, elle doit être portée au plus haut degré; le style doit y être simple, facile, naturel, et fuir tout ornement qui s'écarterait de la forme ordinaire de la conversation. Je me suis donc appliqué à être très simple, et j'ai

---

(*) Les écrivains utiles à la république des lettres se réduisent à deux classes. La première comprend ceux qui veulent aider la jeunesse dans ses études ; ceux-là sont obligés d'expliquer les choses à partir des premiers termes, d'exposer clairement les opinions des autres et d'en rapporter exactement toutes les raisons, soit pour les appuyer, soit pour les combattre, d'en tirer ensuite quelque déduction, d'en faire voir toutes les conséquences et de pousser jusqu'aux derniers corollaires : ce sont là les auteurs volumineux, et quand on les cite, il est permis, et c'est même une obligation de passer une foule de choses. La seconde classe comprend ceux qui ne veulent pas augmenter les fatigues des savants, ni les obliger, pour prendre connaissance d'un petit nombre d'idées qui leur sont propres, à relire une foule de choses qu'ils ont déjà vues ailleurs ; ceux-ci produisent quelques rares opuscules, mais qui sont tous remplis de leurs propres idées. Je me suis étudié à me ranger dans cette seconde classe ; y suis-je parvenu ? c'est aux savants à en juger.

cherché surtout à atteindre la propriété des termes, dans laquelle consiste en grande partie cette élégance qui est permise et même prescrite au style didactique. Je n'ai point couru après les fleurs et les artifices de la rhétorique que l'on aime aujourd'hui, non que je n'aie pu le faire, mais parce que je ne l'ai pas voulu. Je peux le dire, sans témérité et sans orgueil; parce que ce qu'on appelle aujourd'hui élégance, et même éloquence, est un artifice à la portée de tout le monde, et souvent moins facile à éviter qu'à pratiquer. Les métaphores impropres, les hyperboles ambitieuses, les images triviales, les arguties, les épigrammes, le fracas, l'enflure, les subtilités, les fadeurs, les cabrioles, les sauts, les culbutes, point de propriété dans les mots, point de sobriété dans les ornements, point de justesse dans les figures, un style poétique dans la prose et prosaïque dans les vers, c'est-à-dire une prose rimée et échevelée, telles sont les qualités qui font aimer l'écrivain, qui lui valent les éloges du grand nombre. Le style simple au contraire, outre qu'il est déprécié par lui-même fait paraître les choses que l'on exprime communes et vulgaires, quoiqu'elles soient neuves et nobles : de sorte que l'on peut dire que bien écrire est aujourd'hui en Italie ce qu'il y a de plus nuisible à sa réputation. Quiconque voudra rester inconnu n'a qu'à employer un style simple et pur, exempt de toute affectation ; qu'il mette en œuvre cet art merveilleux qui ne se fait point sentir; et quelque prix qu'aient d'ailleurs ses ouvrages, il pourra les tenir pour morts avant qu'ils naissent. Combien, par exemple, y a-t-il d'Italiens qui connaissent, et parmi le petit nombre de ces derniers combien qui apprécient les *Lettres de Pamphile à Poliphile?* Elles sont cependant, sous le rapport de la science, l'ouvrage peut-être le plus judicieux et le plus profond qui ait été publié, le plus capable d'assurer à la Toscane la prétention légitime d'avoir donné naissance à notre langue et de la conserver intacte : sous le rapport de la forme, elles se distintinguent parmi les ouvrages en prose italienne les plus parfaits de notre siècle. J'y trouve une simplicité telle qu'on n'en peut imaginer de plus grande, un goût tout grec, une facilité inimitable ; on peut leur appliquer ce que Cicéron disait des Commentaires de César : *Nudi sunt, recti et venusti, omni ornatu orationis, tanquam veste detracto. Sed dum voluit alios habere parata, unde sumerent... ineptis gratum fortasse fecit, qui volunt illa calamistris inurere ; sanos quidem homines a scribendo deterruit* (*). Ce qui faisait dire à Tacite de ce même César, si simple et sans ornements, qu'il était *summus auctorum* (**). Mais s'il est croyable qu'à l'époque de Tacite il y eût peu de personnes qui abondassent dans cette opinion, je ne sais s'il se trouverait aujourd'hui en Italie dix hommes lettrés en état de mesurer l'élévation de Biamonti ou de Léopardi, admirables écrivains qui, dans un siècle de désordre et d'affectation, ont su offrir dans leurs écrits une image de la forte et pure antiquité. L'usage actuel de faire de la poésie et de parler en l'air en traitant de la philosophie, et cela non-seulement pour les pensées mais encore pour l'élocution, nous est venu de la France qui l'avait emprunté à l'Allemagne. Je ne veux point décider si une telle sorte de style est bonne ou mauvaise dans les langues teutoniques, dont le génie tenant beaucoup de celui de l'Orient, peut peut-être s'accommoder de ces ornements fréquents dans les idiomes orientaux, qui les emploient également dans toute espèce d'écrits. Mais assurément elle est complètement opposée au caractère des langues issues du latin,

---

(*) Brutus, 75.
(**) De mor. Ger. 28.

et spécialement de la nôtre, où un tel procédé, surtout dans les matières scientifiques et philosophiques, est ridicule et insupportable pour quiconque n'a pas entièrement perdu le jugement. Les qualités essentielles du style scientifique sont : la simplicité, la clarté, la précision. Les pensées vagues, aériennes, insaisissables, qui ne sauraient recevoir une forme arrêtée et nette, une expression distincte et claire, et qu'il est impossible de rendre par une formule simple et précise, sont du domaine de la poésie et non de celui de la science d'où il faut les bannir. L'idée philosophique doit être franchement déterminée ; elle doit être incarnée, placée en relief, montrée de face ; elle ne doit pas être seulement indiquée comme une esquisse, ni exprimée en raccourci et en couleurs fondues, comme les profils et les lointains d'un tableau. Alighieri, dans ses ouvrages de doctrine, Cavalca, Passavanti, Machiavelli, Gelli, Caro, Casa, Castiglione, Speroni, Vettori, Bernardo Segni, Marcello Adriani, Torquato Tasso, Giambatista Doni, Galilée, Bartoli, Pallavicino, Redi, Spallanzani, Gravina, François-Marie Zanotti, Gasparo Gozzi, et d'autres, qu'il serait trop long de nommer, nous ont laissé des modèles excellents, et quelquefois admirables, du style didactique et scientifique, très applicables aux matières philosophiques. On ne trouve pas chez eux une ombre des modernes élégances, mais on y rencontre presque toujours une admirable propriété des termes, quelquefois un gracieux atticisme, la noble urbanité des anciens et une odeur de ce parfum divin que l'on respire dans les écrits de Cicéron et de Platon. Et c'est du sein de cette richesse nationale de modèles parfaits, que vous vous adresseriez aux Allemands et aux Français pour apprendre le style philosophique, comme si notre langue, si féconde dans tous les autres genres, était muette ou balbutiait seulement quand il s'agit d'exprimer les vérités rationnelles? Direz-vous, comme quelques-uns, qu'elle ne se plie point aux idées scientifiques ? qu'elle n'est point susceptible de cette éloquence qui convient quelquefois même aux compositions philosophiques et politiques ? qu'elle n'a point les termes et les expressions convenables ? qu'elle ne connaît point la précision et la netteté ? qu'elle repousse, quand elle se présente, la simplicité de la marche analytique, parce qu'elle sait s'élever, quand elle veut, à la marche artificielle de la synthèse ? qu'enfin un idiome qui présente tant de ressources, et peut prendre tant de formes, ne saurait s'élever aux mérites qu'on admire dans le français, et qu'il doit être banni des académies et des écoles, comme avant Alfieri beaucoup de personnes voulaient le bannir de la scène tragique ?

La troisième qualité requise dans toute espèce d'écrit, c'est la pureté, qui consiste moins dans les mots et dans les phrases, que dans leur union et leur disposition, dans la couleur totale du style, et rend toutes ces parties conformes au génie national et particulier de la langue. Tout idiome a son génie particulier, auquel il ne peut renoncer sans se corrompre, sans cesser d'être lui-même, et devenir un autre. Il ne s'ensuit pourtant pas qu'il soit immobile et incapable de s'agrandir et de se perfectionner ; mais seulement qu'il doit le faire d'une manière conforme à sa nature propre. Pour cela, il faut que toute addition qui y est faite, toute nouvelle forme qu'on lui imprime, vienne du dedans et non du dehors, soit un développement intrinsèque et non une augmentation extrinsèque, un rejeton spontané de son essence. Si un mot ou une expression nouvelle sont vraiment nécessaires, il y aurait de la pédanterie à les repousser : on peut les prendre où on les trouve, pourvu qu'ils soient tels que, par leur caractère et par les sons auxquels nos oreilles sont habituées, ils puissent s'incorporer à l'ancien idiome, comme les parties nutritives des aliments s'assimilent à notre corps et deviennent sa propre substance. Disons-en autant des diverses et nouvelles formes de style qui peuvent entrer dans le langage. Toute langue renferme virtuellement une infinité de manières de parler qui se développent successivement par l'œuvre du peuple et des écrivains. Trouver dans les entrailles de l'idiome courant une forme nouvelle, restée jusqu'à ce jour inconnue de toutes les personnes qui parlent et qui écrivent, la produire et la mettre en œuvre, c'est là le privilége des grands écrivains, dont la supériorité consiste à faire agir successivement les puissances d'une langue. Si, au contraire, l'écrivain veut imprimer à la langue une forme qu'elle ne contient pas virtuellement, au lieu de réussir à être un bon auteur il est souverainement mauvais ; et le bon sens des savants et du public prévalant sur sa tentative, il tombe bientôt dans le mépris, comme cela est arrivé aux *seicentistes* et aux *galisants* du siècle dernier ; que s'il en arrive autrement et si l'innovation est adoptée par l'usage, l'idiome périt. En somme, la langue est un tout organique qui ne peut croître et embellir que par un mouvement intérieur et conforme à ses propres lois ; elle ne peut s'aider des adjonctions qui lui sont faites qu'autant qu'elles sont d'accord avec son génie et font corps avec elle-même. Ces considérations, comme on le voit, sont générales ; elles ne peuvent être appliquées à des cas particuliers, pour donner un avis sur le mérite des écrivains et sur celui de leurs inventions, que par un jugement pratique qui présuppose dans celui qui le porte beaucoup d'habileté dans la langue dont il est question. Ces hommes-là sont aujourd'hui en très petit nombre, et la condition de l'Italie n'est pas, sous ce rapport, bien différente de celle de la plupart des autres parties de l'Europe. Paul-Louis Courrier, excellent juge en cette matière, estimait que parmi ses contemporains il ne se trouverait pas cinq ou six auteurs qui possédassent le français (*). Leopardi, qui dans son genre n'a point de rival, parmi nos prosateurs les plus éminents, ne croyait pas qu'il y eût de son temps plus de deux ou trois auteurs qui sussent bien écrire l'italien (**). On voit par là quelle opinion il faut avoir de ces amis généreux de notre langue, qui veulent l'enrichir en en faisant un mélange de tous les idiomes de l'Europe, dans lequel celui de l'Italie entrerait pour la moindre part. Ils affirment que notre langue est pauvre, sans connaître le millième de ses richesses ; et en préférant les haillons étrangers à nos propres trésors, ils ressemblent à ces sauvages qui, pour quelques grains de verre ou d'autres bagatelles, abandonnaient à la cupidité de commerçants étrangers leur pays riche en or et en pierreries, dont le prix leur était inconnu.

Quoique je prêche la nécessité d'écrire à l'Italienne et que j'aie tâché de le faire autant que j'en étais capable, je suis loin cependant de croire que j'y suis entièrement parvenu. Ceux de mes compatriotes qui possèdent cet art difficile trouveront peut-être beaucoup à reprendre dans le style de mon livre. Quant à la pureté des mots, qui est une affaire de mémoire, je ne crois pas avoir beaucoup à craindre les critiques raisonnables ; parce que je ne me suis jamais éloigné de ceux qui sont reçus et légitimes (et je proteste ne pas appartenir au nombre de ces philosophes qui se moquent du vocabulaire), à moins que je n'y aie été forcé quelquefois par la précision et la clarté, plus importantes même que la pureté. Et encore dans ce cas la majeure partie des mots, non inscrits dans le vocabulaire, que j'ai employés, se trouvent dans les écrivains anciens, particulièrement dans ceux du seizième

---

(*) Lettre à M. Raynouard.
(**) *Il Parini*, Cap. 2.

et du dix-septième siècle, dont la richesse est encore en grande partie inconnue. Or, l'invention des mots, quand elle est nécessaire, conforme au caractère de la langue, ou protégée par l'autorité des anciens auteurs, est, selon moi, permise et même louable. Mais, pour le style, toute nouveauté qui n'est pas conforme au génie de la langue est entièrement illicite, et la nécessité ne peut l'excuser, parce que pour elle il n'y en a pas. Rien n'est plus difficile que de donner à l'élocution, outre les qualités ci-dessus indiquées, le naturel, la vivacité, la variété, le nerf, l'élégance, l'harmonie, la couleur native, et les autres mérites desquels dépend la perfection du discours. Ne pouvant sans témérité aspirer à cette dernière, j'aurais toutefois pu espérer d'en rester moins éloigné, si la fortune n'avait troublé ma direction et interrompu l'ordre de mes études. En effet, éloigné de l'Italie et des Italiens ; obligé de parler, d'écrire, d'enseigner continuellement dans une langue qui, parmi les idiomes étrangers, est peut-être le plus contraire au nôtre ; privé presque de livres écrits dans le langage de ma patrie, et manquant de temps pour conserver par la lecture, vives et fraîches dans mon esprit, les formes natives de notre éloquence, je me trouve avoir perdu en partie le fonds que j'avais acquis, et je me vois loin du but où je serais peut-être arrivé. Ajoutez à cela les difficultés de la matière la plus abstraite qui, excluant presque absolument les ornements, fait qu'il est beaucoup plus mal aisé de varier son style sans faire tort à la simplicité et à la précision ; sans compter encore que le genre didactique est dans l'art d'écrire celui qui présente le plus d'embarras. J'adresse ces excuses au petit nombre d'hommes qui méritent qu'on leur parle des langues, parce qu'ils comprennent et apprécient ce qu'on leur dit ; à ceux qui ne confondent pas, comme le font la plupart, les défauts avec les qualités, les fautes avec les beautés; car beaucoup de gens, cherchant dans les livres italiens ce qui est mesquin, décousu, décoloré, les exclamations, les réticences et les autres qualités de la langue française, reprochent aux auteurs ce dont on devrait les louer ou du moins les excuser. A ceux-là et à tous ceux de leur espèce, qui ne savent pas et ne se mettent pas en peine d'apprendre notre langue, qui aiment qu'on parle et qu'on écrive en polyglottes, qui voudraient renouveler en Italie le miracle de la tour de Babel, il n'y a pas à leur demander pardon de ses barbarismes et de ses solécismes. J'aurais plutôt à m'excuser ou à me justifier de ne pas écrire entièrement comme eux.

Je m'étends peut-être trop sur ces considérations; mais c'est parce que je les crois nécessaires principalement à une classe de lecteurs que je désirerais avoir, c'est-à-dire à mes jeunes compatriotes, à ceux qui ont de la candeur et de la modestie, qui ont en horreur la frivolité et la corruption du siècle, se sentent nés pour de grandes choses et sont disposés à consacrer à des études sérieuses cet esprit et cette surabondance de forces et de vie que les anciens pouvaient dépenser, ce qui nous est aujourd'hui défendu, à défendre la liberté de la patrie et la gloire de la cité. La jeunesse a le cœur naturellement ouvert au bien et à la vérité; elle n'est point entravée par les préoccupations; elle n'est point enchaînée par un froid et honteux égoïsme; elle peut donner à ses sentiments, à ses études et à sa manière de vivre la direction qu'elle veut, parce qu'elle est exempte d'habitudes invétérées et qu'elle se promet raisonnablement un long avenir. Les révolutions sociales, en bien comme en mal, accompagnent les changements de génération; car il est impossible que la masse des personnes qui pensent et qui agissent change de caractère sur le milieu ou sur le déclin de sa carrière. Si l'état moral de la société ne variait pas avec la succession des générations, l'espèce humaine serait immobile, et la perfectibilité, qui est son privilége et par laquelle elle se distingue des brutes, devrait être mise au rang des chimères. Or, rien n'est plus certain que cette noble prérogative ; d'où l'on conclut que les jeunes gens qui forment la génération nouvelle règlent toujours plus ou moins leurs affections et leurs pensées sur celles de leurs pères. De là naissent les vicissitudes morales et civiles des nations. Ce qui en fait le danger, c'est que toute nouvelle génération tire de nouvelles conséquences des doctrines professées avant elle ; car le genre humain est logique, mais il ne se presse pas dans ses déductions. Si nous nous représentons le développement d'une doctrine comme une longue série de syllogismes liés les uns aux autres, ainsi que les anneaux d'une chaîne, chaque génération peut nous figurer un ou un petit nombre de ces syllogismes ; une fois formés, elle s'arrête, laissant le soin d'en déduire d'autres aux générations suivantes, jusqu'à ce qu'on soit arrivé à la dernière conséquence. Voilà pourquoi la logique individuelle est toujours imparfaite ; l'œuvre dialectique s'accomplit seulement dans l'espèce et durera autant qu'elle. Aussi, les progrès du genre humain se réduisent-ils à l'exposition successive des conséquences contenues virtuellement dans les principes d'où elles ont été déduites ; et sont comme le développement graduel de semences renfermées dans un germe primitif. C'est des doctrines que proviennent les changements sociaux de toute espèce ; parce que l'action humaine dérive toujours de la pensée ; et les changements des opérations externes et libres des hommes ont leur source dans les changements corrélatifs qui de proche en proche se succèdent dans les esprits. De sorte que toute révolution sociale est l'effet, et comme qui dirait l'usage pratique d'un nouveau syllogisme ; et l'histoire, quelque étendue que nous

nous la représentions, la réalisation universelle de la dialectique. De cette notion de la perfectibilité humaine, il résulte que si le travail de déduction était rigoureusement exécuté dans toute la série des générations qui se succèdent, l'amélioration de la société et des individus serait continuelle, sans être exposée à aucun écart. Or, c'est le contraire qui a lieu ; et que certains fauteurs de progrès ne trouvent pas mauvais que la chose me paraisse si évidente par elle-même, que je regarde comme inutile d'en donner des preuves. Je dirai cependant qu'il y a retour en arrière toutes les fois qu'une génération nouvelle, qui reçoit d'une précédente la connaissance des principes et du travail déjà opéré, l'altère de la manière et dans les circonstances que je ferai connaître ailleurs. L'altération des principes comprend nécessairement toutes leurs dépendances ; d'où il suit que l'époque qui a le malheur d'introduire ce grand changement dans la dialectique sociale, rompt la chaîne au lieu de la prolonger ; au lieu de pousser en avant l'œuvre de déduction, elle la recommence ; mais elle la recommence avec de faux principes dont les conséquences successives sont différentes et souvent l'opposé de celles qu'elle aurait obtenues dans le cas contraire. Voilà l'explication philosophique du retour en arrière. C'est de cette manière qu'au cours déductif de la vérité se substitue le cours de l'erreur, lequel appliqué aux actes extérieurs produit la série de ces maux de toute nature et de ces calamités morales qui remplissent l'histoire des nations.

Cela posé, je m'adresserai à ces jeunes gens qui ont déjà étudié les premières notions de la philosophie, et sont capables de penser d'une manière forte et virile, et je leur parlerai ainsi : « Vous formez la génération nouvelle qui doit accroître l'héritage de la science remis en vos mains par vos pères, et ajouter un nouvel anneau au progrès discursif de la société humaine. Le sort de l'avenir, le sort de vos enfants et de vos petits-enfants dépendent en grande partie de vous. Si l'époque dans laquelle nous sommes est dans la bonne voie, si la doctrine que vos pères vous ont communiquée est vraie et salutaire, votre œuvre réussira facilement, puisque vous n'aurez qu'à conserver et à augmenter le dépôt intellectuel que vous avez reçu. Mais si au contraire nous marchons à reculons ; si dans quelqu'une des générations précédentes on a substitué l'erreur à la vérité, et abandonné le droit chemin ; si beaucoup d'idées sur lesquelles on opère aujourd'hui ont été substantiellement fausses ou tellement imparfaites qu'elles n'aient pu fournir une base solide pour l'avenir ; si, dis-je, les choses se trouvent dans cet état, je n'ai pas besoin de vous démontrer l'obligation où vous serez d'abandonner la voie dans laquelle vous vous trouvez et d'en choisir une nouvelle. Le doute en ce point est si grave et d'une si haute importance, que la chose mérite d'être examinée. Quel est l'héritage intellectuel et civil que vos ancêtres vous ont laissé ? Le voici en deux mots : en religion, l'incrédulité ; en politique, les doctrines d'une liberté licencieuse ou d'un despotisme tyrannique, qui peuvent rendre pires et ruiner les états, mais non les fonder ou les améliorer ; dans les lettres et dans les mœurs, l'absence de tout esprit national et l'imitation étrangère. Voilà pour les croyances ; quant aux faits, ils vous ont légué l'application de ces mêmes croyances, et pour comble de maux la faiblesse, la désunion et la servitude de l'Italie. Si vous consultez le bon sens, et que vous prêtiez l'oreille aux sentiments généreux qui animent vos cœurs, vous ne pouvez raisonnablement présumer que les doctrines qui ont fait descendre si bas notre patrie soient bonnes et légitimes. D'un autre côté, si vous portez vos regards en arrière, vous trouverez que l'Italie, il y a quatre siècles, non-seulement faisait profession d'être religieuse et catholique, mais l'était d'esprit et de cœur; qu'elle était florissante par son commerce, son industrie, sa puissance; qu'elle avait une littérature et une civilisation qui lui étaient propres; qu'elle produisait des grands hommes en tout genre; qu'elle était riche en sagesse politique; qu'elle faisait la loi et n'obéissait pas à l'opinion du reste de l'Europe; qu'elle possédait une liberté pure de certains excès modernes; qu'elle était indépendante des étrangers; qu'elle était désunie, il est vrai, et ce fut là son grand malheur, mais de telle sorte du moins que pour conquérir son unité elle avait bien à combattre contre ses propres passions, mais non pas contre les artifices et les armes de l'étranger. Que vous semble de ce parallèle? Pouvez-vous croire que le chemin fait depuis cette époque ait été de bien en mieux, et que ce ne soit pas le contraire? Pouvez-vous croire que comparativement nous soyons en voie de progrès? Ne vous hâtez pas de répondre : le problème est trop grave et trop compliqué pour pouvoir être résolu sur-le-champ. Je vous demande seulement laquelle, des deux réponses contraires qu'on peut faire à cette question, vous paraît de prime-abord la plus probable. Assurément l'opinion de ceux qui regardent l'époque présente comme l'âge d'or, comparativement au temps passé, n'est pas la plus vraisemblable. Or, si vous avez le courage de me suivre attentivement dans mes raisonnements, je vous prouverai que l'apparence dans ce cas n'est point opposée à la vérité, ni le vraisemblable au réel. Je vous prouverai que l'Italie et avec elle l'Europe, sont depuis trois siècles en état rétrograde sur les choses qui composent l'essence et non les accessoires du progrès civil : je vous prouverai que la philosophie dont notre siècle s'enorgueillit, et que beaucoup de personnes voudraient substituer à la religion, ne mérite pas même le nom de science : je vous prouverai que cette religion si négligée et si méprisée est la base de tout savoir humain, et de toute philosophie qui ne veut pas se perdre dans les absurdités et les chimères : je vous prouverai que les théories modernes de la liberté politique sont fausses dans leurs principes, funestes dans leurs conséquences, et diffèrent plus en apparence qu'en réalité des théories du despotisme sorties de la même source qu'elles : je vous prouverai que la doctrine de la liberté vraie, stable, réglée, pacifique, civilisatrice a aussi pour base les croyances religieuses, lesquelles étant le support de la philosophie et de la politique, des pensées et des actions des hommes, constituent le principe suprême de la société humaine. Mes preuves seront, je l'espère, d'une rigueur mathématique, ce que je crois pouvoir promettre sans témérité, parce que je les ai méditées plusieurs années. Et si je vous parle ainsi, ce n'est point pour influencer d'avance votre jugement, mais pour éveiller votre attention ; pour écarter les présomptions défavorables que pourraient faire naître contre la vérité de mes raisonnements leur nouveauté et leur difficulté. En effet, comme ils consistent dans une série de formules dont l'évidence dépend en grande partie de la vertu réflective et de la marche synthétique de l'esprit, ils ont besoin pour être bien saisis, de toute votre attention, d'un esprit libre et disposé à recevoir la vérité. Vous savez très bien que rien n'est plus préjudiciable à la connaissance du vrai que les fausses préoccupations qui embarrassent l'esprit et jettent un bandeau sur le jugement. Votre âge est plus que tout autre libre de tels liens ; toutefois il n'en est pas entièrement exempt, parce que la conversation, les livres, l'exemple, l'opinion du grand nombre, ont déjà formé en vous une espèce de persuasion qui, dans la circonstance actuelle, ne peut m'être aussi favorable que celle qui étant l'œuvre des générations passées doit être en harmonie avec leurs doctrines. Débarassez-vous donc de ces entraves : prêtez-moi un esprit ouvert à la vérité et entièrement vide de toute opinion préconçue. Si vous aviez le bonheur d'être bien enracinés dans les vraies croyances, je ne pourrais vous parler ainsi sans me contredire. Car entre autres conclusions que vous tireriez de mon discours, vous en inféreriez que la foi catholique étant la vie de l'esprit et la base absolue de toute raison; ne s'occupant que des principes et formant la condition primaire de toute science, elle ne peut, sans contradiction, être mise en doute; et que le plus grand malheur qui puisse arriver à l'esprit de l'homme possesseur de ce précieux don, c'est d'y renoncer pour un seul instant, et de s'exposer à le perdre pour toujours. Mais comme je m'adresse spécialement à ceux d'entre vous qui n'ont pas eu le bonheur de bien recevoir la doctrine religieuse, ou qui ont eu le malheur de la perdre, vous avez besoin de vous dépouiller des préoccupations qui vous empêchent de la reconquérir. Ce n'est point facile, il est vrai; mais vous pouvez et devez le faire; et non-seulement vous êtes capables et dignes d'une si grande œuvre, mais vous êtes dans l'obligation de la pousser jusqu'au bout. Car si vous trouvez que j'ai raison, vous aurez de votre côté un travail plus difficile à faire; il vous faudra démolir l'œuvre de trois siècles, et renouveler la condition morale de la société. Cette grande et glorieuse entreprise réclame une volonté ferme, une résolution indomptable, des efforts immenses. Préparez-vous à y travailler en commençant par des efforts moins grands, en purgeant votre esprit des opinions dont il est imbu. Ce n'est pas vous demander peu de chose, je l'avoue. Il s'agit de mettre en doute l'infaillibilité philosophique de presque tous les penseurs du siècle dernier, qui font un si grand bruit dans le monde; de suspendre cette ferveur de foi opiniâtre avec laquelle votre âge a embrassé les doctrines courantes sur la philosophie, sur la religion, sur la liberté des peuples. Ne craignez pas cependant que mes paroles doivent vous amener à éteindre ou à diminuer en quoi que ce soit votre amour et votre zèle pour la liberté et pour la philosophie. L'amour que vous avez pour l'une et pour l'autre est légitime et saint ; bien loin de l'affaiblir, la doctrine exposée dans mon livre est destinée à lui donner plus de force. Distinguez l'idée générique que vous avez de l'objet de ces deux amours, de sa détermination spécifique ; c'est dans celle-ci et non dans celle-là qu'est l'erreur. La confusion d'une idée générale, très vraie en elle-même, avec des idées particulières fausses, est ce qui produit la force et le prestige de l'erreur spécialement dans vos ames candides, calmes, portées à aimer le vrai et le bien, à haïr le faux et le mal, toutes les fois qu'ils se présentent à elles dans leur état naturel. L'attrait du faux dérive toujours du vrai avec lequel il se trouve mêlé; pour l'annuler il suffit de les distinguer. Je vous invite à cette œuvre sainte, en vous exhortant à y apporter cette liberté et ce calme d'esprit sans lesquels les autres qualités deviennent inutiles. Préparez-vous donc courageusement à me suivre, et si le résultat est tel que je le désire, vous n'aurez ni à vous en plaindre pour vous-mêmes, ni à vous en excuser envers la patrie. »

La philosophie est toujours utile ; mais aujourd'hui on peut dire qu'elle est nécessaire aux générations cultivées de l'Italie. Je prends ce mot de philosophie dans une certaine étendue, entendant par elle toutes les études qui touchent à l'homme individuel et social, qui sont capables de mettre en mouvement et d'ennoblir ses affections, d'accroître les forces de son génie inventif. Quand une nation est devenue esclave de mauvaises habitudes, qu'elle a perdu toutes les sources de la pensée, toute vigueur d'esprit, qu'elle dort d'un profond sommeil, tout ce qui peut réveiller le sentiment de son ancienne valeur est utile et non dangereux. La liberté de penser mal entendue nuit quelquefois à la cause de la vérité; ici elle ne peut que la servir, puisque la vérité est perdue, et que l'homme en proie à l'erreur, languit sous son joug. Aussi les bons gouvernements ne doivent pas craindre la philosophie, comme favorisant la licence et la rébellion en poussant les esprits à la liberté et à la recherche de la raison des choses. Les princes qui aiment à exercer tyranniquement leur pouvoir, qui abhorrent tout frein légitime, ont assurément raison de s'alarmer des recherches spéculatives et de toute culture de l'esprit humain. Hors les productions futiles et obscènes, tout, dans l'usage de la pensée et de la parole, doit leur faire ombrage et leur paraître redoutable pour l'État. Mais je veux croire qu'il n'y a dans l'Italie aucun prince de cette espèce; je veux croire qu'aucun des hommes qui y gouvernent n'aime le despotisme et la tyrannie; je veux croire qu'en refusant de donner aux peuples des institutions mieux assorties aux progrès de la civilisation et au caractère des temps, ils sont mus non point par un mauvais vouloir, mais par la crainte des exigences de leurs sujets, des violences et des malheurs qui accompagnent les révolutions. Ils ont présents à la mémoire les scènes effroyables de la révolution française et le naufrage d'une monarchie très puissante; ils ont devant les yeux l'exemple de cette secte républicaine insensée qui, avec les meilleures intentions du monde, met à feu et à sang les villes d'Angleterre, ensanglante de temps en temps les rues de Paris, et travaille hardiment à détruire la liberté en France et à la rendre impossible en Europe. Je ne crois pas que les républicains réussissent; mais je tiens pour certain qu'ils sont les meilleurs appuis du despotisme vivant, et que, sans leurs manœuvres, l n'y aurait peut-être plus en Europe un seul État qui ne jouît d'une liberté tempérée, la seule liberté possible. Je ne puis non plus me persuader que si jamais la crainte de ce parti disparaissait, nos princes fussent animés d'un esprit si ombrageux, et si avides d'un pouvoir de peu de durée, qu'ils voulussent ne point donner satisfaction aux désirs des peuples, et se rendre responsables aux yeux de Dieu et de la postérité des malheurs qui, soit de près ou de loin, retombent toujours sur la tête de quiconque aurait pu les prévenir et les réparer. Mais celui qui gouverne déguise d'ordinaire la crainte de l'avenir sous la crainte du présent, et croit faire preuve d'une grande prudence en semant une ample moisson de maux inévitables et lointains, pour ne pas s'exposer à des maux plus voisins. Cette manière de penser est-elle sensée et prudente ? Je ne le crois pas; car on peut facilement remédier aux abus de la liberté, tant que le principe du pouvoir souverain est intact et sa majesté inviolable, tandis qu'aucune force au monde ne pourra empêcher le despotisme, s'il dure, d'amener de ces bouleversements irrésistibles qui brisent le pouvoir souverain et rendent la liberté qui lui succède faible et sans énergie. C'est ainsi que quelques princes, pour ne pas vouloir donner eux-mêmes de sages institutions, au moyen desquelles ils pourraient aisément prévenir tous les excès, poussent les peuples à s'emparer par la force des droits qu'on leur refuse, et pour conserver un pouvoir absolu, rendent impossibles ou du moins très difficiles à leurs descendants la liberté et la monarchie. Mais mon plan n'est pas d'entrer dans cette matière; je veux seulement inférer de ce que je viens de dire, qu'il est croyable que si nos princes sont les ennemis d'une liberté modérée, c'est parce qu'ils craignent la liberté extrême. En effet, les doctrines qui ont cours aujourd'hui en politique s'appuyant sur des principes faux, conduisent à des conséquences absurdes, qui, passant de la théorie dans la pratique, produisent les excès des révolutions, lesquelles sont la logique en action des peuples égarés par de fausses prémisses. Nos gouvernements ne devraient donc pas avoir en horreur une doctrine contraire, qui mêlant *res olim dissociabiles* (nous devrions dire *aujourd'hui*), met d'accord la liberté et le pouvoir souverain, et fait tourner au profit du second les sentiments généreux et magnanimes qu'on fait agir contre lui. Car étouffer ces sentiments est une chose impossible; et l'essayer, comme le font quelques princes, en avilissant les ames, en affaiblissant leurs forces, en les corrompant, en s'évertuant à les précipiter dans l'abjection, la convoitise, la molesse, l'égoïsme, c'est une entreprise abominable et infâme. Mais, d'un autre côté, il est dangereux de les laisser dans l'état actuel; parce qu'ils sont hostiles à l'autorité publique. Parmi les défenseurs des rois il se trouve assurément des hommes vertueux; toutefois on ne peut nier, généralement parlant, que les esprits les plus nobles, les plus élevés, les plus purs ne se trouvent du côté des peuples, et ne donnent sans le vouloir une grande autorité aux auteurs des révolutions. Que faire donc? Je ne vois pas d'autre parti possible que de garder, d'observer, de favoriser ces sentiments sacrés; mais il faut les bien diriger et les conduire de manière qu'ils puissent être satisfaits sans péril. Or, c'est là l'œuvre de la philosophie, je dirais de la religion, si cette dernière n'était éteinte dans le cœur du plus grand nombre et n'avait pas moins besoin d'être rétablie que le pouvoir politique. La philosophie est aujourd'hui le seul moyen propre à corriger et à développer la civilisation du siècle; et par conséquent elle mérite que les princes sages la favorisent au lieu de la craindre (*). Qu'ils redoutent la fausse philosophie, qu'ils lui opposent la vraie; puisque les doctrines ne sauraient

---

(*) Qu'ils la favorisent non pas en la protégeant, car dans ce as ils courraient risque de la gâter, mais en ne lui donnant point d'entraves.

être combattues avec fruit que par les doctrines; les canons et les soldats ne pouvant rien contre elles. Qu'ils ne croient pas que les maximes capables de vaincre les erreurs courantes soient celles du despotisme; ces dernières plusieurs fois exposées par des hommes de talent, depuis Hobbes jusqu'à Bonald, ont fortifié l'opinion opposée au lieu de l'affaiblir. Et cela ne doit pas nous étonner, puisque les doctrines du despotisme sont absurdes et nuisibles, et que l'erreur ne peut être vaincue par une autre erreur, mais seulement par la vérité. Que les princes ne craignent pas non plus que la philosophie, habituant les esprits à être libres, les pousse à la désobéissance et à la licence. La licence ne peut naître de la liberté dont elle est la plus grande ennemie, mais bien de ces faux principes, de ces passions perverses qui s'enveloppent de son manteau. Otez à ces principes le masque qui les couvre, montrez-les dans leur nudité; personne ne pourra plus les confondre avec la liberté véritable et légitime. La licence n'est pas la liberté, mais l'esclavage; esclavage des sens, esclavage des passions, esclavage de l'égoïsme, de l'orgueil, de l'ignorance, des préoccupations d'un faux savoir.

Aucune époque ne fut plus esclave que la nôtre, qui cependant se vante de posséder des esprits libres; et de ce caractère servile naît cette mollesse et cette prostration des âmes et des esprits qui sont presque universelles. Comment la liberté peut-elle subsister, si elle n'est généreuse et forte? Il est de fait que le monde actuel n'est plus partagé, comme l'on dit, entre la liberté et la tyrannie, mais entre deux tyrannies contraires et qui se combattent; d'un côté celle des despotes, et de l'autre celle des peuples. Elles se fondent l'une et l'autre sur deux fausses doctrines dépendantes du même principe et ayant un but unique, c'est-à-dire, la prédominance de la force sur le droit; peu importe que cette force soit dans les armées ou dans la multitude. Et cependant chacune d'elles cherche à se parer de maximes vraies; les despotes invoquent le bon ordre, la stabilité, la sûreté, la douceur du repos; les peuples, la liberté. Princes, voulez-vous redresser la fausse opinion des peuples? commencez par renoncer à la vôtre; reconnaissez que l'inviolabilité du pouvoir souverain et l'esclavage des sujets, le principat civil et la monarchie absolue sont des choses toutes différentes. Favorisez la vraie science, qui rendra les hommes vraiment libres en les dérobant au joug des fausses préoccupations qui les tyrannisent, et leur fera toucher du doigt cette vérité que le bonheur des peuples et celui des princes ont besoin l'un de l'autre. Cette union seule peut mettre fin à ce travail douloureux qui, depuis trois siècles, tourmente l'Europe. Ne craignez pas en encourageant les esprits, en leur donnant la conscience d'eux-mêmes, en les affranchissant du joug de l'erreur, que le savoir les rende inquiets et intraitables. Ce n'est point le savoir qui produit ces déplorables effets; le savoir, et surtout la philosophie, en occupant utilement les esprits, en les habituant à employer un jugement calme et sévère, à rechercher les causes et les effets des choses, à penser avant d'agir, à prendre conseil pour l'avenir sur le passé et le présent, détournent les esprits des changements inconsidérés et violents, préviennent les effets par l'expérience, dirigent vers le bien l'ardeur effervescente de l'âge et lui impriment une virilité précoce. Platon estimait le meilleur le gouvernement qui serait dirigé par des philosophes; opinion difficile à réfuter dans le sens de ce grand sage, qui parlait des philosophes anciens et non de ceux de notre époque.

Si la vraie philosophie ne peut inspirer de craintes aux bons princes, elle ne doit non plus soulever aucun soupçon raisonnable chez les amis sincères de la religion. Et comment pourrait-elle leur donner des motifs plausibles de crainte, étan fondée comme elle l'est sur la religion, et ne pouvant sans elle, non-seulement durer et devenir florissante, mais même subsister un seul instant ? La conséquence du syllogisme ne peut ici être retournée contre ses prémisses. Il faut distinguer la manie de philosopher de la philosophie, et surtout de la vraie philosophie. La première peut se tourner vers le bien ou le mal, comme toute inclination spontanée du cœur humain ; la seconde ne peut jamais porter de mauvais fruits. Au contraire, le talent de faire des recherches spéculatives peut être aujourd'hui plus profitable que dangereux pour la cause de la religion. En effet, si dans les temps de piété et de force, il égara quelquefois les esprits qui en abusèrent, et les conduisit à l'impiété ; dans les temps de faiblesse, comme le nôtre, et quand les croyances religieuses sont universellement éteintes ou affaiblies, elle peut ramener les esprits et quelquefois les reconduire à la foi. L'homme se lasse et se dégoûte de l'erreur ; après en avoir entièrement parcouru le chemin, il connaît par expérience la fin triste et amère à laquelle elle conduit ; il s'aperçoit qu'il s'est fourvoyé et désire retourner à la vérité. Dans ce but, il s'adresse à la philosophie, c'est-à-dire à l'usage de la raison ; mais comme il a reconnu la fausseté des systèmes qu'il avait précédemment embrassés avec trop de confiance par les fruits qu'ils ont produits, il est disposé à essayer si le chemin opposé à celui qu'il avait suivi peut le conduire au terme désiré. Ainsi l'abus même de la philosophie applanit la voie à sa réforme, et favorise le réveil de la vraie science. Aussi, de même que Clément d'Alexandrie considérait la philosophie des Gentils comme une préparation au christianisme, de même les sciences spéculatives peuvent être regardées aujourd'hui comme les auteurs de sa restauration. La fausse philosophie, après une longue série d'erreurs, a chassé l'idée de Dieu de la science humaine, et est devenue intrinsèquement et substantiellement athée, malgré que ceux qui la cultivent de bonne foi parlent de Dieu à chaque page de leurs livres. La vraie philosophie a pour but de *retrouver Dieu scientifiquement*, de réconcilier, au moyen de la science, les esprits avec la religion, et on peut la définir : *la restauration de l'idée divine dans la science.*

Comme la vraie philosophie est essentiellement religieuse, toute science mélangée d'impiété ne peut avoir de commun avec elle que les apparences et les vains titres dont elle se pare. Cela seul suffirait pour établir clairement que la vraie et légitime philosophie ne se trouve presque plus au monde, et que ce qui en usurpe le nom est son plus grand ennemi; de même que toute fausse science est une négation de la vraie et le plus grand obstacle à son acquisition. Qu'y a-t-il de plus auguste et de plus respectable que la morale? c'est la sainteté même. Et cependant il n'y a point de doctrine qui puisse rivaliser de bassesse et de difformité avec la morale des égoïstes et des Épicuriens. Le principat et la liberté civile font la sécurité, le bonheur, la prospérité des empires et des royaumes; le despotisme et la licence les ruinent. La bonne littérature et les beaux-arts expriment le beau dans sa perfection; mais pourrait-on attribuer le même mérite aux mauvais poëtes et aux mauvais artistes, qui mettent toute leur application à personnifier l'idée du laid et du difforme? Qu'y a-t-il donc d'étonnant que la sagesse moderne soit empoisonnée et impie, puisqu'elle annulle la vraie sagesse, et qu'elle n'a avec celle-ci que le rapport qui existe entre l'hypocrisie et la vertu, entre l'imposture et la religion?

La religion doit être chère à tous les citoyens, mais principalement aux membres du clergé destinés, par leur noble ministère, à en être les gardiens. Lorsque les philosophes fati-

guaient leur langue et leur plume à blasphémer les choses
sacrées, personne ne devait être surpris que le sacerdoce, ému
de ces attentats sacriléges, pût croire que la science en était
complice, et qu'il regardât comme odieux ou du moins comme
suspects les noms de philosophie et de philosophes. Mais
maintenant que d'un côté la fureur s'est calmée, et que de
l'autre on a eu le temps de faire de plus mûres réflexions,
maintenant que la philosophie s'occupe de ranimer la religion dans ceux qui l'ont perdue, et les hommes religieux de
restaurer la philosophie; maintenant que l'œuvre des philosophes n'a plus rien à démolir et beaucoup à édifier; il ne serait
pas raisonnable que le clergé catholique persévérât à combattre et à déconsidérer les sciences spéculatives. Tout au contraire, il est appelé à prêter efficacement sa main à leur restauration : il y est invité par son institution même, comme je
le démontrerai ailleurs. J'adresse donc d'une manière spéciale
le présent ouvrage à ceux de mes compatriotes qui se consacrent aux études ecclésiastiques et aux devoirs du sanctuaire.
La philosophie ne fut jamais négligée par les membres du
clergé d'Italie, même dans les temps les moins propices à sa
culture; et cette préoccupation excusable dont j'ai parlé un
peu plus haut, a eu moins d'empire chez nous que dans les
autres états de l'Europe. Tels sont la modération et le bon
sens de notre clergé, qu'il s'est presque toujours mis à l'abri
de tout excès, que sans se séquestrer de la partie sérieuse et
grave de la société, il a su se préserver de la frivolité et de la
corruption. Généralement parlant, le prêtre italien n'est pas
un ermite qui vive seul dans l'église ou dans la solitude; c'est
un citoyen qui sait prendre part d'une manière décente à la
société des hommes et aux plaisirs du siècle ; on le voit
dans les universités, dans les académies, dans les bibliothèques,
dans les musées, dans les réunions solennelles et honorables;

il ne se tient éloigné que des lieux où ceux qui l'estiment ne désireraient pas le rencontrer. Telle doit être, selon moi, la vie du prêtre; et je ne pense pas devoir approuver l'opinion de ceux qui voudraient qu'il fût séquestré de la société et renfermé dans les murs du temple. Le prêtre n'est pas un moine; il doit se familiariser avec ses concitoyens, autant que la décence et la sainteté de son ministère le comportent; il doit exercer sur les esprits, par l'autorité et par l'estime que donnent la vertu et le savoir, cette influence qui tourne à l'avantage des bonnes mœurs et de la religion, et qui est la seule digne, la seule convenable aux hommes d'église, la seule approuvée par l'opinion universelle; car elle n'est ni usurpée, ni obtenue par les brigues, mais produite spontanément par l'opinion. A cette honorable participation de notre clergé à la vie publique il faut rapporter l'amour qu'il a toujours montré pour les progrès civils et son empressement à y coopérer de son côté, sans sortir des bornes de sa propre dignité. Je parle en général et sans tenir compte des exceptions, qui par bonheur ne sont pas nombreuses. L'Italie, si on en excepte peut-être une seule province, n'a point vu et ne verra jamais, je l'espère, les pasteurs des ames oublier la dignité et l'esprit du sacerdoce; prendre la défense des anciens abus, s'opposer aux réformes raisonnables, se faire intrigants, sophistes et factieux pour ressusciter des institutions déjà mortes; déclarer la guerre dans les affaires civiles au caractère des temps; refuser l'hommage aux gouvernements établis; approuver, louer, sanctifier, attiser les fureurs des discordes civiles; et mêler leur nom à des actes de rébellion et de sang dont le seul souvenir fait frémir. C'est avec douleur que je rappelle ces déplorables excès; car l'Église tout entière est la patrie de l'homme catholique, qui sent comme s'ils frappaient sur lui-même les coups portés à une partie quelconque de ce grand corps; mais je trouve toutefois quelque consolation à penser que le clergé de ma nation n'a pas à rougir de semblables énormités.

Le sacerdoce français fut dès les premiers temps, par sa vertu, par son savoir, par son esprit, un des plus remarquables de l'Europe. Comme le christianisme fut de bonne heure introduit dans les Gaules, ses ministres s'y illustrèrent par leur savoir, par leur éloquence, par la pureté de leur foi; et aussi par une vertu héroïque dans les épreuves longues et pénibles de l'apostolat, et dans celles plus courtes mais plus terribles de la confession et du martyre. Quand la France, durant le moyen-âge, n'aurait donné à la chrétienté d'autres hommes célèbres que saint Bernard et Gerson, et d'autre secours aux études sacrées que l'université de Paris, elle devrait encore être comptée parmi les royaumes qui ont le mieux mérité de l'Église. Qui ne connaît les gloires du clergé gallican dans le dix-septième siècle? Qui n'admire cette nombreuse et brillante élite d'hommes remarquables sortis des divers degrés de la hiérarchie ecclésiastique, qui cultivèrent avec fruit les sciences, s'appliquèrent avec le même zèle à ces hautes et profondes études qui font l'homme savant, et à l'instruction élémentaire qui communique la science aux enfants et aux ignorants; élevèrent l'idiome français au rang de langue noble et digne des saintes Écritures; créèrent une littérature nationale et la portèrent à un tel degré de perfection, que les générations suivantes ont vainement essayé non pas de la surpasser, mais même de l'égaler? Car, si plusieurs écrivains laïques ont efficacement coopéré à cette œuvre, il faut remarquer qu'ils sentaient, pensaient et écrivaient presque entièrement sous l'influence morale du clergé, à qui revient, sans aucun doute, le premier rôle dans la création de la littérature française, comme en des temps plus anciens, dans la constitution de la société française. Il est vrai que le siècle suivant ne remarqua et ne crut point ce fait ; après avoir reçu des mains du clergé une littérature très belle et très riche, il s'en servit d'une manière ingrate et coupable pour faire la guerre à ceux qui l'avaient créée, et à cette même religion qui l'avait nourrie et élevée. La guerre du dix-huitième siècle contre le précédent est pour moi l'image d'une insolente troupe d'écoliers révoltés contre le corps vénérable de leurs instituteurs et de leurs maîtres. A quel terme cette révolte a conduit les lettres et la philosophie françaises, tout le monde le sait, et tous les discours possibles seraient moins éloquents que le spectacle qui est sous nos yeux. Dans tout le cours de ces douloureuses vicissitudes, le clergé français n'oublia jamais ses glorieux principes et ses anciennes vertus ; il conserva intacte la foi de ses ancêtres ; il produisit des apôtres pleins de zèle, de saints pasteurs et de saints évêques; et si l'usage qui permettait aux hommes d'église de pouvoir devenir des hommes de cour, donna lieu à quelques scandales qui, comme d'ordinaire, ternirent la réputation de tout le corps ecclésiastique, ces taches furent assez effacées dans ce terrible bouleversement de toutes les choses humaines et divines d'où le clergé français sortit, comme l'or de la fournaise, pur de toute souillure et digne de son ancien nom. Ne l'avons-nous pas vu, il y a un petit nombre d'années, quand une maladie terrible sévissait sur la France et enlevait ses malheureuses populations, se mêler à la foule des malades et des malheureux, les secourir dans les besoins de l'ame et dans ceux du corps avec la tendresse d'une mère, et mourir avec eux ? Et quelle plus belle et plus forte preuve de vertu que de donner sa vie pour son prochain, pour des hommes qui peut-être auraient besoin de votre pardon, et cela sans qu'il y ait compensation d'amour ni espoir de reconnaissance ?

Mais si le clergé français est de nos jours un modèle de

toutes les vertus qui conviennent à l'état ecclésiastique, il n'est peut-être pas, sous le rapport du savoir, au niveau de ses anciens modèles et de son ancienne réputation. Il commença à déchoir, sous ce rapport, dans le siècle dernier, quand il se laissa enlever par les laïques le patrimoine intellectuel de la science, qui est comme un flambeau avec lequel on doit communiquer la lumière aux autres, sans la diminuer pour soi-même et sans en perdre la possession. Le clergé français a toujours conservé la supériorité de vertu sur celui des autres nations ; mais il s'est laissé enlever celle de la science et du talent. Dans le siècle dernier, lorsqu'une foule d'écrivains infimes et médiocres qu'appuyaient un petit nombre d'hommes de génie, faisaient, sous mille formes, une guerre acharnée à la religion, il ne sut pas opposer un seul homme éminent à l'art et à la fureur des assaillants. Bergier, Guénée et un petit nombre d'autres firent tout ce qu'ils purent, combattirent heureusement, et acquirent un droit immortel aux bénédictions de la postérité ; mais ce n'était pas assez d'eux seuls. Et certainement le silence, ou la faible défense du sacerdoce favorisa la propagation de la philosophie et l'empire qu'elle acquit sur l'opinion ; quand un seul homme véritablement fort, qui se serait trouvé sur le seuil du sanctuaire, aurait pu mettre en fuite cette foule d'insectes importuns, devenus plus insolents par la patience intempestive de ceux qu'ils attaquaient. Ni la verve poétique de Voltaire, ni l'éloquence de Rousseau n'auraient suffi pour pallier leur ignorance, si celle-ci avait été démasquée par quelque génie puissant et vraiment philosophe. Lorsque la révolution eut ruiné la fortune du clergé et dispersé ses membres, ceux-ci eurent beaucoup de peine à se reconstituer, et dans ce pénible intervalle ils ne purent donner beaucoup d'attention aux sciences et aux études. Mais aujourd'hui que, par un bienfait du ciel, le calme a succédé à la tempête, pourquoi le clergé français diffère-t-il à en profiter pour recouvrer sous tous les rapports sa première splendeur, et se faire admirer par sa science, comme il se fait vénérer par sa piété et par ses mœurs? Dans le respect que je porte à une portion si distinguée de l'Église, je n'oserais pas, comme je le fais, manifester mon sentiment à ce sujet, s'il n'était conforme à la manière de voir de quelques membres respectables de cette même Église, et fortifié par leurs propres plaintes (*). Je n'entends point nier par là que la France ne possède aujourd'hui encore des prêtres instruits et de talent, auteurs d'ouvrages estimables; ce serait assez peut-être pour l'honneur et le besoin d'un autre royaume chrétien, mais ce n'est pas assez pour la France. Que ce clergé illustre me pardonne si je dis que ces écrivains ne suffisent pas; car il nous a tellement habitués dans les temps antérieurs à voir sortir en foule de son sein les hommes distingués dans toutes les branches des sciences divines et humaines, que quoique son champ ne soit pas stérile aujourd'hui, il semble que la moisson est bien peu abondante.

La portion du clergé français qui s'applique sans relâche à l'étude, malgré l'habitude contraire de tout le reste, en est donc d'autant plus recommandable. Seulement, quelques-uns de ces hommes estimables ne me semblent pas avoir choisi la voie la plus propre à atteindre leur but. Je dirai franchement mon opinion, sans crainte d'être taxé de témérité, puisque, en ce qui regarde le bien de la religion et de l'Église, il est permis à l'homme catholique, quel que soit son pays, de manifester son opinion personnelle, sans qu'on puisse raisonnablement l'accuser de s'occuper de choses qui lui sont étrangères.

(*) Voyez Forichon, *examen des questions scientifiques de l'âge du monde*, etc. Paris, 1837, pp. vii, seqq., xxxii, seqq.

Je pense donc que quelques ecclésiastiques français se trompent en croyant que la culture superficielle des lettres, telle qu'on l'aime de nos jours, est d'un grand profit pour la religion; je pense que leurs travaux seraient appliqués avec beaucoup plus de fruit à des études plus solides et plus profondes, à des ouvrages d'une plus vaste proportion et mieux en rapport avec les besoins du siècle actuel. Le talent et le temps des deux tiers des prêtres qui écrivent aujourd'hui se perdent dans les journaux et les revues. Je ne condamne pas absolument ce genre d'écrits; je crois même qu'un journal bien fait est utile à la science; et pour ne pas sortir des journaux ecclésiastiques, je sais qu'il s'en imprime quelques-uns en Italie et ailleurs, qui méritent beaucoup d'éloges; mais ceux au contraire qui veulent s'étendre au-delà de ce que comporte leur nature, et remplacer les livres, ne sont pas seulement inutiles, ils sont préjudiciables. Le journal doit aider la science, mais il ne peut ni la contenir, ni la constituer; c'est un accessoire et non une chose principale; il sert à indiquer jour par jour les progrès que fait la science, et il est destiné non pas à suppléer à la doctrine des livres, mais à la rendre plus facile. Aussi, lorsque dans un pays il s'imprime peu de livres, ou il ne s'en imprime que de médiocres, et que les écrits des journalistes y surpassent en nombre et en célébrité ceux des auteurs, on peut croire que le vrai savoir y est en décadence. Je ne pense donc point que ce soit un sage moyen pour restaurer les sciences religieuses, d'en faire une matière à journaux, et de gaspiller à de telles compositions les talents qui les cultivent. Assurément, dans un siècle bavard où l'usage des publications périodiques est généralement répandu, où un grand nombre d'hommes s'appliquent à gâter par ce moyen les cœurs et les esprits, les bons journaux sont un antidote opportun; mais ils ne doivent pas, je le répète, usurper la place des livres, ni exercer le plus haut et le plus difficile enseignement. Il est vrai que ce mauvais usage règne aussi dans les lettres profanes ; qu'avec l'alchimie des journaux on prétend enseigner les doctrines même les plus austères, et par eux rendre inutile tout volume d'une trop forte dimension, sinon les bibliothèques entières ; que les fauteurs du progrès espèrent arriver dans peu à une époque où on n'imprimera et où on ne lira plus que des feuilles volantes ; mais ces beaux projets et ces belles espérances, il faudrait les laisser à la sagesse des profanes. Vous avez tort de vouloir défendre la vérité et combattre l'incrédulité avec ces moyens frivoles et indignes qui ont produit celle-ci. Laissez les faibles armes aux ennemis de la religion ; servez-vous seulement de celles qui sont fortes, que l'on n'emploie que dans les véritables combats et qui donnent la victoire. La science doit être solide et forte comme la religion et la vérité ; la légèreté et la faiblesse sont des qualités particulières à l'erreur. Le faux savoir a ruiné la Foi et ne pourra la faire revivre. Les journaux, qui ont efficacement coopéré à ruiner la religion, ne pourront jamais la relever ; parce que telle est la faiblesse et la corruption de l'esprit humain, que les écrits superficiels peuvent bien pervertir, mais ne convertissent personne. On rapporte des exemples d'hommes écartés de la vérité et qui y ont été ramenés par la lecture attentive d'un bon livre ; tandis que je ne sache pas qu'un tel miracle ait jamais été opéré par une gazette ou par un journal. Ces écrits pourront à la longue aider les bonnes dispositions ; mais jamais ils ne produiront de résultat, si l'on manque d'ouvrages solides, profonds, appropriés au besoin de la civilisation et du siècle. Or, pour obtenir de tels ouvrages, commencez par vous persuader que les journaux ne font pas la science. Par conséquent, renoncez à vouloir enfermer une encyclopédie en un petit nombre de volumes, à vouloir resserrer dans douze cahiers annuels je ne sais combien de sciences. Croyez-vous par hasard que l'homme qui veut acquérir une connaissance suffisante de ces matières se contente de cours improvisés ? C'est avilir les sciences sacrées et ne rien faire pour la religion. Au lieu de rapetisser le savoir et de le renfermer dans des limites aussi étroites, donnez-nous de bons livres ; donnez-nous des livres qui, par la nouveauté et la profondeur des matières, se fassent lire et étudier des laïques eux-mêmes. Et qu'on ne vienne pas dire qu'il n'y a plus de grands génies, que tous les siècles ne peuvent donner des Bossuet, des Arnauld, des Fénelon, des Malebranche, des P. Petau, des Gaubil; que les esprits modernes ne peuvent suffire qu'à de petits travaux. Premièrement, ce n'est pas le talent qui manque en France ; ce qui y manque, c'est son bon emploi; ce qui y manque, ce sont ces études fortes, cette volonté tenace, cette application infatigable, sans lesquelles les dons de la nature deviennent inutiles. Et puis, si vous ne pouvez nous donner de ces génies extraordinaires, donnez-nous au moins des Tillemont, des Mabillon, des Nicole, des Thomassin, des Fleury, hommes devenus supérieurs par des études longues et choisies, auxquels tout esprit ordinaire peut s'égaler, s'il est plein d'ardeur pour le travail. Persuadez-vous que les noms les plus illustres dont se glorifient votre corps et votre patrie ont dû leur célébrité et leur grandeur, autant aux fatigues de l'art qu'aux priviléges de la nature. Dans tous les cas, donnez-nous des livres bons et durables, et ensuite nous accepterons, si vous le voulez, même le encyclopédies et les journaux (15). Je ne crois pourtant pas que, vouloir créer une science propre aux catholiques et distincte de celle qui est l'héritage commun de la civilisation, soit une idée bien sage et bien favorable à l'accord de cette même science et de la religion. La science est une, et elle est toujours catholique lorsqu'elle est vraie; l'erreur seule n'est ni catholique ni chrétienne. La science catholique est celle qui est vaste, impartiale et profonde; qui pénètre dans l'intérieur de son objet et ne se contente point de la superficie; qui, en considérant un côté des choses, ne néglige pas les autres; qui est rigoureuse dans ses déductions et réservée dans ses inductions; qui ne donne pas aux conclusions plus d'étendue qu'aux termes des prémisses; qui ne donne pas le probable pour le certain, les conjectures pour des vérités démontrées, les simples hypothèses pour des axiomes ou des théorèmes. Je sais que vous ne niez pas que tout cela ne soit vrai; mais en griffonnant quelques ébauches scientifiques que vous intitulez science catholique, vous semblez croire que l'enseignement des universités de l'Europe est hérétique et païen; ce qui est une très grave erreur. Savez-vous quelle est la science catholique? C'est celle des Cuvier, des Ampère, des Rémusat, des Sacy et de leurs pareils, pour ne pas sortir du siècle, ni de la France; c'est celle qui est enseignée de Philadelphie à Calcutta, et qui obtient l'assentiment de tous les savants du monde civilisé. Une telle science n'est jamais ennemie de la religion, parce que ceux qui la cultivent, quand même ils se trouveraient infectés de la maladie du siècle, quand même ils seraient irréligieux, s'ils sont vraiment profonds dans la branche qu'ils cultivent, n'en tireront jamais aucune conclusion substantiellement opposée aux principes catholiques; parce que la vérité ne peut jamais être opposée à la vérité. La science superficielle, la science téméraire, la science qui marche sur les conjectures et sur les vaines hypothèses, est la seule qui soit souvent en désaccord avec la foi. Mais tel n'est pas le savoir des hommes supérieurs, même lorsqu'il leur arrive de payer tribut à la nature humaine. Vous ne trouverez pas de nos jours un grand géologue qui affirme hardiment que les résultats positifs de la science qu'il cultive répugnent à l'histoire mosaïque ; ni un profond antiquaire qui contredise la chronologie biblique ; ni un physiologiste, ni un médecin distingué, qui fasse tourner ses observations et ses expériences au profit du matérialisme. C'est que le vrai savant est prudent et circonspect ; il connaît le génie de la science qu'il professe, et il n'échange pas les apparences contre la réalité. J'ai dit *substantiellement*, parce que si quelqu'un de ces hommes distingués semble quelquefois ne pas se conformer absolument à la règle catholique sur quelque point accessoire de ses doctrines, cela vient ou de l'interprétation erronnée qu'on en fait, (comme il est arrivé pour Galilée), ou de la faiblesse de la nature humaine ; car les grands hommes eux-mêmes sommeillent quelquefois et prennent le vraisemblable pour le vrai. Il est bien entendu que je ne parle point ici des sciences spéculatives, au sujet desquelles, je l'avoue, le siècle ne s'accorde pas avec la religion ; et qu'y a-t-il d'étonnant si en ce point le siècle actuel est en désaccord avec lui-même ? La philosophie ne se trouve plus parmi les hommes, puisqu'il y a autant de systèmes philosophiques qu'il y a d'écoles et de penseurs ; ce qui fait que de ce côté le monde civilisé est comme la tour de Babel. Mais, si la vraie philosophie doit être ressuscitée, ce ne sera certes point par le moyen des encyclopédies et des journaux.

Le clergé catholique doit prudemment s'abstenir de tout ce qu'il sait petit, étroit, faible et mesquin ; il doit, en conservant l'orthodoxie la plus rigoureuse, sagement adopter toute la civilisation du siècle, la séparer des choses impures qui souvent la corrompent, et se l'approprier. Je ne sais si les prêtres français qui, pour la pureté de la foi et des mœurs, sont dignes d'être offerts en exemple, sont également dignes d'être imités sous d'autres rapports, et si la louable jalousie qu'ils ont de la sainteté cléricale ne leur fait pas quelquefois dépasser le but. Se tenir éloigné du bruit, des brigues civiles et politiques, c'est le devoir du prêtre ; mais pourquoi rester étranger aux lettres et aux sciences ? pourquoi fuir la conversation d'hommes graves et sensés ? Pourquoi former une société isolée, un monde à part, presque comme les castes de l'Orient ? Cet éloignement du clergé du sein de la société nuit à la religion, qui perd beaucoup de sa force dans l'esprit de la multitude, toutes les fois que le prêtre s'éloigne trop des regards du public, ou ne sait pas, en s'y montrant, conserver la dignité de son état. Pour une grande partie des hommes, les croyances religieuses sont classées au même rang de leur estime que les ministres qui les représentent. La seule présence d'un prêtre digne de son ministère peut quelquefois rappeler et gagner les esprits à la foi, que beaucoup d'entre eux oublient avec la personne de ceux qui sont chargés de l'annoncer. Je ne sais si je me trompe, mais je suis porté à croire que dans une ville comme Paris, beaucoup d'honnêtes familles, qui ne s'occupent nullement de piété et de religion, vivraient chrétiennement, si les prêtres n'avaient pas renoncé à l'usage de se mêler, avec la décence convenable, à la société des citoyens. Mais pour en revenir aux sciences, les ecclésiastiques devraient en reconquérir l'ancienne possession, en atteindre les hautes régions, fermement résolus à rivaliser par une noble émulation avec les progrès de leur époque, et à les dépasser. Et cela ne serait pas difficile pour les sciences spéculatives, dans un pays où l'on place aujourd'hui au premier rang, parmi ceux qui les cultivent, quelques hommes qui mériteraient à peine le second dans toute autre condition de temps et d'études. Il faut donc sagement repousser tout ce qui tend à renfermer dans un cercle trop resserré la doctrine du clergé et des hommes catholiques. Dans la philosophie spécialement, dont la science doit être renouvelée depuis sa base, et où les ecclésiastiques sont tenus de coopérer à cette grande œuvre en vertu même de leur mission, il faut apporter cette liberté et cette forme d'esprit que réclame la sublimité du but proposé. Ce qui me fait parler ainsi, c'est que dans quelques travaux du clergé français, estimables d'ailleurs et dictés par de bonnes intentions, je crois apercevoir une excessive timidité d'esprit, une faiblesse intellectuelle, une crainte de pénétrer dans certaines questions, une répugnance à abandonner les chemins battus et ordinaires (même lorsque le sujet réclame le contraire et que la prudence chrétienne le permet); qui nuit à l'effet que devraient produire ces ouvrages, à la profondeur et à l'accroissement de la science. Le catholique doit être prudent, mais non pusillanime; timoré, mais non timide; il doit bien mûrir ses pensées, mais non se laisser effrayer par les difficultés; il doit être rigoureusement attaché à l'orthodoxie, mais libre de scrupules; il doit pénétrer dans les entrailles de son sujet et non s'arrêter à l'écorce; il n'a pas à craindre, quand même il errerait malgré toutes les sages précautions, parce que sa soumission à l'Église et sa volonté d'obéir au moindre de ses avertissements, sont sans mesure et sans limites. Cette liberté catholique donne aux écrivains une très grande force d'esprit et les rend singulièrement propres à faire avancer les sciences et à découvrir de nouveaux mondes dans le vaste domaine du savoir. La foi en son propre génie est nécessaire en tout pour tenter et accomplir de grandes choses; mais il n'y a que le catholique qui puisse s'y livrer avec une parfaite tranquillité de conscience, parce qu'il subordonne ses pensées, quelque bien fondées qu'elles lui paraissent, à l'autorité suprême du maître qui seul ne peut faillir (16).

Éveiller et faire fleurir la science dans le clergé n'est pas une œuvre difficile en elle-même, mais elle ne dépend pas seulement de la volonté des simples particuliers. Il est nécessaire que les premiers pasteurs y concourent efficacement et y emploient ces moyens qu'ils possèdent en abondance, placés comme ils le sont à la tête du clergé. Si les vénérables prélats, dont la France admire la piété et la vertu, choisissaient dans leurs séminaires les jeunes gens qui promettent le plus, et les affranchissant des entraves de certaines études trop élémentaires et trop restreintes, leur fournissaient les secours nécessaires pour s'appliquer à l'étude des sciences pour lesquelles ils ont le plus de goût ; s'ils fondaient une institution où l'élite du clergé s'instruirait dans les doctrines les plus élevées, et où la perfection de la discipline scientifique serait jointe à celle du noviciat clérical ; si pour cette œuvre sainte, qui exigerait de grands frais, ils réclamaient le secours de leur gouvernement, qui ne devrait pas le refuser, puisqu'il s'agirait d'une chose éminemment utile, et qui ne pourrait concevoir aucun ombrage puisque la direction d'un tel enseignement dépendrait du corps des évêques et que les laïques y interviendraient comme conseillers et non comme arbitres; il ne se passerait pas deux générations avant que l'Eglise de France n'eût des théologiens, des philosophes, des érudits, des orientalistes, des physiciens et des mathématiciens distingués, capables de lutter noblement et avec fruit contre les savants nationaux et étrangers les plus éminents. Car il est d'une haute importance de remarquer que la science du clergé ne peut porter de bons fruits si elle n'égale ou ne devance celle de l'époque ; la science médiocre, quand elle est seule, ne produit que peu ou point de profit. Si Bossuet ou Malebranche n'avaient pas été égaux ou supérieurs, chacun dans son genre, aux savants de leur siècle, irons-nous nous imaginer que les esprits de l'époque auraient été, comme ils le furent, dominés par la religion ? C'est pourquoi le clergé, en s'appliquant à l'étude des sciences même profanes, loin de contrevenir au but primitif de son ministère, y trouverait un moyen plus efficace de l'atteindre, en réconciliant la foi avec l'opinion publique et la mettant universellement en crédit comme une *soumission raisonnable*. Or, quel moyen plus convenable pour gagner la multitude à la Foi, que de pouvoir lui montrer dans les ministres et les chefs de la religion la fleur et l'élite de la science humaine? Un seul homme remarquable par le savoir joint à la vertu, qui s'élèvera parmi le clergé moderne, contribuera peut-être mieux à réconcilier les classes instruites avec la foi catholique, que les missions et les prédications ordinaires. Celles-ci sont des moyens assurément utiles, nécessaires et saints, pourvu qu'ils soient bien employés; mais ils ne suffisent pas seuls. Espérons que le temps n'est pas éloigné où tous les pasteurs des ames seront convaincus qu'une science éminente est aujourd'hui nécessaire au clergé pour applanir la voie à l'œuvre et aux merveilles de l'apostolat.

L'Eglise de France aujourd'hui, bien qu'elle ne soit plus agitée par la fureur des tempêtes et des persécutions, est loin toutefois de jouir d'un état tranquille et heureux; elle est troublée et travaillée par des ennemis intérieurs et extérieurs, dont elle ne pourra se délivrer qu'en redoublant de sagesse et d'instruction. Une secte obstinée et perturbatrice, prenant le masque de la religion, s'est glissée dans le sanctuaire et a réussi à s'y faire quelques patrons ardents. Je veux parler de ces factieux qui prennent le nom de *légitimistes*, et parmi lesquels il se trouve assurément, comme dans toutes les sectes, des hommes de bien et pleins de loyauté, qui sont portés par une sincère affection vers la race du prince expulsé de son pays, vers l'inviolabilité du pouvoir monarchique; qui croient le nouvel ordre de choses contraire à la religion à laquelle selon eux l'ancien était plus conforme, au repos et à la tranquillité publique, qui sont délivrés des bouleversements passés. Mais le plus grand nombre ne pensent qu'à la ruine des libertés publiques et au rétablissement du pouvoir despotique qu'ils aiment, non point pour lui-même, mais pour les abus et les vices qui l'accompagnent. Ceux-ci, pour la plupart, sont des nobles, qui soupirent après les splendeurs et le pouvoir dominateur du patriciat, et même après l'état féodal; des prêtres (je le dis avec douleur), qui regrettent les richesses perdues, et la participation profane aux brigues séculières; des oisifs de diverses sortes dépourvus de fortune et avides de dissolutions et de plaisirs, auxquels n'arrivent ou ne suffisent point les faveurs d'une cour honnête, et qui regrettent ces temps si heureux où les sueurs du peuple alimentaient les vices des courtisans et du prince. On ne peut imaginer une faction plus en opposition avec l'Évangile et l'esprit généreux de l'Église catholique, que celle-ci. Et il ne lui suffirait pas, pour se rendre honorable, d'étaler les sentiments d'une foi chevaleresque, quand même ils seraient sincères. L'idolâtrie envers les princes est chose moderne, et surtout en France (*) : et elle n'a jamais pris, fort heureusement, et ne prendra jamais racine dans les cœurs mâles des Italiens. La fidélité envers les pouvoirs légitimes est un devoir : mais adorer un seul homme et une seule famille, les mettre au-dessus de toute affection et de tout devoir, leur préférer tout ce qu'il y a de plus sacré, la nation et la patrie; enfin faire du monarque une idole et de la soumission un culte, ce serait une exagération ridicule, si elle n'était souvent une source de calamités. Je veux toutefois que de pareils sentiments n'aient point pour mobile l'intérêt privé; mais tout instinct, encore qu'exempt de bassesse, ne mérite pas le nom d'héroïque. Ou bien si l'on veut lui

---

(*) Machiavel, *discours*, III, 41.

été affligée, tantôt des invasions étrangères, tantôt des discordes et des licences civiles, tantôt d'un despotisme ignoble et corrupteur, était parvenue à avoir un gouvernement qui alliait les avantages de la monarchie aux anciennes libertés nationales, et qui, s'il n'était pas le meilleur, était cependant ce qu'on pouvait organiser de mieux pour le moment. Tous les cœurs bien nés souhaitaient à ce malheureux pays la paix et le repos, afin que le nouvel ordre de choses se consolidât et que la trace des calamités anciennes s'effaçât. Malheureusement il se trouve un homme qui, prétextant certains droits vrais ou faux en principe (cet examen est ici peu important), croit pouvoir humainement et chrétiennement allumer dans sa patrie le feu de la guerre civile, et voit marcher à sa suite dans cette sacrilége entreprise un petit nombre de prêtres insensés, qui croient faire chose agréable à Dieu en égorgeant d'une main leurs concitoyens, tandis que de l'autre ils bénissent le massacre. L'Europe voit avec horreur cette guerre impie dans laquelle se produisent des atrocités dignes des temps les plus barbares et des hommes les plus féroces. Que font les légitimistes français ? Ils applaudissent à cette rage criminelle, ils aident, ils encouragent de tout leur pouvoir des armes homicides, ils demandent au ciel d'éterniser le massacre plutôt que de donner la victoire au parti opposé à leur faction. Un prêtre français (homme respectable à d'autres égards), aveuglé par l'esprit de parti, se fait l'interprète de ces insensés, et attise chaque jour avec sa plume ce fatal incendie (*); sans réfléchir combien une telle conduite est indigne de la mansuétude du sacerdoce chrétien ; sans réfléchir que quiconque loue ou favorise de quelque manière que

---

(*) On voit qu'il s'agit ici de M. de Genoude, rédacteur en chef de la *Gazette de France*. T.

ce soit les œuvres de sang, doit en répondre devant les hommes et devant Dieu. Je me hâte d'ajouter que la partie la plus instruite et la plus sage du clergé français désapprouve ces égarements ; mais il est cependant déplorable qu'il se trouve dans ce corps illustre un seul homme qui ose se poser, en face de l'Europe, en apologiste d'une guerre qui fait honte à la civilisation du siècle et qui sera l'horreur de la postérité (*).

Et il ne faut pas ici invoquer la religion, comme si c'était un avantage pour elle de la faire la complice du despotisme et des fureurs civiles. Celui qui veut réellement servir la religion, doit se montrer ami des progrès sociaux, et ne doit pas s'opposer aux changements amenés par les vicissitudes politiques ou exigés par le caractère des temps. Si parmi les nouveaux régimes il y en a quelques-uns qui ne se montrent pas trop amis de la religion, ce n'est pas tant leur faute que celle des hommes en général et de l'époque. Quand vous changeriez les hommes qui gouvernent, vous ne pourriez changer les peuples ; et si ceux-ci sont haineux et prennent la religion sous leur patronage, au lieu de la servir ils lui communiquent leur haine. Il y a tel homme en Europe qui, s'il était roi, montrerait assurément le plus grand zèle pour la Foi et pour l'Eglise, et qui cependant ferait plus de mal à la Foi et à l'Eglise que les Césars qui persécutèrent les premiers chrétiens. Le plus grand ennemi de la religion est un roi odieux et méprisable qui entreprend de la protéger. Voulez-vous ramener aux croyances catholiques les populations égarées ? acceptez franchement les progrès de la civilisation moderne ; accommodez-vous aux faits et aux institutions

---

(*) L'auteur, dans ce passage, veut parler de la guerre civile organisée par Don Carlos à son retour d'Angleterre, guerre qui se termina en 1840 par la captivité en France de ce prétendant à la succession de Ferdinand VII. T.

apportées par le temps ; combattez les erreurs, défendez la vérité et ses principes ; mais gardez-vous du sophisme puéril de croire qu'un fait soit un principe. Le consentement des hommes ne pourra jamais changer le faux en vrai ; mais le consentement des hommes peut légitimer un fait précédemment illégitime, quand la nature morale de ce fait dépend de ce même consentement. Croire que l'inviolabilité du pouvoir souverain astreigne à considérer comme légitime un prince déchu en vertu même de cette souveraineté divisée entre les grands corps de la nation, est un paralogisme ridicule. De toute manière, je tiens pour constant que le plus grand malheur qui pourrait atteindre la religion en France et dans la Péninsule espagnole, serait le rétablissement des princes déchus. Ce n'est pas à cause du caractère personnel de ces princes que je n'examine pas ; mais parce que les factions triomphantes en vertu du changement de gouvernement feraient abhorrer la religion dont elles prennent le manteau. Parmi les profanations qu'elle a eu à essuyer de nos jours, il faut compter l'audace de ceux qui ont osé prendre pour enseigne d'une guerre impie l'image la plus digne d'amour et la plus vénérable après celle du divin Rédempteur ; cette image, qui représente aux chrétiens ce que l'amour de Dieu et des hommes a de plus pur, de plus noble, de plus tendre, de plus paisible, de plus éloigné de la colère et du sang. Et c'était au nom de Marie qu'une poignée d'insensés ravageaient leur patrie et égorgeaient leurs frères !... La postérité la plus reculée se rappellera avec respect la religion de ces généreux Polonais qui, attaqués et non agresseurs, levèrent une bannière chrétienne pour défendre leur liberté et leur propre religion, et non pour usurper ou détruire celles des autres, pour sauver leur pays natal et non pour l'opprimer, pour maintenir les traités violés par la perfidie d'un prince ; car leur guerre était sainte et pieuse.

Mais faire d'un saint étendard le signal d'un parricide !... Ce sacrilége devrait bien ouvrir les yeux à ceux qui croient travailler pour la foi en la faisant servir d'appui aux factions, qui l'adorent en apparence et la blasphèment en effet. Gloire à cette partie du clergé français qui se montre sincèrement et dignement dévouée à l'ordre politique de sa patrie ; qui reconnaît utile à la religion de le consacrer, en lui donnant cette sanction suprême qu'il ne peut recevoir d'ailleurs ; qui rend, sans péril et au contraire avec profit pour la Foi et sa propre dignité, au gouvernement établi un hommage qu'il ne pourrait peut-être rendre à un autre sans s'avilir, sans être vivement calomnié !

Augmenter l'instruction solide et variée dans le clergé français, ce sera encore délivrer la religion d'une plaie qui la ronge; je veux dire de l'impertinence de certains écrivains,— et ils sont nombreux en France, — qui ont la présomption de parler et de médire des choses sacrées sans en avoir aucune connaissance. Depuis que la secte des incrédules furieux a disparu, il s'est élevé une foule de théologiens de gazettes qui ont envahi la littérature sacrée, faisant à qui discourra plus mal sur les sujets les plus sérieux et les plus délicats. Mystères chrétiens, morale, Bible, tradition, Conciles, Pères de l'Église, histoire ecclésiastique, hiérarchie, culte, discipline, tout leur sert de matière ; et Dieu sait comment ils traitent ces sujets augustes qui ne sont accessibles qu'à un savoir plein de force et de maturité. Bien loin de blâmer les laïques qui étudient et traitent des matières religieuses, je crois au contraire que cela est fort utile ; et je prétends que la modestie de René Descartes, sur ce point, sent un peu l'hypocrisie (*). Quand des hommes de mérite, qui joignent au talent

---

(*) Voir la note 21 de ce volume.

la rectitude des intentions et la solidité des doctrines, comme Manzoni, Pellico, Balbo, Montalembert, Tomasseo, traitent des choses sacrées, ils ne peuvent que leur être utiles ; et leur parole fait d'autant plus autorité, qu'on peut moins supposer qu'ils parlent par état comme quelques personnes officieuses le disent des prêtres. Mais que d'autres, avec un talent médiocre, avec une instruction moins que suffisante, entrent dans le temple et traitent des mystères du sacerdoce, voilà ce qui ne doit pas être toléré ; et ceux qui sont préposés à la garde du sanctuaire doivent les démasquer, non point en les frappant de l'anathème, mais en les faisant rougir de honte. Si le clergé possédait un certain nombre d'écrivains éminents et vigilants, qui, partie avec la logique, partie avec le ridicule, feraient bonne justice de ces profanes corrupteurs de la théologie, croit-on que leur babil serait ainsi incessant et importun, et leur nombre aussi considérable ? Certes, si Bossuet, Fénelon, Arnauld, ou quelque autre de ces anciens hommes de génie des siècles derniers vivait encore, la France aurait quelque centaine de théologiens de moins, mais la religion et la littérature ne s'en trouveraient que mieux. Sans parler qu'aucun livre irréligieux de quelque importance ne devrait passer sans une réponse ; tandis que j'en pourrais citer quelques-uns qui, grâce au talent et à la renommée de l'auteur, n'ont pas trouvé un seul contradicteur dans le clergé français, comme s'ils avaient été imprimés non pas en France, mais à la Chine. Et pourtant la défense publique de la foi contre les sophismes de l'erreur est un des devoirs les plus essentiels du sacerdoce. Quand le clergé est attaqué dans ses droits et calomnié dans sa conduite, le silence peut être de la dignité ; mais il est déplacé toutes les fois qu'il peut être attribué à la faiblesse. Un orateur illustre gourmande le clergé français du haut de la tribune parlementaire, comme un maître ferait de ses disciples ; il se vante d'être le soutien et le défenseur de la foi et de l'Eglise, et accuse un vénérable prélat pour un acte de discipline ecclésiastique qui ne dépend aucunement de la juridiction laïque (*). Il ne m'appartient pas de juger si cet acte méritait d'être approuvé ou blâmé d'après les règles de l'opportunité, de la prudence et de la charité chrétienne, à laquelle doit se conformer l'application de tout statut canonique. Je ne nie point cependant qu'en traitant de choses extrinsèques au dogme, les laïques ne puissent exposer leur manière de voir, quand ils le font avec le respect et la modestie nécessaires ; et les ecclésiastiques ne repousseront jamais dans les choses justes les critiques amicales et les avertissements même des laïques. Mais, outre que dans le cas auquel je viens de faire allusion, il ne s'agissait pas de pure discipline, puisqu'on élevait une controverse au sujet d'absolution et de sacrements, la critique d'un laïque n'est ni décente ni opportune si celui qui la fait n'est point membre de l'Eglise. Car, dans ce cas, les ecclésiastiques peuvent dire au censeur : « qui êtes-vous ? nous ne vous connaissons pas. La communion à laquelle vous appartenez (si toutefois en fait de religion vous appartenez à quelque société), n'est pas la nôtre. Pour entrer en discussion sur la discipline ecclésiastique, il faut avant tout penser en chrétien et en catholique. Les payens n'étaient point admis à s'introduire dans les rangs de la primitive Église, et moins encore à critiquer et à reprendre les évêques quand il était question de confession, de rites sacrés, de sépulture chrétienne. Vous nous imputez d'ambitionner le pouvoir, de vouloir rétablir la domination ecclésiastique. Accusation ridicule, puisqu'il

---

(*) COUSIN, *Discours sur la renaissance de la domination ecclésiastique*. Paris, 1839.

est question d'un ordre purement sacré et qui regarde proprement la juridiction ecclésiastique. Vous vous vantez d'avoir protégé la religion et l'Église. Sachez que l'Église et la religion ne recherchent pas plus la protection qu'elles ne craignent les accusations et les calomnies de leurs ennemis. Et qui êtes-vous, vous qui prétendez prendre la religion sous votre tutelle, et qui vous faites aujourd'hui l'accusateur de ses ministres? Vous êtes un homme qui, malgré la noblesse et la droiture morale de votre esprit, que nous nous faisons un devoir de reconnaître, malgré certaines démonstrations pathétiques de christianisme et de catholicisme, qui ne tromperont personne, faites dans vos écrits une profession non équivoque de pur déisme et de panthéisme, et infectez de ces doctrines les écoles et les chaires publiques de votre patrie. Or, si malgré cela vous osez nous dénoncer en raillant, comme aspirant à une domination injuste et abhorrée, nous vous accuserons avec meilleure raison d'égarer la jeunesse par votre enseignement et d'empoisonner à sa source la sagesse publique. Beau protecteur de l'Église, que celui qui renouvelle les égarements d'esprit des Celse, des Porphyre, des Proclus, dont il se vante d'être le disciple! Seulement, il y a entre vous et ces anciens adversaires du christianisme, que ceux-ci le combattaient front découvert et aspiraient à le renverser quand ils le voyaient plein de vie; tandis que vous, le croyant sur le point d'expirer, vous lui portez le dernier coup, tout en faisant semblant de le vénérer avec une soumission mensongère (17). Il est vrai que cela ne nous effraie pas; nous sommes bien plutôt émerveillés du zèle et de la sagesse de certains hommes qui se font les protecteurs de la foi et les censeurs des théologiens, sans croire au catéchisme. » Je me garderai d'inculper un corps aussi illustre que le clergé de France, si, dans de pareilles circonstances, il croit qu'il y a plus de dignité à se taire qu'à parler ; mais il me sera bien permis de m'affliger que ce silence accroisse l'audace de beaucoup de gens que la modestie des autres enhardit, et qu'on ne peut retenir qu'en répondant vigoureusement à leurs discours (*).

S'il est à désirer que les laïques s'instruisent à fond sur la religion, il n'est pas moins important que les ecclésiastiques se rendent habiles dans les sciences profanes, de manière qu'il s'établisse une noble émulation et un commerce amical de sagesse entre les deux classes qui se partagent la société civile. C'est je pense marcher vers ce but que de montrer l'intime union de la religion et de la philosophie, et découvrir, comme je crois l'avoir fait, entre l'une et l'autre quelques rapports, jusqu'ici non aperçus, qui les rendent inséparables, quoique distinctes entre elles. Jusqu'à ce moment on a voulu le plus souvent ou identifier la philosophie avec la religion, ou l'en séparer tout-à-fait ; deux excès également funestes qui les dénaturent toutes les deux, et conspirent à les annuler. Je crois avoir sagement évité ce double écueil ; mais ayant trouvé que la raison et la révélation sont deux rivières qui découlent d'une même source, l'unité du principe m'a inspiré à l'égard des bases de mon système une sécurité et une confiance que sans cela je ne pourrais avoir. J'établis la philosophie sur une formule aussi ancienne que le monde, qui est d'un côté le fondement et le faîte de toute science, et qui de l'autre se trouve exprimée dans le monument le plus antique de la révélation, pour la vérité de laquelle elle est une preuve éclatante. J'invite ceux qui ne tiennent pas le christianisme pour

---

(*) Ce que demande ici Gioberti a été essayé avec assez de bruit en 1843 et 1844, à l'occasion de la loi sur l'enseignement secondaire ; mais les écrivains entrés dans la lice réunissaient ils les qualités requises par l'illustre adversaire de l'éclectisme ?... T.

une chimère et une pure hypothèse à s'occuper de la noble entreprise d'une restauration philosophique : je les invite à examiner les idées que je propose, pour les corriger si elles sont inexactes, pour les réfuter si elles sont erronées, et proposer une meilleure voie dans laquelle je serai le premier à entrer quand on me l'aura montrée ; car ici il ne s'agit point de questions littéraires ou accessoires, dans lesquelles l'amour-propre peut être excusable, mais de vérités capitales, des problèmes les plus importants qui puissent être proposés aux hommes qui cultivent les sciences. Quant aux demi-savants, je ne dédaignerai pas non plus d'être repris par eux, parce que la vérité est un don précieux et acceptable de quelque main qu'il vienne. Mais peut-être qu'il ne leur sera pas aussi facile qu'ils le croient d'exercer à mes dépens cette censure dont ils sont si avides, et de me prouver par des raisons plausibles que j'ai tort (*).

En toute manière, je tiens la religion catholique, non-seulement pour une doctrine supportable, selon la bienveillante concession des modernes éclectiques, mais pour la seule qui possède une valeur scientifique dans les matières spéculatives, la seule philosophique, la seule capable d'aider aux progrès de la civilisation : et bien loin de considérer comme vieillis, usés et épuisés les principes de l'antique théologie, je les crois plus neufs, plus jeunes et plus féconds que ces théories qui prennent leur nom de l'année même où nous nous trou-

---

(*) Ce passage et beaucoup d'autres semblables ne s'adressent pas, comme chacun le voit, à ceux qui, bien que ne possédant pas une grande érudition, ont de la modération, de la retenue et de la courtoisie. Mais de nos jours le nombre des hommes ignorants et présomptueux est si grand, principalement parmi ceux qui ayant le privilége de vivre sans travail dans l'abondance et le luxe, croient avoir celui d'être savants sans étudier, que j'ai cru à propos d'exprimer mon opinion à cet égard. J'ai parlé clairement, et peut-être même trop, parce que dans cette circonstance je ne pouvais dire : *sapienti pauca*.

vons. Et je ne m'inquiète pas de l'opinion contraire; car, comme tout ce qui est sujet au caprice de la mode, elle fera bientôt place à une opinion différente, jusqu'à ce que, selon l'usage ordinaire, de changement en changement, elle retourne à l'antique et que les esprits s'y arrêtent, reconnaissant que l'usage n'a point d'empire sur le vrai, et que le vrai est tel précisément parce qu'il est ancien. Il y a trente ou quarante ans, on voulait aussi penser et croire selon la mode : le catéchisme de Volney était substitué en France au catéchisme catholique; Condillac et ses dignes continuateurs étaient les maîtres de la science : Platon, Aristote, Saint Augustin, Saint Thomas, Leibniz, Malebranche, étaient regardés comme des visionnaires et des insensés, indignes d'être étudiés, indignes même d'être combattus. Aujourd'hui les choses ont changé de face, et on reconnaît que Platon est plus jeune et plus neuf que Destutt de Tracy, bien que, dans l'ordre des temps, il l'ait précédé de vingt-deux siècles ; et il n'y a pas d'écrivain assez désœuvré pour aller, si ce n'est dans les livres élémentaires, perdre son temps et sa peine à combattre le philosophe français. Et qu'on remarque bien qu'il ne s'agit pas ici d'un simple retour de fortune; car il y a cette différence entre les deux cas, que les modernes sensistes (*) ne connaissent Platon que de nom, tandis que les modernes platoniciens ont une connaissance parfaite de leurs adversaires; d'où il suit que le philosophe athénien était naguère méprisé parce qu'il n'était pas connu, et que les sensistes sont maintenant abandonnés parce qu'ils le sont trop. Pareillement, si l'on considère le peu de consistance des opinions religieuses qui sont en vogue

---

(*) Pardonnera-t-on au traducteur d'avoir adopté les mots *sensisme* et *sensistes* pour *sensualisme* et *sensualistes*? Il lui a paru que ces mots qu'il traduit exactement de son auteur étaient mieux formés et plus conformes à la dérivation que ceux jusqu'ici en usage. T.

et l'impossibilité d'en trouver de plus solides, le prochain rétablissement des croyances catholiques dans tout le monde civilisé paraîtra, même humainement, indubitable. L'éclectisme religieux, le rationalisme théologique, le christianisme humanitaire, et les autres chimères semblables, qui sont sans base solide, s'évanouiront avec ce prestige de la nouveauté qui leur a donné quelque puissance, et n'auront un jour pas plus de poids et de renommée que les rêveries des Kabbalistes et des Gnostiques.

Tout écrivain doit chercher en même temps le vrai et le neuf. Dire qu'en écrivant un ouvrage de science il faut principalement rechercher la vérité, paraît une chose trop triviale; mais il n'est pas hors de propos de le répéter aujourd'hui que l'on travaille d'imagination dans le champ de l'intelligence, que l'on poétise les idées comme jadis on poétisait les images, que l'on aspire à ce qui est apparent et non à ce qui est solide et fermement établi, que l'on bâtit un système comme un roman ou une comédie. Le vrai est difficile à trouver : il réclame de longs travaux, une grande constance d'esprit, et des fatigues inexprimables; c'est la seule voie qui conduise à des résultats universellement utiles et à la vraie gloire, mais elle ne conduit pas également à la fortune, et rarement à la réputation des salons et des partis. Il n'est donc pas étonnant qu'il y ait aujourd'hui si peu d'hommes qui se mettent en peine de découvrir les parties cachées des sciences spéculatives, et de conserver les parties connues et vulgaires du vrai ; et qu'on préfère le faux déguisé sous de beaux dehors comme plus conforme au goût de la multitude et au dessein de celui qui se sert de sa plume comme d'un moyen expéditif pour faire du bruit et augmenter sa fortune. Le vrai idéal est ancien, ou pour mieux dire, éternel de sa nature, et exclut les nouveautés subséquentes qui naissent du mouvement des faits et des calculs ; mais il n'en est pas moins susceptible d'un mouvement propre, qui consiste dans son éclaircissement successif, comme je le montrerai ailleurs. S'il en est qui croient que cela ne suffit pas à l'honneur et à la dignité des sciences philosophiques, et qui préfèrent ces inventions puériles, nées aujourd'hui et mortes demain, ils prouvent qu'ils n'ont jamais respiré le parfum de la vérité et qu'ils connaissent bien peu la fortune des divers systèmes et les annales de la spéculation. La nouveauté que caressent les esprits superficiels n'est point positive, mais négative; elle n'ajoute point à la somme des vérités connues, mais elle l'appauvrit ; elle ne pousse pas la science en avant, mais elle la fait reculer. Et en cela, comme on le voit, la facilité du travail correspond à la qualité et à l'importance de l'effet. La seule nouveauté scientifique qui ait quelque chose de solide et ne soit pas facile à saisir, c'est celle qui éclaircit la vérité, la complète, l'amplifie, combat les innovations d'une autre nature, et accroît le patrimoine intellectuel de l'homme sans en altérer le caractère et la valeur. Or, telles ne sont point en grande partie les innovations introduites depuis Descartes dans la philosophie, la politique, la religion ; car elles sont destructives de leur nature et diminuent au lieu de l'augmenter le dépôt des connaissances. Ainsi, par exemple, les modernes novateurs s'accordent à nier le surnaturel, et croient, en écartant cette pensée, servir la science, comme celui qui croirait enrichir le fisc en niant l'existence des impôts. Au lieu de rajeunir et de raviver ces idées anciennes en faisant connaître et en expliquant leur origine, au moyen d'une philosophie sévère, on prend le parti plus commode de les rejeter, et on crée des systèmes en l'air, bons à servir de jouet à des enfants et non de nourriture à des esprits mûrs. En somme, la seule nouveauté légitime est celle qui se conforme à la loi catholique et ne répudie point le passé en faveur de l'avenir ; quant à celle-là, je crois avoir satisfait au devoir de l'écrivain. J'ai entrepris d'étudier l'*idée*, qui est l'essence et comme la moële de toute philosophie : je l'ai prise dans ses principes et je l'ai suivie dans ses effets, essayant d'ajouter quelque degré de lumière réfléchie à la splendeur qui lui est propre. Si je n'ai pas résolu quelques-uns des problèmes les plus importants, j'ai quelques motifs de croire que je n'ai pas inutilement travaillé à en accélérer la solution. Que si quelqu'un trouve qu'une telle confiance est arrogante et présomptueuse, qu'il se rappelle que tout écrivain qui ne compose pas un ouvrage élémentaire doit l'avoir ; car s'il se fait imprimer seulement pour rafraîchir les vieilles choses, il n'est qu'un radoteur et un importun, et je regarde comme un fléau pour les lettres modernes ces écrivains qui ne se lassent pas de répéter et de rajeunir les idées rebattues. La seule différence qui me distingue du plus grand nombre des écrivains, c'est que j'exprime ouvertement et clairement ce que tous les autres pensent, quoiqu'ils ne le disent pas; persuadé que ma sincérité ne déplaira pas aux lecteurs d'élite, et qu'elle ne sera pas pour les autres un avertissement inutile et déplacé ; car nous vivons dans une époque d'ostentation et de pusillanimité où une confiance raisonnable passe pour de la présomption, et la modestie pour de la bassesse ou de la faiblesse. Mais pas plus en ceci qu'en beaucoup d'autres choses, je ne suis disposé à obéir à la mode, à voir toujours par les yeux des autres ou à juger avec leur esprit. Que ceux qui aiment la mode s'adressent à d'autres et jettent mon livre au feu (18).

En voilà assez sur ce sujet ; peut-être même mes lecteurs trouveront-ils que j'en ai trop dit, et que par ce long préambule je les ai fatigués avant d'entrer en matière. Pour terminer, j'ajouterai encore quelques mots sur les sciences spéculatives en général, que j'adresserai à tous les Italiens qui aiment la véritable culture de l'esprit, quelle que soit l'étude à laquelle ils se livrent spécialement. La civilisation est un des biens dont notre époque est le plus glorieuse. Tout le monde écrit ou parle sur ce sujet; on l'exalte jusqu'au ciel; peuples et princes travaillent à l'envi à l'accroître et à la répandre. On rappelle avec étonnement ces temps où la barbarie triomphait; mais on ne craint pas qu'ils reviennent. On en parle comme d'une calamité appartenant à un autre ordre de choses, comme s'il s'agissait du chaos ou du déluge. Or, je le demande, cette sécurité est-elle raisonnable? Sommes-nous assurés que la barbarie soit étouffée pour toujours? Accroître un capital est chose excellente; mais il est encore plus important de le conserver, d'éviter tout danger de le perdre. Que diriez-vous d'une troupe de navigateurs qui s'entretiendraient tranquillement des moyens les plus opportuns pour accroître leur fortune, tandis que la tempête se déchaîne avec fureur et que le naufrage est imminent? Or, je crois que ceux qui comptent trop sur la consistance et la stabilité de notre civilisation, ne sont pas plus sages; je crois que l'Europe, naguère sortie de la barbarie, est exposée à y retourner, si les hommes prudents ne l'en préservent; et que la nouvelle barbarie qui la menace est plus formidable que l'ancienne. A ceux qui vivent en sécurité parce qu'il n'y a plus de Huns, de Tartares ni de Teutons campés aux portes de l'Europe civilisée, et prêts à l'envahir et à la ravager de leurs armes, on pourrait répondre qu'un tiers de cette partie du monde et de celle qui la touche de plus près, est au pouvoir d'une seule nation qui, si l'incroyable nonchalance des gouvernements de l'Occident se prolonge, sera d'ici à un demi-siècle redoutable au monde entier. Que si les anciens barbares, nombreux et sauvages, vainquirent la civilisation latine, parce qu'elle était molle et dégénérée, et démolirent le vaste édifice de l'empire romain; je ne sais pas pourquoi les états occidentaux et méridionaux de l'Europe actuelle n'auraient pas à redouter une nouvelle invasion. Les conditions morales sont aujourd'hui des deux côtés presque les mêmes que jadis. Nous avons perdu la religion, et avec elle toute vertu : nous sommes affaiblis d'esprit et d'ame, corrompus, avilis, efféminés autant, peu s'en faut, que les habitants de la Rome impériale. Et quoiqu'il y ait encore quelques peuples qui aient une certaine vertu guerrière, il faut bien savoir que celle-ci n'a pas coutume de survivre longtemps à la perte de la vertu civile. D'autre part, les Russes ne méritent pas, comparativement à nous, le nom de peuple civilisé : ils ne sont religieux et policés qu'en apparence; ce sont des païens baptisés, des barbares en toilette. Les Goths et les Vandales aussi étaient chrétiens; et le culte schismatique de la Russie, instrument et jouet d'un despote, ne peut surpasser en efficacité l'ancien arianisme, pour adoucir et civiliser les esprits des hommes (*) (19). Mais en signalant le danger d'une seconde barbarie, je n'entends point parler des Russes et des ennemis extérieurs; je parle des ennemis domestiques et d'une barbarie intestine qui s'étend d'une manière étonnante dans nos contrées et les aura bientôt complètement enveloppées, si l'on n'y porte remède. La civilisation moderne n'a rien tant à redouter que la domination de la classe populaire; j'entends sous cette dénomination non-seulement les hommes grossiers et de basse condition, mais toute cette multitude qui, par défaut d'intelligence et de solide culture, mérite

---

(*) Le lecteur, je pense, n'a pas besoin d'être averti que je parle ici de la majorité et non de quelques hommes Mes paroles ne peuvent passer pour injurieuses, puisque ce qu'il y a de mieux parmi les Russes déplore, autant que qui que ce soit, le despotisme féroce qui pèse sur cette nation et en perpétue la barbarie.

le nom et remplit en réalité le rôle de peuple, quelle que soit la classe à laquelle elle appartient. Et c'est au pouvoir de ce peuple que se trouve la direction intellectuelle et morale de la société humaine ; il est inutile d'en chercher des preuves, puisque c'est un fait manifeste, concédé par tout le monde, et regardé par beaucoup de gens comme une gloire de notre siècle. Les doctrines les plus en vogue placent l'autorité suprême, l'infaillibilité, l'inspiration, le critérium du vrai et du beau, la souveraineté religieuse et politique dans les masses (comme on dit élégamment), c'est-à-dire dans le peuple, dans le plus grand nombre, dans l'universalité des hommes. Et ce ne sont pas seulement des esprits mal faits et légers, mais encore des génies profonds, qui se laissent souvent séduire par ces théories spécieuses, dont les effets légitimes et inévitables sont le panthéisme en religion, la démocratie absolue en politique, la superficialité dans les sciences, le mauvais goût dans les lettres et les arts. L'élément populaire domine dans toutes les parties de la vie civile : les médiocrités et les nullités sont les maîtres ; et, comme dans certaines républiques du moyen-âge, les nobles seuls étaient exclus des fonctions politiques, de même aujourd'hui, il arrive très souvent que le mérite supérieur est seul écarté des affaires et privé des honneurs et des avantages de la société. Et cela se passe même dans des pays qui sont gouvernés par des rois, d'où on peut conjecturer ce qui arriverait si le peuple parvenait à prendre le timon de l'Etat, et si la démocratie pure s'établissait, selon le vœu de beaucoup de gens qui professent un grand amour pour les progrès de la civilisation et pour le bien de notre espèce. Si les démagogues l'emportent, l'Europe aura le sort de l'Italie et de la Grèce anciennes : la liberté et la civilisation en seront extirpées jusqu'à la racine, parce que le génie du peuple est sensuel et violent, c'est-à-dire tyrannique et barbare. Il n'y a, pour obvier à cette ruine menaçante qu'un seul remède convenable, c'est de reconnaître et d'organiser l'aristocratie naturelle des hommes, selon l'ordre primitif observé en partie par les Doriens, renouvelé et perfectionné par le Christ, en faisant prédominer le principe aristocratique bien entendu, dans la religion, dans la politique, dans les sciences, dans toutes les parties de notre ordre social. Car ils sont dans une grande erreur ceux qui croient les principes démocratiques conformes à l'esprit de l'Evangile; celui-ci, en effet, n'a pas introduit dans le monde le principe de l'égalité mathématique entre les hommes, mais bien celui de leur fraternité et de leur harmonie. D'où il suit, que le catholicisme, qui est la seule expression parfaite du christianisme, n'égalise pas les hommes, mais les range dans un ordre hiérarchique hors duquel il n'y a ni organisation ni communauté possible. Et c'est précisément sur l'idée catholique que doit s'appuyer quiconque veut faire revivre le principe de l'aristocratie élective dans les divers ordres de la société humaine, sans se perdre dans les utopies et les chimères. Que l'on affranchisse donc l'Europe civilisée de la domination inepte de la multitude; que l'on reconnaisse qu'aux vrais nobles, c'est-à-dire au petit nombre de gens de bien, appartient dans tous les cas la direction des affaires humaines, et le peuple lui-même y gagnera; car grossier et malheureux comme il l'est, il ne peut être amélioré et ennobli que par ceux qui possèdent les biens qui lui manquent. Assurément la négligence de quelques états de l'Europe, qui se font gloire d'aimer la liberté, à améliorer les classes pauvres et malheureuses est impie et condamnable, et leur coûtera peut-être beaucoup de sang et de larmes dans l'avenir. Mais on ne remarque pas, et cela est pourtant très vrai, que l'égoïsme et l'incurie de pareils gouvernements datent précisément de loin, parce que le peuple y occupe les premiers rangs du pouvoir.

Pour ce qui regarde en particulier les sciences spéculatives et la haute littérature, je voudrais que tous les bons et vrais Italiens s'accordassent ensemble et formassent une ligue pour les soustraire à la tyrannie des hommes incapables et de la multitude. Car, si on en excepte peut-être l'Allemagne et deux ou trois autres états du Nord, cette tyrannie s'étend sur toutes les parties de l'Europe civilisée ; mais elle s'appesantit surtout sur la France et l'Italie. Une grande partie de ceux qui aujourd'hui prennent le nom de philosophes, qui prononcent et écrivent sur la religion et la philosophie, sont aussi avancés sur ces deux sciences que les savants du moyen-âge l'étaient dans la chimie et la physique. Et je n'entends point parler de la valeur intrinsèque des systèmes ; d'un homme pouvant embrasser une doctrine paradoxale et être malgré cela très savant, comme cela arrive quelquefois aux Allemands : je parle de l'insuffisance de talent et d'instruction qui rend un homme absolument incapable de porter un jugement en matière de sciences. Ouvrez au hasard, si vous voulez, dix ouvrages parmi ceux qui depuis un siècle ont été imprimés en France sur des matières religieuses ou philosophiques, et si dans neuf d'entre eux vous trouvez que l'auteur sache parler avec précision, et connaisse bien les éléments de son sujet, je vous accorde que c'est peu de compter aujourd'hui les philosophes par douzaines, mais qu'il faut les compter par centaines. Mais ce n'est pas seulement chez les Français que ce mal s'est répandu, il exerce aussi ses ravages parmi nous, Italiens, et nous ne devons pas nous le dissimuler. Vous trouverez beaucoup de gens qui, parce qu'ils ont lu quelque petit traité de philosophie, parce qu'ils savent prononcer les mots mystérieux d'objectif et de subjectif, de matière et de forme, se croient des penseurs de profession, parlent hardiment, et Dieu sait comme, de philosophie à d'autres plus ignorants qu'eux, et réussissant à n'être compris ni d'eux-mêmes ni des autres, croient avoir atteint le faîte de la science. Il en est qui font de même pour la religion ; ils veulent pénétrer dans les questions les plus ardues et les plus difficiles, qui réclament un esprit pénétrant et un jugement bien mûr (sans parler d'une érudition étendue et profonde), sans en savoir peut-être les premiers éléments. Que ces gens-là se fassent illusion et se croient quelque importance, je ne m'en étonne pas, la prérogative des sots étant d'ignorer leur propre ignorance ; mais que d'autres les regardent comme des juges excellents et des hommes supérieurs, c'est là une folie et une honte intolérables. Je sais qu'en parlant ainsi, bien que je n'entende désigner personne en particulier, je susciterai contre moi un déluge de colères : je sais aussi que je n'ai point l'autorité requise pour publier avec fruit mon opinion ; mais je voudrais que les hommes dont le nom est connu et illustre, s'entendissent pour déraciner un usage funeste qui présage la ruine de la partie la plus élevée de la science. Je ne demande point, en un mot, de privilége pour les sciences spéculatives ; ce que je veux seulement, c'est qu'on les traite comme les autres branches des connaissances humaines, dont les ignorants et les demi-savants n'osent point parler sans trembler d'exciter la risée du public. Les personnes qui lisent des ouvrages de philosophie, méritent d'être hautement louées ; pourvu qu'elles fassent comme les amateurs de physique, de chimie, d'histoire naturelle, qui font leurs délices de l'étude de ces sciences, sans juger à la légère les pénibles travaux de ceux qui en savent plus qu'elles : par là elles se procureront un plaisir innocent sans faire aucun tort à la science. Autrement, la propagation des connaissances, si vantée aujourd'hui, au lieu d'aider au progrès du vrai savoir, lui sera funeste ; parce que les sciences meurent, comme les empires, quand le pouvoir passe tout entier aux mains du peuple. Les faux savants sont comme les chefs populaires, qui, sous le nom de la liberté, établissent la tyrannie. En feignant l'amour des études, ils les ruinent, détournent les commençants des bonnes sources, créent une fausse opinion, excitent le mépris et la haine contre ceux qui pourraient démasquer leur ignorance, et sont, avec les dehors d'hommes instruits, le fléau des sciences et des lettres.

Pour obvier à ce mal, il faut que les hommes en possession d'une renommée justement acquise favorisent les vrais amis de l'étude, les préservent du ver rongeur de l'envie qui s'attaque aux jeunes plantes, à celles qui promettent des fruits bons et abondants, et les mettent à couvert du mépris et de l'insouciance. Qu'ils défendent au moins le sanctuaire des lettres contre cette insolente médiocrité qui est aujourd'hui presque la maîtresse du monde, enveloppe les états et les empires, et ramènera l'Europe à sa première barbarie, si elle parvient à s'introduire dans les sciences. L'Italie surtout a besoin de leur intervention. Il s'élève souvent dans notre belle Péninsule un talent qui donne des espérances peu communes, qui s'annonce avec cette ardeur déréglée pour les grandes choses, cette énergie de caractère vive et indomptée, précurseurs ordinaires de la force du génie ; qui montre la ténacité et l'audace aussi nécessaires aux sublimes conquêtes de l'imagination et de l'intelligence, qu'aux grands travaux du gouvernement et de la guerre. Que fait-on ? — Au lieu de favoriser, de nourrir, de bien diriger cet heureux surgeon, on l'étouffe, on l'arrache. Si malgré les obstacles il grandit et se développe de lui-même, et parvient à produire un essai qui montre ce qu'il pourrait devenir, on cherche à tuer dans son adolescence ce talent qu'on n'a pu éteindre au berceau, à l'étouffer par la persécution et le mépris, en lui ôtant enfin la confiance en ses propres forces. Jean-Baptiste Vico, homme je ne dirai pas rare, mais unique, vécut et mourut méprisé de ses compatriotes ; et cette injuste indifférence à son égard dura l'espace d'un siècle. La nouveauté et la sublimité de ses doctrines en furent certainement un peu la cause ; mais il serait absurde de supposer que chez une nation spirituelle, qui avait un grand nombre d'hommes instruits et adonnés à la culture des lettres, il n'y en eut pas plusieurs capables de le comprendre et de l'apprécier, si le jugement des ignorants ne les en avait empêchés, ou peut-être même dissuadés de lire ses ouvrages. Il subsiste encore, pour la honte et le remords des Italiens, quelques traces des injures répandues contre ce grand homme par des écrivains indignes d'être nommés, et du chagrin qu'il éprouvait en se sentant repoussé par l'indifférence publique, en se voyant refuser le tribut de reconnaissance et d'estime dont il savait qu'il était digne. C'est là, assurément le plus cruel supplice auquel la Providence puisse condamner les grands génies pour mettre à l'épreuve leur courage. Je ne sais combien d'années et peut-être combien de siècles l'Italie devra attendre pour voir paraître un autre Vico ; mais je sais bien que si on laisse le champ libre à la pétulante domination des charlatans et des envieux, il n'y aura plus un honnête homme qui ose élever la voix, s'il n'est bien convaincu de sa propre médiocrité. Chez les autres nations, quand les intentions sont pures et les efforts assidus et sincères, on encourage les écrivains, et on loue au moins leur esprit si on ne peut louer leurs opinions ; on leur donne les récompenses et les encouragements que l'on peut noblement désirer et recevoir. Nous, au contraire, nous foulons aux pieds bien souvent ceux qui cherchent à être utiles à leur patrie ; comme si nous étions supérieurs aux hommes qui se consument à cette œuvre sacrée. De sorte que quiconque travaille à servir l'Italie et non à caresser les opinions reçues, bien loin de se promettre l'estime de ses compatriotes, ne doit en attendre que mépris et malveillance; doit craindre que ses travaux, inutiles pour les autres, n'attirent à leur auteur le blâme et la persécution; ne doit enfin espérer d'autre appui que celui qu'un cœur honnête trouve en lui-même. Corrigeons-nous de ce défaut, apprenons à connaître et à apprécier le vrai mérite, gardons-nous de rogner les ailes aux génies naissants qui ont besoin d'être encouragés, d'abreuver de fiel les génies mûrs et éprouvés auxquels, si l'intérêt de la patrie nous touche, nous devons de la vénération et de la reconnaissance. Pour éviter le tort que je signale, que chacun s'applique donc à ne pas juger témérairement de ce qui excède les limites de ses connaissances. Les présomptueux eux-mêmes y gagneront, en n'appliquant leur passion de prononcer des jugements qu'à des choses de leur compétence. Il y a bien peu d'intelligences qui ne soient aptes à quelque chose, et dont les autres ne puissent emprunter quelques lumières et tirer quelque profit. C'est une pitié de voir que des hommes doués d'un bon esprit et d'une solide instruction en mathématiques, en physique, en littérature et d'autres branches des connaissances humaines, au lieu de se borner aux vastes domaines de ces nobles études, se rendent ridicules ou dangereux en discourant à la légère sur la philosophie et la religion. Je me souviens d'avoir entendu raconter qu'un célèbre chanteur, dont tout le talent était dans son gosier, se vantait d'être philosophe. Tant est grande la misère et l'insatiabilité du cœur de l'homme, qu'il ignore et méprise quelquefois son véritable mérite et n'aime la gloire elle-même que si elle est injuste et capricieuse !

Je dois, avant de terminer cette préface, remplir un devoir doux et sacré de reconnaissance. Que mes lecteurs me pardonnent si pour cela je parle un instant de moi, ce que j'hésiterais à faire dans toute autre circonstance. — Exilé du Piémont en 1835 (*), je me rendis en France avec l'intention d'y poursuivre mes études et de profiter des facilités que me promettaient la liberté de ce pays et ses richesses littéraires, pour y développer quelques travaux commencés et les y livrer à l'impression. Une certaine vigueur d'esprit que je possédais alors, et la force de l'âge me donnaient la douce espérance que mon travail ne serait pas complétement inutile à ma patrie ; je me proposais, entre autres choses, de pénétrer plus avant qu'on ne l'a fait jusqu'ici dans la philosophie italienne du quinzième siècle et des deux suivants ; persuadé qu'à Paris je trouverais des livres en abondance et la facilité de consulter les manuscrits nécessaires et qui sont en très grand nombre dans les bibliothèques de cette Capitale. Mon espoir était d'autant plus fondé, que les hommes les moins disposés à faire l'éloge des Français, avouent que cette nation ouvre, avec la plus grande libéralité et la plus grande complaisance aux étrangers, ses trésors littéraires et scientifiques de toute nature, et que l'obscurité du nom n'empêche pas qu'on ne puisse se promettre d'obtenir facilement cette faveur. Toutefois on exige (et cela est trop juste), que celui qui la réclame, si c'est une personne inconnue, se présente muni de recommandations suffisantes. Eh bien ! durant une année et plus que je demeurai à Paris, mes instances furent inutiles pour trouver quelqu'un qui pût, ou qui voulût me rendre ce service ; si bien que je me vis entièrement privé des moyens

---

(*) « Il a toujours été moins pénible pour les hommes sages et bons d'entendre
» raconter les maux de leur patrie que de les voir ; et il est, à leur avis, plus glo-
» rieux d'être un honnête homme rebelle qu'un citoyen esclave. » MACHIAVEL,
hist. IV. — Remarquez, cher lecteur, qu'au quinzième siècle un honnête rebelle n'était nullement un révolté ou un révolutionnaire, comme on dirait si élégamment aujourd'hui.

et de l'espoir de pouvoir exécuter mon dessein. Cela suffira pour répondre à quelques personnes bienveillantes, qui m'accusent de n'avoir pas su produire quelque fruit de la liberté et du loisir que m'a procurés l'exil. Étant ensuite venu en Belgique, où m'avait appelé un ami pour y enseigner dans un établissement particulier, j'avais entièrement renoncé au projet d'écrire, parce que les notes et les extraits que j'avais avec moi, fruits de nombreuses lectures, étaient par eux seuls insuffisants pour entreprendre des travaux de quelque importance ; en les recueillant avec cette brièveté et cette rapidité que l'on met dans de pareils extraits, je n'avais pas prévu, en effet, que je me trouverais un jour absolument privé de livres. Je ne peux nier qu'il ne me fût pénible d'interrompre mes études les plus chères, d'être obligé de renoncer aux projets qui les avaient dirigées et soutenues si long-temps, de songer que je perdais le fruit de quinze années et plus de travaux, au moment où j'espérais les terminer, de voir ma vie à jamais privée d'un noble but ; mais enfin il me fallait céder, et me résigner à une nécessité plus forte que ma volonté, quelque ferme qu'elle fût. — C'est alors que ma bonne fortune me fit connaître M. Adolphe Quételet, directeur de l'observatoire de Bruxelles ; il s'offrit spontanément à me rendre, à moi étranger et inconnu, un service que je n'aurais osé espérer après ce que j'avais éprouvé. J'ai obtenu par ses soins, au commencement de la présente année, la faculté d'avoir à ma disposition les bibliothèques publiques ; de sorte que la pensée m'est venue de reprendre mes études interrompues, et d'entreprendre le travail que je commence aujourd'hui à publier, pour prouver que si je n'ai pu en rien me rendre utile à ma patrie, j'ai du moins sincèrement et ardemment désiré le faire. Je ne fais point ici l'éloge de M. Quételet, regardant comme inutile et déplacé de recommander un homme qui jouit d'une réputation européenne et qui n'en est pas moins plein de modestie; mais, mettant au jour un ouvrage que je n'aurais pu exécuter sans sa bienveillante amitié, j'ai cru de mon devoir de lui rendre ce témoignage public et sincère de ma gratitude.

Bruxelles, 31 décembre 1839.

INTRODUCTION

A L'ÉTUDE

DE LA PHILOSOPHIE.

LIVRE PREMIER.

Des Doctrines.

CHAPITRE PREMIER.

DE LA DÉCADENCE DES SCIENCES SPÉCULATIVES EN GÉNÉRAL.

Si l'on veut connaître en quel état se trouve aujourd'hui la philosophie, on n'a qu'à la comparer aux sciences mathématiques et naturelles, qui sont florissantes dans toutes les parties du monde civilisé. Ces dernières sont cultivées avec une ardeur au-dessus de tout éloge par une foule d'esprits plus ou moins supérieurs; elles sont appréciées de ceux même qui n'y apportent pas une grande application, enviées de ceux qui, par la faute de la nature ou de la fortune, ne peuvent les étudier; favorisées par les princes et par les peuples; honorées et applaudies de tous : ajoutez à cela le concours spontané des individus réunis en société, formant une république qui s'étend de Pétersbourg au cap de Bonne-Espérance, et de Philadelphie à Calcutta; qui a son gouvernement, ses lois, ses expéditions, son commerce, ses colonies, son ordre hiérarchique à l'intérieur, ses affiliations extérieures et réciproques; qui est pleine d'activité, d'esprit et de vie. Les résultats qui en proviennent sont dignes de son but élevé, du nombre de ceux qui la composent et du zèle qui les anime : il ne se passe presque pas un jour que l'on n'y obtienne quelque résultat; et il n'y a pas un résultat théorique qui tôt ou tard ne soit appliqué à la pratique, et n'enrichisse la vie civile de quelques nouveaux avantages ou de quelques nouveaux plaisirs : la science féconde l'art, et l'art embellit et transforme la nature. Le commerce et l'industrie, qui tiennent une si vaste place dans la civilisation de notre époque, sont tout ensemble les dépendances et les soutiens des sciences, et donnent, par leurs concours, un instrument si efficace à l'activité humaine, que dans l'ordre matériel elle se surpasse elle-même, et se montre plus grande qu'elle n'ait jamais été auparavant. Et quelque merveilleux que soient les prodiges que nous avons sous les yeux, l'imagination s'épouvante à calculer les effets que promet l'avenir, lorsque les progrès de plusieurs siècles auront immensément accru la force de ce levier qui, créé peut-on dire d'hier, se croit déjà capable aujourd'hui de soulever le monde.

Les sciences philosophiques, et celle spécialement qui en est comme le couronnement, c'est-à-dire la métaphysique, nous offrent un spectacle tout opposé. Obscures et négligées, ou maltraitées par une foule d'esprits superficiels, qui s'effraient de la sévérité des autres études, et espèrent que la philosophie sera plus docile à leur frivolité, elles ne trouvent que très peu de disciples dignes d'elles. Et ceux-ci, se livrant à une étude qui est peu du goût de la mode, sont réduits à vivre éloignés du monde et à se contenter de converser, dans la solitude, avec leurs propres pensées ; ou bien, s'ils sortent de leur retraite et se montrent en public, prédicateurs sans auditoire, écrivains sans lecteurs, ils ne trouvent le plus souvent que des censeurs acerbes qui les entendent mal, au lieu d'appréciateurs judicieux et de critiques utiles. Les princes n'ont d'eux aucun souci, les peuples ne les connaissent pas, les gens d'esprit les tournent en dérision. On ne les croit pas même des hommes savants ; bien loin de là, l'opinion les exclut presque des rangs de ces derniers. Et comment pourrait-il en être autrement, si dans la philosophie il n'y a pas d'unité scientifique ; si chaque pays, chaque académie, chaque individu qui s'occupe de philosophie en a une à lui ? S'il n'y a point de société, de relation, de concours entre ceux qui la cultivent, et que ses progrès, si tant est qu'elle en fasse quelqu'un, ne naissent que d'efforts individuels ? Les hommes qui étudient les autres sciences, quoique différant d'opinion, sont liés ensemble par une fraternité réciproque ; le mathématicien, le physicien, le géologue s'entendent entre eux ; mais si le métaphysicien se présente dans une société savante, il y est accueilli comme un étranger, qui parle une langue inconnue, comme un esprit bizarre, un débitant de songes-creux, d'extravagances, de fables, bon tout au plus à égayer une assemblée. Les académies philosophiques qui existent malgré cela, sont comme ces institutions inutiles, restes d'une époque passée, qui subsistent encore par la force de l'habitude. Toute vie est éteinte dans leur cœur ; leurs travaux sont nuls ; elles seraient absolument ridicules, comme les académies de poëtes, si elles ne servaient à faire vivre une classe de littérateurs qui, bien qu'inutiles au monde, ont toutefois le droit de vivre. Les discours qui s'y débitent n'ont pas plus de consistance que les vers des faiseurs de sonnets ; et si parfois il en sort quelque bon travail, il n'est pas apprécié et se perd dans la foule des écrits vulgaires. De toute manière, la découverte d'un insecte ou l'invention d'une machine est un événement plus célèbre et plus important dans le monde lettré de nos jours, que la solution la plus neuve et la plus solide de quelqu'un de ces hauts problèmes qui sont le point capital et l'essence de la philosophie.

Il est arrivé aux sciences philosophiques ce qui arrive aux usurpateurs qui, en voulant s'emparer des droits des autres, perdent les leurs. A l'époque de Leibniz, cependant, la philosophie était cultivée et en honneur ; elle était en harmonie avec les autres connaissances humaines, marchait de concert avec elles, les aidait et en était aidée. Et réellement, si l'on considère son essence, et non pas ce qu'elle est, mais ce qu'elle devrait être, on doit tenir pour injuste le mépris qu'on a pour elle. Par sa nature, en effet, elle est la science première, la science mère, la science par excellence, et sous quelques rapports la science universelle. Bien loin qu'on doive l'exclure de l'encyclopédie, elle y mérite la première place ; elle seule peut rendre raison de tout ce qui peut être su ; elle seule fournit aux autres sciences les principes d'où elles partent, le sujet sur lequel elles opèrent, la méthode avec laquelle elles procèdent ; en elle se trouvent le premier et le dernier terme, la base et le faîte de tout savoir. Mais on lui a ravi tous ces privilèges, et enfin on lui a contesté le nom de science, lorsque ne voulant plus se contenter de ses limites elle a voulu s'introduire dans le domaine des autres. C'est ce qu'elle a fait en usurpant d'un côté les droits de la religion, de l'autre en essayant d'envahir le domaine des sciences qui s'occupent de choses matérielles. En effet, la philosophie consistant dans l'étude de l'intelligible, est placée entre le surintelligible et le sensible, comme entre deux pôles opposés qu'elle ne doit pas toucher, et dont elle doit laisser l'investigation spéciale aux sciences auxquelles ils appartiennent en propre. Si au contraire, ne voulant point se tenir dans ce milieu et se contenter du champ immense qui lui est assigné, elle aspire à s'étendre des deux côtés, à se les approprier, à être non-seulement la science première, mais la science unique, elle se fait l'auteur de sa propre ruine. C'est ce qui lui est arrivé quand elle a voulu d'un côté combattre les dogmes religieux et les altérer, et de l'autre dépouiller l'expérience de toute base, ou en prendre la place; quand elle a voulu nier la religion ou la matière, ou construire *a priori* les dogmes de l'une et les lois de l'autre; quand elle a voulu créer le naturalisme et l'idéalisme, le rationalisme théologique et la philosophie de la nature, et autres systèmes semblables, ennemis des croyances positives et des sciences expérimentales C'est ainsi qu'elle est tombée en même temps dans l'impiété et dans les chimères. L'impiété l'a rendue odieuse aux hommes pieux et aux peuples; les chimères l'ont rendue ridicule aux esprits sensés et aux savants; et ces deux vices l'ont fait mépriser et bannir aussi bien par ceux qui aiment et qui cultivent la science moderne que par les défenseurs de la piété et de la vertu antique. Il est difficile aujourd'hui de trouver un physicien, un chimiste, un mathématicien qui ne sourie au seul nom de philosophie; et parmi les hommes religieux, un seul à qui elle ne soit suspecte : ceux-ci la craignent, parce que la foi est en péril ou morte chez le plus grand nombre; ceux-là s'en moquent, parce que les sciences qu'ils cultivent sont dans toute leur force et n'ont certainement point peur des philosophes. Le nom même de philosophie, à une époque peu éloignée de la nôtre, était devenu tellement honteux, que les uns l'appliquaient à l'impiété, et les autres lui substituaient ceux d'idéologie, d'analyse de l'esprit humain, et d'autres semblables, aussi vides de sens que les choses qu'ils représentaient.

Les excès des philosophes, qui furent la cause immédiate du mépris dans lequel est tombée la philosophie, attestent quelque vice plus ancien dans ses règles et dans les dispositions de ceux qui s'en occupaient. Si ceux-ci n'avaient pas commencé à gâter la science qu'ils cultivaient, il n'est pas croyable qu'ils fussent jamais arrivés à un délire assez grand que de vouloir envahir le domaine des autres sciences et mêler les choses les plus disparates. Et s'ils l'ont fait par erreur, croyant que le domaine des autres leur appartenait ; la seule ignorance des limites fait déjà présumer quelque grand désordre au sein de cette science, qui a pour devoir de distinguer soigneusement et de déterminer les diverses branches des connaissances humaines. Remontons toutefois aux sources du mal, et cherchons-en soigneusement les vraies causes, sans quoi il serait impossible d'en trouver le remède. Et dès l'abord chacun voit que les raisons pour lesquelles les sciences spéculatives sont déchues de leur splendeur, doivent toutes se réduire à deux classes, dont l'une regarde leur sujet, c'est-à-dire les philosophes, et l'autre leur objet, c'est-à-dire la philosophie elle-même. Car leur sujet étant l'esprit humain qui travaille comme instrument sur une certaine matière, et leur objet la matière même du travail, il est clair que la perfection de l'œuvre philosophique dépend autant de la bonté de l'instrument philosophant, que de celle de la matière sur laquelle l'instrument s'exerce. Cependant, avant d'entrer dans la recherche de ces deux sortes de causes, qui seront le sujet des deux chapitres suivants, je ferai quelques observations sur le cours de la philosophie moderne en Europe, non pas pour en tracer l'histoire, qui doit être connue de mes lecteurs, mais pour noter quelques propriétés génériques de sa marche et les résumer en peu de mots dans l'ordre qui convient au but que je me propose.

Si l'on compare la philosophie française avec la philosophie allemande, on trouve entre elles une très grande différence. Les sciences rationnelles sont si intimement unies avec les croyances religieuses, qu'elles ne peuvent rester envers elles dans un état de neutralité, et qu'elles doivent nécessairement être ou leurs ennemies ou leurs amies. Lors de la renaissance des études spéculatives dans les temps modernes, la religion était altérée dans une grande partie de l'Europe; mais Calvin fut moins heureux que Luther, et la secte protestante qui devint la maîtresse souveraine de la moitié de l'Allemagne, ne put jeter de profondes racines et dominer en France. Il en aurait dû être tout le contraire, si le caractère naturel des deux peuples avait prévalu, le génie germanique étant beaucoup plus idéal, et par conséquent plus catholique que le génie celtique; mais l'art, c'est-à-dire les institutions et les coutumes produites par des habitudes invétérées, l'a emporté sur la nature. Car la nation française avait été formée et élevée par le catholicisme, qui lui avait communiqué la force de son admirable hiérarchie, dans laquelle l'unité la plus parfaite s'accorde avec une liberté tempérée; propriété qui, appliquée à l'ordre social, a créé et composé la France moderne. La même chose n'avait pas eu lieu pour les Allemands, qui avaient conservé un assez grand nombre de coutumes et d'institutions païennes transmises par les anciens Germains, soit parce que leur race s'était maintenue plus pure, soit parce que l'Empire avait mis obstacle à l'influence bienfaisante de la papauté. L'Empire, qui, sous quelques rapports, fut le principe unificatif du paganisme, devint un ferment de discordes dans le monde chrétien, en se faisant l'antagoniste du pontificat qui devait remplir son rôle avec d'autant plus d'utilité que le droit est plus noble et plus fructueux que la force. Aussi Charles, fils de Pépin, qui renouvela cet empire, mérite-t-il peu à cet égard le titre de Grand. La France eut le bonheur de perdre ce funeste privilége avec la décadence de la dynastie du prince qui l'avait créé, et l'Allemagne eut le malheur de l'acquérir. Je dis le malheur, parce que l'Empire y perpétua l'ancien esprit de schisme et d'indépendance, et l'empêcha d'arriver à cette unité politique qui ne s'obtient que par la vertu organisatrice de la hiérarchie catholique. Si l'Empire n'avait pas trouvé un restaurateur, les ordres féodaux n'auraient peut-être pas été si tenaces, et l'Allemagne de nos jours serait une comme la France. Aussi, en France, la hiérarchie catholique enfanta des institutions qui prévalurent sur le caractère peu idéal de la race celtique, tandis que dans l'Allemagne, l'idéalité du caractère ne put vaincre le défaut des institutions ; et quand Luther parut, l'idée orthodoxe eut le dessous, parce que la hiérarchie du catholicisme était en désaccord avec les habitudes invétérées de la nation (20).

René Descartes, bien que français et catholique de profession, était, peut-être sans le savoir, hétérodoxe par goût et par principes, étant poussé au scepticisme par le spectacle des querelles religieuses, rendu encore plus frappant à ses yeux par les voyages qu'il avait faits dans diverses parties de l'Europe. Les voyages sont souvent nuisibles à la foi des hommes d'esprit, mais dont la tête est faible, en leur mettant sous les yeux la diversité des opinions religieuses ; ce spectacle au contraire la fortifie dans les ames fortement trempées. On pourrait citer des exemples célèbres et modernes de croyants qui sont devenus incrédules, en visitant les lieux saints et en voyant la magnificence des mosquées et la dévotion des Turcs. Que Descartes inclinât au protestantisme, cela est prouvé par sa prédilection pour la Hollande et la Suède et par quelques passages de ses écrits, mais surtout par sa méthode de doute et d'examen, qui est l'application philosophique du procédé religieux introduit par les novateurs (21). La spéculation française fut donc dès son principe, et dans la personne de son chef, disciple de Calvin ; elle eut pour le principe orthodoxe, qu'elle avait en face, une antipathie qui devait bientôt se faire jour et se manifester par une discordance complète. Voilà pourquoi tandis que dans l'Allemagne la philosophie, après Leibniz, a pu marcher en avant et s'étendre à son gré, sans se mettre en opposition avec le principe religieux qui dominait dans ce pays, et qui est le sien propre, elle a eu un sort tout opposé en France. Les dissentiments y ont bientôt produit la guerre, sourde d'abord, et ensuite ouverte et passant à tous les excès. De cette différence de rapports de la philosophie avec la religion, dans les deux pays, différence fondée sur l'identité du principe philosophique et sur la disparité de la foi religieuse, est venue la diversité de fortune de la philosophie elle-même. Viciée dans sa source, elle a été impie chez les catholiques, et s'est conservée médiocrement religieuse chez les hérétiques ; parce que les premiers l'ont employée comme une arme offensive et que les seconds lui ont conservé son génie pacifique de science.

La philosophie française, par son essence, ennemie de la Foi, après avoir quelque temps marché à tâtons, prit la direction qui convenait à ses principes ; elle devint sensualiste, nia l'idée, et avec elle annula l'objet propre des sciences spéculatives. De la destruction de l'objet résulta l'affaiblissement de l'objet ; parce que la vertu et la puissance de l'esprit humain naissent en grande partie des doctrines qui le forment : c'est un arc dont la force dépend du but qu'on a choisi. On trouvera étrange de m'entendre dire que le sensisme est conforme aux principes cartésiens, et que Locke, Condillac, Diderot et tous leurs nombreux et malheureux disciples sont les fils légitimes de Descartes, lorsque celui-ci a fondé ses doctrines sur un théisme pur en apparence, et a voulu établir sur une base solide la spiritualité de l'ame humaine. Mais le théisme de Descartes est puérilement paralogistique. Son doute méthodique et absolu, et son rapport au fait du sens intime de la base de toute science, conduisent nécessairement à la négation de toute réalité matérielle et sensible. Celui qui part du doute, ne peut arriver qu'au doute; parce que la cime de la pyramide scientifique doit ressembler à la base. Celui qui part d'un fait, ne peut arriver au vrai; parce que le fait est contingent et relatif, et que le vrai est dans son principe nécessaire et absolu. Aussi le sensisme, dépouillé des contradictions de ses partisans, est réduit par la logique sévère de David Hume à son véritable état ; devient un jeu subjectif de l'esprit qui, se trouvant privé de toute réalité, est obligé de s'amuser avec les apparences; est proprement sceptique et se manifeste comme le dernier terme de toute doctrine qui place les principes du savoir dans le sentiment de l'esprit individuel. Si Locke et Condillac lui-même ne surent pas apercevoir cette conséquence, ils se montrèrent cependant plus adroits que Descartes, en répudiant ce hardi rationalisme que le philosophe français avait bâti en l'air; et s'ils ne montrèrent pas assez de sagacité, au moins ils firent preuve de jugement. La philosophie du dix-huitième siècle, en se renfermant tout entière dans le cercle des connaissances qui tombent sous les sens, et en se restreignant à l'étude de l'homme, de la société et de la nature, selon la compréhension subjective qu'on peut en avoir, sans s'inquiéter de leur entité subjective, fut la continuation légitime du cartésianisme ; je dis légitime, supposé qu'on veuille éviter entièrement le doute absolu; car le système de Descartes pris à la rigueur exclut tout savoir. Mais si on établit cette contradiction inévitable, l'axiome de Descartes, qui prend son point de départ de la pensée, non point comme intuition objective mais comme modification objective, en d'autres termes le sentiment, ne pouvait produire d'autres résultats que la science hypothétique des choses sensibles, dans laquelle consiste véritablement toute la doctrine du dix-huitième siècle.

Entre les anciens cartésiens de profession, Nicolas Malebranche est le seul philosophe illustre dont puisse se vanter l'école française. En lui on trouve comme deux hommes distincts et contraires, l'imitateur et l'auteur, le disciple et le maître, le sectateur de Descartes et le penseur indépendant des opinions de ses contemporains. Heureusement les parties essentielles de son système appartiennent au second personnage et non au premier. Ce qui assure à Malebranche un nom immortel dans les annales de la science, c'est la théorie de la vision idéale absolument opposée aux dogmes cartésiens; par elle il est le continuateur de la vraie science, et remonte jusqu'à Platon, par l'intermédiaire de Saint Bonaventure, de Saint Augustin et des Alexandrins. Que s'il prend parti pour Descartes, bien loin de l'en louer, il faut plutôt lui en faire un reproche; et il ne serait pas difficile de prouver que ceux de ses défauts et celles de ses erreurs qui ont provoqué la juste désapprobation de la censure romaine, des Arnauld et des Bossuet, proviennent, du moins indirectement, des principes vicieux de ce même Descartes et prouvent la légèreté propre à ce dernier philosophe. Mais hors des accessoires, Malebranche n'est point cartésien; à moins qu'en désignant un homme par la dénomination d'une secte, on ne veuille en inférer qu'il y a entre eux non pas une parenté intrinsèque et réelle, mais une simple connexion historique. Les causes occasionnelles d'un système diffèrent des causes efficientes; et si, comme on le raconte, un traité de Descartes révéla à Malebranche sa vocation pour la philosophie, tout autre livre sur un sujet spéculatif aurait pu éveiller son génie et produire le même effet (22).

Je ne parlerai point d'Arnauld, de Nicole, de Bossuet, de Fénélon, soit parce qu'ils ne furent point des philosophes de profession, soit parce qu'ils n'embrassèrent qu'une petite partie des dogmes cartésiens non-seulement étrangère mais opposée aux principes de Descartes, et que bien plus ils condamnèrent expressément ces mêmes principes et restèrent fidèles au génie et aux préceptes de l'ancienne science.

Les philosophes allemands, ayant dans les doctrines protestantes un instrument docile et se pliant aux caprices de l'esprit spéculatif, n'eurent pas occasion de combattre expressément le principe religieux qui, d'un autre côté, a pour eux un grand et pour ainsi dire invincible attrait. Et quoique, par un effet inévitable de l'altération survenue dans les dogmes révélés, par le caractère de la méthode dubitative qu'ils ont reçue de la réforme et du procédé psycologique, emprunté à Descartes, entièrement opposé au procédé idéal, ils aient corrompu la vérité de la raison, ils en ont cependant conservé une partie au moyen de la tradition et des coutumes profondément enracinées, et l'ont cultivée avec un amour inexprimable, en dépit des principes qu'ils professaient et de la méthode philosophique qu'ils employaient. Je dirai ailleurs par quelle nécessité logique les principales écoles postérieures à celle d'Emmanuel Kant ont été précipitées dans le panthéisme. Le panthéisme annulle en effet l'idée de Dieu, bien qu'en apparence il l'exagère et en augmente l'extension et l'importance. D'où il suit que le panthéiste rigoureux est nécessairement athée; c'est ce qui est arrivé à Spinosa, le plus rigoureux des panthéistes modernes et peut-être de tous les temps; tellement que ce serait une merveille de trouver un écrivain moderne qui pensât le contraire, si on ne pouvait conjecturer que, selon l'usage ordinaire, cet auteur a parlé du philosophe israëlite sans en lire avec soin les ouvrages (23). Mais les

Allemands modernes, au milieu des égarements de leur panthéisme, ont conservé à l'idée divine une partie de ses traits originaux ; ils ont conservé en Dieu et dans l'homme la volonté et la moralité, et quelques-uns même ont maintenu l'individualité humaine, bien que tous ces dogmes répugnent évidemment et absolument aux premiers principes du panthéisme. C'est au détriment de la sévère logique, mais à l'avantage de la société et à l'honneur de ces mêmes philosophes, que ces dogmes ont été tempérés en Allemagne par les vérités idéales conservées en partie par la religion, et qu'ils ont été ainsi dépouillés de leurs conséquences les plus horribles et les plus funestes. Comparez les philosophes français du dernier siècle avec les allemands, et vous trouverez deux doctrines qui, bien que partant de principes communs, sont totalement différentes dans leur marche. Les premiers ne sortent presque jamais des choses sensibles : ils traitent de l'homme, de la société, de la nature, comme d'objets placés sous leurs yeux ; rarement ils s'élèvent de l'ordre matériel à l'ordre moral de l'univers ; ils combattent ou négligent l'idée divine, ou bien ils la relèguent dans un coin, comme une pure probabilité à l'usage du vulgaire, ou comme un corollaire de peu d'importance, comme un dogme accidentel et secondaire. Dans les écoles allemandes au contraire, l'idée de Dieu, bien qu'obscurcie, occupe une large place ; elle y modifie le travail dialectique, leur imprime une grandeur qui nous fait voir dans leurs disciples, au milieu des erreurs les plus déplorables, une manière de penser noble et forte, tandis que les sophistes français nous paraissent des vieillards qui radotent ou des enfants qui bégaient. Car Dieu étant le principe vital de la science, comme de la nature, la pensée humaine a d'autant plus de force et de vigueur, qu'elle reçoit mieux les bienfaisantes influences de l'esprit créateur et vivificateur de l'univers.

L'athéisme négatif et positif est l'agonie et la mort de la science. Or, la philosophie française est, généralement parlant, athée, en ce qu'elle combat l'idée divine, ou en fait un simple accessoire. La philpsophie allemande, corrigeant en quelque sorte par les dogmes traditionnels son procédé scientifique, a conservé une ombre de religion qui s'est répandue sur toutes ses parties, et a servi à prolonger quelque temps son existence.

Emmanuel Kant, qui a fait en Allemagne avec une rare profondeur de génie, digne d'une meilleure cause, ce que Descartes avait tenté en France avec une incroyable légèreté, paraît au premier aspect bien éloigné du caractère que je viens de signaler dans les écoles allemandes. Dans la critique de la raison pure, où il suit le procédé cartésien, la psychologie, annulle l'ontologie, par un effet nécessaire de la méthode protestante appliquée aux matières rationnelles. Mais ses antimonies spéculatives ont été corrigées par l'impératif catégorique, qui rétablit, sous une forme morale, l'idée précédemment détruite, et applanit la voie à Amédée Fichte dont les doctrines ontologiques sont étroitement liées plutôt avec la raison pratique qu'avec la raison pure de son prédécesseur. La piété naturelle au génie germanique, l'éducation austère que Kant eut le bonheur de recevoir, et son ame vertueuse, le sauvèrent par une heureuse contradiction d'un entier naufrage. Descartes aussi voulut mettre la religion à couvert ; mais ses ruses sont celles d'un écolier : les paralogismes de Kant au contraire, ne sont point indignes d'un grand maître. Et remarquons que les successeurs de ces deux philosophes, en embrassant et modifiant leurs doctrines, se sont conduits d'une manière totalement opposée, conforme au génie des deux nations. Les philosophes français du dernier siècle ont adopté le principe psychologique de Descartes, mais ils en ont rejeté les déductions ontologiques ; tandis que Fichte et les autres philosophes allemands, en répudiant la base sceptique de la psychologie de leur maître, ont conservé sa morale qui est sa véritable ontologie.

Descartes est donc le principal corrupteur de la philosophie dans les temps modernes, l'auteur des faux principes et de la détestable méthode qui l'ont conduite à sa perte; ce que je démontrerai plus clairement ailleurs. C'est de lui que s'inspirèrent ses compatriotes et les étrangers; seulement, les Allemands adoucirent ses funestes doctrines par ce qui leur restait des enseignements chrétiens, tandis que les Français en déduisirent les conséquences avec une logique si hardie qu'elle fait frémir. Et cependant la France possédait avec le catholicisme la vérité idéale dans sa plénitude, quand l'Allemagne ne la conservait que corrompue et falsifiée par les novateurs; et la foi catholique avait triomphé dans le premier de ces deux pays, parce qu'elle en pénétrait les institutions, tandis qu'elle avait péri dans le second, parce qu'elle était en opposition avec celles de ce dernier. Comment donc la fausse philosophie fit-elle de plus logiques et plus rapides progrès là où la vérité brillait de tout son éclat, et trouva-t-elle quelques obstacles là où celle-ci avait été obscurcie? comment naquit-elle au milieu des peuples orthodoxes plutôt que chez les protestants? Descartes prit à la réforme, allemande d'origine, le germe funeste de ses doctrines; appliqué à la philosophie par un homme français et catholique, il fructifia beaucoup mieux dans un pays orthodoxe et étranger, que dans les contrées où il était né, où il était protégé et favorisé par des croyances qui lui étaient conformes. Cette contradiction apparente s'explique, en distinguant dans le cartésianisme les institutions d'avec les doctrines, et en considérant que les relations d'un peuple avec un autre peuvent être différentes selon que l'on considère l'une ou l'autre de ces deux causes. Ainsi, dans le cas présent, la convenance de la hiérarchie catholique avec les coutumes et les institutions françaises n'est pas moins évidente que sa discordance d'avec les usages et les réglements depuis long-temps établis chez les populations germaniques. D'un autre côté, on trouve une grande conformité entre les idées catholiques et le génie, ou bien, veux-je dire, la complexion intellectuelle et morale des Allemands; tandis qu'il y en a très peu entre de pareilles idées et les dispositions naturelles des Français. On peut en effet dire de ceux-ci qu'ils sont naturellement catholiques dans le sein de l'action sociale, et protestants dans l'ordre de la pensée; au lieu que le contraire a lieu chez les Allemands. Et comme la hiérarchie est, selon la nature des choses, la conservatrice du dogme, le catholicisme a dû périr chez ces derniers, quoique portés vers ses doctrines idéales, tandis que, malgré la guerre que lui ont faite les philosophes, il s'est maintenu, comme religion, parmi les Français qui étaient dans de tout autres dispositions. C'est ce qui m'engage à considérer un moment le caractère respectif des deux nations.

Beaucoup d'écrivains modernes ont décrié l'usage des inductions morales tirées de la variété des races, en les traitant légèrement selon leur fantaisie, et en les faisant servir à prouver tout ce qu'ils veulent. On ne peut nier que ces gens qui raisonnent ainsi hors de propos sur les races ne soient très ennuyeux. Mais l'abus d'une doctrine ne prouve pas qu'elle soit fausse ; et s'il y a une chose certaine au monde, c'est que les diverses conformations accidentelles de l'organisation humaine influent sur la disposition morale des peuples et des individus. Et comme toute race a quelque spécialité organique, de même elle possède quelque qualité intellective et affective qui la différencie des autres, comme elle a quelque chose de particulier dans les traits du visage et dans la disposition de tout le corps. Il n'y a pas deux nations européennes qui soient absolument semblables au moral et au physique, quoique les différences puissent être plus grandes ou plus petites, plus ou moins manifestes ou cachées. Quant à ce qui regarde spécialement l'esprit, le caractère des Français est très différent de celui des Allemands. Dans les premiers, malgré le mélange des Franks, c'est le génie celtique qui a prévalu ; et j'entends spécialement par cette dénomination les qualités spécifiques de ces populations qui, établies dès la plus haute antiquité entre les Alpes, les Pyrénées et le Rhin, se mêlèrent par la suite des temps avec diverses tribus d'autres races, — probablement germaniques, — d'où sortirent les Celtes mixtes, c'est-à-dire les Gaulois ; qualités qu'il faut toutefois attribuer moins aux races plus anciennes qu'à leur commun et long séjour dans un même pays. Quoi qu'il en soit, la nature morale des Français modernes est conforme à celle des Gaulois dont les écrivains anciens nous ont laissé le portrait. Car si on compare celui-ci avec la description qu'en a faite Machiavel (*), et avec ce que nous voyons aujourd'hui, nous reconnaissons que les habitants de la France furent dans tous les temps les mêmes. Si maintenant, laissant de côté ces qualités qui n'ont aucun rapport à l'esprit spéculatif, et nous occupant uniquement de ce qui concerne ce dernier, nous comparons ensemble le génie celtique et le génie germanique, nous trouvons que l'un est analytique et l'autre synthétique ; l'un est très apte à observer les choses sensibles, l'autre à contempler les choses intelligibles ; l'un a de la sagacité dans la considération des faits, l'autre est subtil et profond dans l'intuition des idées ; l'un aime à se répandre au-dehors, l'autre se fait

---

(*) Tableau de la France. — Caractère des Français. — Discours sur la prem. décade., III, 36.

un plaisir de se concentrer en lui-même ou de voyager dans les régions idéales où n'arrive point le sentiment ; de là vient que le premier est porté vers le commerce, les affaires, l'industrie, les plaisirs et les occupations de la vie extérieure ; vers le tumulte des assemblées, des révolutions, des guerres ; vers toutes les parties de la vie civile ; tandis que le second se complaît beaucoup mieux dans les études sévères, dans la vie domestique, dans la méditation solitaire ; dans le culte des beaux-arts, de la poésie intime, de la religion. On a coutume de dire que les Français excellent dans l'usage des idées générales. Cela est vrai, si l'on parle de ces généralités qui naissent des faits et sont l'œuvre du langage d'induction, ou bien de cette synthèse secondaire qui suit et complète le procédé analytique. Mais si les Français se complaisent à procéder par induction, en parlant, les Allemands préfèrent raisonner par déduction. Si les uns se contentent de généralités contingentes, et s'élèvent des faits aux idées jusqu'à un milieu où les idées toutefois n'habitent pas ; les autres, planant dans les hauteurs idéales, aspirent à contempler le vrai absolu et à descendre ensuite de là à la région des faits. Je pourrais pousser plus loin le parallèle et citer à l'appui quelques exemples particuliers ; mais ce petit nombre d'aperçus suffit pour établir clairement que la complexion intellective des deux peuples répond à la nature de leurs spéculations, et que le génie allemand est catholique par caractère, tandis que le génie celtique se rapproche davantage de celui des cultes hétérodoxes.

Peu de nations assurément, même parmi les plus éloignées et les plus opposées pour le pays et le climat, offrent un contraste aussi singulier que les Allemands et les Français, qui pourtant sont voisins les uns des autres et vivent sous les mêmes degrés, ou peu s'en faut, de latitude boréale. La recherche des causes de ce phénomène est étrangère à mon sujet ; et je doute que les conditions actuelles de la science rendent plausibles ces sortes de recherches qui touchent à ce qu'il y a de plus mystérieux dans l'histoire et de plus intime dans la conformation originale des races. Toutefois, dans le cas présent, nous avons une donnée historique propre à nous fournir quelques lumières et établissant un rapport de convenance qu'il est difficile de croire fortuit. Je remarque, en effet, qu'entre les diverses nations de l'Europe, la nation allemande est celle dont le génie scientifique a le plus de ressemblance avec celui des peuples vulgairement appelés orientaux. Ce génie, que je nommerai, pour le peindre en deux mots, synthétique et idéal, exprimé dans les monuments de l'Égypte et de l'Asie ancienne, se trouve encore aujourd'hui chez les Perses, chez les Indiens et chez presque tous les peuples de l'Asie méridionale. D'un autre côté, les qualités intellectuelles qui brillent chez les Français sont également communes à tous les Européens; mais je ne crois pas qu'on en trouvât un seul exemple un peu illustre parmi les habitants du continent asiatique. Or, les Français sont Celtes d'origine, et nous savons que, parmi les diverses races de peuples subsistant encore en Europe, les Celtes sont la plus ancienne, ou du moins une des plus anciennes, et qu'ils sont sortis de l'Orient, source primitive des peuples, à une époque plus reculée que les autres nations qui habitent la même partie du monde. Et nous en trouvons la preuve autant dans le silence absolu des monuments écrits sur les anciennes migrations des Celtes, indice certain de leur antiquité, que dans la position des lieux où nous les voyons fixés et établis quand on en fait mention pour la première fois; en effet, long-temps avant les Romains, les Celtes de race pure étaient confinés au couchant, sur une partie du littoral de la Gaule et dans la Grande-Bretagne. Parmi les autres races, j'excepte seulement les Basques, dont l'antiquité égale ou surpasse celle des Celtes, et dont les origines sont couvertes d'un voile impénétrable. L'arrivée et l'établissement des races germaniques sont, au contraire beaucoup plus récents ; et non-seulement ils sont postérieurs à ceux des Celtes, mais si l'on veut parler de l'époque où elles se sont fixées dans la Germanie et la Scandanivie et non de leur simple entrée dans l'Europe orientale, ni des premières haltes qu'elles durent faire vers l'Euxin, je les crois plus récentes que les premières invasions des Slaves, des Finnois, des Pélasges et des autres peuples européens. Les analogies que l'on trouve entre les Germains et les Orientaux, pour ce qui a rapport à la langue et à la la poésie, sont nombreuses et remarquables ; entre les idiomes indo-germaniques du couchant, aucun peut-être ne ressemble autant à l'ancienne langue de la Perse que les langues teutoniques ; et l'analogie poétique de quelques vieux mythes teutoniques avec ceux des Firdusses est telle, qu'il est difficile de l'attribuer au seul hasard. Voilà pourquoi on conjecture d'ordinaire que les Germains sont une des nations les moins anciennes sorties de l'Iran, cette source féconde des peuples et second berceau du genre humain ; et que s'étant par conséquent moins mêlés avec les autres races, ils conservent mieux l'empreinte primitive du génie oriental dont, par une cause tout opposée, les Celtes s'éloignent davantage. Aussi, peut-on dire que le degré d'idéalité de ces deux nations est en raison directe de la ressemblance qu'elles ont avec le type original, et en raison inverse du temps qu'il y a qu'elles ont été séparées du principe commun, comme les branches se séparent du tronc ou les rivières de la source (*).

(*) Les faits historiques indiqués dans ce chapitre, au sujet des origines des nations, seront amplement développés et accompagnés des preuves nécessaires dans la seconde partie de cet ouvrage. Le lecteur ne devra donc pas être

La philosophie anglaise, dont nous n'avons pas encore parlé, occupe une place intermédiaire entre la française et l'allemande, et participe du caractère mixte des habitants actuels de la Grande-Bretagne, qui tiennent à la race germanique par les Anglo-Saxons, les Danois, les Normands et quelques migrations encore plus anciennes, et à la celtique par les débris des Kimris et des Gaëls. C'est de là que proviennent la merveilleuse complexion du caractère anglais et la grandeur civile de cette nation, dont la virilité est encore plus frappante si on la compare à l'enfance ou à la décrépitude des autres peuples européens. Le génie anglais est avide du positif et très apte aux travaux et aux affaires de la vie extérieure ; mais il n'oublie pas pour cela que la véritable valeur des choses matérielles dépend des conceptions de l'esprit, et qu'il ne peut y avoir de sens pratique sans la morale et la religion. De là l'importance que, par instinct, il donne à ces deux choses, même lorsque la mode ou les autres passions y sont opposées, et les tempéraments qu'il apporte dans les systèmes les plus contraires, quand il est entraîné par l'opinion ou par la logique à les embrasser. Cet instinct est d'un grand secours à ces mêmes recherches et aux opérations qui ont rapport aux choses qui tombent sous les sens ; parce que la constance, le sens droit, la gravité, la fermeté, dans toute sorte d'actions et de recherches, ont besoin du noble concours de l'esprit. D'autre part, l'usage et le goût des études expérimentales, et les habitudes de la vie laborieuse, préservent l'Anglais des abus de la contemplation, c'est-à-dire des chimères de l'imagination, et de l'excès des abstractions de l'intelligence, et don-

---

étonné si, dans ce premier livre, je suis sobre de citations, et si les généralités historiques qui s'y rencontrent ne sont pas le plus souvent démontrées. En histoire on ne peut prouver sans entrer dans des particularités ; ce sera là le sujet de mon second livre.

nent à ses spéculations cette réserve et cette solidité qui sont le propre des esprits accoutumés aux affaires. Seulement, ces mêmes qualités qui préservent d'un côté des excès de l'esprit contemplatif, nuisent de l'autre à l'élévation de la contemplation ; voilà pourquoi les philosophes anglais ne s'élèvent jamais à l'Idée pure, comme objet purement rationel, et se contentent de la concevoir avec cette connaissance mêlée de sentiment, à laquelle on donne le nom de sens commun ou de droit sens, et qui est en effet une dérivation de l'Idée, et comme une réverbération de sa lumière. Le sens commun, qui tient le milieu entre la connaissance pure de l'Idée et l'appréhension sensible, est le caractère le plus générique de la philosophie anglaise, qui se place ainsi entre la philosophie allemande, dans laquelle domine l'intuition idéale, et la philosophie française dans laquelle domine la perception sensitive. De là vient que l'école d'Edimbourg, dans laquelle la raison prend la forme du bon sens, est la doctrine anglaise par excellence ; les autres sectes s'en rapprochant plus ou moins, quoiqu'elles s'en écartent par leurs extrêmes. Assurément je ne trouve en Angleterre ni un Leibniz, ni un Vico, ni un Malebranche, ces maîtres de la sagesse moderne, et les seuls dignes d'être comparés aux grands hommes anciens, parce qu'ils étaient catholiques (*) ; attendu que la philosophie britannique a pour point de départ une source infectée par l'hérésie religieuse et par la doctrine cartésienne. Berkeley, s'il avait été catholique, aurait pu donner à son pays un Malebranche ; car il ne le cédait à celui-ci ni en sagacité, ni en génie. Je ne parle pas de Cudwort et de Clarke, parce que ces deux graves et utiles écrivains, et surtout le premier, doivent être regardés plutôt comme des théo-

---

(*) Leibniz, protestant de naissance et de profession à l'extérieur, était comme chacun sait, catholique quant à la doctrine.

logiens ou des érudits, que comme des philosophes. Mais par compensation, je ne trouve pas dans ce pays un seul exemple célèbre de panthéisme ou d'autres rêves semblables ; je n'y trouve point la brutalité et les grossièretés du sensisme français. Locke fut de beaucoup le plus religieux de tous les encyclopédistes. Priestley ennoblit en quelque sorte le matérialisme lui-même en le séparant de quelques-unes de ses conséquences les plus funestes et les plus révoltantes. Quel sceptique et quel incrédule fut plus intrépide que David Hume? Cependant, quand il toucha à la morale, il sut, en dépit de la logique, conserver quelque noblesse et quelque décence ; il admit comme opinion la beauté et l'autonomie du devoir, et se tint bien éloigné des tristes horreurs d'Helvétius et de ses pareils. Beutham lui-même, qui cependant est un aussi mauvais moraliste, est moins abject que les égoïstes français, car il ennoblit l'amour-propre en le dirigeant vers le bien commun des hommes. Si le cartésianisme, père du sensisme et du panthéisme, — comme je le prouverai ailleurs, — ne porta point en Angleterre les mêmes fruits qu'en France et en Allemagne, c'est encore aux institutions religieuses qu'il faut l'attribuer ; parce que la secte anglicane est, entre toutes les sectes hétérodoxes, une des moins éloignées du catholicisme, et tient, par sa hiérarchie, le milieu entre les catholiques et les protestants. Le divorce avec Rome fut occasionné dans la Grande-Bretagne par le despotisme, et par la cupidité de ceux qui s'enrichirent avec les dépouilles de l'ancien culte, et non point par la haine de la hiérarchie catholique, comme chez les Allemands ; car les institutions britanniques y étaient moins opposées que celles de ces derniers. Aussi la réforme anglicane, en conservant en partie le principe vital des ordres hiérarchiques, sauva d'un entier naufrage les doctrines traditionnelles qui, aidées par la sévérité du génie anglo-normand, font que la morale et la religion sont universellement regardées en Angleterre comme l'héritage inviolable de l'État et de la famille. Par là les croyances eurent une influence salutaire sur les recherches spéculatives ; car en prenant le caractère de ces dernières, en se donnant l'aspect du sens commun, et en domptant l'instinct naturel, elles tempérèrent ou empêchèrent du moins en partie les conséquences fatales du cartésianisme. Thomas Reid, qui est le premier philosophe de l'Angleterre, non par son génie, mais par la bonté de sa doctrine, est moins subtil et moins profond que Kant, avec lequel il a beaucoup de ressemblance ; mais il montre beaucoup plus de jugement, fuit les paradoxes, évite les erreurs les plus graves des autres sectes sorties du même principe, en faisant adopter par la philosophie les vérités traditionnelles, sous le nom d'instinct et de sens commun ; qui exprime en substance les vérités idéales reçues par le moyen de la religion et de la parole, et naturalisées dans l'esprit humain autant par leur vertu intrinsèque, que par l'effet de l'éducation et d'une longue habitude.

Je dirai ailleurs quel est le génie spécial et naturel des Italiens. Leur philosophie moderne peut se diviser en deux époques : la première embrasse une partie du quinzième siècle, tout le seizième et le commencement du dix-septième ; l'autre comprend les temps postérieurs, mais elle ne peut citer que Vico ; car je ne considère pas ici l'état actuel de la philosophie et les philosophes, nos contemporains. Dans la première fleurirent quelques penseurs remarquables qui parvinrent à renouveler les anciens systèmes, plutôt qu'à innover en philosophant d'après eux-mêmes. Rénovateurs toutefois pleins de talent et de vigueur ; non moins capables de créer que de restaurer ; non pas copistes serviles, mais imitateurs originaux ; plus avides de transformer que de reproduire ;

très capables de ressusciter les choses mortes, en les animant d'une nouvelle vie. Si l'on en veut une preuve, qu'on lise Bruno qui, à lui seul, en vaut beaucoup d'autres. Mais le caractère de l'époque les engagea dans les voies suivies par les anciens, et ne leur permit pas de découvrir des sentiers inconnus ; parce que la restauration toute récente des études classiques, les attraits d'une érudition qui à sa valeur intrinsèque joignait l'attrait de la nouveauté, l'admiration que causaient tant d'anciens systèmes déterrés pour la première fois et ayant le prestige et la valeur d'une découverte toute nouvelle, ne comportaient pas une méditation indépendante et solitaire, et donnaient à la science l'aspect et la marche de l'histoire. Il était en effet très ordinaire que l'on cherchât la vérité, non point en elle-même, mais dans les opinions des anciens maîtres qui faisaient de nouveau entendre leur voix après un silence de dix siècles, et que l'on commençât à lire dans les livres des hommes avant d'avoir étudié dans celui de la pensée et de la nature. Si on excepte l'école politique de Machiavel et de ses imitateurs, personne avant Sarpi et Galilée, qui appartiennent à proprement parler à la seconde époque, n'enseigna à laisser les livres de côté et à chercher le vrai dans l'étude immédiate des choses que l'intelligence peut connaître. Mais par malheur, Sarpi et Galilée négligèrent la philosophie, et le second appliqua presque tout son merveilleux génie aux calculs, aux observations des phénomènes sensibles et aux sciences expérimentales (*). Les académiciens du Cimento suivirent la même voie : ils négligèrent la haute philosophie pour la physique, et celle-ci, traitée par eux avec prédilection comme leur propre fille,

---

(*) Ce que Galilée appelle philosophie n'est qu'une partie tout-à-fait secondaire de cette science, et plutôt une application accessoire qu'autre chose.

eut le privilége de posséder cette domination absolue qu'un siècle auparavant on avait accordée à l'érudition. Je ne partage assurément pas l'opinion d'un moderne et savant écrivain (*), qui accuse ces grands hommes, dont quelques-uns furent très religieux, d'avoir été secrètement Sociniens ; mais d'un autre côté, on ne peut nier que la culture absolue de la physique, et l'usage de confondre les sciences rationnelles avec les vieilles inepties de quelques obscurs scolastiques, faisant retomber sur celles-là le mépris mérité seulement par les dernières, n'aient contribué à préparer, sinon à produire, le sensisme moderne. A cette cause, j'en ajouterai quelques autres plus efficaces, auxquelles il faut principalement rapporter la décadence des études philosophiques en Italie. La licence et les excès de quelques-uns de ces premiers philosophes, — et tels furent Pomponace, Bruno, Cardano, — décrièrent universellement les sciences spéculatives et excitèrent une crainte raisonnable chez les hommes pieux et sensés, bien éloignés de la sagesse exquise de certains modernes qui, tout en faisant un pompeux éloge de la religion, la sacrifient aux doctrines rationnelles et ne s'indignent pas qu'elle serve de but aux attaques téméraires des mauvais philosophes. Des scandales et de la crainte est né le frein légitime imposé aux opinions licencieuses ; et ce frein a quelquefois produit des persécutions, effet éternellement déplorable, mais presque fatal, même chez les hommes les plus saints, quand une conviction erronée, mais enracinée et universelle, et l'ignorance de l'époque concourent à le produire. Mais ces désordres et ces excès partiels n'auraient pu étouffer la sagesse italienne, s'ils n'avaient été appuyés par

---

(*) Eckstein, *le Catholique*. Paris, 1826, tome II, p. 198, 199 ; t. III, p. 55-58 ; tome V, p. 72.

le plus grand malheur qui puisse arriver à un peuple, la perte de l'indépendance nationale, véritable tombeau de tout talent et de tout courage, capable d'abattre les caractères les plus fortement trempés, qui anéantira l'Italie, comme tant d'autres peuples dont le nom et la trace ont complètement disparu de la terre, si ses enfants ne se décident à raviver les étincelles encore existantes de la vertu et de la gloire de leurs ancêtres.

Au milieu d'une si grande désolation il s'éleva un seul homme, qui parut en quelque sorte réunir en lui-même tout le génie spéculatif, qui manquait à ses contemporains, et être suscité par la providence pour ne pas laisser périr entièrement la gloire de l'Italie. Mais le génie étonnant de Vico (*) était tellement supérieur non-seulement à celui de la foule, mais même à celui des hommes les plus distingués, qu'il ne fut ni reconnu ni apprécié; et l'homme de l'esprit le plus vaste et le plus puissant qu'eût produit jusqu'alors l'Italie, depuis le Danté et Michel-Ange, vécut plus obscur et mourut moins regretté que le dernier poète ou le plus petit écrivailleur de la Péninsule. Considéré dans l'ordre de la science, et autant qu'on en peut juger par les écrits qui restent de lui, Vico s'occupa moins de l'objet primaire de la philosophie en lui-même, que de ses applications. Nul ne peut concevoir les progrès qu'une intelligence si originale et si forte aurait fait faire à l'ontologie, si celle-ci avait été l'objet principal de ses études. Mais au lieu de développer et d'accroître la science antique, le philosophe napolitain voulut créer une science nouvelle, et il y réussit. Depuis Pythagore jusqu'à Ficin et à Bruno, jusqu'à Leibniz et à Malebranche, l'Idée avait été

(*) Ce n'est que de nos jours que ce grand philosophe a commencé à être étudié et apprécié en France; outre l'ouvrage de M. Michelet, il a été publié tout récemment à Paris une traduction complète de la *Science nouvelle*, en tête de laquelle se trouve une excellente notice. T.

contemplée et étudiée en elle-même ; mais il n'était venu à l'esprit de personne d'expliquer ses rapports avec la philologie, la jurisprudence et l'histoire des peuples, ni de rechercher comment elle s'incorpore et se manifeste dans la marche successive des nations et de l'espèce humaine. Quelques théologiens célèbres seulement, et particulièrement Saint Augustin, heureusement imité dans la suite par Bossuet (*), avaient aperçu et décrit le dessein idéal de la providence dans l'ordre surnaturel de la religion. A la vérité, la provision d'érudition des temps antérieurs à Vico n'était pas très capable de produire un pareil effet. Mais après la restauration des études classiques, commencée en Italie et heureusement continuée de l'autre côté des monts, la philosophie historique était devenue possible ; seulement, comme toute nouvelle science, elle demandait un génie extraordinaire qui la conçût et entreprît de la mettre à exécution ; il était bien juste que ce fût de l'Italie, cette maîtresse de la philologie et de l'archéologie modernes, que sortît celui qui devait la féconder avec une grande pénétration d'esprit et une rare profondeur philosophique. Telle fut l'œuvre de Vico, œuvre admirable malgré ses erreurs ; car si, pour la grandeur du génie, il a peu d'égaux dans l'histoire des sciences spéculatives, il n'en a peut-être aucun pour son caractère original, et pour la nouveauté de ses découvertes.

(*) L'auteur aurait pu citer ici Orose, auteur espagnol, qui vivait vers l'an 416 de Jésus-Christ, et qui a composé en latin, sous le titre énigmatique d'*Hormeste*, une *histoire universelle* divisée en sept livres, dans laquelle il embrasse tous les siècles qui se sont écoulés jusqu'à son temps. Il s'y est proposé le même but que Saint-Augustin dans la *Cité de Dieu*. Saint Augustin, Orose, Vico, Bossuet sont les véritables pères de cette philosophie de l'histoire, qu'on préconise tant aujourd'hui, et qui doit être si utile aux progrès de l'humanité, mais que des esprits sceptiques ne cherchent que trop souvent à dévier de la marche tracée par les hommes de génie dont nous venons de rappeler les noms. T.

D'après ce court tableau de la philosophie moderne, dont les principaux points reviendront sous nos yeux dans la suite de cette Introduction, il paraît que les vérités idéales sont presqu'entièrement exclues des spéculations récentes, d'après la rigueur logique des principes de ces dernières. Toutefois, il y a entre les quatre nations de l'Europe qui s'occupent de philosophie quelques différences importantes. En Allemagne, le sensisme psychologique, suivant la voie des abstractions et des fantômes intellectifs, a produit le panthéisme qui cependant s'y est trouvé tempéré par les traditions et par le génie national. Un caractère tout différent, aidé des mêmes traditions et de la hiérarchie encore subsistante, a sauvé la philosophie anglaise des excès contraires au panthéisme, et du sensisme le plus grossier. Ainsi, chez les Anglais et les Allemands, les sciences philosophiques ont conservé une ombre du vrai idéal, non point en vertu de leurs principes, mais malgré eux, et surtout par l'influence bienfaisante des dogmes qui ont survécu chez eux à l'anéantissement de la foi orthodoxe. Les Français au contraire, bien que catholiques, philosophant d'une manière hostile à la religion, ont déduit toutes les conséquences des faux principes universellement répandus ; et l'Idée que les deux autres nations avaient altérée, ils l'ont entièrement exclue et niée. Il est vrai que dans ces derniers temps la secte des éclectiques, dégoûtée du sensisme, a voulu y substituer le panthéisme, fils premier-né de la doctrine cartésienne, et non moins légitime que son frère ; et qu'évitant de le déduire des mêmes principes, comme le fit Spinoza, mais l'acceptant des Allemands, elle a reçu avec lui beaucoup d'idées morales et religieuses qui répugnent à sa nature ; mais cette importation germanique est trop opposée au génie français pour pouvoir y jeter de profondes racines ; c'est une de ces choses introduites et peu après anéanties par le pouvoir de la mode. Les Italiens ayant perdu avec l'indépendance politique de la nation celle de la pensée, et avec elle la moitié de leur génie, sont ballottés depuis un siècle, — à l'exception du grand Vico, — entre les systèmes allemands, anglais et français, sans avoir une philosophie à eux, et se complaisent à ce syncrétisme timide et servile, dont Antonio Genovesi donna au siècle dernier un exemple peu commun. Mais la vitalité tenace du génie italien, le zèle sincère de quelques-uns de nos contemporains, et diverses raisons que j'exposerai ailleurs, paraissent promettre à l'Italie la gloire de *restaurer le primitif et véritable génie oriental dans les sciences spéculatives, et par conséquent celles-ci dans toute l'Europe, en les ramenant vers leurs principes.* Mais avant d'entrer dans ce magnifique sujet, il nous faut un peu pénétrer dans les causes subjectives et objectives qui ont conduit la philosophie à la faiblesse et à la médiocrité dans lesquelles elle se trouve ; c'est ce que nous tacherons de faire dans les deux chapitres suivants.

CHAPITRE SECOND.

DE LA DÉCADENCE DES ÉTUDES SPÉCULATIVES PAR RAPPORT AU SUJET.

Quelques-unes des observations contenues dans ce chapitre paraîtront peut-être, au premier abord, avoir peu de connexité avec le sujet principal. Mais mon opinion est qu'on ne peut bien connaître un thème scientifique, si on ne le considère et si on ne l'examine sous toutes les faces, et que l'usage contraire rend le savoir superficiel; car la profondeur et l'étendue sont inséparables dans l'acquisition des sciences. De plus, je suis convaincu que les considérations auxquelles je vais me livrer, outre qu'elles ne sont point par elles-mêmes étrangères à mon objet, seront trouvées opportunes au temps présent.

L'esprit spéculatif est plus faible chez les modernes que

chez les anciens. Si l'on compare la philosophie moderne à celle des beaux jours de la Grèce et de l'Inde, on peut trouver de notre côté plus de vérité de doctrine, — ce qui toutefois ne sera pas pour le plus grand nombre de nos penseurs, — et une analyse plus rigoureuse, mais non pas un plus grand ou même un égal mérite synthétique, un plus grand art contemplatif, qualités dans lesquelles consiste principalement le génie philosophique. Nous surpassons les anciens dans la connaissance de la vérité, non point parce que nous sommes meilleurs philosophes, mais parce que nous sommes chrétiens ; attendu que la notion réfléchie de l'Idée sur laquelle la science opère, est répandue ou enseignée par le moyen de la parole. La méthode analytique n'est pas proprement celle des sciences rationnelles, mais de celles qui se fondent sur l'observation et sur l'expérience, à l'égard desquelles nous surpassons réellement les anciens, du moins en beaucoup de parties. Que si l'analyse sert encore quelquefois au philosophe, l'usage qu'il en fait est secondaire, ou ne s'applique point aux branches les plus importantes de la science. Sans compter que toutes les puissances de l'ame humaine étant liées ensemble et se prêtant mutuellement secours, il est invraisemblable de supposer que l'énergie contemplative puisse être diminuée sans que les autres facultés s'en ressentent à proportion. Je pourrais prouver, s'il en était besoin, que les facultés même les plus diverses et les plus opposées se prêtent mutuellement secours, et que, par exemple, l'habileté analytique a besoin de la capacité déductive, de telle sorte que le défaut de puissance synthétique doit nuire à l'analyse. Cela suffirait pour détruire la supériorité analytique des modernes si elle n'était pas fondée autant sur leur génie que sur des instruments scientifiques capables de la fortifier, et qui sont un privilège de l'époque moderne, plutôt par l'effet des circonstances extérieures et par l'influence du christianisme que par toute autre chose : de sorte que nous ne l'emportons sur les anciens que parce que nous sommes venus après eux, et que nous possédons une religion qui prescrit et aide admirablement la domination de l'esprit sur la nature. Laissant toutefois cela de côté, je dis que notre infériorité spéculative témoigne de quelqu'autre défaut plus intime et plus intrinsèque, et digne par conséquent d'être étudié avec soin.

Et certes nous ne pouvons pas nous vanter d'égaler ou de surpasser les peuples civilisés de l'antiquité, même en ce qui regarde les qualités morales ; je veux dire la grandeur d'âme, la vivacité des sentiments, la constance dans les opinions et les actions, la magnanimité des pensées et des actes, enfin toutes les vertus qui appartiennent à la vie civile (24). Car dans celle-ci il faut distinguer, comme dans les connaissances idéales, l'œuvre des hommes des effets des institutions ; et dans les institutions elles-mêmes, il faut distinguer les inventions humaines des choses suggérées par la religion. Sous le rapport religieux, notre civilisation est infiniment supérieure à celle des peuples païens les mieux disciplinés, et elle la surpasse d'autant que l'Évangile est au-dessus du paganisme. En effet, comme la religion, dominatrice suprême, exerce sa salutaire influence sur toutes les parties de l'homme et du monde social, il n'est aucune branche de notre civilisation où le christianisme n'ait pénétré de quelque manière, et n'ait produit de notables améliorations. Mais quelque prompt à se répandre et quelque efficace que soit l'élément religieux, il n'est pas le seul, et il a à côté de lui la nature de l'homme, qui, en obéissant ou en résistant à son action, en agrandit ou en atténue les bienfaisants effets. La civilisation étant le résultat mixte de ce double principe, peut dans le même temps donner lieu aux qualités les plus opposées, être bonne et perverse, forte et faible, florissante et en décadence, en voie de progrès et de dégénération, selon que les choses dont elle s'occupe se rapportent à l'une ou à l'autre de ces deux causes. Cette distinction est de la plus haute importance; et quiconque ne sépare pas soigneusement les éléments naturels des éléments chrétiens, s'expose au danger de flatter le sièle ou de calomnier la religion. Il est vrai que quelques philosophes, comme Machiavel (*) et Rousseau (**), confondant les défauts avec les qualités, ou la religion avec la superstition, ont attribué à la religion elle-même beaucoup des vices de la civilisation moderne; paradoxe énorme qui aujourd'hui n'a plus besoin d'être combattu.

La qualité qui caractérise spécialement l'homme moderne opposé à l'homme antique, si l'on ne parle que des conditions naturelles, c'est, pour s'exprimer en un seul mot, la frivolité. Cette plaie, en effet, s'étend plus ou moins aux mœurs, aux sciences, aux lettres, à la politique, aux opinions, aux croyances; elle envahit, elle infecte, elle corrompt toutes les parties de la pensée et de l'action humaine. Les anciens, au temps de leur splendeur, comme par exemple au moment où la civilisation italo-grecque était à sa perfection, sont relativement aux modernes dans la même proportion où se trouve généralement l'âge viril vis-à-vis de l'enfance. Les hommes de Tite-Live et de Plutarque sont à notre égard plus que des mortels, et nous sommes au leur moins que des hommes. J'entends parler de la force, de la vigueur, de la fermeté, de la constance, de la ténacité, de l'audace, et de toutes ces qualités de l'ame qui sont applicables aussi bien au vice qu'à la vertu; parce que les ancien

---

(*) Discours II, 2.
(**) Contr. soc., IV, 8.

apportaient, même dans le vice et dans le crime, une grandeur inconnue aux temps postérieurs. Quelques-uns prétendent que c'est là une illusion poétique, et que la supériorité des anciens provient du prestige que l'imagination donne aux choses lointaines, et de l'art des écrivains qui nous en ont parlé. Cela est faux, parce que les faits parlent : il n'est pas ici question de style, d'éloquence, de fleurs de rhétorique ; il s'agit d'histoire : car les actions des Grecs et des Romains, qu'on les raconte aussi simplement et aussi grossièrement qu'on voudra, sont toujours merveilleuses. Salamine, les Thermopyles, Sparte, Leuctres, Homère, Pythagore, Socrate, Epaminondas, Timoléon, Camille, Scipion, Fabricius, Caton, le Sénat romain, les lois et les jurisconsultes de Rome, les jeux et les spectacles, les lettres et les arts de ces temps antiques, seuls parfaits parce qu'à la force ils joignent la simplicité et la beauté, voilà des prodiges uniques au monde. Et ils ont un tel attrait que, sans le christianisme et les biens incomparables dont il nous a enrichis, aujourd'hui même au milieu de notre ordre social, tout homme qui a quelque noblesse de cœur, quelque générosité d'esprit, serait tenté de se plaindre à la Providence de ce qu'elle l'a fait naître au milieu des petitesses et des misères des temps modernes. Les autres parties de l'antiquité et les événements du moyen-âge sont éloignés de nous pour les lieux et les temps, et ont un attrait poétique lorsque le narrateur sait les embellir ; mais il s'en faut beaucoup qu'ils approchent de la supériorité des Grecs et des Romains. Le moyen-âge est admirable par son génie chrétien ; et les peuples de cette époque, quand ils se montrent animés des idées catholiques, sont sans contredit supérieurs aux païens les plus civilisés. Mais si l'on met de côté ce qui dérive directement de la religion, je ne sais ce qu'il y a d'admirable dans leurs annales, et les modernes apologistes de la féodalité, de la chevalerie, de l'architecture gothique et des croisades me paraissent peu raisonnables et très ennuyeux. Tous ces héros chevaleresques, tous ces guerriers sans peur ou au cœur de lion, avec leurs folles entreprises et leurs passions amoureuses, me paraissent tout-à-fait pareils à ceux du Boïardo et de l'Arioste ; et je suis porté à croire que Cervantes, en les peignant avec une verve incomparable, n'est pas moins souvent un historien philosophe qu'un poëte satirique. Il peut y avoir quelque chose de louable dans cette force musculaire et dans cette générosité étourdie ; mais il n'y a assurément ni raison, ni simplicité, et par conséquent point de véritable grandeur : leur courage devient ridicule parce qu'il manque d'un but digne de ses efforts, de sa pompe, de son ostentation ; on ne trouve point en eux cette sagesse, ce naturel, cette véritable valeur, cette ardeur sensée et calme de Thémistocle, d'Épaminondas et de Scipion. De telle sorte que ceux qui, de nos jours, renouvellent les tragi-comédies de la chevalerie et croient par là contribuer à la civilisation du siècle, ne parviennent qu'à se faire moquer d'eux (25). Si vous voulez effectivement servir cette cause, et que vous vous sentiez la force d'entreprendre de changer les mœurs, — ce qui à vrai dire n'est pas une petite affaire, — laissez-là les romans, les chroniques, et adressez-vous à l'histoire : ajoutez la perfection surhumaine de l'Evangile à l'esprit antique d'Athènes, de Sparte, du Samnium et de Rome ; réunissez et tempérez l'un par l'autre, Platon et Dante, Brutus et Michel-Ange, Caton et Hildebrand, Lycurgue et Charles Borromée ; rassemblez en un même tout ces éléments que nous sommes surpris de trouver divisés dans l'histoire, tant ils ont besoin les uns des autres pour être parfaits : faites-en sortir une civilisation nouvelle, plus excellente et plus parfaite que celle des temps passés ; tel devrait être l'effort suprême des hommes de notre siècle et spécialement des Italiens dont le génie mâle et sévère ne doit pas trouver de charmes aux puériles extravagances, à l'affectation et aux caricatures d'au-delà des Monts. Ce qui n'est ni antique, ni chrétien, n'est pas simple ; et hors de la simplicité il n'y a point de véritable grandeur. Mais pour en revenir aux caractères singuliers et incomparables de la bonne antiquité grecque et romaine, je ne puis me laisser aller à croire que leur sublimité soit un effet de l'imagination : la fable, dans ce cas, serait un plus grand miracle que l'histoire (26).

La Frivolité est un défaut qui gâte toutes les facultés de l'homme et les rend incapables de produire des effets solides et durables ; mais c'est à l'une d'elles principalement qu'elle s'attaque, la volonté. Une volonté faible et débile est nécessairement inconstante, car elle ne peut maîtriser la succession tumultueuse des impressions et des sentiments, et se laisse facilement entraîner par leur impétuosité. L'inconstance de l'esprit nuit à ses autres facultés, en les empêchant de s'appliquer avec force et persévérance à leurs objets respectifs, et rend nuls ou médiocres les fruits qui en proviennent. La vie de l'homme étant, en effet, successive, et sa nature perfectible, chacune de ses vertus est ordinairement un produit du temps et ne peut être acquise que par des actes répétés, qui forment l'habitude, au moyen de la durée et de l'intensité de l'application à un même objet. Cette forte et infatigable application réclame un homme patient et constant ; or, la patience, c'est-à-dire la stabilité de l'esprit dans la direction de ses forces, est l'opposé de la Frivolité. Il est donc évident que la légèreté des cœurs et des esprits, propre à l'époque moderne, procède de l'affaiblissement de la volonté, qui étant l'activité même radicale et substantielle de notre ame, doit nécessairement influer sur ses autres puissances; son action est surtout sensible sur les facultés morales d'où dépendent les vertus privées, les vertus civiles, la foi religieuse, le courage dans les épreuves et les dangers, la patience dans les douleurs, la grandeur d'ame dans les infortunes, la fermeté dans les résolutions, la dignité de toute la vie. Ainsi, si ces qualités sont aujourd'hui aussi rares qu'elles sont admirables, et si notre siècle manque de ce qu'on appelle caractère moral, et n'ignore pas entièrement sa propre misère, chacun de nous peut voir quelle en est la cause. Le caractère moral exige une volonté qui soit forte et dominante, et non pas molle, paresseuse, docile aux caprices de l'imagination, de la fantaisie, des passions. Un homme doué d'un esprit vif, mais faible, est susceptible de mouvements subits, capables de produire quelque effet; seulement, le mouvement ne dure pas et les effets s'évanouissent, parce que la persistance de l'esprit dans un objet déterminé peut seule produire des œuvres durables. Les Français ont assurément de nombreuses et rares qualités, que je ne m'arrêterai pas à énumérer, parce que tout le monde les connaît, et que ceux qui les possèdent ont soin de nous les rappeler à chaque instant. Celle qui leur manque, c'est la persévérance; et peut-être est-il heureux, pour la liberté des autres peuples, qu'ils ne la possèdent pas; car si, aux autres avantages de la nature et de la Fortune, les Français joignaient la ténacité des Anglais, des Espagnols ou des Romains, l'indépendance de l'Europe serait depuis long-temps anéantie, et Paris serait peut-être aujourd'hui la capitale du monde. Mais l'Arioste avait raison de faire remarquer que le *Lys* ne pouvait prendre racine en Italie; et j'ajoute que la France n'a jamais long-temps conservé nulle part ses conquêtes et ses colonies, et qu'on peut appliquer à sa puissance politique ce que les anciens disaient de sa valeur guerrière, et que le Secrétaire florentin répétait des Français de son temps (*). C'est là la principale raison pour laquelle la monarchie civile sera toujours nécessaire en France; car lorsque les citoyens sont inconstants, il faut nécessairement un bras royal qui supplée à la faiblesse des volontés particulières. La légèreté française est passée en proverbe ; et s'il est peu philosophique de se réjouir des défauts des autres nations, nous pouvons toutefois nous consoler de ceux de nos voisins, parce que, je le répète, s'ils avaient eu plus de force virile et de stabilité, l'Europe serait esclave de leurs armes, comme elle l'est de leur langue et de leurs opinions. Ce qui m'afflige, c'est de voir qu'au lieu d'imiter les Français dans ce qu'ils ont de bon et d'excellent, les autres peuples s'appliquent à leur imprunter cette légèreté. Emprunt facile, assurément, mais fatal; parce que si les habitudes frivoles sont aujourd'hui plus ou moins le défaut de toutes les nations civilisées, il faut l'attribuer en partie à l'influence morale de la France.

La Notion dépend de la Volonté, et l'acte de la pensée est une application particulière de l'activité de l'esprit. Et cette activité intime et très simple, qui dérive de l'unité substantielle de l'ame, et par un premier acte répand autour d'elle ses rayons sur les puissances multiples d'où naissent les diverses modifications de cette même ame, devient libre par un second acte, lorsque s'alliant à la pensée déjà procréée, elle choisit entre les représentations extérieures celles qui lui plaisent le

---

(*) Machiavel, *Discours*. liv. III. ch. 36. — Voici les passages auxquels l'auteur fait allusion : — « Les Gaulois, au commencement d'une action, étaient plus que des hommes, mais dans la suite du combat, ils devenaient moins que des femmes. . . . . Quand cette impétuosité sur laquelle ils comptaient, ne leur donnait point la victoire au premier choc, comme elle n'était pas soutenue par une valeur disciplinée, et ne trouvait hors d'elle-même aucun motif d'assurance, elle se refroidissait au point qu'ils finissaient toujours par être vaincus. »

T.

plus et s'y attache, soit pour les mieux connaître, soit pour les modifier, et exercer ses facultés dans le cercle de la vie extérieure. De cette manière, l'activité substantielle de l'esprit, génératrice de ses puissances, devient la volonté, en se réunissant à la notion ; et se réfléchissant ensuite sur cette même notion, elle la fortifie, l'accroît, la perfectionne, lui donne la forme parfaite et mûrie de science. La science est donc la connaissance parfaite des choses, acquise au moyen de l'application continue de la volonté aux objets qui peuvent être connus ; or, cette application prenant ensuite le nom d'attention, de réflexion ou de contemplation, selon que l'objet sur lequel elle s'exerce est en dehors, au-dedans ou au-dessus de notre esprit, produit le jugement, le raisonnement et toutes les opérations logiques, qui sont les diverses manières dont s'exerce la faculté volitive sur les perceptions de l'intelligence. Les psychologistes ont déjà remarqué et analysé cette intervention de la volonté dans la pensée ; mais ce qu'il importe de noter ici, c'est que la perfection du résultat, c'est-à-dire l'augmentation de la notion à obtenir par l'application spéciale de la volonté, est toujours proportionnée à la force, à la durée et à l'intensité de cette application, qui n'est à proprement parler que celle de l'attention et des autres opérations sus-mentionnées. Et comme l'invention, qui est le point culminant du génie scientifique, consiste dans l'extension de la notion, qui peut être obtenue par la manière indiquée, il s'ensuit que la vertu inventive et créatrice dépend, au moins en partie, de la vigueur de la volonté, et que ses conquêtes sont d'autant plus grandes que le concours de cette dernière est plus efficace et plus constant. Il ne faut donc pas s'étonner si la légèreté des esprits et la faiblesse des volontés qui ruinent la vie morale de l'homme et la dépouillent de toute grandeur, produisent de semblables effets sur la vie contemplative et ne sont pas moins funestes aux nobles études qu'aux actes vertueux et aux entreprises magnanimes. Aussi l'histoire nous montre-t-elle la décadence morale ou politique des états, accompagnée ou suivie de près de la chute des sciences et des lettres. Tant il est vrai que la volonté n'est pas moins nécessaire que le talent pour faire les grands hommes et les peuples célèbres. Bien plus, le talent n'est en grande partie que la volonté elle-même, et il est en résultat tel que chacun se le forme. Car, s'il est vrai, — et cela est très certain, — que la nature donne des aptitudes diverses et inégales aux diverses intelligences, et les distingue par le degré comme par le caractère de leurs facultés; il n'est pas moins indubitable que les forces du talent dépendent beaucoup de l'usage qu'on en fait et de la direction qui leur est donnée. Moyennant un travail assidu et opiniâtre et une bonne méthode, un talent d'abord inférieur peut devenir suffisant, et un médiocre se rendre supérieur. Je ne crois pas que la nature, bien qu'elle crée les intelligences inégales, fasse un seul talent parfait; mais je pense que ceux qui parviennent à mériter ce titre glorieux sont, sous beaucoup de rapports, le produit de l'art, de telle sorte que s'ils s'étaient négligés et n'avaient pas ajouté aux dons naturels une volonté indomptable, ils ne seraient point devenus supérieurs. Et en effet, l'histoire ne nous offre pas, que je sache, un seul exemple d'un homme grand dans quelque genre, qui, aux facultés de l'intelligence n'ait réuni la volonté la plus puissante. On en cite au contraire plusieurs qui, ayant passé quelque temps aux yeux des autres, et peut-être même aux leurs propres, pour des hommes médiocres, sont arrivés dans la suite, à force de bonne volonté et de travail, à la plus haute perfection. En résumé, on voit bien la nature improviser assez souvent une capacité ordinaire, mais jamais un mérite transcendant. Si les hommes se pénétraient bien de cette vérité, ils pourraient faire des miracles. Les vocations morales et intellectuelles sont si diverses, que je soutiens qu'il n'y a pas un seul homme, pourvu qu'il ne soit pas tout-à-fait stupide, qui n'ait reçu de la nature quelque disposition spéciale, et ne soit en état, s'il la connaît et la cultive avec ardeur et constance, d'en tirer de bons et même d'excellents résultats. Ce n'est point le talent naturel qui manque au commun des hommes; mais ce qui leur manque, c'est l'activité, la patience, la fermeté, l'opiniâtreté à surmonter les obstacles, à diriger constamment leurs efforts vers un seul objet. L'expérience nous atteste jusqu'à quel point l'exercice augmente la puissance de la mémoire et fortifie les dispositions requises pour les ouvrages mécaniques. L'exercice produit même la vertu, et non-seulement la vertu ordinaire, mais celle qui va jusqu'à l'héroïsme. Or, qui voudra croire que l'intelligence ne soit pas soumise aux mêmes conditions, et que la volonté ne puisse faire des prodiges, même de ce côté? Si Bacon disait que l'homme peut d'autant plus qu'il sait davantage, on peut ajouter avec non moins de raison, qu'il sait d'autant plus qu'il veut plus fortement. La volonté, puissance créatrice, qui nous assimile au suprême auteur de toutes choses, et principe de la perfection morale, confère à l'homme la royauté de la nature et lui fournit les moyens de la connaître et de la transformer, et par conséquent de s'en faire le maître souverain. Newton, interrogé comment il avait fait pour découvrir le système du monde, répondit : en y pensant sans cesse. Assurément il ne fallait pas un génie moins étonnant que celui d'un si grand homme, pour cette merveilleuse découverte; mais on peut affirmer avec une égale certitude que Newton lui-même ne serait pas arrivé à ce difficile résultat, si, à la grandeur du génie, il n'avait joint une ardeur incroyable pour le travail et de très fortes études.

Ce zèle ardent, cette application à l'étude deviennent de jour en jour plus rares dans la république des lettres. Aucun siècle ne fut aussi léger, aussi impatient que le nôtre; et cependant l'impatience est l'ennemie mortelle du savoir. On désire avoir des connaissances, partie par ambition et par amour du profit qu'on peut en retirer, partie aussi par ce désir de la vérité que Dieu a mis dans notre ame; mais on ne veut pas se fatiguer pour les acquérir. Comme si l'homme pouvait se rendre parfait dans un genre quelconque par le moyen du repos et du plaisir; comme s'il pouvait trouver son bonheur sur cette terre sans s'inquiéter du temps ni de l'éternité. Dieu seul embrasse l'univers d'un seul regard; l'homme en a à peine une idée et seulement par la parole qui, étant successive, a besoin d'un arrangement bien entendu. Soit qu'il veuille connaître le vrai, ou représenter et exprimer le beau, ou faire le bien, il ne peut atteindre son but qu'avec l'aide du temps Mais notre siècle ne peut se contenter d'une maxime si triviale, et il pense qu'un homme peut devenir artiste, poëte, écrivain, philosophe distingué, en un clin d'œil, sans y penser ou avec peu de travail; de sorte qu'il pourrait s'appeler le siècle des improvisateurs. Mais s'il y a folie à vouloir improviser en vers toutes les fois que ce n'est point un simple amusement, il n'est pas moins absurde de vouloir improviser en prose et dans les sciences, quand on aspire à un effet durable et à produire des ouvrages qui ne périssent pas. Les anciens n'improvisaient dans aucun genre, à moins qu'ils n'y fussent contraints par la nécessité; et s'ils en avaient agi autrement ils ne seraient point immortels et nous ne les connaîtrions pas plus aujourd'hui, que nous ne serons connus de la postérité. Et ce n'était pas sans raison qu'ils en agissaient ainsi; car l'expérience démontre que ce n'est pas à la première vue que l'on atteint le vrai dans les pensées et le beau dans les formes ; et quiconque est un peu exercé à bien écrire, a pu remarquer que les expressions les plus propres, les plus simples, les plus naturelles, et par conséquent les plus belles et les plus efficaces, ne sont pas pour l'ordinaire les premières à se présenter, et ne se trouvent bien souvent qu'à force d'étude et de fatigue. Mais aujourd'hui on pense tout autrement, même dans les parties les plus sérieuses et les plus importantes de la vie civile. Les affaires politiques et les destinées des peuples se traitent à l'improviste ; chaque parlement de l'Europe a pour le moins une douzaine de Démosthènes et de Cicérons qui enchantent le monde de leurs harangues. Il est vrai que le discours qui, hier, avait mis en émoi tous les journalistes, et avait été porté aux nues, comme un prodige d'éloquence, personne ne le lira et ne s'en souviendra plus dans quelques jours. Mais ce ne sont pas seulement les orateurs qui improvisent aujourd'hui, ce qui serait moins intolérable, mais encore les écrivains, et dans les sujets les plus graves. La majeure partie des livres qui s'impriment actuellement sont improvisés, et comme l'a dit spirituellement un écrivain, il faut plus de temps pour les lire que les auteurs n'en ont dépensé à les écrire. Cela serait raisonnable, si la véritable habileté de penser et d'écrire pouvait naître de ce talent prompt et facile, qu'on appelle l'esprit, dont le mérite est tout entier dans la promptitude, et qui par sa nature exclut toute méditation. C'est là du reste une qualité dont on fait grand cas maintenant, peut-être parce que la France, cette reine de la mode, en est abondamment pourvue ; mais on ne fait pas attention que si les hommes spirituels plaisent dans la conversation, il n'y a peut-être pas un plus grand ennemi du droit sens et du véritable génie que l'esprit.

Plus la forme morale et l'énergie de la pensée sont rares de nos jours, plus les exemples qui s'en présentent quelquefois méritent l'attention du philosophe. L'Italie peut se glorifier d'avoir produit, dans ces derniers temps, les deux hommes les plus énergiques que le monde ait vus depuis un siècle ; ce qui prouve qu'il y a encore quelque étincelle de vie dans le sang de ses enfants. L'antiquité elle-même, si fertile en grands hommes, n'a pas produit une vertu plus mâle, un génie plus puissant et plus indomptable que ceux de Napoléon (27) et de Victor Alfiéri ; grands hommes tous deux, tous deux immensément supérieurs à la foule de leurs contemporains, et quoique très différents de caractère, de genre de vie et de fortune, semblables cependant en cela qu'une volonté très puissante et irrésistible fut la principale cause de leur grandeur. On peut dire assurément qu'une très grande sagacité à lire dans le cœur des hommes, une souveraine habileté dans l'art de la guerre, une étendue d'esprit capable d'embrasser avec précision et clarté, à conduire avec sagesse et vigueur une multitude d'entreprises et d'affaires les plus opposées, une aptitude rare à concevoir le nouveau et l'extraordinaire sans s'écarter du possible et du vrai, n'auraient pas été des conditions suffisantes à la fortune merveilleuse du premier, s'il n'y avait joint un esprit opiniâtre et une résolution invincible. Si dans les hommes extraordinaires il y a une qualité dominante à laquelle on doive principalement attribuer leur supériorité, ce ne serait pas se tromper que d'affirmer que le monde fut vaincu plus par la volonté que par le bras de fer et par le génie de Napoléon. Son caractère éminemment italien trouva dans la France un instrument docile et favorable à ses desseins gigantesques ; parce que les Français qui vont par sauts et par bonds, et procèdent par mouvements impétueux, apprécient chez les autres cette ténacité qu'ils ne possèdent pas eux-mêmes, et qui pourtant est nécessaire pour les bien gouverner ; comme on voit les esprits vifs et mobiles facilement captivés et dominés par ceux d'une plus forte nature. Si Napoléon avait continué de marcher en avant avec la même sagesse qui avait marqué son début, il aurait pu surpasser tous les hommes les plus illustres dans la gloire de commander aux hommes comme dans le plaisir et le mérite de leur faire du bien. Mais la prospérité lui tourna la tête ; et tandis que dans ses commencements il avait procédé, selon la manière italienne, avec une grande audace jointe à une grande prudence, qualités également requises pour faire des choses extraordinaires en quelque genre que ce soit ; plus tard, et surtout vers la fin, aveuglé par ses succès, il voulut se diriger sans dessein suivi et médité, se laissant aller à l'impétuosité française, et tomba du faîte de cette puissance, auquel il s'était élevé, en moins de mois qu'il ne lui avait fallu d'années pour y parvenir (28).

Napoléon tourna au profit de son ambition les qualités que le ciel lui avait accordées pour le salut des hommes, et il tomba. Aussi sa gloire n'est-elle point pure, ou pour mieux dire, sa renommée ne sera-t-elle pas une gloire vraie et parfaite aux yeux de l'incorruptible postérité. Le nom d'Alfiéri, au contraire sera béni tant qu'il y aura des Italiens, parce qu'il les a enrichis des merveilles de son génie et leur a procuré, autant qu'un simple particulier peut le faire, ces biens dont le vainqueur de l'Europe leur a ravi les derniers restes, au lieu de leur en donner, comme il le pouvait, le complément, et de leur en assurer à jamais la possession (29). Dans Alfiéri, si l'esprit était grand, la résolution était encore plus grande et plus puissante, et on peut dire que ce fut elle qui fit son génie. Prodige unique dans son genre ! il voulut être poëte, et il le fut. Il nous dévoile lui-même le secret de sa supériorité dans ces rudes paroles : *j'ai voulu, toujours voulu, et fortement voulu.* Paroles mémorables et dignes d'être gravées dans le cœur de tout Italien ; car de même que d'un jeune homme déréglé elles firent un grand poëte, elles suffiraient pour faire d'une nation esclave et avilie un peuple grand et libre. Les beautés et les défauts des tragédies d'Alfiéri, portent également l'empreinte de leur principe. Si vous ne saviez pas qu'Alfiéri fut, pour ainsi dire, poëte par volonté, vous l'apprendriez à la concision, au nerf, à la dureté de son vers ; à la contexture extrêmement simple de la fable ; à l'admirable enchaînement du dialogue et à la parfaite unité de la composition ; à la sobriété des personnages, à la nudité de la scène, au manque d'épisodes ; à la profonde énergie des sentiments ; à la terreur qu'excite la catastrophe ; à la forte et énergique idéalité des caractères ; à la crudité des teintes et des contours, qui ne sont ni fondus ni arrondis et manquent de clair-obscur ; enfin à ce faire puissant et sévère qui brille dans tout le dessin et dans ses moindres parties, qui n'a point de modèle dans le bien ni dans le mal, comme il ne peut espérer aucun digne imitateur. Et dans Alfiéri, l'homme correspondait au poëte. On l'accusa d'être impérieux même avec les personnes qu'il aimait avec le plus d'ardeur ; cela ne doit pas nous étonner puisqu'il était habitué à se tyraniser lui-même et son propre génie avec ces résolutions étranges, dont une causa la perte irréparable de deux tragédies bibliques qui fermentaient dans son esprit lorsqu'il composa Saül, le plus sublime de ses poëmes (*). Volonté singulière qui lui faisait apprendre le Grec à cinquante ans, et commandait même à la verve poétique ! Mais si ces excès nuisirent à la puissance du tragique, ils furent pour lui une source de beaucoup de qualités, même comme écrivain, et lui méritèrent des lauriers encore plus glorieux que ceux du cathurne italien.

(*) Alfiéri, *Vic*, ép. 4, chap. 9.

Les Italiens étaient un peuple avili, chez lequel les habitudes courtisanesques et serviles avaient éteint toute énergie, et étouffé les germes de l'ancienne vertu. Alfiéri réveilla parmi eux le sentiment de la dignité civile ; il enseigna, par son exemple, à vivre et à mourir sans tache ; chose rare, vertu héroïque dans une époque de mollesse.

« Disdegnando e fremendo, immacolata
» Trasse la vita intera,
» E morte lo campo dal veder peggio. » (*)

Mais la gloire civile ne peut réellement exister sans l'honneur national ; et celui-ci ne peut se trouver dans un peuple qui n'est pas maître de lui-même. L'indépendance politique, qui exclut la domination des lois et des armes étrangères, présuppose l'indépendance intellectuelle et morale, et interdit de se faire l'esclave des barbares, — et tout envahisseur est barbare, — pour la langue, pour les usages, pour les erreurs, pour les opinions. Depuis long-temps l'Italie est l'esclave de l'Autriche et de la France ; esclavage extérieur et matériel d'un côté, intérieur et intellectuel de l'autre. Or, ce second esclavage est d'autant plus funeste, qu'il est plus intime, plus intrinsèque, plus difficile à déraciner. Il importe assurément aux Italiens de soustraire leur tête au joug de Vienne ; mais il ne leur importe pas moins, peut-être même leur importe-t-il davantage d'affranchir leur esprit des honteux liens d'un idiome sans harmonie et sans force, d'usages délicats et efféminés, d'une science fausse ou frivole, d'une littérature postiche et difforme, d'une politique puérile et bavarde, d'une philosophie impie ou hypocrite et conduisant à l'impiété. Sans cela,

---

(*) « Frémissant d'indignation, il vécut sans tache, et la mort le préserva d'un spectacle plus triste encore. » T.

quand même on secouerait le premier de ces deux jougs, ce ne serait pas assez, parce que, au lieu de conquérir la liberté, on ne ferait que changer de maître. Quand Alfiéri naquit, la condition de l'Italie était, sous le second rapport, pire encore qu'elle n'est aujourd'hui; et ce n'est pas peu dire. Il semblait que toute la Péninsule fût devenue une Gaule cisalpine. Religion, ou plutôt irréligion, langage, poésie, prose, beaux-arts, philosophie, politique, manière de penser et de sentir, de travailler et d'écrire, tout était étranger : l'Italie était un département français long-temps avant Napoléon (*). Les armes étrangères et notre lâcheté mirent ensuite le sceau à cet indigne esclavage. Aussi, lorsqu'Alfiérie osa penser, osa parler ouvertement et dire avec sa puissante et terrible voix, sous le fer des conquérants, *que les Italiens, par la position de leur pays, par leur nature, leur génie, par leur dignité et leur propre bonheur, par le souvenir de leur ancienne gloire et de leurs anciens malheurs, devaient être plutôt les ennemis que les alliés et les sujets des Français*, ce cri eut tout le mérite de la nouveauté et d'une protestation courageuse contre l'insulte des vainqueurs et la lâcheté des vaincus. Mais le citoyen d'Asti, animé de cet instinct profond qui fait les grands poètes, ne s'arrêta pas là; il vit plus loin; il eut le courage de rechercher les sources du mal, et reconnut que les Italiens étaient devenus une génération bâtarde en dégénérant de leurs aïeux, et que pour sortir d'un si grand avilissement ils devaient remonter vers leur origine et ressusciter le siècle de Dante, de Pétrarque, de Savonarola, de Machiavel, de Michel-Ange;

(*) La secte des Gallisants était tellement enracinée et étendue, que Louis XV aurait pu dire avec raison, en imitant un mot célèbre de son aïeul, qu'il n'y avait plus d'Alpes.

âge d'or, qui disparut lorsque périt la république de Florence, siége de notre littérature et de notre splendeur politique; lorsque mourut son illustre secrétaire, digne, à cause de son amour pour sa patrie, d'être surnommé, comme Ferrucci, le dernier des Italiens. Quoi de plus vrai et de plus triste en même temps que ces mémorables réflexions ? Qui peut nier aujourd'hui que, sous plusieurs rapports, l'époque moderne ne soit le moyen-âge de l'Italie ! Mais quelle liberté et quelle force d'esprit ne fallait-il pas pour penser et parler de la sorte, lorsque Cesarotti, Algarotti, Bettinelli, Roberti, Galiani et tant d'autres de la même espèce étaient, par leur parole et leurs écrits, les maîtres de l'éloquence et de l'opinion dans toute la Péninsule ?

Alfiéri, comme poëte illustre et ami de la liberté, a des compagnons ; comme *restaurateur du génie national des Italiens*, il n'eut ni concurrents ni maîtres. Cet honneur est son privilége et lui assigne une place unique parmi nos grands hommes. Dire que les Italiens ont un génie national qui leur est propre, paraît une chose triviale ; et cependant le premier qui conçut distinctement cette formule ne pouvait être un esprit vulgaire. Les vérités morales paraissent communes, simples, très faciles à trouver, une fois qu'elles ont été conçues; mais l'expérience nous apprend que les trouver et les mettre au jour, surtout quand il faut triompher du temps et des opinions, ce n'est pas le travail des esprits vulgaires. Qu'y a-t-il de plus facile que de dire aux hommes : vous êtes tous frères ! Et cependant ceux mêmes qui ont le malheur de ne pas reconnaître au christianisme son origine divine, admirent comme une chose extraordinaire, la découverte de la fraternité humaine. Pour pouvoir affirmer que les Italiens ne doivent être autre chose qu'Italiens, il fallait avoir une idée vive et profonde de cette identité et de cette personnalité civile qui est la vie des nations. Et cette idée était une découverte morale, qui contenait le germe de la rédemption de la patrie; car chez les peuples, aussi bien que chez les individus, la personnalité subsiste quoique le sentiment ait disparu. Si ce germe grandit, comme il faut l'espérer, ceux de nos descendants qui jouiront de cette grande rédemption, devront élever, non pas une statue, mais presque des temples à Victor Alfiéri.

Même après cet illustre exemple, les Italiens laissent quelquefois beaucoup à désirer en ce qui regarde la grandeur d'ame et la dignité de la vie, surtout quand ils se trouvent en pays étranger. Que le lecteur me pardonne mon langage; mais quand il s'agit de certains scandales publics, je crois qu'il vaut mieux les condamner hautement que les dissimuler. Je ne sais si le grand Alfiéri se serait décidé dans aucun cas à être citoyen français; mais je sais que s'il avait ambitionné ce titre, assurément honorable, il n'aurait pas, pour l'obtenir, renié sa patrie. Fouler aux pieds et abjurer la patrie que le ciel nous a donnée, pour en gagner une autre, c'est la plus grande des bassesses. Et cependant on a vu de temps en temps des Italiens qui, pour arriver à un pareil résultat, ont déclaré et prouvé par les moyens juridiques qu'ils étaient nés lorsque leur pays gémissait sous le joug étranger. Que diraient les Français d'un de leurs compatriotes, qui, pour obtenir le titre de citoyen de Vienne ou de Pétersbourg, se glorifierait d'être venu au monde lorsque les fantassins allemands et les cosaques bivouaquaient sur les bords de la Seine? Quelle pudeur pour un homme, quelle piété filiale pour un citoyen, de rappeler et d'invoquer publiquement, comme une sorte de gloire, la honte de sa mère? Cela me rappelle ce Nymphidius, ami de Néron, et ce Sabinus, dont parle Tacite, qui se prétendaient fils, le premier de l'empereur Caïus, le second de Jules

César, et se faisaient ainsi gloire de leur bâtardise (*). J'ai voulu dénoncer cette infamie, renouvelée plusieurs fois, et révoltante pour les gens de bien, et la frapper de la réprobation qu'elle mérite, non pas pour blâmer quelqu'un en particulier ou pour ternir par cette faute les qualités louables de ceux qui peuvent l'avoir commise, mais afin que les étrangers ne croient pas que tous les Italiens soient de cette trempe-là et se fassent gloire d'être nés dans un pays asservi, pour obtenir le droit de vivre libres ailleurs.

Mais pour en revenir à Alfieri, il faut, si l'on veut convenablement apprécier cet homme extraordinaire, faire attention à la classe de laquelle il sortait et à la province où il reçut le jour. Il était noble Piémontais. Or, entre les nobles Italiens, on peut dire que les Piémontais sont ceux chez lesquels s'est le plus conservé l'antique esprit des droits féodaux. Ces droits, lorsqu'ils étaient dans toute leur vigueur, entraînaient avec eux beaucoup d'abus et entretenaient chez leurs possesseurs ces passions qui naissent de l'excès de la puissance; mais anéantis, lorsque les fiers et terribles châtelains allèrent se mêler à la vie des villes et des cours, et réduits ensuite à n'être guère autre chose qu'un privilége honorifique, ils conférèrent à ceux qui en étaient les héritiers plusieurs qualités et avantages. Tels sont, par exemple, une noble grandeur d'âme, une droiture parfaite, une délicatesse et une générosité rare de sentiments, une finesse et une élégance parfaite de manières, une dignité constante dans les démarches et dans la vie. Or, ces qualités sont d'une si haute importance pour la vie civile, et quelques-unes d'entre elles sont si rares dans les autres classes de citoyens, que quand il sera donné à l'Italie de ressusciter, les nobles Italiens, et particulièrement les Piémontais,

(*) Tacite, Annales, xv, 72. Hist. iv, 55.

pourront être le principal instrument de l'affranchissement de la patrie. Il est vrai que ce haut sentiment de leur dignité dégénère souvent en un orgueil, supportable chez quelques-uns qui savent le déguiser par la politesse et la douceur des manières, mais désagréable chez le plus grand nombre, qui ne cherchent pas à le tempérer; car la noblesse, comme toute collection d'individus, a aussi son vulgaire, et le vulgaire n'est jamais la portion la moins nombreuse et la moins bruyante. Cette idée de sa propre suprématie est naturelle aux nobles Piémontais; ils vous la font sentir au milieu de leurs politesses; ils se mettent au-dessus de vous en s'inclinant devant vous; ils se montrent vos protecteurs en se déclarant vos serviteurs. Aussi est-il rare que la force de l'âme et du génie parviennent à la déraciner : Alfiéri lui-même, sous ce rapport, vécut et mourut noble. Cet Alfiéri qui, dès le début de sa Vie, se félicite d'être né noble pour pouvoir, sans être taxé d'envie, crier contre les nobles, ne fit pas attention que dans ce cas il ne pouvait pas s'élever contre les princes parce qu'il n'était pas né prince. Tels sont les nobles Piémontais : la fierté aristocratique est chez eux une seconde nature, qui tend souvent à la magnanimité et souvent à l'orgueil. Mais je ne sais si les bourgeois, qui les adorent en face et les maudissent par derrière, ont raison de se plaindre du second effet; car si les uns sont orgueilleux, les autres sont vils. Toutes les fois que les gens du peuple sont méprisés et maltraités par la noblesse, c'est à eux-mêmes principalement qu'ils doivent s'en prendre, comme ne sachant pas conserver la dignité de la classe à laquelle ils appartiennent. Mais si par leur bonté et leur générosité d'âme, par l'élévation de leurs sentiments et la fermeté de leurs opinions, les nobles Piémontais sont dignes de beaucoup d'éloges, ils approchent peut-être en cela, — je parle toujours en général, — plus du médiocre que du grand, plus du bien que du très bien. Ce caractère est commun à tous les habitants de la province, mais il domine dans les hautes classes plus recueillies en elles-mêmes, plus polies par l'éducation, plus susceptibles de recevoir les influences du pays et de conserver les anciennes coutumes. La noblesse du Piémont représente au naturel le génie des Subalpins, entier, ferme, tenace, esclave de la coutume, craignant par-dessus tout de mettre le pied hors des chemins connus, habitué à déguiser la pusillanimité et la lenteur sous les noms de prudence et de modération. Caractère estimable ou blâmable selon les rapports sous lesquels on le considère; qui serait excellent, s'il était fortifié par cette éducation civile qui dilate l'ame sans l'énerver, ajoute à la prudence une noble hardiesse, et accroît la vigueur sans nuire au jugement. Elargissez l'esprit des Piémontais, et vous aurez des hommes qui ne seront pas indignes de représenter au monde l'Italie grossière mais fière du moyen-âge, et les sentiments magnanimes de l'ancienne Rome. Mais dans les temps qui se sont écoulés jusqu'ici on n'a pas marché vers ce but ; et bien que le Piémont n'ait pas connu les gouvernements violents et tyranniques qui ont ensanglanté les parties les plus belles de la Péninsule et presque tout le reste de l'Europe, la sévère histoire nous oblige à avouer que les ames et les esprits y furent quelquefois opprimés. Charles Botta, écrivain très modéré et ami de la monarchie piémontaise, parlant des conditions où elle s'est trouvée dans le siècle dernier, s'exprime en ces termes :

« On y encourageait les études, pourvu qu'elles ne sortis-
» sent pas d'un cercle étroit et déterminé. Point de vie nou-
» velle, point d'impulsion, aucune étincelle d'enthousiasme
» inspirateur; un air lourd pesait sur le Piémont et y empê-
» chait la libre respiration. La même manière de vivre, ainsi
» imposée par le prince, faisait que les habitudes l'empor-

» taient sur les améliorations, et que personne ne sortait du
» sentier battu..... Lagrange, Alfiéri, Denina, Berthollet,
» Bodoni, quittaient un tel pays, et montraient par leur fuite
» que si le sol y était fécond de sa nature, il avait un cultiva-
» teur avare. Charles Emmanuel et Bogino, se morfondaient
» sur leurs comptes, et les aigles hardis, méprisant ces bords
» fangeux, prenaient leur vol vers des lieux plus hauts et
» plus propices » (*). Cette médiocrité d'esprit fait que si
les Piémontais, et particulièrement les classes élevées, sont
bons et justes appréciateurs du mérite médiocre, ils ne savent
pas reconnaître la supériorité ; le mérite extraordinaire est
presque à leurs yeux de la témérité et de la folie. Il est souvent sorti de leur sein des hommes incorruptibles, des modèles du parfait gentilhomme et de l'excellent sujet, comme un
Philippe d'Aglié, ou un Damiano de Priocca ; mais si de tels
hommes peuvent soutenir pendant quelque temps les Etats
chancelants, ils ne peuvent améliorer le sort des peuples.
Pour cela, il ne suffit pas de la vertu la plus rare, si elle n'est
accompagnée du courage de l'ame, de l'audace de l'esprit.
Ajoutons qu'à cause du voisinage de la France et de l'ancienne domination de celle-ci sur diverses parties du Piémont,
à cause des fréquentes alliances de famille des ducs de Savoie
avec les rois français, le défaut des *gallisants* est beaucoup plus
répandu parmi les Subalpins que partout ailleurs, et spécialement parmi les nobles, qui croient faire preuve d'une plus
grande noblesse et s'élever davantage au-dessus du vulgaire
en affectant de suivre les usages et de parler la langue de
l'étranger. Coutume détestable, fortifiée par la domination
d'un dialecte barbare et provincial qu'on ne peut employer

(*) Botta, hist. d'Italie, faisant suite à celle de Guichardin, liv. 48.

dans le style noble, et par la négligence qu'a toujours
mise le gouvernement à encourager et à répandre la langue
nationale. Aujourd'hui encore, à la cour et dans beaucoup
de cercles du grand monde, on emploie souvent le Français.
C'est dans cette même langue que les nobles et les bourgeois
les mieux élevés, qui se piquent de noblesse, ont coutume
d'écrire leurs actes et leurs correspondances ; heureux, si le
plus souvent leur français est assez agréable à lire et à entendre ; mais faire rire de soi n'est pas un bon moyen de relever
sa dignité nationale avilie. Voilà pourquoi les petitesses et
les misères du génie provincial se trouvent en Piémont plus
que partout ailleurs, et qu'une grande partie des Piémontais
ne savent même pas qu'ils sont Italiens. Cette séparation
morale des pays subalpins du reste de l'Italie, en privant les
ducs de Savoie de l'amour et de l'appui des populations voisines, les a peut-être privés de la gloire de dominer sur
toute la Péninsule et de renouveler l'empire de Béranger.
Toutes ces circonstances examinées, il doit assurément paraître miraculeux que Victor Alfiéri soit né dans le Piémont et
parmi les nobles Piémontais, dont quelques-uns, même encore,
le méprisent intérieurement comme un homme étrange et
fantasque ; nous supposons que sa renommée les empêche de
le dire publiquement. Et certainement il n'aurait trouvé que
des persécuteurs stupides et méchants, au lieu de protecteurs
bienveillants, parmi les hommes riches et puissants de son
pays, s'il avait été un enfant du peuple et sans fortune.

La nature de l'homme s'élève rarement et n'est jamais
parfaite, même quand elle dépasse de beaucoup la mesure
commune. Voilà pourquoi les hommes les plus remarquables
paient toujours quelque tribut aux vices de leur siècle ; grands
génies il les combattent, hommes ils s'y laissent entraîner.
Le siècle dernier était esclave et avili, Alfiéri le rappela à sa

dignité et à la liberté ; il était irréligieux et Alfiéri céda à l'entraînement commun. La faiblesse, la légèreté, la corruption universelle n'avaient guère laissé autre chose à la religion que ses cérémonies et ses pompes extérieures. L'esprit du Christianisme s'était retiré en lui-même et dans quelques ames d'élite, son siége de prédilection et son sanctuaire perpétuel. C'était là qu'il fallait descendre pour respirer l'air divin, pour trouver et contempler ces vertus surhumaines, qui sont le trésor immortel de la religion et de l'Eglise. Les pratiques du culte et les ordres extérieurs du sacerdoce vous indiquent où se trouvent la lumière céleste, tout en la voilant à votre regard ; ils vous montrent où vous devez la chercher, si vous voulez posséder un si grand bien et puiser de nouvelles forces dans la chaleur qu'elle répand. La religion est à la fois lumineuse et obscure (*), secrète et publique, s'offrant d'elle-même, et ne cédant qu'à celui qui la cherche. La grande ame d'Alfiéri était digne de soulever ce voile et d'apprécier ces doctrines, qui avaient ravi le grand génie de Vico, et subjugué les esprits indomptés de Buonaroti et d'Alighieri. L'admirateur de la Bible, l'auteur de Saül, l'apologiste de Savonarola, l'ami passionné de la liberté italienne, le fier contempteur de toute mollesse et de toute barbarie moderne était né pour mesurer la hauteur et la force de l'Idée catholique. Et nous savons que vers la fin de sa vie il parut en avoir un pressentiment ; nous savons qu'il se repentit des erreurs de sa jeunesse et de certaines licences échappées à sa plume. Nous en trouvons la preuve dans ses derniers écrits, et spécialement dans quelques poésies ; il suffirait même de ce seul vers étrange, mais qui vaut un livre tout entier, et dans lequel parlant de Voltaire, il l'appelle :

(*) *Quasi lucernæ lucenti in caliginoso loco.* 2 Petr. 1. 19.

« Desinventore od inventor del nulla. »

Assurément celui qui a écrit ces paroles sentait que le beau, le vrai, le positif de la vie est dans la religion, et que sans elle tout le reste n'est rien. Et l'auteur du *Misogallo* ne pouvait ignorer que l'incrédulité moderne en Italie est une importation étrangère.

C'est dans le génie civil et national que consiste la volonté des peuples. Car les états ont leur existence personnelle comme les individus, et sont doués ni plus ni moins qu'eux d'entendement et de vouloir; et de même que l'individu meurt quand les puissances de l'ame cessent leur commerce avec l'organisme, de même une nation s'éteint quand elle perd son indépendance morale et politique. C'est pourquoi les influences du caractère national sur le destin des peuples correspondent aux influences de la puissance volitive sur les autres qualités de l'homme individuel. Alfiéri tenta de ressusciter la volonté et le nom des Italiens, et il en enseigna le moyen. Or, peut-on également ressusciter la volonté des individus, qui est une partie si importante de leur moralité, et de leurs talents? Pour répondre à cette question, nous devons rechercher les causes qui ont affaibli l'activité, et par conséquent restreint la capacité intellective des hommes. Cela nous ramène à notre sujet principal.

Les forces de la volonté dépendent de l'usage qu'on fait de celle-ci; elles sont en grande partie le résultat de l'art. L'art est une sage habitude, c'est-à-dire la répétition des mêmes actes dirigée avec justesse par une règle certaine. C'est une cause rationnelle et mécanique en même temps, qui présuppose toutefois la connaissance du but et des moyens, dans lesquels consiste la règle, et la répétition fréquente et journalière de certains actes desquels naît l'habitude. Si, pour fortifier la volonté, il est nécessaire de l'exercer selon une certaine direction, il doit y avoir un art qui enseigne la manière de le faire, et qui mette en œuvre cet enseignement. Cet art, c'est l'éducation, qui comprend deux parties ; l'une spéculative, qui fait connaître la direction qu'il faut donner à la volonté de l'homme, et les moyens qui aident à y parvenir ; l'autre pratique, qui met cette connaissance en œuvre.

La nécessité de l'éducation est si manifeste qu'elle n'a pas besoin de preuves. En effet, l'éducation étant *la manière de transformer en habitudes, par le moyen d'actes successifs, les facultés de l'individu, dans l'ordre de la fin à laquelle il est appelé*, elle est aussi nécessaire à l'homme que la civilisation elle-même. Bien plus, on peut dire que l'éducation est la civilisation des individus, comme la civilisation est l'éducation des peuples. L'homme et le peuple parfaitement réglés, ne sont point des êtres naturels mais artificiels, et bien que la nature fournisse le germe, l'art seul peut le développer et le mûrir. Mais comme toutes les facultés sont mises en action par le concours de la volonté, il s'ensuit que le soin de former et de discipliner cette même volonté est la partie la plus importante de l'art de l'éducation. Celle-ci, à proprement parler, se distingue de la civilisation par la condition du sujet sur lequel elle s'exerce et les moyens qu'elle emploie pour arriver à son but. La civilisation opère en général, mais spécialement sur les hommes déjà mûrs, l'éducation sur la jeunesse et sur l'enfance. Par conséquent le maître qui donne l'éducation, s'occupant de former les esprits à l'aide de l'habitude, doit en déposer les germes dans l'âge qui présente le moins d'obstacles, quand les esprits tendres encore, nouveaux à la vie et exempts d'impressions contraires sont aptes à recevoir un bon pli. Il est bien vrai que l'homme est déchu de la perfection dans laquelle il avait été créé ; mais la Providence, par un dessein plein de sagesse et de miséricorde a modéré le mal de manière qu'il ne fût pas sans remède. Or, il l'eût été, si le germe du mal se fût développé dès l'entrée de l'homme dans la carrière de la vie, et si les passions de la bouillante jeunesse avaient été le partage de l'enfance. Alors il n'y aurait plus, pour ainsi dire, dans la vie de l'homme, de moment qui fût exempt des affections rebelles et tumultueuses, et apte à recevoir les bienfaisants principes de la discipline. Mais au contraire, le calme innocent de l'enfance, durant laquelle les passions les plus violentes dorment encore, rend possible l'œuvre des instituteurs, qui viennent lui donner les armes et les secours nécessaires pour les combats terribles des âges qui doivent lui succéder (31).

L'éducation est aussi ancienne que notre espèce, et Dieu fut le premier instituteur des hommes. Le premier enseignement fut la révélation du langage, qui transmet la vérité aux générations successives, et est comme un enseignement mutuel, par lequel s'est propagée et se propagera à jamais la première leçon donnée au genre humain par le maître suprême. Les sociétés les plus anciennes dont on ait conservé le souvenir, ne sont pas plus tôt organisées, que nous trouvons chez les peuples civilisés l'éducation mise au rang des intérêts publics. Dans la vie patriarcale, le chef de la famille et de la tribu est le précepteur de ceux qui sont sous ses ordres et qui vivent avec lui comme ses enfants. Dans les pays soumis au régime des castes, les savants investis du sacerdoce sont les guides, les législateurs, les maîtres des classes subalternes; le sanctuaire ou l'oracle, siège du commerce, de la justice, de la religion, de la réunion des peuples, est aussi le siège de l'enseignement, et la source où l'on puise les usages. Ainsi dans les deux formes les plus antiques de société, qui sont le patriarcat et le gouvernement des castes, la religion et l'éducation se confondent et font partie de la chose publique; parce qu'en effet le culte et le gouvernement sont les deux principaux instruments de civilisation pour les nations. L'histoire nous montre l'éducation publique en vigueur chez les anciens Perses, et elle nous fait conjecturer qu'elle fut d'abord commune à tous les peuples de l'Iran, de chez lesquels elle passa peut-être en Egypte où nous la trouvons florissante sous la domination des Pharaons (*). Les Doriens, qui furent probablement dans l'origine une branche des Pélasges, l'introduisirent dans la Grèce hellénique et dans presque toutes leurs colonies, la polirent dans la Laconie, la Béotie, la Crète, la Grande-Grèce, et la portèrent, dans certaines parties, à un rare degré de perfection. C'est assurément à l'influence du génie dorien et à son habileté à améliorer les hommes en les disciplinant, qu'il faut principalement attribuer les merveilles de la Grèce antique. Lycurgue, restaurateur d'institutions plus anciennes, gâta l'éducation dorienne en en exagérant les principes; Pythagore la mit en œuvre, fonda avec elle la sagesse italo-grecque, et s'en servit pour tenter une réforme religieuse et civile. Platon, qui suivit les principes doriens dans presque toutes les parties de la philosophie, forma sa république idéale à l'imitation de celles de la Crète et de Sparte. Les Pythagoriciens, comme les anciens Doriens, regardaient l'éducation civile comme une chose de la plus haute importance et la croyaient le moyen le plus efficace pour conserver l'Etat et pour mettre la république, comme un petit monde et un concert de musiciens, en accord avec l'harmonie universelle et éternelle. Si chez toutes les nations anciennes l'éducation n'eut pas une organisation positive, comme chez celles que nous avons nommées, il faut remarquer que la force des

---

(*) J'exposerai dans le second livre les raisons qui rendent vraisemblable l'origine iranéenne de l'antique civilisation des Egyptiens.

usages, le respect pour la religion et le sacerdoce, le pouvoir des lois et des magistrats, la subordination de la vie privée à la vie publique, une foule de coutumes différentes de celles des sociétés modernes, et enfin le genre de vie tout entier des anciens, faisaient que l'éducation dépendait beaucoup plus de l'Etat que des citoyens en particuliers. De sorte qu'on en peut conclure que, sauf un petit nombre de cas, une éducation plus ou moins publique fut commune à tous les peuples de l'antiquité.

Le christianisme, attentif au sublime devoir de perfectionner et d'ennoblir les hommes, est l'éducation du genre humain par rapport à la vie future. Mais en donnant à l'homme la noblesse de l'ame et en lui ouvrant le royaume des cieux, il le rend encore heureux sur la terre; parce que la morale, qui produit ici-bas la vertu et là-haut la béatitude, est le lien et l'harmonie des deux vies. On trouve donc dans le christianisme la pensée civile et pédagogique des Doriens, mais amplifiée, agrandie, élevée au degré absolu de la perfection, au moyen de l'idée de l'éternel, substitué à l'ordre temporel et créé. Les disciples d'Egimius et de Pythagore modelaient l'homme et ses institutions sur la cité terrestre; l'Evangile le modèle sur la cité divine. Le Christ, conformément aux principes de la philosophie parfaite, a rendu au ciel le type suprême et idéal, que les Gentils en avaient fait descendre, pour le placer sur la terre parmi les choses qui tombent sous les sens. Tandis que les Pythagoriciens, conformément à l'idée panthéistique de la philosophie sacerdotale, de laquelle descendait leur secte, représentaient le Cosmos ou plutôt le Théocosmos, comme le souverain exemplaire de la perfection; le Christ portant ses vues plus haut, a dit : *Soyez parfaits* (*), *comme votre*

(*) Math., V, 48.

père céleste est parfait. Aussi, tandis que l'éducation païenne s'occupait plus du corps que de l'esprit, plus des actes que des pensées et des sentiments, plus de l'homme extérieur que de l'homme intérieur, plus enfin des effets et des accessoires que des causes et du principal, l'Évangile a donné le modèle d'une éducation parfaite, qui embrasse l'homme tout entier, et développe ses facultés en proportion de leur mérite. Le noviciat chrétien se compose de deux enseignements, dont l'un est préservatif, et concerne surtout les enfants, l'autre curatif et pénitentiel, et regarde l'homme corrompu. Tous deux se composent des dogmes et du culte; le dogme, c'est-à-dire l'Idée, façonne les intelligences; le culte forme, adoucit, ennoblit les ames et les mœurs. Le catéchisme et les canons, c'est-à-dire l'enseignement et la discipline, sont les deux instruments éducateurs dont se sert l'Église, qui au moyen du premier éclaire et façonne les esprits, et au moyen du second, dompte les mauvais penchants et dirige vers le bien les volontés rebelles. Mais comme l'action immédiate du christianisme ne sort pas du cercle de la religion, c'est à la civilisation de s'approprier les idées chrétiennes, de les incorporer à ses propres éléments et de les mettre à profit dans ses progrès. Cela n'a pu se faire dans les premiers temps de l'Église, parce que la société était païenne; et quand le paganisme eut disparu vinrent les barbares, qui bouleversèrent et renversèrent les anciennes institutions, tandis que la religion, immobile et comme recueillie en elle-même, restait debout au milieu des ruines. A la barbarie succéda l'état féodal auquel s'adjoignit l'état municipal; tous deux sans union, sans cohésion, favorables aux forces particulières, contraires à la force générale; tous deux solides jusqu'à un certain degré, mais dépourvus d'unité et de vie. L'Europe fractionnée en petits lambeaux ne pouvait s'occuper d'éducation; et de même que par défaut de force centralisatrice, les états se trouvaient démembrés en communes et en châtellenies, l'action éducatrice était divisée, et comme dissipée entre la multitude des individus et des familles. Et l'unité du pontificat catholique ne put remédier au mal, parce que toutes les passions déchaînées contre les droits sacrés défendus par lui, tiraient la force et l'union qui manquaient à ceux-là de l'étendard funeste de l'Empire. Les Empereurs formèrent les autres princes à leur exemple; et après une guerre glorieuse de deux siècles et plus, la voix pacifique du pontife fut étouffée par le fer des rois, et avec Boniface VIII périt entièrement cette souveraineté européenne, qui seule pouvait créer les nations, sans faire tort à leur liberté (32). Il n'en aurait cependant pas été ainsi, si Clément V avait ressemblé à Pie VII ; car la force morale ne peut être vaincue quand elle n'est pas avilie. Philippe-le-Bel, pour ôter tout pouvoir à la Papauté, en transporta le siége en France, comme on voulut le faire de nos jours ; mais plus malheureux ou plus heureux que Napoléon, il put faire pape son vassal et un Français, et par cela seul il lui enleva la primauté civile sur l'Europe. Telles sont les obligations qu'eurent alors à la France le Saint-Siége, l'Italie et l'Europe. Toutefois, si la Papauté n'eut ni les moyens ni le temps de perfectionner l'état politique des nations, elle fut d'un grand secours aux républiques ; et celles-ci avec leurs lois somptuaires, leurs milices originellement citoyennes, leurs nombreuses assemblées, leurs ordres populaires et religieux, leurs associations et leurs corporations d'arts et métiers, leurs fréquentes relations commerciales par mer et par terre ; avec leur mouvement continuel, et cette vie si active et si agitée dans les maisons, sur les places publiques, dans les églises ; et par-dessus tout, avec l'idée qu'on avait de la liberté politique, tel que le droit de commander, d'où il résultait que les gouverneurs pouvaient s'ingérer dans tous les intérêts privés ; les républiques du moyen-âge, dis-je, ainsi constituées, exercèrent une grande influence sur l'éducation des citoyens, et participèrent encore, sous ce rapport, du génie de l'ancienne liberté de l'Italie et de la Grèce. Néanmoins, l'indépendance individuelle prédominait, et si quelquefois elle produisit le grand et le beau, le plus souvent elle enfanta les horreurs du moyen-âge.

Les divisions féodales et municipales cessèrent à la fin du quinzième siècle et au commencement du suivant, pour faire place au despotisme national ou étranger. On obtint en tout ou en partie l'unité politique au prix de la liberté ou de l'indépendance de la patrie. L'union n'aurait pas été séparée des institutions libérales, si elle avait été l'œuvre des papes ; elle les étouffa, parce qu'elle fut l'œuvre des rois. Mais les rois ne s'occupèrent pas plus de l'éducation civile que les barons et les peuples. Et ce fut un grand bonheur ; parce que si les despotes avaient eu entre leurs mains un ressort aussi puissant, ils auraient peut-être imprimé sur la nature de leurs sujets une forme d'esclavage indélébile. La civilisation moderne, inséparable d'une liberté tempérée eût été étouffée dans son berceau ; Charles, Henri, Philippe, Louis ajoutant la domination des intelligences et des imaginations à la force de leurs canons, auraient changé les nations européennes en faibles et ignobles troupeaux, ou en bandes formidables et féroces comme celle des enfants d'Ismaël.

L'Eglise, qui ne s'appuie pas sur les canons, est, par son principe et par sa nature, destinée à donner l'éducation. Comme elle a son empire dans la persuasion, ses sujets dans les esprits, sa force dans la volonté et le zèle des hommes, il ne faut pas être surpris qu'elle ait senti l'utilité et la nécessité d'une instruction générale et uniforme, long-temps avant que cette idée vint à l'esprit des princes et des philosophes de l'ère moderne. L'éducation publique, conforme au génie chrétien, est une invention catholique du seizième siècle. La gloire de cette invention et le mérite d'avoir commencé à l'ébaucher et à la mettre à exécution, appartiennent à divers ordres religieux, et spécialement à celui des Jésuites. Ceux-ci ont, comme instituteurs de la jeunesse, bien mérité des progrès de la civilisation, et montré une telle sagesse dans la connaissance de la nature humaine et spécialement de l'enfance, que leur manière d'élever les enfants contient plusieurs points excellents dont les études pédagogiques pourraient profiter. Si, malgré cela, l'éducation des Jésuites n'est point parfaite, il ne faut point l'attribuer à leur faute, mais au vice intrinsèque d'un tel genre d'institution. En effet, l'éducation, confiée aux seuls ecclésiastiques, suffit pour former des moines, mais non pour faire des citoyens. Le prêtre doit avoir sa part dans l'éducation de la jeunesse, et il doit l'avoir d'autant plus forte que l'importance et la sainteté de la religion sont plus grandes ; mais il ne doit pas être seul, parce que la religion n'est et ne peut être seule dans ce monde. La Religion et la Civilisation ayant besoin l'une et l'autre d'un mutuel secours, doivent se donner la main et marcher ensemble. Le prêtre, qui seul peut faire un chrétien, — parce que la religion sans sacerdoce est un peu plus qu'une chimère, — n'a et ne peut avoir, par la nature de son état, la capacité nécessaire pour faire l'excellent père de famille, le citoyen, le soldat, le commerçant, le magistrat, le prince ; pour les former aux affaires civiles, aux négociations politiques, à la vie tumultueuse du monde et des camps, aux arts et aux plaisirs divers de la paix. Voilà pourquoi l'éducation dirigée par des ecclésiastiques seuls, quand ils n'ont pas pour but de former des clercs, énerve bien souvent et affaiblit les esprits, les rend timides, mesquins, étroits, peu propres aux affaires et entraîne à sa suite les défauts qu'on impute aux Jésuites en particulier, mais sans fondement, parce qu'ils ne dérivent pas de l'esprit, mais de la condition dans laquelle se trouvent placés les instituteurs. Or, comme la faiblesse morale des hommes, qui est mortelle à la société, nuit à la religion elle-même, qui étant une chose forte a besoin d'hommes forts, et ne craint rien autre chose que la mollesse ; il s'ensuit que la faiblesse de l'éducation cléricale tourne contre les pieuses intentions de ceux qui la donnent, lorsqu'il arrive que leurs faibles élèves, lancés dans le tourbillon du monde et exposés à ses illusions en deviennent facilement la proie. En somme, la société et la religion ont également besoin, surtout de nos jours, de fortifier les hommes et non de les affaiblir, et par conséquent tout ce qu'il y a de plus élevé dans la sagesse civile doit concourir à l'art difficile de leur éducation.

Les théories de liberté politique qui succédèrent au despotisme fondé dans le seizième siècle, furent viciées dans leur principe. Les politiques anglais, et spécialement Locke, qui les imaginèrent et les mirent en vogue, furent égarés par les doctrines protestantes ; et comme les réformateurs anti-catholiques avaient aboli en effet l'Eglise enseignante en la plaçant dans le peuple, et en donnant à chacun le droit d'interpréter les Ecritures, eux aussi ils placèrent dans le peuple, la source et l'exercice du pouvoir social en appuyant ce pernicieux système de la supposition chimérique d'un contrat primitif. Si, au lieu de descendre vers des eaux troubles et corrompues, ils fussent remontés à la source pure et limpide, ils auraient vu que leur doctrine était un paralogisme dans l'ordre civil non moins que dans l'ordre religieux, et qu'elle est aussi absurde en elle-même que contraire à la liberté. La souveraineté du peuple, comme ils l'entendent, confère la direction de la société au plus grand nombre des citoyens, et subordonne par conséquent la civilisation à la barbarie, la vertu et la culture de l'esprit au vice et à l'ignorance. Ils ne pèsent pas les suffrages, mais ils les comptent ; ce n'est pas la tête qu'ils prennent pour guide, mais les pieds ; ce n'est pas le pilote qui tient le gouvernail et commande, mais la chiourme. En vain quelques hommes de bon sens protestèrent contre une si belle découverte, capable de ruiner toute force civile et de plonger les états dans des ténèbres beaucoup plus profondes que celles du moyen-âge ; la foule des demi-savants, fascinée par de faux principes et lassée de l'oligarchie ou d'un principat tyrannique, embrassa avidement les nouvelles doctrines, comme un remède ou un refuge. Et certes, si la démocratie est absurde, le despotisme d'un seul ou d'un petit nombre n'est pas raisonnable ; mais le vice de celle-là consiste en ce qu'elle est despotique par nature, tout gouvernement de ce genre étant violent et capricieux. Les choses vont toujours mal quand le grand nombre commande ; et peu importe que ce grand nombre soit de race noble ou plébéienne, qu'il habite les ateliers et les boutiques, ou les hôtels et les palais.

Les nouvelles maximes politiques n'étaient point favorables à l'idée d'une éducation civile. Car, quoiqu'il semble d'un côté que la démocratie en plaçant tous les pouvoirs dans les mains du peuple, doive principalement s'inquiéter de bien faire son éducation ; d'un autre côté, la seule pensée de faire l'éducation d'un peuple souverain est une contradiction, pour ne pas dire une impertinence. Dans un ordre politique, où la direction des choses va de bas en haut, des ignorants aux savants, des sots aux gens d'esprit, l'éducation est superflue ; bien plus, elle est funeste, parce que son principe condamne un tel état de choses et que ses effets tendent à le détruire.

Prêcher la nécessité de l'instruction, et donner le pouvoir suprême à ceux qui n'en ont point reçu, ou certainement à ceux qui en ont le moins, ce serait une chose ridicule. Établir une excellente éducation, dont le principal résultat est de distinguer et de développer les aptitudes inégales des citoyens, afin que chacun choisisse la carrière qui s'accorde le mieux avec sa capacité naturelle, et puis appeler la foule à faire les lois et les voter à la majorité des suffrages, ce serait faire injure au bon sens le plus commun. Et d'ailleurs, d'où tirerait-on les instituteurs ? Les directeurs de l'Etat sont les précepteurs du peuple, et la charge de celui qui gouverne est une éducation suprême. Or, si le plus grand nombre gouverne, ce seront les ignorants qui devront enseigner et les gens grossiers apprendre la politesse ; les élèves seront des maîtres. On aurait donc un enseignement au rebours, invention beaucoup plus rare et plus admirable que l'enseignement mutuel.

Les doctrines anglaises furent transportées en France et propagées dans toute l'Europe par un homme de génie et éloquent, doué du caractère le plus singulier. Jean-Jacques Rousseau joignait à un cœur très chaud, à une vive, forte et riche imagination, à une rare habileté à se servir de la langue, à un style fort et brûlant, une profonde incapacité à saisir le vrai dans les idées et dans les choses, dans les événements et dans les hommes. Ce sens pratique qui nous fait connaître nos semblables et leur société, et ce sens spéculatif qui produit la connaissance claire et distincte de l'Idée, d'où l'esprit descend ensuite aux choses sensibles, et leur applique les opérations rationelles, lui manquaient également l'un et l'autre. Il s'ensuit que sa philosophie est paradoxale, et que son éloquence, dépourvue souvent de vérité, de simplicité, de sobriété et de naturel, est le plus communément une harmonieuse et brûlante déclamation, qui plaît à l'imagination de la jeunesse, mais qui ne satisfait pas les intelligences mûres. Rousseau ne comprit pas le christianisme, parce que, selon l'usage des incrédules, il le considéra sous son aspect extrinsèque, sans pénétrer plus avant; tandis que, pour avoir une idée adéquate de sa divinité, et saisir directement cette évidence égale ou supérieure à l'évidence mathématique, qui l'accompagne, il faut s'élever jusqu'à sa propre Idée, et ensuite descendre aux faits par lesquels elle est exprimée et manifestée. Toutefois il ne fut pas aussi irréligieux que ses contemporains; son cœur le préserva en partie de la funeste contagion. Ses opinions sur l'excellence de l'homme sauvage, et sur l'origine artificielle de la société, le menaient tout droit à un matérialisme affreux et à un grossier athéisme. Mais le sentiment l'emporta sur la logique; et si la trempe de son esprit, les vices de son éducation, les vicissitudes de sa fortune l'empêchèrent de connaître et d'apprécier le christianisme dans son essence, et de s'en former une idée exacte et scientifique, son cœur resta toujours fidèle à Dieu et à la vertu, comme à deux objets bien-aimés.

Cet écrivain fit l'éloge de l'éducation civile des anciens; mais quand il entreprit d'élever son Émile, et colora son dessein du prétexte d'une éducation particulière, il s'écarta de l'exemple de ces Spartiates pour lesquels il avait montré tant de prédilection, et procéda par des moyens entièrement opposés à ceux que Lycurgue avait mis en pratique. Celui-ci avait voulu contraindre et transformer la nature ; celui-là voulut la seconder. L'homme naît bon, et la société le corrompt; qu'on l'éloigne de cette influence empoisonnée et qu'on fasse place à l'instinct naturel. La nature doit seule élever et diriger l'homme, et l'instituteur doit se contenter de lui applanir les obstacles; de telle sorte que l'éducation soit négative et non positive. Seulement, Rousseau ne sait pas nous dire comment il se fait que la société étant intrinsèquement vicieuse, et l'homme naissant innocent, l'état social se trouve partout établi. Un mal universel doit avoir quelque cause, qui soit pareillement universelle. La société peut expliquer les maux qui naissent d'elle; mais d'où dérive le grand mal de la société elle-même? La civilisation est, dans ce cas, un vice originel qui peut rendre raison de tout, excepté de lui-même. Le christianisme explique à merveille les penchants vicieux, communs à tous les hommes, par une faute primitive, et rapporte cette faute, non pas à un instinct pervers et antérieur, — comme le suppose Rousseau, pour pouvoir combattre plus à son aise le dogme chrétien, — mais à la simple nature de la volonté qui peut se tourner vers le mal comme vers le bien ; et en cela il n'y a pas ombre de contradiction. Mais quand on place le principe du mal, non plus dans l'acte libre d'un ou de deux individus, mais dans une inclination universelle et dans un concours fatal de circonstances, auquel est assujettie presque toute l'espèce, la contradiction est évidente et inévitable. Le système pédagogique de Rousseau est donc appuyé sur une base fausse, outre qu'il répugne à ses autres doctrines. Il est vrai que l'homme naît enclin au mal, et que le seul moyen de l'améliorer est une éducation forte et positive. Mais quand même il ne serait pas originairement corrompu, l'éducation n'en serait pas moins nécessaire, parce que la nature ébauche l'homme et ne l'achève pas, et qu'il est besoin de l'art pour perfectionner la nature. Celle-ci crée potentiellement l'homme social ; l'éducation réduit la puissance en acte.

Parmi les politiques modernes de France, les partisans de la liberté politique ont embrassé le plus souvent l'opinion de Rousseau sur la souveraineté populaire; et Benjamin Constant, qui la rejette, conforme à l'Etat la doctrine pédagogique de Rousseau. Je rappelle particulièrement les opinions de B. Constant, comme celles qui réduisent à la formule la plus simple et la plus précise ces principes de police rationnelle qui sont aujourd'hui professés par le plus grand nombre. Il établit que le *gouvernement doit être négatif* (*), et que moins celui qui gouverne agit, plus le gouvernement est parfait. Les monarchies et les républiques représentatives de notre époque, qui garantissent, — du moins sur le papier, — une liberté parfaite à la presse, à la religion, à l'enseignement, aux réunions, aux associations et au commerce, s'accommodent aisément de ce modèle de liberté politique. Parce que toutes ces libertés emportent une très grande et presqu'absolue indépendance du citoyen relativement à l'action gouvernementale. Il n'est pas besoin de dire que dans un tel État l'éducation civile, bien loin d'être possible, serait un délit capital contre l'ordre civil. Celui qui gouverne peut, tout au plus, empêcher le mal, mais non faire le bien : son autorité se réduit en substance à une pure défense, qui laisse le champ le plus vaste possible à la volonté des particuliers.

Il n'appartient pas à mon sujet d'entrer dans un examen minutieux de cette doctrine. Pour ce qui regarde les particuliers, il y a du bon et du mauvais, et personne ne peut nier que dans les livres de ses partisans il ne se trouve beaucoup de remarques très judicieuses et favorables à la liberté. Le gouvernement représentatif est excellent en lui-même et très propre à rendre une nation heureuse, et il s'accorde merveilleusement avec tous les progrès civils, pourvu qu'il ne soit point établi sur la base absurde et funeste de la souveraineté populaire. Mais fût-il moins bon encore, il est peut-être le seul gouvernement libre possible de nos jours, parce qu'il est le

---

(*) Comment. sur Filangieri, *passim*.

seul qui ait pour lui l'appui de l'opinion, de la pratique, de l'exemple, et qui puisse se concilier avec les conditions intrinsèques et extrinsèques, présentes et passées, morales et religieuses des peuples actuels de l'Europe. Un homme d'un esprit médiocre pourrait imaginer sans beaucoup de peine quinze ou vingt formes de gouvernement équivalentes ou meilleures ; mais aller à la recherche du possible, quand il est question de la politique, qui, consistant dans les opérations, est tout entière fondée sur les possibilités, c'est la suprême folie. L'homme sensé, qui ne se nourrit point de chimères, obéit au caractère des temps, quand toutefois il n'est pas question de vérité, de morale, de religion, et fait de nécessité vertu et du hasard sagesse (33).

Mais il ne faut pas confondre la théorie essentielle de l'état représentatif avec l'opinion sus-mentionnée de B. Constant sur le caractère négatif du gouvernement civil. Je crois même cette opinion contraire aux principes et préjudiciable aux bons effets de ce gouvernement ; et je douterais de la stabilité de sa constitution, si je pouvais me persuader que ces deux choses soient inséparables dans l'ordre de la saine logique. Un gouvernement qui aspire à être bon doit être par-dessus tout positif ou affirmatif, comme étant pour ainsi dire la civilisation personnifiée et la raison sociale. C'est en cela que consiste le principe de sa légitimité et de sa force légale. Celui qui gouverne doit assurément laisser aux particuliers cette liberté qui convient à l'exercice libre et profitable de leurs facultés ; mais il ne peut se priver des moyens de les diriger vers le plus grand bien possible, parce qu'il doit aspirer non-seulement à la sécurité et à la paix, mais encore à l'accroissement de tous les biens civils. Son devoir est de répandre les semences et les fruits de la culture intellectuelle, de policer les barbares modernes, je veux dire le vulgaire, pauvre ou riche, noble ou de basse origine. Or, pour civiliser les hommes, on a principalement besoin de faire leur éducation ; et celle-ci, pour être vraie et parfaite, doit être publique ; car ceux qui gouvernent, — quand ils le font bien, — se trouvent à portée de savoir où les secours sont nécessaires et de les administrer à propos. L'éducation domestique peut former l'homme privé ; l'éducation civile est la seule qui puisse faire le citoyen, en l'accoutumant de bonne heure à vivre avec un grand nombre d'égaux, sous le joug inflexible de la loi, avec les seuls privilèges accordés à la vertu et au génie ; en lui inspirant les vertus patriotiques, le droit sens dans les affaires, la prudence, le courage, la magnanimité, l'émulation, le talent de bien faire, le désir de la vraie gloire, et ce mélange de force et de droiture, de grandeur et de simplicité, que nous admirons chez les anciens. La liberté d'éducation, si vantée de nos jours, est en réalité la liberté de la non éducation, ou d'une mauvaise discipline ; parce que la majeure partie des pères de famille ne sont pas capables de donner à leurs fils une instruction dont ils manquent eux-mêmes. Et le fussent-ils, les occupations de la vie civile les en empêchent absolument. L'art d'élever la jeunesse exige que celui qui le professe y consacre tout son temps, y emploie toutes ses facultés, en fasse une étude spéciale, et qu'à l'excellence et à la sagacité de l'esprit, à la bonté et à l'opportunité de la doctrine, à la finesse des manières, il joigne une patience et une vigilance inimaginables. La pédagogie est une science très difficile, qui, nous pouvons le dire, est encore au berceau. Ceux-même qui la cultivent *ex-professo* et avec une rare supériorité d'esprit, sont souvent obligés de marcher dans les ténèbres, et d'avouer qu'ils en savent très peu. Et je n'appelle pas éducation publique celle qui se donne dans ces institutions qui dépendent des particuliers, et qui, bien que supérieure quelquefois à l'éducation domestique, ne peut en aucune manière entrer en parallèle avec celle de l'antiquité. En somme, on peut dire qu'aujourd'hui, dans tout le monde civilisé, il n'y a de principes d'éducation dans aucune classe de citoyens, et que l'homme social est l'œuvre des circonstances et du hasard. A moins qu'on ne veuille donner le nom d'éducation à l'escrime, à l'équitation, à la danse, à l'art de saluer, de se promener avec grâce, de se montrer poli, de complimenter, de faire agréablement sa cour, de caqueter à perte de vue sans rien dire; à moins qu'on ne regarde comme bien élevés les jeunes gens qui possèdent exactement toutes les règles de la galanterie, et savent, quand ils sont à table, comme dit Plutarque, prendre les viandes avec leur main droite, et le pain avec leur main gauche. Je m'arrête, mais si de pareilles connaissances suffisent, j'avoue que notre siècle est très instruit et touche au comble de la perfection.

Voilà pour l'éducation qui, comme chacun sait, diffère beaucoup de l'instruction. Pour celle-ci, la liberté d'enseigner, comme on l'entend aujourd'hui, me paraît prodigieusement éloignée des vrais progrès civils. Il est vrai, et même très positif que l'action gouvernementale nuit considérablement aux études, quand elle est entre les mains des ignorants, qu'ils soient en petit ou en grand nombre; et dans un pareil cas la liberté d'enseignement peut-être un moindre mal, et par conséquent un bienfait. Mais le contraire a lieu si le gouvernement est éclairé, et il l'est toujours quand il ne repousse pas le concours d'une libre et sage élection. Dans ce cas, la direction que donne l'État à la culture publique de l'esprit, loin d'être préjudiciable sous aucun rapport, produit au contraire beaucoup d'avantages qu'on n'obtiendrait pas autrement. Celui-là seul qui embrasse d'un coup-d'œil la société tout entière, et peut disposer de toute espèce de secours, est capable de former d'une manière parfaite ces institutions où les esprits d'élite et les mieux familiarisés avec les sciences ouvrent à une jeunesse studieuse les trésors divins des connaissances. L'Université, conception chrétienne du moyen-âge, et image de l'unité idéale du savoir, est comme le centre d'où s'échappent les lumières pour se répandre dans tout le corps de l'Etat, et où elles retournent accrues par le travail et les méditations des talents particuliers. Elle doit être une, parce que sans unité il n'y a point de consistance et on ne peut pas donner aux études cette direction assidue et uniforme qui les fait fleurir et fructifier. Elle doit être publique, parce que l'administration publique seule possède complétement les moyens qui sont proportionnés et par leur nombre et par leur puissance à la grandeur du but proposé. Les sources du savoir se tarissent quand elles se dispersent en un grand nombre de petits ruisseaux; telles sont ces petites écoles mal organisées, rivales, faibles, impuissantes, créées par la cupidité ou dans un esprit factieux, qui foisonnent et végètent péniblement dans presque toutes les grandes villes de l'Europe. A l'exception des clercs, qui ne peuvent dépendre de la juridiction laïque pour ce qui regarde les doctrines, je crois que les gouvernements vraiment libres devraient, sans ôter absolument aux particuliers la faculté d'enseigner, exiger que quiconque veut se rendre apte aux emplois civils eût suivi les études des établissements publics. On objecte que les universités étant sous la dépendance de l'Etat font un monopole de la science, et empêchent, en ôtant aux esprits leur liberté, le progrès de la science, tandis que les écoles nombreuses et libres le favorisent au moyen d'une libre émulation. Mais le monopole est impossible, si ce qu'il y a de mieux dans la nation participe au gouvernement, et si le soin de former les intelligences est confié aux esprits les plus distingués. Les petites et souvent obscures luttes des professeurs ne servent en rien, ou du moins fort peu le solide savoir; mais elles sont très préjudiciables à l'instruction qui exige de la gravité dans celui qui la donne, et de l'harmonie dans les doctrines. La lice dans laquelle s'exerce la jeunesse n'est pas un champ convenable pour les combats des professeurs. Ceux-ci ont la presse et leurs réunions particulières pour discuter, et disputer à leur aise; là le débat peut aider à la découverte de la vérité, il lui est nuisible au contraire quand il s'agit, non pas de débattre et d'examiner les incertitudes doctrinales, mais d'instruire des commençants en leur communiquant les résultats probables ou certains, mais précis et positifs de la science. L'école, en un mot, est destinée, non à chercher et à faire des découvertes, mais à enseigner; non à élaborer la science, mais à l'exposer; non à dégrossir des matériaux bruts, mais à faire connaître ceux qui ont été travaillés; non à instruire les professeurs, mais à former de bons disciples. En suivant une marche opposée, on confond le vrai avec le faux, le certain avec l'incertain; on sème le scepticisme; on introduit le chaos dans les connaissances; on fait des demi-savants au lieu d'hommes vraiment instruits; et bien souvent la nourriture salutaire de la science se change en poison pour les jeunes générations.

De ces observations et d'autres semblables, qu'il serait trop long d'exposer, il s'ensuit que si les modernes font bien d'aimer la liberté, ils ont souvent le tort de la confondre avec la licence, qui est sa plus grande ennemie. Les anciennes universités de l'Europe étaient certainement imparfaites et susceptibles de beaucoup d'améliorations; mais avec tous leurs défauts, j'ose dire qu'elles étaient pour la plupart supérieures à celles de notre époque. Les faits parlent assez clairement; car quel est l'athénée moderne d'où il sorte, relativement à la civilisation du siècle, un aussi grand nombre de vrais savants qu'il en sortait des universités des siècles passés, sans même en excepter celles qui florissaient au moyen-âge ? Si alors on péchait par le pédantisme, maintenant on pèche par la frivolité et le superficiel ; et pour moi je préfère les pédants aux gens spirituels. Si alors les secours donnés aux lettres étaient moins abondants qu'aujourd'hui, la légèreté des esprits et les mauvaises méthodes font qu'ils sont maintenant d'une faible utilité. Je ne nie pas les vrais et légitimes progrès dont se vantent les lettres modernes, même dans l'ordre de l'enseignement ; mais je dis, que si on a avancé sur un point, on a reculé sur un autre. Autrefois, par exemple, le travail du professeur consistait à interpréter un texte élémentaire, qui exprimait d'une manière claire, succincte et précise les principes et les déductions fondamentales des doctrines. Les leçons étaient quotidiennes ; le professeur expliquait de vive voix un texte, l'éclaircissait, le développait avec simplicité et en y revenant plusieurs fois ; il y ajoutait les remarques convenables, et les proportionnait au nombre et à la capacité de ses auditeurs. Ceux-ci étaient souvent interrogés ; souvent ils argumentaient les uns contre les autres, sous les yeux et la direction du professeur ; ils s'accoutumaient à se rendre maîtres d'une matière, a en pénétrer les parties intimes, à la considérer sous toutes les faces, à distinguer les points obscurs ou faibles d'une doctrine, à exposer avec précision et clarté leurs idées, à suivre dans leurs raisonnements la droite ligne de la logique. De pareils exercices pouvaient n'être pas remarquables, et comme on dit aujourd'hui, brillants ; mais ils étaient solides et fructueux. Les écoles ainsi constituées produisaient de puissants génies : c'est de là que sortirent Dante, Galilée, Bacon, Bossuet, Leibniz, Newton, Linnée, Vico, Muratori et tous les hommes les plus illustres des temps modernes. Aujourd'hui cette manière d'étudier passerait pour stupide, ridicule, pédantesque, intolérable. Les professeurs célèbres croiraient avilir leur éloquence, en donnant plus d'une ou de deux leçons par semaine. Ils parlent seuls pendant une heure ; et avec un style qui le plus souvent n'est pas un modèle d'élocution didactique, mais qui abonde en sentences, en images et en épigrammes, ils parviennent à se faire applaudir de l'auditoire ; car malheur à celui qui en montant dans sa chaire ne serait pas accueilli par des battements de main, et qui sortirait de la salle au milieu du silence (*). Quant aux auditeurs, un petit nombre comprennent, beaucoup écoutent, tous applaudissent. Les premiers consignent à la hâte sur un morceau de papier les points principaux de la leçon ; et Dieu sait quelle précision peuvent mettre dans ce résumé rapide des jeunes gens inexpérimentés, impatients, qui ne connaissent point la matière traitée, en entendent parler pour la première fois, et ne peuvent, non-seulement se l'approprier, mais même la comprendre. C'est cependant en substance à cela que se réduisent de telles leçons ; car les autres auditeurs en savent autant en sortant de la séance qu'ils en savaient en y entrant : et c'est avec quarante ou cinquante leçons annuelles de cette force qu'on enseigne une science, qu'on jette les fondements d'une célébrité future. Je laisse au lecteur le soin de compléter le tableau en y ajoutant les noms illustres qui sont le fruit d'un tel enseignement, si sa

---

(*) Je parle de beaucoup de professeurs, non pas de tous ; parce qu'il serait ridicule de vouloir nier que dans les diverses parties de l'Europe il n'y en ait un certain nombre de bons et quelques-uns d'excellents. Mais ce que j'ajoute sur le peu de fruit que les disciples retirent des leçons, a plus ou moins lieu, même lorsque le professeur est le plus parfait, à moins qu'au savoir il ne joigne une bonne méthode ; et cela n'a certainement pas lieu, dans les cours auxquels je fais allusion dans mon texte.

mémoire lui en fournit quelqu'un. Il est vrai que si des écoles où se voient de telles choses, il ne sort pas en foule des hommes qui soient utiles et fassent honneur à leur patrie, on y voit accourir en grand nombre les oisifs, les élégants, et enfin les belles dames, avides d'acquérir une science si amusante et si facile ; ce qui suffit à la civilisation du siècle et à la modeste ambition des illustres professeurs.

Si l'enseignement oral est tombé, nous pourrons nous en consoler quand la presse sera bonne et capable de suppléer à l'autre manière d'instruire. Mais il est difficile que les livres soient bons, quand l'enseignement est mauvais, et que de pauvres écoliers deviennent d'excellents écrivains. Tout le monde voit dans quel état sont les lettres. La presse, avec sa liberté réglée, est assurément un grand bien ; mais elle devient un mal, quand les écrivains sont frivoles et incapables. La presse a produit les journaux, lesquels, qu'ils soient politiques, ou scientifiques, ou populaires, peuvent être très utiles, quand ils sont bien faits et en rapport avec l'objet qu'ils doivent se proposer (34). Mais la majeure partie des journaux qui s'impriment en France, semblent dirigés de manière à rendre le savoir faux, imparfait, superficiel. Ils ont introduit et mis en vogue le bavardage, l'imposture et le trafic des doctrines ; trois fléaux qui menacent les lettres d'une seconde barbarie. Si la souveraineté du peuple, comme l'entendent la plupart, est en substance la souveraineté de la plèbe, la prédomination des journaux frivoles est la souveraineté des ignorants, qui produit dans le champ des connaissances de l'esprit des effets conformes à ceux de l'autre souveraineté dans la société civile. L'ignorance, dans les deux cas, produit l'ignorance et par conséquent la licence et l'anarchie.

L'usage habituel de semblables journaux n'est pas moins nuisible à ceux qui les écrivent qu'à ceux qui les lisent. Il nuit aux écrivains, parce que cette manière de traiter les sujets par lambeaux et isolément, exclut presque toujours la profondeur, et souvent la vérité. Pour bien connaître une face d'un objet quelconque, il faut en examiner toutes les autres, et se le représenter sous tous les aspects possibles. Quand un auteur entreprend un ouvrage de longue haleine, et se prépare à traiter d'une manière complète son sujet, en passant successivement en revue toutes les parties qui doivent y entrer, et en étudiant leurs rapports réciproques ; toutes les particularités qu'il examine servent à éclairer les autres particularités, les parties influent sur le tout, et la vue de l'ensemble aide à une connaissance plus complète des parties. Sans compter que la longueur même du temps requis pour un travail d'une certaine importance, sert à mûrir les pensées, à leur donner cette profondeur, cette précision et cette solidité auxquelles ne peuvent participer les compositions improvisées. Celui qui écrit pour les journaux devant se renfermer dans des limites très étroites, s'il ne se borne pas à ces travaux secondaires, qui devraient être le sujet des éphémérides scientifiques, mais veut traiter la science *ex-professo*, est contraint de se restreindre à une petite partie de son sujet ; et quelque soin qu'il y apporte, il ne peut faire que cette étude isolée ne soit pas superficielle. Le peu de temps accordé pour écrire un article est une autre cause de légèreté dans la manière de traiter un sujet ; car, sans parler que les journalistes visent la plupart à gagner de l'argent et se hâtent de remplir leur tâche, plus désireux de se montrer expéditifs que soigneux dans leur travail, il est difficile de supposer qu'un homme veuille consumer des semaines et des mois à écrire un petit nombre de pages. Au milieu de cette foule d'écrivains infimes ou médiocres, qui griffonnent dans les journaux français, il s'en trouve toutefois quelques-uns capables de produire des ouvrages au-dessus du vulgaire ;

aussi est-ce pitié de les voir perdre leur temps à des travaux sans importance, et puiser goutte à goutte à la source du savoir, sans en tirer d'autre profit que de donner un essai de ce qu'ils seraient capables de faire, si laissant de côté une pratique frivole, ils s'appliquaient à composer des écrits sérieux et durables.

L'art demande, comme la nature, à être organisé, pour atteindre son but, que celui-ci consiste ou dans l'exécution du bien, ou dans la connaissance du vrai, ou dans l'expression du beau. L'esprit humain ne peut montrer sa puissance, s'il n'a un certain espace pour s'étendre ; et ses idées ne peuvent exercer un grand et durable empire, si elles ne sont coordonnées ensemble et comme réunies en un seul corps. Que si c'est un mal de trop s'étendre et d'embrasser au-delà de ses propres forces, il n'est pas moins dangereux de se restreindre d'une manière absolue. Un bon livre est comme un tout harmonique, dans lequel autour d'une seule, ou d'un petit nombre d'idées génératrices, se groupent une foule de pensées secondaires et accessoires qui fortifient les premières et complètent le dessin du tableau. Un article de journal, au contraire, quelque bien fait qu'il soit, ne peut être autre chose qu'un lambeau ou une ébauche, où l'idée de l'auteur est indiquée et non mise en couleur. De telles esquisses et de tels fragments font peu de plaisir et instruisent encore moins. Que diriez-vous d'un peintre qui dépenserait son temps à faire des croquis, ou à peindre des tableaux qui représenteraient un œil, une main, un chapiteau, une fleur, une feuille, un tronc d'arbre ? Les écrivains qui composent de petits articles, qui compilent des gazettes, des dictionnaires et autres ouvrages semblables, ne sont pas, à mon avis, plus judicieux, et n'ont pas plus de mérite. Le manque de travail et d'ordre, défaut général d'un siècle qui est ennemi de toute lenteur pénible, et avide de marcher à l'étourdie et à la débandade, est inévitable dans les journaux ; on pourrait les définir : *la réduction des sciences et des lettres à une forme inorganique*. Qu'on juge si l'invention est belle, et si le siècle a raison de s'en glorifier.

Les causes qui font que les mauvais journaux sont nuisibles à ceux qui les compilent, tournent également au détriment des lecteurs eux-mêmes. Les écrits médiocres produisent un plaisir ou une instruction moins que médiocres ; le fruit est pareil à la plante, ou plus mauvais qu'elle. Sans compter que le travail de la compilation contribue à inspirer ou à fortifier la manie des études encyclopédiques, autre vice de notre temps. Chaque numéro de journal est une mosaïque de diverses pièces appartenant à neuf ou dix sciences souvent très opposées, et comme il ne faut pas beaucoup de temps pour le lire, les abonnés, pour ne pas perdre ce qu'il leur coûte, le dévorent d'un bout jusqu'à l'autre. Par là on introduit la coutume de passer en courant sur tous les sujets, et on perd le goût des études solides et déterminées. La variété des connaissances peut être opportune et quelquefois nécessaire, si elle est accompagnée de deux conditions : la première, qu'elle soit dirigée vers une étude principale, qui serve comme de centre et de but autour duquel s'harmonie cette variété, qui sans cela ne forme plus qu'une masse confuse ; la seconde, qu'elle soit puisée aux bonnes sources, c'est-à-dire dans les bons livres et les bons auteurs, qui traitent *ex-professo* de la matière, l'exposent avec précision, avec ordre, avec clarté, et en donnent, même à ceux qui ne pénètrent pas plus avant, une notion suffisante et non pas purement superficielle. Car, que l'on tienne pour assuré que les idées vagues, incertaines, confuses, ne servent de rien en aucun genre, et que la science qui en dérive est égale ou inférieure à l'ignorance. L'application longue et soutenue de l'esprit à un même objet est la seule mère du savoir ; et celui qui croit que cette condition s'accorde avec l'habitude de s'instruire dans les journaux ou dans les gazettes, s'apercevra trop tard qu'il a perdu son temps et sa peine, et trouvera dans sa propre erreur le châtiment qu'il aura mérité.

Le lecteur me pardonnera cette digression, parce que, sans un tableau résumé des conséquences pratiques de certaines théories pour lesquelles on a aujourd'hui de la prédilection, on comprendrait difficilement la faiblesse dans laquelle sont tombées les études spéculatives, ainsi que le remède le plus efficace pour les relever, en en améliorant les principes, en réparant, par la morale, la décrépitude des esprits et des ames, en les animant d'une nouvelle vie. Et ce remède, c'est que le gouvernement, dont on veut aujourd'hui borner l'action aux lois, aux jugements, aux affaires, soit par dessus tout investi d'un pouvoir suprême sur l'éducation ; car si ce pouvoir est dangereux pour la liberté dans les mauvais gouvernements, il est utile et même nécessaire dans les bons. Or, le gouvernement ne peut instruire le peuple, si l'éducation n'est point publique, parce que les éducations privées, étant nécessairement très imparfaites, peuvent bien avoir le nom de la chose, mais n'en ont pas la substance. C'est à l'éducation publique principalement qu'il faut rapporter la supériorité morale et intellectuelle des peuples anciens sur les modernes. Je sais qu'on peut m'opposer que nos usages répugnent à l'application pratique de cette doctrine ; c'est la seule objection plausible qu'on puisse élever. Mais il est facile de répondre qu'il s'agit de fonder une éducation qui ne fasse pas violence aux mœurs modernes, mais qui les améliore, et qui surtout les fortifie, sans en altérer le caractère intrinsèque. Vouloir aujourd'hui élever les enfants à la spartiate et faire revivre les lois de Lycurgue, ce serait être ridicule. Lycurgue exagéra le principe Dorien, et voulut forcer la nature, en se proposant de la changer au lieu de la réformer. Cela était possible dans une petite cité comme Sparte, et chez un peuple grossier et païen ; ce serait absurde chez les grandes nations chrétiennes, qui pèchent par excès de mollesse au lieu d'être grossières et barbares. Or, je ne vois pas comment une bonne éducation civile, conforme aux idées chrétiennes et à tout ce qu'il y a de moral et de raisonnable dans les usages modernes, pourrait blesser notre délicatesse, à moins qu'il ne s'agisse de quelques personnes qui croiraient toute politesse perdue si les jeunes gens n'étaient élevés comme des demoiselles. Dans tous les états de l'Europe on trouve quelques simulacres d'éducation publique, suffisants pour faire voir que son opportunité n'est pas trop opposée aux opinions courantes, et que cette innovation ne doit pas être mise au rang de certaines utopies peu sérieuses, à l'aide desquelles on voudrait ressusciter certaines parties de la civilisation antique, qui ont réellement bien vieilli et sont mortes pour toujours. Il s'agit seulement de transformer ces simulacres en réalités, et de les perfectionner en les mettant d'accord avec les autres institutions, en les retirant des mains souvent inexpérimentées des particuliers et les assujettissant à l'esprit public. D'après nos usages et notre manière de vivre, une bonne partie des pères de famille ne peuvent pas élever leurs enfants et sont obligés de les confier à l'insuffisante capacité d'instituteurs étrangers. Qui ne voit que le nombre de ces élèves serait encore beaucoup plus grand, si les gouvernements libres et intelligents se faisaient leurs instituteurs, en dirigeant vers ce noble but leur autorité et leur sagesse. Heureuse la Toscane, où sous le gouvernement plein de douceur d'un prince qui sait se faire aimer, les hommes instruits et amis du bien peuvent s'occuper en liberté de ces études qui tendent à améliorer l'éducation de l'Italie, à rendre plus mâle et plus policée la race de ses enfants ! Car les hommes auront toujours peu de valeur, tant qu'ils seront élevés suivant le caprice et le hasard. L'ambition sordide et mesquine, l'égoïsme, la cupidité, l'inconstance, la frivolité, la dissolution, la lâcheté, l'impiété, qui sont aujourd'hui les maîtres du monde, trouveront toujours une proie facile et assurée dans les jeunes ames qui n'auront pas été prémunies contre leurs atteintes par une forte éducation. Les mauvais exemples et la flatterie corrompent les cœurs; les penchants vicieux et les volontés irrésolues gâtent les esprits; or, comme l'esprit, appuyé sur les penchants, est la source de la civilisation, qui ne peut subsister sans le secours des vérités morales et religieuses dont l'étude réclame une grande puissance et une grande énergie intellective, on voit quel est le terme vers lequel marche la société actuelle. Et qu'on ne m'objecte pas avec orgueil et une confiance absolue, l'état florissant où se trouvent les sciences mathématiques et expérimentales qui sont cultivées par un grand nombre de personnes, plutôt pour leur utilité que pour leur vérité, et qui s'occupant des choses sensibles et extérieures, et n'aspirant à exercer aucun empire sur les penchants de l'homme, offrent moins de difficultés à son intelligence et ne sont point à redouter pour les appétits de son cœur. J'apprécie et j'admire, autant que tout autre, ces nobles connaissances qui élèvent si haut l'esprit humain, et accroissent merveilleusement sa puissance; mais il faut cependant avouer que seules elles ne suffisent pas à la dignité et au bonheur de l'homme. Et à quoi sert-il de trouver de nouveaux calculs, de créer de nouvelles machines, de découvrir de nouvelles forces et de nouvelles merveilles dans la nature, si les ames s'affaiblissent, si les mœurs se corrompent, si la vertu perd son prix, si la religion est oubliée ou blasphémée, si un honteux égoïsme s'élève et domine au-dessus de tout le reste ? Les théorèmes même des mathématiciens, et les expériences des physiciens ne peuvent long-temps être dans un état florissant, si la vertu intellective est affaiblie dans ses principes, et si on la rend incapable de saisir ces vérités fondamentales d'où les autres dérivent. Le spectacle des choses visibles s'obscurcit, s'il n'est éclairé par la lumière de l'Idée ; et l'obscurcissement des sciences spéculatives annonce la nuit de toutes les autres.

Mais puisque les lois ne remédient point à ce désordre, il reste à chacun d'y pourvoir le mieux possible pour lui-même. Et en effet, de nos jours, l'enfance est au moins perdue, si elle n'est corrompue, et l'homme ne peut avoir d'autre instruction que celle qu'il se donne à lui-même quand il est parvenu à un âge plus fort. Il importe donc que les jeunes gens, chez lesquels les forces de l'esprit commencent à se développer et à avoir le sentiment d'elles-mêmes, cherchent à atteindre ce but avec d'autant plus d'ardeur, que cela est moins facile à celui qui a passé la jeunesse à contracter de nouvelles habitudes. Mais pour qu'un homme puisse former lui-même son esprit, il a besoin d'en connaître les spécialités et d'étudier la vocation particulière que la nature lui a départie. Il n'appartient pas à mon dessein d'examiner les diverses qualités et aptitudes de l'esprit, qui correspondent aux diverses branches des arts, des lettres, des sciences expérimentales et mathématiques. Je parlerai seulement du génie spéculatif, qui est le sujet propre de la philosophie, et je terminerai en donnant sa description, ce qui est l'objet de ce chapitre ; car si les sciences rationnelles sont tellement déchues, sous le rapport subjectif, depuis deux siècles, c'est parce que les philosophes ne sont point tels qu'ils devraient être. Je ne pénétrerai point dans les parties les plus reculées du sanctuaire de la spéculation ; j'aurai occasion d'en parler plus tard, et je ne pourrais les faire connaître clairement ici sans les faire précéder d'autres observations. Je me bornerai donc à certaines propriétés génériques du génie philosophique, considéré en lui-même, et dans l'ordre de ces applications pratiques et extérieures, sans lesquelles la spéculation pourrait paraître inutile aux hommes actifs, et appliqués aux affaires de la vie civile. Et qu'on ne regarde pas comme une témérité que j'ose parler d'une faculté aussi éminente que celle du génie ; parce que si Machiavel a eu raison de dire que pour connaître la nature des princes il faut être homme du peuple, il est raisonnable de croire que pour pénétrer la nature du vrai génie, il n'est pas nécessaire d'être homme de génie. Mon seul dessein est d'exposer quelques courtes considérations recueillies dans l'étude des hommes supérieurs, et d'imiter le peintre, qui, se tenant au fond des vallées, dessine les contours et les sommets des montagnes.

Le génie, considéré en général, est la faculté intuitive et expressive du vrai et du beau. Mais celui que, dans l'espèce, on nomme spéculatif, peut se définir : *l'intuition réfléchie et distincte de l'Idée*. Or, comme la réflexion naît de l'esprit de l'homme, le vrai génie n'est pas celui qui imite, qui apprend, qui s'approprie les pensées des autres, mais celui qui se fonde sur ses propres forces et abonde en puissance créatrice. Il est vrai que la réflexion ne peut s'exercer sans le secours de la parole ; ce qui fait que, sous ce rapport, le génie est toujours écolier ; mais savoir opérer sur la parole, la pénétrer, la connaître à fond, l'étudier sous toutes ses faces, et découvrir les idées nouvelles qu'elle contient, ce n'est pas une chose à la portée de tout le monde, et il faut pour cela une faculté toute spéciale qui équivaut à une véritable invention. La parole est comme une énigme proposée à tous les hommes, mais que les sages seuls savent deviner. Voilà pourquoi j'ai ajouté que le génie est une intuition distincte; et c'est dans cette distinction que consiste ce qui le différencie de la capacité ordinaire. Tous les hommes ont en commun l'intuition immédiate des vérités idéales; tous exercent sur elles, au moyen du langage, leur faculté réflective; mais cette réflexion est confuse dans les esprits ordinaires, qui par cela même sont incapables de la communiquer aux autres et de s'en rendre compte à eux-mêmes, parce que les idées confuses répugnent à être exprimées. Les esprits supérieurs, au contraire, conçoivent distinctement l'Idée, et sont en état de la représenter intérieurement et au-dehors, à eux-mêmes et aux autres, en lui donnant les couleurs et les formes les plus convenables. Et qu'on remarque que l'Idée réfléchie est toujours revêtue de la parole, sans laquelle la réflexion n'a point lieu; mais cette parole primitive est une formule concise et abrégée comprenant une synthèse idéale et très étendue, qui ne peut être clairement connue que par le moyen d'un procédé discursif, dans lequel consiste l'œuvre de la réflexion, et dont le résultat forme la science. Or, ce raisonnement s'exprime aussi par le moyen du langage, de sorte que le *travail réfléchi est une simple résolution de la connaissance intuitive, et la parole réfléchie la traduction et l'amplification d'une parole concise et originale.* Le génie spéculatif est celui qui se montre apte à bien traduire, et qui sait apporter dans la réflexion cette clarté et cette précision qui sont le propre de l'intuition parfaite. Voilà pourquoi la philosophie est, comme nous le verrons plus loin, à l'égard de son premier principe, la traduction du Verbe religieux, la répétition et l'explication d'un enseignement divin. L'Idée, qui est l'objet et le terme du génie, étant ensuite le vrai substantiel, l'erreur ne peut jamais être l'œuvre de ce même génie;

et celui qui erre, ne doit pas, en tant qu'il erre, recevoir le nom d'homme de génie, ainsi qu'on ne doit pas honorer de ce même titre le poëte et l'artiste quand ils remplacent le beau par le difforme ; parce que le beau est la forme du vrai. Cela nous prouve combien se trompent ceux qui s'imaginent que le génie peut s'associer dans les lettres et les arts d'agrément au mauvais goût, et dans les sciences au sophisme. Il en est qui prétendent que les railleurs, et ceux qui font profession de peindre le laid et le grossier, surpassent en talent les autres hommes, parce qu'avec des paradoxes et des monstres ils parviennent à produire quelque bruit et à frapper l'imagination des esprits vulgaires. Or, comme, à mon avis, ces gens-là s'écartent du droit chemin, je ne crois pas qu'en attribuant de pareils résultats au génie, ils se montrent eux-mêmes doués de ce don précieux.

L'habileté à saisir et à s'approprier l'Idée, en tant que vrai, étant ce qui forme le génie philosophique, celui-ci peut proprement recevoir le nom d'idéal. Qu'on voie donc avec quelle raison on a coutume de baptiser du nom de philosophes une foule d'auteurs, qui en écrivant se montrent soucieux de toute autre chose que du vrai. La secte de ces derniers prit naissance en France au siècle dernier, s'étendit par toute l'Europe et y règne encore. Elle a cela de particulier que ses partisans ne sont pas attachés à une doctrine plutôt qu'à une autre, mais suivent celle-ci ou celle-là, selon que le caprice les guide, et que le dessein qu'ils se proposent l'exige. Comme ils n'ont pour but ni l'honneur du vrai, ni l'avantage des hommes, mais qu'ils cherchent à faire du bruit, à émouvoir la foule, en faisant servir les lettres à leur fortune et à leur ambition, ils sont obligés de se diriger d'après le caratère des temps, d'être spiritualistes ou matérialistes, pieux ou irréligieux, amis de la liberté ou fauteurs du despotisme, défenseurs du bon ou du mauvais goût, selon le caprice ou l'humeur courante. Ce n'est pas qu'ils se rangent tout bonnement à l'opinion commune; ce serait un parti trop mauvais et trop sot : pour séduire les yeux des autres, il faut assourdir leurs oreilles; et l'on ne peut faire du bruit et attirer la foule si l'on n'a quelque camarade de course et des ennemis pour se quereller. Aussi ont-ils soin d'examiner quelle est la mode de l'époque, et la nouveauté vers laquelle les esprits se dirigent; aussitôt ils s'en emparent, se disent et se proclament des réformateurs, font secte, et frappent rudement sur quiconque est partisan des choses anciennes, qu'il ait tort ou raison. Voilà pourquoi si cette secte, dont Voltaire peut être regardé comme le fondateur, se jeta dès le principe dans l'impiété selon l'usage en vogue de cette époque, elle revint plus tard à des doctrines tout opposées quand l'incrédulité fut répandue partout et commença à être une chose vulgaire et de mauvais goût; et si d'abord elle attaqua la religion pour la détruire, elle la maltraite aujourd'hui pour l'exagérer, la modifier, la défendre à sa manière : amis perfides, et peut-être plus préjudiciables que lorsqu'ils étaient des ennemis. Ensuite comme dans ce siècle pressé de marcher, et inconstant, le cours des opinions est très rapide, et que la mode de penser ne varie pas moins que celle de s'habiller, beaucoup de ces gens-là, pour se maintenir en vogue et échapper au déplaisir d'assister en habit de deuil à leur propre enterrement, ont pris le parti de seconder l'humeur volage de l'époque : cela fait qu'ils ont le plaisir de goûter toutes les opinions et l'avantage de résumer et de représenter dans leur propre personne une suite de révolutions intellectuelles qui suffiraient aux besoins de cinq ou six siècles. Et de même qu'on dit d'une dame romaine qu'elle comptait le nombre de ses années et des consuls par celui de ses maris, de même aujourd'hui on trouve des écrivains qui pourraient marquer les années de leur vie par le nombre des opinions qu'ils ont successivement embrassées.

Ne croyez pas cependant qu'ils soient tous de mauvaise foi, et qu'ils mentent impudemment à eux-mêmes et aux autres. Vous leur feriez grand tort en les jugeant d'une manière si sévère ; parce qu'il se trouve parmi eux beaucoup de bonnes gens ; parce qu'il s'y trouve en foule des hommes suffisants, légers, dépourvus de force et de vigueur, qui seraient incapables de tant de malice. L'ingénuité même qu'ils apportent dans leurs variations intellectuelles, est un bon témoignage de leur loyauté et de leur innocence. Aussi, au lieu de s'en faire un crime et un déshonneur, loin d'en rougir, ils ont coutume de s'en vanter comme d'un mérite et d'un privilège, et ils se proclament des hommes progressifs. Et comment pourraient-ils en rougir ? Le vrai n'a et ne peut avoir, à leurs yeux, aucune consistance ; il va et vient comme le flux de la mer, et comme le monde d'Héraclite, il n'existe pas réellement, mais il passe ; autrement il ne pourrait s'accorder avec la loi souveraine du progrès et avec la destinée perfectible de notre espèce.

La constance dans les opinions ne peut avoir d'autre principe que le vrai, qui, bien saisi et bien compris, a la vertu de fortifier l'intelligence de l'homme, parce qu'il en est le terme naturel et l'objet suprême. Les esprits égarés se laissent aller et emporter à tous les vents (*) ; parce que l'erreur ne peut jouir des prérogatives de son contraire, et qu'elle n'a pas la force suffisante pour résister aux impulsions et aux fluctuations de la volonté, de l'imagination et du sentiment. Voilà pourquoi le retour au vrai est un changement honorable et désira-

---

(*) Eph. iv, 14.

ble ; car il donne à l'intelligence le moyen de se reposer dans sa fin, et lui communique cette fermeté tranquille et sereine, qui est très différente de l'obstination, et ne peut s'obtenir que par un commerce intime de l'esprit avec la vérité idéale. En effet, l'Idée enfante non-seulement l'évidence, comme nous le verrons, mais encore la certitude, et cette persuasion intime et profonde qui est le propre du vrai, lequel ne peut pas plus être imité par l'erreur, en lui-même et dans ses effets, que la vertu ne peut l'être par l'hypocrisie. Gardez-vous donc de traiter d'inconstant celui qui abandonne l'erreur ; parce que dans ce cas le changement donne à l'homme le précieux privilège de la constance. Mais pour qu'une doctrine produise ce fruit, il ne suffit pas qu'elle soit vraie en elle-même, mais il faut la connaître comme telle, se la rendre familière et la bien posséder. Autrement, le vrai ne se distingue pas beaucoup du faux dans l'impression qu'il fait sur l'esprit de l'homme. Or, les philosophes dont nous parlons ont l'habitude d'effleurer les objets, et s'arrêtent à l'écorce sans pénétrer jusqu'à la moelle ; ce qui fait que lorsque, par l'effet du hasard ou du caprice, ils rencontrent la vérité, ils jouissent moins de sa substance que de son ombre. Il n'y a donc pas de quoi s'étonner s'ils passent du vrai au faux, comme du faux au vrai, avec un égal bonheur et un retour perpétuel, et si la religion des uns n'est pas plus solide et plus durable que l'incrédulité des autres. Dans ce cas, les conversions et les apostasies diffèrent plus en apparence qu'en effet ; et on ne peut pas dire que ceux-là abandonnent le vrai, qui tout à l'heure l'embrassaient et le professaient comme une nouveauté précieuse et appuyée par la mode.

On voit manifestement dans ces écrivains que la parole prédomine sur l'idée, la forme sur la matière, l'expression sur la doctrine ; de sorte qu'on devrait les appeler des parleurs et non pas des philosophes. C'est à eux qu'il faut attribuer la vogue de cette science fausse et superficielle qui règne aujourd'hui. S'élève-t-il en France un homme qui sait écrire, et qui se montre parleur sonore et élégant ; tout le monde se met à sa suite : il a bientôt la réputation d'un rare génie, d'un grand penseur, bien qu'il soit évident que hors de ces idées et de ces opinions qui courent les rues, il ne sait absolument rien, et que tout son mérite est dans la supériorité de sa plume. Je pourrais citer à ce sujet quelques exemples célèbres, qui paraîtraient incroyables, si nous ne les avions sous les yeux. Et ensuite nous nous étonnerons que le siècle tombe en enfance ? Nul homme n'est plus digne d'exciter l'admiration qu'un grand écrivain, quand il est savant et sage ; mais un grand écrivain, qui, comme les mauvais avocats, défend dans l'espace d'un petit nombre d'années les causes les plus contradictoires, se moque du public, abuse de la parole et de son propre talent, et mérite, au lieu de louanges, le blâme le plus sévère. Cela n'aurait pas lieu, si l'homme qui a reçu de la nature un talent supérieur pour écrire, s'élevait par le moyen de l'art à la connaissance des doctrines. Mais comme celles-ci se composent de particularités, dont l'étude est longue, minutieuse, difficile, fatigante, les parleurs la négligent ou la font mal ; de là vient qu'ils sont absolument nuls pour tout, qu'ils se bornent à la connaissance des faits ou des idées concrètes et superficielles. Ils se promènent à travers les abstractions et les généralités, ce qui est assez facile ; mais leurs abstractions sont vagues, leurs généralités vides, parce que, d'un côté, ils ne s'appuient pas sur des données particulières, de l'autre ils n'arrivent pas à l'idéalité rationnelle. En effet, dans l'ordre de la raison, l'abstrait et le concret, le général et le particulier s'identifient, et celui qui croit que la spéculation, au moyen de laquelle on acquiert la connaissance des vérités intelligibles, est plus facile et plus expéditive que l'art des observations et des expériences, n'y entend rien (35). D'un autre côté, le défaut de bonne doctrine tourne au détriment de l'éloquence elle-même. Les auteurs dont je parle, bien qu'ils ne soient pas ordinaires sous le rapport du style, sont néanmoins très éloignés de la perfection. Qui oserait, par exemple, en France, comparer l'élégance maniérée et la verve brûlante, mais souvent déclamatoire, de J.-J. Rousseau et de quelques écrivains plus récents, à l'éloquence simple et spontanée de Pascal et de Bossuet ? Ces grands hommes, avec tout leur génie, ne seraient pas devenus des écrivains supérieurs, s'ils n'avaient possédé à un si haut degré le jugement et l'instruction. L'art de parler qui n'est pas appuyé sur une science solide et profonde devient facilement du bavardage, et l'éloquence dépouillée de ce cortège est fausse, ampoulée et sophistique. Les anciens beaucoup plus éloquents et élégants, et d'un goût plus pur que les modernes, ne pensaient pas comme ceux-ci, et subordonnaient toujours l'élocution aux pensées. Ils mettaient le savoir au-dessus de l'art de bien dire : Salluste (*) se moquait de l'éloquence ignorante en lui donnant le nom de *loquentia*, et Horace (**) plaçait dans le *sapere* le principe de l'art de bien écrire.

Le caractère le plus remarquable du siècle actuel et du dernier, en ce qui regarde les sciences spéculatives, c'est la nullité idéale. Lisez les écrits les plus célèbres, et d'ailleurs estimables, qui ont été publiés en France depuis un siècle, sur les matières philosophiques : vous y trouverez souvent beaucoup d'esprit, d'élégance, de sentiment, d'imagination,

---

(*) *Catilin.* 5.
(**) *De art. poet.*

et quelquefois d'érudition ; vous y trouverez tout, sauf l'Idée, qui ne s'y montre point, ou qui n'y apparaît que d'une manière indirecte, obscure, confuse, accessoire, incomplète, disproportionnée à la dignité et à l'importance de l'objet. De là est née cette pauvreté de pensées qui, dans la littérature française, est aujourd'hui évidente même pour les moins clairvoyants, et qui servira, sinon à autre chose, à anéantir du moins la pernicieuse influence des mauvais journaux qui en sont en grande partie la cause. Car les pensées sont les produits légitimes de l'Idée, source inépuisable de toute richesse, et de toute richesse intellective ; de sorte que quand l'esprit fait divorce avec elle, il devient nécessairement infécond. En vain va-t-on à la poursuite des idées dans les pays étrangers ; en vain s'adresse-t-on aux Allemands, qui n'ayant de l'Idée réfléchie qu'une ombre fugitive, ne pourront jamais donner ce qu'ils ne possèdent pas. Le recours aux rêves de l'imagination, à l'esprit, aux paradoxes, est bien peu profitable, et ne sert qu'à produire des monstres. Depuis dix ans, une nuée d'écrivains nous parlent de progrès, de christianisme humanitaire, de démocratie pure ; et certes ce ne sont pas les mots qui leur manquent ; mais quel avantage nous en revient-il ? Lisez ces lambeaux de politique populaire dont une plume illustre nous a régalés il y a quelque temps ; vous pourrez être charmé par la beauté du style, qui serait quelquefois encore plus beau, si l'écrivain se laissait moins entraîner au torrent du jour ; mais quel fruit, quelle nourriture en retirerez-vous, sinon des pensées fausses ou triviales, et souvent triviales et fausses tout ensemble ? D'autres, moins heureusement doués, se jettent, pour fuir la trivialité, dans l'étrange, l'absurde, le ridicule, et vous présentent des mets qui ne seraient pas bons à jeter aux chiens. C'est par de tels moyens qu'on avilit l'esprit humain, qu'on perd enfin la capacité de bien philosopher et d'inventer : et c'est une conséquence légitime ; car l'esprit ne peut trouver en lui-même cette force, qui doit descendre d'en haut et partir du divin principe de toutes choses. Lorsque joignant une profonde réflexion à l'intuition, il arrive jusqu'à l'idée, et l'embrasse avec amour en s'efforçant de se l'incorporer, et en y conformant ses sentiments et ses volontés ; il en acquiert tant de lumières et de forces, qu'il s'élève au-dessus de sa bassesse et participe, à un certain degré, de l'incommutable, de l'absolu, de l'éternel, de l'infini. C'est en cela que consiste l'apothéose rationnelle de l'homme, pressentie par les anciens philosophes, et le perfectionnement moral annoncé par l'Evangile ; car la charité chrétienne n'est pas, en substance, autre chose que l'amour de l'Idée. Mais si celle-ci est négligée, mise de côté, l'esprit retombe dans sa nullité originelle, et le génie se rogne à lui-même les ailes au moyen desquelles il pourrait s'élever au Ciel. De là vient la médiocrité des intelligences modernes, contraintes de voler terre à terre parce qu'elles ne savent pas s'élever sur les ailes idéales dans les espaces immenses du firmament. De là vient que les arguties des sophistes jouissent de la vogue, que les phrases prévalent sur les pensées, qu'enfin on a perdu, dans les choses morales, le goût et le désir du vrai.

Ces observations paraîtront amères aux yeux de beaucoup de personnes, téméraires et injustes aux yeux de quelques-unes. On regardera comme une folie ridicule, ou comme une arrogance intolérable, qu'un inconnu se mette ainsi en avant, et effeuille hardiment les lauriers de quelques noms qui ont bien ou mal acquis une grande célébrité. Mais je n'aspire pas à trouver beaucoup de louangeurs ou d'approbateurs de mon opinion. Je serais même étonné si le contraire arrivait ; parce que celui qui marche en sens inverse de la mode, ne peut raisonnablement se promettre l'assentiment du plus grand nombre. Mais je remarque, en lisant l'histoire, que souvent une époque se moque complètement de ce qu'une autre, même peu éloignée, a admiré. Les noms de Gorgias et de Protagoras furent, de leur temps, aussi fameux que les noms les plus illustres de nos jours ; et la Grèce n'était pas alors moins civilisée que la France moderne. Peu de temps après cependant l'opinion changea tellement à leur égard, que le nom de sophiste, d'honorable qu'il était, devint un titre de blâme. L'anathème, prononcé alors contre la dénomination et la doctrine de ces faux sages, subsiste encore après plus de vingt siècles. Or, si les sophistes grecs furent les bavards de leur temps, les bavards modernes sont en partie les sophistes du nôtre; parce que, quoiqu'ils soient, — généralement parlant, — plus loyaux que les premiers, leur savoir n'est ni plus apparent ni plus solide. On ne peut donc augurer une meilleure fortune pour leur renommée ; à moins qu'on ne veuille croire que les bonnes études et la bonne philosophie sont mortes pour toujours. Mais la philosophie est immortelle, comme l'esprit humain qui l'a créée, et le vrai, après un naufrage apparent, revient toujours au-dessus des eaux. Les faux sages des temps modernes ont ruiné la spéculation en la séparant de l'Idée et des enseignements chrétiens, comme les sophistes d'Athènes dissipèrent l'héritage sacré de la doctrine primitive, qui leur avait été transmis en partie par les Hiérophantes et par les Pythagoriciens. Platon renoua le fil traditionnel, autant que les conditions des temps le comportaient, et mérita le titre de second père de la philosophie grecque. Une restauration pareille, proportionnée au caractère et aux progrès de l'âge chrétien, est aujourd'hui plus que jamais nécessaire ; mais on la tenterait en vain tant que seront debout les opinions préconçues, et que l'on sera en adoration devant le siècle. Il faut, si l'on veut relever les autels du vrai culte, déraciner une honteuse superstition, en brisant les fausses idoles des sophistes et des déclamateurs (36).

Passons en revue les qualités principales du génie spéculatif, autant en lui-même, tel que nous l'avons défini, que sous ses rapports extérieurs.

Le génie est inventeur, c'est-à-dire neuf et original. Sa nouveauté ne consiste pas dans la substance des vérités qu'il découvre, parce que le vrai idéal est inné dans l'esprit de l'homme, qui ne peut trouver sous ce rapport aucun effet essentiellement inconnu, comme cela lui arrive pour les calculs et pour les phénomènes. Mais comme la notion idéale peut être plus ou moins claire et distincte pour l'esprit qui réfléchit, cette diversité de lumière et de contours produit une variété infinie de graduations, d'où naît le seul progrès possible des sciences rationnelles. Sans compter que, les idées étant connexes entre elles et avec les faits, de l'étude des unes, de la découverte des autres et de leur comparaison mutuelle, résulte la connaissance d'une infinité de rapports qui donnent plus de clarté aux idées elles-mêmes, et accroissent la somme des connaissances. Cette augmentation se réduit en substance à deux points, savoir : à découvrir de nouveaux et secrets rapports entre les choses intelligibles et les sensibles ; à rendre claires les idées obscures, à mettre en relief ce qui d'abord n'était pas saillant, à montrer de face ce qui se présentait de profil ; à placer en avant, à faire ressortir distinctement, à individualiser, à détacher du fond, ce qui auparavant était confondu avec le reste, et comme perdu dans une masse informe d'éléments hétérogènes. C'est dans un tel travail que brillent surtout l'originalité et l'excellence du génie spéculatif. Ce génie peut donc se diviser en deux espèces, ayant toutes les deux leur valeur, mais dont l'une est moins exquise et moins rare que l'autre. La première se contente de tracer ou de dessiner les formes idéales, et laisse quelque chose à désirer dans la précision des contours et dans le relief des figures ; tandis que la seconde les grave profondément et les sculpte, en les faisant pour ainsi dire toucher de la main. Les métaphysiciens sculpteurs sont très rares. Mais les uns et les autres ne créent rien de nouveau, pas même subjectivement, qu'autant qu'ils ajoutent de nouveaux degrés de précision et de lumière à l'appréhension réflective. Par conséquent les découvertes philosophiques, si elles sont telles qu'elles doivent l'être, n'interrompent jamais le fil de la tradition scientifique : la nouveauté ne détruit pas, mais complète les anciennes et bonnes doctrines. On voit par là quel jugement il faut porter sur ceux qui ont la présomption de pouvoir inventer des systèmes entièrement nouveaux, et qui admettent un progrès tel que la science d'aujourd'hui annulle celle d'hier; ou qui affirment sérieusement que la philosophie fut trouvée par tel ou tel homme, telle année, tel mois, tel jour; comme s'il s'agissait d'une machine, d'une île, d'une étoile, d'un produit de l'art, ou d'un phénomène de la nature, et non pas de ces vérités éternelles dont l'intuition est innée dans l'esprit humain. Il n'y a pas de secte plus nuisible à la nouveauté réelle et au progrès idéal que cette espèce de novateurs, qui aspirent avec leurs folles hardiesses à retenir dans une enfance perpétuelle la science la plus noble et la plus virile.

Le génie est profond et pénètre au fond des choses. En cela il se distingue de l'esprit qui ne considère que la superficie et se contente des apparences. L'esprit et le génie sont ennemis, parce que leur marche est tout opposée. L'un est prompt et subit, l'autre a besoin du temps ; l'un est impatient et imprudent, l'autre calme et patient ; l'un ne s'inquiète pas du vrai et ne se plaît que dans le nouveau et l'inattendu, l'autre n'admet le nouveau que lorsqu'il est d'accord avec le vrai. L'esprit, qui aime les apparences, se porte vers les objets sensibles et s'y complaît. Le génie, qui recherche le fond des choses peu propre à tomber sous les sens, trouve son bonheur dans les choses qui sont au-dessus des sens et idéales. Les hommes trop spirituels ont rarement beaucoup de génie ; et quand les hommes de génie sont très spirituels, ce n'est point en vertu de leur génie qu'ils le sont, mais malgré lui (37).

Le génie est habile à se servir de l'analyse et de la synthèse. S'il n'était pas analytique, il ne pourrait distinguer ces infiniments-petits intelligibles, qui sont comme les éléments dont se compose le monde idéal, ni par conséquent les reproduire par la pensée et la parole, en représentant l'idée d'une manière convenable et en lui donnant une forme. Mais si, outre cela, il n'était pas riche en vertu synthétique, il ne serait pas capable de comprendre un grand nombre d'idées, de les embrasser d'un seul regard, d'en découvrir les liens mutuels, de suivre selon les rigueurs de la logique, et de conduire jusqu'au bout une longue série de déductions, en partant du premier principe, et descendant sans interruption jusqu'à la dernière conséquence. C'est pourquoi l'analyse et la synthèse ont besoin l'une de l'autre, pour être parfaites ; il faut allier la profondeur de l'esprit à son étendue, la force à son ampleur. De plus, l'analyse présupposant une synthèse primitive, qui n'est pas réellement l'opération du génie, mais à laquelle le génie assiste en spectateur, et dont la synthèse subséquente est la répétition, l'esprit de l'homme ne pourrait s'occuper de celle-ci, s'il n'avait été un témoin attentif et plein de mémoire à l'égard de celle-là. Or, la vertu de saisir distinctement par la réflexion la synthèse idéale, et de la reproduire par le travail scientifique, est une qualité éminente du génie spéculatif. Elle requiert une grande force d'esprit, parce que la synthèse étant une architectonique mentale, elle demande une compréhension puissante et robuste, comme la résolution analytique exige une pénétration sagace et subtile.

Le génie est imaginatif, et sait se servir de l'imagination. Une forte imagination est généralement nécessaire au philosophe, parce que sans elle l'enseignement de la synthèse spéculative, qui est la plus vaste de toutes, ne pourrait avoir lieu. Aussi voyons-nous que les penseurs les plus remarquables eurent une imagination riche et puissante, autant peut-être que celle des plus grands poëtes ; et certes, on peut dire que Platon et Saint Augustin, Leibniz et Vico ne furent pas inférieurs à Dante et à Homère, même sous le rapport de l'imagination. Et si la plupart des philosophes modernes sont faibles et débiles, et réussissent seulement dans la psychologie, qui se fonde spécialement sur l'analyse, cela vient de la faiblesse de leur imagination, qui est déchue, comme toutes les facultés de l'homme moderne, et plus encore que les autres, parce qu'elle dérive principalement de l'énergie de l'esprit. Mais l'imagination du philosophe doit strictement obéir à la raison ; autrement, au lieu d'être un secours, elle devient un embarras. Une imagination prédominante et déréglée, comme on en trouve chez les enfants, est l'ennemie mortelle des recherches philosophiques. Si, parmi les spéculateurs de nos jours, les Français manquent presque totalement d'imagination, les Allemands en ont en abondance ; mais ordinairement ils ne la gouvernent pas, d'où il suit que les uns inclinent aux doctrines sensualistes, et que les autres tombent dans le panthéisme. Le sensisme est l'effet ordinaire d'une analyse sans synthèse ; le panthéisme est une synthèse de fantômes qui se substituent aux pensées, produite par une imagination trop bouillante et qui déborde la raison.

Le génie est fort, parce qu'il est doué d'une volonté robuste et active, qui ne laisse point languir les autres facultés, et les dirige continuellement vers un but unique. En résumant ce que nous avons précédemment observé à ce sujet, nous dirons que de la force du génie dépendent l'intensité et l'efficacité de l'attention, de la réflexion et de la contemplation, qui sont, — et spécialement la dernière, — le triple organe de la raison philosophique. Ces trois qualités ont besoin du temps pour porter des fruits dignes d'elles, qui sont toujours en raison directe de la longueur de ce même temps et de l'activité de l'esprit, c'est-à-dire de l'intensité et de la durée de l'action cogitative. D'où il suit que le vrai génie, loin de pouvoir improviser ses découvertes, a besoin pour les faire d'un long travail préparatoire, et doit bien mûrir ses pensées pour les mener à la perfection. Cette préparation, au lieu d'exclure les inspirations du philosophe, est aussi nécessaire pour les produire, que pour exciter la verve et la fureur du poëte, de l'orateur, de l'artiste.

Le génie est simple et a horreur de toute espèce d'affectation. L'affectation et la recherche sont le propre de celui qui n'est pas grand et veut le paraître, et prennent ordinairement racine dans une médiocrité ambitieuse. Les hommes supérieurs n'ont point recours à l'art, et ne revêtent point les dépouilles d'autrui pour s'attirer l'admiration; parce que surpassant les autres en vrai mérite, et ayant conscience de leur propre valeur, ils savent fort bien que le travestissement serait non à leur profit mais à leur désavantage. Aussi, dans leurs paroles et dans leurs écrits, dans leurs manières et dans leurs actions, sont-ils fidèles à la simplicité, et se montrent-ils tels qu'ils sont. De plus, le caractère bon et solide, dont ils sont doués, fait qu'ils ne peuvent être satisfaits, par rapport à eux-mêmes et aux autres, que du réel et du vrai, et que plus ils estiment ce qui est, plus ils méprisent ce qui n'est qu'apparent. Or, l'affectation se complaît aux choses qui paraissent, et la simplicité ne fait cas que de ce qui est. Aussi, entre les classes d'hommes vicieux, ceux qui leur déplaisent le plus et qui leur sont le plus insupportables, sont les imposteurs et les charlatans. Ils apportent dans leurs compositions cette même simplicité qu'ils mettent dans leurs actions; non pas cependant une simplicité grossière, à l'usage de ceux qui écrivent sans penser, et qui atteste de la négligence, mais celle qui consiste à suivre la nature. Reproduire la simplicité naturelle dans les travaux artificiels, c'est le comble de l'art. Or, tant s'en faut que cette simplicité se puisse acquérir sans étude, qu'elle est au contraire l'effet d'une longue application. La plus grande partie des auteurs modernes, qui écrivent à la hâte, sont très affectés; on ne trouve en eux rien de vrai, de spontané, de naturel; ils marchent sur des échasses; ils abondent en images désagréables ou recherchées, en jeux de mots, en épigrammes; ils accumulent les figures; ils aiment par dessus tout le style inégal, enflé, hyperbolique, et font les mauvais poètes, même dans la prose. Il n'y a là rien d'étonnant; car le laid comme le faux sont plus faciles à trouver qu'à éviter. La dépravation du jugement fait mépriser le bon, lors même qu'il se présente de lui-même; et aujourd'hui celui qui s'applique à penser et à écrire avec simplicité, n'est apprécié que du plus petit nombre. Le vulgaire le trouve trivial, et le plus mince écrivailleur de journal croit pouvoir mieux faire que lui. Mais le savant ne s'inquiète point des jugements du vulgaire; il préfère même ses critiques à ses éloges; parce que, en se voyant blâmé par les sots, il peut espérer d'avoir bien fait, tandis que s'il en était loué il serait certain d'avoir mal fait. Il se contente d'avoir l'approbation du petit nombre des gens éclairés, et spécialement la sienne; parce qu'un homme qui n'a pas absolument perdu son temps, peut dire aussi dans ce cas, ce qu'un ancien disait de la vertu : qu'elle n'avait pas, pour se montrer de meilleur théâtre qu'elle-même.

Le génie est sage et ne dépasse jamais les bornes de la modération, vertu non moins nécessaire dans les doctrines que dans les actions; parce que, sans elle, on ne peut avoir une pleine connaissance du vrai, l'exagération d'une vérité emportant toujours la négation d'une autre. Voilà pourquoi les exagérateurs décréditent les opinions mêmes qu'ils veulent appuyer, et leur font plus de tort en les défendant que les autres en les attaquant; ils en sont les ennemis les plus dangereux. De plus, ils outragent la vérité en appelant à sa défense le sophisme et l'erreur, armes détestables; et ils ressemblent à ces gens qui défendent la justice par la corruption et la calomnie. A cette classe appartiennent les écrivains paradoxaux, qui sont tant du goût des modernes; parce que le paradoxe est presque toujours l'altération du vrai porté à l'excès. Ce goût est le produit de l'ambition ou d'une science incomplète et superficielle, et bien souvent de ces deux causes réunies. On croit communément que les esprits exagérés sont éminents; et il est rare, de nos jours, que celui qui n'exagère pas se fasse un nom, quoique d'ailleurs il se montre supérieur. C'est ainsi que juge le vulgaire, qui se laisse prendre aux bruits et aux apparences; il confond le forcé et l'excessif avec la force et la perfection, les fanfaronnades et la jactance avec la véritable valeur. Les exagérateurs, comme ceux qui se tuent de leur propre main, montrent qu'il y a de l'énergie dans leur ame; mais ils seraient beaucoup plus forts s'ils s'abstenaient de pareils excès, qui accusent presque toujours une certaine faiblesse de nature. Et réellement, le génie qui dépasse les bornes et les règles, doit être regardé comme son propre ennemi et son meurtrier. Car les extravagances dans les opinions, comme les excès dans les révolutions, conduisent à la licence et tuent à la longue la réputation de leurs auteurs, qui ne peuvent se promettre une vraie gloire, mais la renommée d'Erostrate. L'intempérance de l'esprit prouve le défaut de volonté, si elle est malicieuse; et le défaut de génie si elle est innocente. Et dans ce second cas, elle provient ou d'une incapacité spéciale de l'intelligence à découvrir toutes les faces du vrai, ou de sa faiblesse contre les assauts d'une imagination hardie et surabondante. Les hommes de ce caractère sont nés pour faire des poëtes, et non pas des philosophes. Et je ne sais pas même s'ils pourraient devenir des poëtes excellents, chez lesquels l'imagination doit être puissante, il est vrai, mais auxquels il faut une raison plus forte encore pour maîtriser la première. Et, certes, Dante, Arioste, Shakespeare, Cervantes, chez les modernes, possédèrent une puissance d'esprit moins rare que singulière. J'ajouterais quelques autres noms, s'il était aussi facile de ne pas blesser la modestie des contemporains que de devancer la sentence de la postérité. Enfin, la modération, mère de la dignité et de la constance, loin de mériter le reproche de timidité et de faiblesse, est la valeur suprême, la force parfaite, qui obéit aux ordres de l'esprit et sait s'imposer un frein à elle-même.

Le génie est courageux, parce que celui qui n'ose pas n'est apte à aucune espèce de grandes choses. Mais il ose avec prudence, c'est-à-dire qu'il est à la fois hardi et réservé. Cette réserve fait qu'il procède avec lenteur, qu'il pèse ses propres forces, qu'il examine longuement ses propres idées et celles des autres avant de les proposer ou de les rejeter; qu'il ne se fie pas aux impressions et aux mouvements subits, qu'il ne se rend pas aux apparences. La hardiesse fait que, lorsqu'il a découvert et mûri le vrai, il le publie courageusement, bien qu'il soit en opposition avec les opinions courantes et avec les jugements du vulgaire. C'est à vaincre en eux-mêmes les sentiments et les habitudes nuisibles, pour chercher le vrai, et à mépriser les préjugés des autres, quand il est opportun de le divulguer, que réside le noble courage du génie. Comme il a le privilége de distinguer dans l'Idée ce que les autres ne sentent que confusément, il n'est ordinairement ni compris ni apprécié de ses contemporains, et se trouve en quelque manière séquestré de leur société. De là le sort habituel qu'ont les grands génies de n'être estimés à leur véritable prix qu'après leur mort, et de ne jouir que d'une renommée posthume. Et comme le défaut de la connaissance idéale occasionne toujours des erreurs plus ou moins notables, les esprits inventeurs ne peuvent y remédier sans choquer beaucoup d'opinions dominantes, et à cause de cela ils sont forcés de déclarer la guerre à leur siècle. Mais si le vrai génie, doué d'un cœur élevé et noblement fier, dédaigne les basses altercations, et abhorre les obscures et inutiles querelles, il aime la bonne guerre, quand il la trouve opportune, et sa magnanimité se complaît dans les batailles. Et il se montre plein de courage, parce que, connaissant ses propres forces et celles du vrai, il compte sur la bonté de sa cause et se tient pour assuré de la victoire : il combat seul contre tous, s'il le faut, et le nombre des ennemis ne l'épouvante pas. De là vient que les grands hommes ont confiance en eux-mêmes ; et cette confiance, qui est ridicule dans les sots, parce qu'elle est présomptueuse, plaît dans ceux-ci, parce qu'elle naît du sentiment qu'ils ont de leur propre valeur. Remarquons toutefois que si les grands génies combattent leur siècle dans ses vices et dans ses erreurs, ils se rattachent à lui dans ce qu'il a de bon ; se gardant bien d'imiter les esprits paradoxaux, qui, par folle ambition, par manie de contredire et par fausseté de jugement, s'écartent de la manière de voir des autres, même dans les choses les plus raisonnables. Il est vrai qu'ils aiment mieux combattre les erreurs dominantes que cultiver les vérités établies, laissant ce soin plus facile et moins périlleux aux intelligences plus communes. En effet, les génies médiocres, qui ne sont pas assez subtils pour savoir trouver le vrai, ni assez hardis pour le défendre heureusement en combattant, sont très aptes à perfectionner les doctrines déjà établies et enracinées dans l'estime universelle, et à achever ce que les autres ont commencé. De là vient que ces derniers, quand ils ont un certain éclat et un vrai mérite, jouissent d'une renommée contemporaine et obtiennent plus de gloire durant leur vie que les premiers ; car, professant des opinions universellement reçues, et ne se distinguant de la multitude que parce qu'ils les possèdent d'une manière plus parfaite et qu'ils les exposent avec plus de clarté et d'efficacité, ils sont compris et approuvés de tout le monde : les génies supérieurs au contraire, qui inventent et ne polissent pas, ont le plus souvent pour destinée de vivre sans gloire et de mourir obscurs, si toutefois les persécutions des envieux et des méchants ne leur donnent pas une célébrité malheureuse. Ainsi, les uns exposent ce qu'il y a de bon dans les opinions, les autres combattent ce qu'il y a de vicieux ; et ils correspondent, — dans l'ordre de la science, — ceux-là aux représentants de la majorité, ceux-ci au petit nombre d'opposants, dans les assemblées libres des nations. Mais comme les combats soutenus par les grands génies spéculatifs les rendent souvent malheureux pendant la vie, et ne leur procurent jamais de gloire qu'après la mort; ils font preuve de magnanimité en travaillant au triomphe du vrai et au bien des hommes, sans s'inquiéter de leur propre fortune. Et peut-être que ce qu'il y a de plus difficile dans cette grandeur d'âme, c'est de triompher, moins des persécutions et des injures, que du mépris immérité des hommes vulgaires. Les hommes courageux eux-mêmes succombent sous les coups de ce mépris ; rien n'étant plus amer pour les esprits généreux que de se voir récompenser par le blâme au lieu de l'éloge ; rien n'étant plus difficile, même aux sages, que de dédaigner les railleries et les rires des sots. Mais celui qui se trouve soumis à cette dure épreuve doit prendre courage des difficultés mêmes, et se persuader que c'est surtout en dédaignant et foulant aux pieds l'injuste opinion, en se riant même du mépris des autres, que les hommes vraiment grands font preuve de courage.

Le génie est modeste, parce que, plus il est, par son savoir et sa puissance, au-dessus des autres, mieux il connaît sa faiblesse et son ignorance propres et celles qui sont communes à toute notre espèce. Cependant, si la modestie empêche que chez lui l'homme présume de lui-même sans raison, elle ne lui ôte pas le sentiment de ses propres forces, ni cette noble hardiesse d'où naît la profession courageuse du vrai. Elle ne lui défend pas non plus d'user avec ses semblables d'une certaine franchise, pour leur témoigner qu'il n'ignore pas sa propre valeur, et d'être assez généreux pour le déclarer même publiquement, quand son honneur, la défense du vrai ou les intérêts des autres le requièrent. C'est ce qui arrive fréquemment de nos jours où la médiocrité règne, où le vrai mérite est foulé aux pieds, où l'ignorance présomptueuse et l'imposture triomphent, où la modestie est réputée insuffisance et pusillanimité, et la discrétion faiblesse. Sans compter, que celui qui se sent quelque valeur désire que son mérite soit connu, non pas tant pour obtenir une vaine louange, que pour avoir le moyen de se rendre utile, en occupant dans la société le rang qui lui convient. Mais comme il en arrive rarement ainsi, et que quiconque s'élève au-dessus de la foule est ordinairement méprisé et persécuté, ou du moins négligé et méconnu, il doit se mettre en état d'opérer par lui-même, sans obtenir le concours des autres, et sans en espérer de la gratitude. Et s'il lui est permis, pour mêler quelque douceur aux amertumes de la vie, de penser avec complaisance à cette gloire qui lui sera peut-être accordée par la postérité, il ne faut pas qu'il oublie que ceux qui y aspirent doivent moins désirer d'en jouir, que s'appliquer à la mériter.

Le génie est méditatif et se plaît naturellement dans la solitude. Né pour les grandes choses, il ne peut trouver son plaisir dans les frivolités communes, et il se replie en lui-même pour y jouir de cette vie intime qui fait sa puissance. Heureux si la vertu lui fait des amis avec lesquels il puisse s'entretenir sans sortir de lui-même ; et plus heureux encore, si la fortune ne les lui ravit pas ! Quand les convenances ou les devoirs l'appellent à frayer avec les autres hommes, il se trouve solitaire, même au milieu des cercles et des réunions tumultueuses ; et il n'est jamais en plus nombreuse compagnie que quand il est seul, et qu'il s'entretient avec lui-même (*). A plus forte raison, si à la société de son propre esprit il ajoute celle des grands génies qui vivent et parlent encore dans leurs écrits, et avec lesquels il s'entretient comme avec ses pareils, qu'il interroge et qu'il écoute comme il ferait de ses maîtres (**). La conversation des morts est bien

---

(*) On connaît le mot de Cicéron sur Scipion l'Africain : *nunquam minus solus quam cum solus.*

(**) « Le soir venu, je retourne chez moi, et j'entre dans mon cabinet;.... et, » habillé décemment, je pénètre dans le sanctuaire antique des grands hommes » de l'antiquité. Reçu par eux avec bonté et bienveillance, je me repais de cette » nourriture qui seule est faite pour moi et pour laquelle je suis né. Je ne crains » pas de m'entretenir avec eux et de leur demander compte de leurs actions. Ils » me répondent avec bonté ; et pendant quatre heures j'échappe à tout ennui, » j'oublie tous mes chagrins, je ne crains plus la pauvreté, et la mort ne saurait » m'épouvanter ; je me transporte en eux tout entier. » MACHIAVEL. *Lettre à Vettori, du* 10 *décembre* 1513.

souvent pour celui qui vit présentement plus douce, plus profitable et plus digne que celle des vivants. Les cercles, les théâtres, les cafés, les jeux, les journaux, les amusements et toutes les occupations habituelles de la vie présente, loin d'être favorables au vrai génie, conspirent à l'étouffer ou du moins à l'énerver, et accablent à force de temps celui qui est le plus fortement trempé. Aussi ceux qui se dissipent dans la vie extérieure et qui s'égarent continuellement dans le monde, sont, pour l'ordinaire, des hommes assez médiocres d'esprit et de cœur. Je ne veux pas conclure de là que le philosophe doive fuir au désert et vivre en anachorète. Car il manquerait alors des moyens nécessaires pour acquérir, par la pratique des hommes, la connaissance de beaucoup de vérités, qui résultent de l'observation et de l'expérience, et dans lesquelles la philosophie prend de nouvelles forces, ou dont elle a besoin. De plus, la vie contemplative conduisant à l'active, et la science se rattachant à l'art, le véritable et parfait philosophe ne se contente point de faire des spéculations, mais il cherche et enseigne le moyen de les appliquer aux actions ; ce que ne peuvent bien faire que ceux qui, à l'usage de la méditation, joignent la pratique des hommes et de leurs affaires. Mais un génie habitué à penser, doué d'une haute intelligence, et nourri de fortes études, peut vivre solitaire même au milieu de la foule. Cette séquestration morale consiste à savoir converser et être en rapport avec les hommes, sans s'identifier avec leurs passions et leurs opinions, en conservant entière et inébranlable la liberté de l'ame et de l'intelligence. Le vrai philosophe observe et étudie le vulgaire qui l'entoure, et la société dans laquelle il vit, sans se laisser impressionner par eux et sans recevoir leur forme. Son ame active plus que passive, accepte les influences extrinsèques en tant qu'elles se rapportent à la fin du savoir et de l'action, mais elle les repousse énergiquement, en tant qu'elles tendent à altérer et à transformer sa propre nature. Il se montre jaloux de conserver la trempe particulière que le ciel lui a donnée, et la cultive avec grand soin, comme le germe qui produit les découvertes merveilleuses, et la nourriture qui alimente le feu sacré du génie. C'est pourquoi on trouve souvent dans les hommes extraordinaires un certain manque d'éducation, une rudesse, une sauvagerie, qui se plie difficilement aux usages, aux sottises vulgaires, et qui, pourvu qu'elle ne dépasse pas les bornes, leur est singulièrement utile, en conservant intactes la fraîcheur, la force, la jeunesse de l'ame, et en contribuant à la préserver de la mollesse qui corrompt la multitude. J'aime les mœurs rudes de Dante, de Michel-Ange, d'Alfiéri, et je les estime une qualité précieuse dans des temps malades. Quand la civilisation tend à l'extrême délicatesse, et que les douces habitudes dégénèrent en mignardise, la vertu n'est pas déparée par une certaine rudesse qui, l'éloignant de la trop grande fréquentation des hommes, la préserve de la contagion. On a l'habitude de dire que le génie supérieur est très disposé à se laisser modifier par les causes extérieures, et à exprimer en lui-même les pensées et les sentiments de la foule. Cela est vrai du génie médiocre, dont nous avons parlé plus haut, mais non du génie supérieur. Car celui-ci se montrant plus actif que passif, plus disposé à donner qu'à recevoir, à entreprendre qu'à continuer et à finir, et riche en vertu créatrice, est, pour ainsi dire *proles sine matre creata*, comparativement aux autres forces motrices de l'univers. Bien entendu que je parle de l'élément prédominant, parce que le génie, qui est comme une étincelle divine répandue en nous, est accompagné et tempéré par les parties les moins nobles de notre être. Mais il opère beaucoup plus sur les autres qu'il ne reçoit leur action sur lui-même ; et loin d'exprimer les opinions de la multitude, il fait tôt ou tard embrasser à celle-ci les siennes propres. Il invente, après avoir étudié, et ne se contente pas de polir et de perfectionner les inventions des autres; et en sa qualité d'inventeur il commande et n'obéit pas, il enseigne et n'apprend pas, il guide et n'est pas conduit, préférant, si l'occasion se présente, la guerre à la paix, les luttes aux alliances. En somme, il n'est pas, comme on dit aujourd'hui, l'expression du siècle; tôt ou tard, au contraire, mais plutôt tard que tôt, le siècle devient l'expression du génie. Voilà pourquoi il méprise la *glorietta* (*) (gloriole) présente, et aspire seulement à la gloire durable de l'avenir.

Une autre erreur, qui est la conséquence de la première, c'est de croire que le génie puisse obtenir ordinairement dans cette vie la faveur du plus grand nombre, et être vénéré par la multitude. Il ne méprise pas cette célébrité vulgaire, quand le hasard la lui donne, mais il ne met pas en elle son suprême bonheur, et il ne compte pas non plus sur elle; qu'il la perde ou qu'il l'obtienne, il s'en console aisément. Le désir de la faveur populaire montre dans celui qui l'attend avec confiance peu de grandeur d'ame; car le vulgaire ressemble aux princes; il n'aime et n'exalte d'ordinaire que ses flatteurs : quant à ses vrais bienfaiteurs, il les persécute ou les perd de réputation, et s'il ne les frappe avec le fer, il les tue par la calomnie, le mépris, l'abandon. Les brigueurs de la faveur populaire ont encore peu de vigueur; leur ame est souvent, comme leur corps, flasque au lieu d'être musculeuse; ils sont plutôt bons que forts; ils ont une bonhomie faible et efféminée au lieu d'une bonté forte et virile. Le grand génie est aristocrate, selon le vrai sens de ce mot : il aime le peuple et non pas ses faveurs; il aspire à faire le bonheur du peuple et non à

(*) Expression d'Alfiéri.

recueillir ses louanges ; il se tient écarté de la foule pour pouvoir lui faire du bien.

Le philosophe doit encore se séquestrer de la foule pour une autre raison qui regarde sa dignité et la tranquillité de son ame. Comme il ne peut être compris de la plupart de ses contemporains, et que ses mœurs, non moins que ses pensées sont en désaccord avec la frivolité dominante, s'il veut trop se mêler avec ses semblables, ou plutôt avec ses dissemblables, il sera mal accueilli par des gens qui ne sont pas en état de l'apprécier ; il se verra dédaigné et méprisé par des personnes d'un génie et d'un savoir infiniment au-dessous des siens ; ce qui est un des plus grands tourments qu'un galant homme puisse éprouver en ce monde. Que si son ame est trop sensible et trop modeste, il en résultera un autre inconvénient, savoir : une extrême défiance de ses propres forces, le découragement et l'éloignement pour toute noble entreprise, la perte de cette vigueur sans laquelle on ne peut faire de grandes choses, même dans l'ordre de la science. Il est vrai que cela arrive rarement, parce que le vrai génie ne doute pas de lui-même : une voix intérieure plus puissante que les jugements et les clameurs du vulgaire ignorant, le rassure. Mais si le sentiment qu'il a de sa propre valeur, surmonte les murmures et les railleries des autres, il concevra néanmoins une grande colère contre l'injustice des hommes, passion qui pourrait le rendre injuste et cruel à l'égard des autres. On voit en effet que tous les grands hommes furent colères (*) ;

(*) Eo quod in multa sapientia multa sit indignatio.
Eccles., i, 18.

« Alma sdegnosa,
» Benedetta colei, che'n te s'incinse. »
Dante, *inf.*, viii, 44, 45.

« Ame fière, bénie soit celle qui fut enceinte de toi ! »

et que moins ils étaient accessibles à l'envie, vice d'une ame étroite et impuissante, plus ils étaient prompts à la colère, qui dans les ames ardentes dépasse aisément les bornes, et fait tort à cette dignité calme dont le sage ne devrait jamais se laisser écarter. Il est vrai qu'une ame parfaitement chrétienne dompte la colère avec les sentiments de l'humilité et de la mansuétude ; mais il faut pour cela une vertu héroïque, beaucoup plus rare que les dons de l'esprit ; ce qui me porte à croire que celui à qui l'exercice en serait nécessaire, fera preuve d'une grande sagesse en évitant les occasions où il lui faudrait vaincre la colère.

Le génie est libre, et ne dépend humainement que de lui-même ; parce qu'il tient de lui-même, ou pour mieux dire, de l'Idée qui le forme, la connaissance de sa propre valeur, et l'investiture des droits qui composent sa supériorité. Il ne dépend point des opinions populaires, et il ne reçoit du siècle ni le sentiment de ses propres forces, ni le pouvoir légitime de les exercer. Il n'est pas non plus soumis au caprice des gouvernements et des princes, qui le respectent s'ils sont bons ; mais qui, s'ils sont mauvais, le haïssent, et cherchent à l'étouf-

« Pur se credesse alcun dicendo male
« Tenerlo pe' capegli,
» E sbigottirlo o ritirarlo in parte,
» Io lo ammonisco et dico a questo tale,
» Che sa dir male anch'egli,
» E come questa fu la sua prm'arte ;
» E come in ogni parte
» Del mondo ove il si suona,
» Non istima persona. »　　MACHIAVELLI, *Mandrag. Prol.*

« Cependant si quelqu'un, en médisant de l'auteur, s'imaginait le saisir par les cheveux, l'étourdir ou lui faire quitter la partie, j'avertis ce quidam que l'auteur aussi entend la médisance, que ce fut son premier métier, et que dans tous les pays du monde où le *si* résonne, il n'estime ame qui vive. »

« Irato sempre, et non maligno mai. »　　ALFIÉRI, *Poes. Var.*

« Toujours colère, jamais méchant. »

fer, en s'y prenant diversement toutefois, suivant qu'ils sont ignorants ou cruels. Les princes ignorants font la guerre aux grands génies, les persécutent, les dépouillent, les tourmentent, les déchirent, les bannissent, les emprisonnent, les martyrisent, les font tomber sous le fer, et s'ils parviennent à les voir morts à leurs pieds, croient les avoir anéantis. Mais les œuvres du génie ne périssent pas avec sa dépouille mortelle, et ses persécuteurs ne parviennent qu'à attirer sur eux-mêmes une infamie perpétuelle, en leur assurant une gloire immortelle et le triomphe de leurs opinions. Toutes les forces conjurées de la terre sont impuissantes contre la forcee invincible de la pensée. Les princes méchants et rusés s'y prennent d'une autre manière; ils ne font pas la guerre au génie, mais ils le caressent; ils s'appliquent à le corrompre en le flattant; ils l'avilissent à force de dons et d'honneurs, et remportent une victoire complète sur leur ennemi en l'énervant et en tarissant sa vigueur dans sa source. Pour vaincre Samson on employa vainement les menaces, les attaques, la violence, les chaînes; mais on l'affaiblit en lui coupant sa chevelure. La force du génie est dans son indépendance; le génie esclave perd, comme l'homme esclave, la moitié de sa valeur. Vous donc qui possédez ce don divin et qui voulez le conserver, ne vous épouvantez pas aux menaces des mauvais princes, moquez-vous de leurs fureurs; mais gardez-vous soigneusement de leur protection. Obéissez à ceux qui gouvernent, qu'ils soient bons ou mauvais, en ce qui a rapport aux devoirs du citoyen et au maintien du repos public, parce que la religion et la raison vous le commandent également; mais conservez intacte la la liberté de l'ame, et ne laissez pas violer les droits sacrés du génie. Sa souveraineté n'est pas fondée sur les suffrages de la multitude ou sur les priviléges des rois, mais sur sa propre nature. Car ayant une intuition spéciale du vrai, il est maître et non disciple, commande et n'obéit pas, règne et ne connaît pas de roi. Il doit assurément apprendre des autres beaucoup de choses ; mais il ne leur emprunte pas ces vérités dont il est l'inventeur, et dont la révélation fait que les peuples reconnaissent et vénèrent en lui une brillante image de l'esprit suprême et créateur. Son pouvoir est absolu, comme celui du vrai ; il ne dépend point d'un principe extrinsèque ; il est vraiment autonome, et chacun est tenu de l'honorer, de lui rendre hommage et de lui obéir. Les grands philosophes de nos jours, selon lesquels le génie créateur habite, comme ils disent, dans les masses, introduisent dans les doctrines le principe de la souveraineté populaire. Mais ce principe, absurde en politique, est absurde et ridicule dans les sciences et dans les lettres. Le savoir doit descendre des hautes régions vers les inférieures, et non pas monter des inférieures vers les hautes ; le génie n'emprunte point d'en bas, mais reçoit d'en haut, c'est-à-dire de l'Idée, qui le forme, dont il est le contemplateur et qu'il interprète aux autres hommes. Il est comme un prophète, qui annonce les oracles divins ; un délégué de Dieu dans l'ordre pacifique de la science ; un prince investi par le ciel d'un pouvoir sacré et inviolable. Mais son principat, bien qu'impérieux et sévère, n'est ni violent et despotique, ni sujet aux vicissitudes des autres dominations. Car il s'impose librement aux intelligences, qui, après l'avoir combattu quelque temps, le reçoivent spontanément, vaincues qu'elles sont par l'évidence du vrai, resplendissant dans ses doctrines. L'évidence est la voix même de Dieu, à laquelle les hommes ne peuvent long-temps résister. Et quand l'empire du génie est établi et universellement reconnu, il devient perpétuel, et son possesseur n'a plus à craindre d'être contredit ou dépossédé par personne. Il est vrai que durant ces premiers combats l'homme est quelquefois victime de son noble devoir ; et bien souvent aussi il arrive que, dans l'ordre naturel, le martyre précède la rédemption. Mais cela n'arrête ni ne décourage le génie ; parce qu'il n'aspire point, comme les ambitieux et les conquérants, à une domination personnelle, mais seulement à l'empire du vrai, dont il est l'apôtre ; ce qui lui fait préférer la mort de Phocion et de Socrate aux triomphes de Gorgias et de Cléon. Il n'est pas besoin d'avertir que le domaine légitime de l'homme de génie ne s'étend pas aux erreurs, dans lesquelles il tombe quelquefois ; car si l'on erre, ce n'est jamais parce qu'on est homme de génie, mais parce qu'on ne l'est pas suffisamment. Et certainement celui qui pourrait avoir un génie parfait serait exempt d'erreur.

Mais pour être réellement indépendant des hommes, il faut l'être aussi en quelque sorte de la fortune. Car celui qui veut, en pensant et en écrivant, être utile à ses semblables, doit avant tout se soustraire à leurs caprices et se mettre en état de n'avoir pas besoin d'eux ; attendu qu'on ne peut parler librement à ceux qu'on est obligé de servir. Si l'homme de génie est né riche et libre, qu'il remercie le ciel qui lui a donné le moyen de disposer à son gré d'un capital beaucoup plus précieux que l'or, c'est-à-dire du temps et de ses propres actions. Qu'il prenne garde seulement de ne pas abuser de ce privilége, en consacrant à l'oisiveté et à la mollesse un bien qui lui fut donné pour la liberté et la vertu. Dans le cas contraire, qu'il ne perde pas courage et qu'il songe que l'homme capable et doué d'une volonté forte, peut vaincre beaucoup d'obstacles dont s'épouvantent les hommes ordinaires ; qu'il ne se défie même pas de la fortune, qui est, comme dit Machiavel (*), amie des hommes forts et de ceux qui lui commandent avec le plus de hardiesse. Qu'il vise seulement à se

---

(*) *Princ.*, 25.

procurer un état obscur, mais indépendant, et qu'il dépense une partie de son temps pour avoir le libre usufruit de l'autre. C'est être sage que de faire le sacrifice d'une portion du temps, quelque précieux que soit ce bien, pour conserver entière la liberté de l'ame, trésor auquel nul autre ne peut se comparer. Or, il le perdrait, ce trésor, si au lieu de compter sur son travail, il se fiait à la faveur et à la protection des autres, et principalement des puissants et des riches. Car ceux-ci, s'ils sont ambitieux et mauvais, se gardent bien de favoriser ceux qui ne sont ni complaisants, ni sans pudeur, ni vicieux, ni flatteurs, parce qu'ils ne leur ressemblent pas. S'ils sont bons, ils confondent d'ordinaire la modestie et la retenue avec la faiblesse ; ce qui fait que s'ils rencontrent un homme doué d'une modeste candeur, ils ne l'apprécient pas, le tiennent pour incapable et se gardent bien de l'entourer de leur faveur ; non pas qu'ils le croient mauvais dans le fond, mais parce qu'il serait peu sage, à leur avis, de lui confier leurs affaires. Il faudrait donc aussi pour plaire à ces derniers prendre les dehors de la présomption et de l'arrogance, et renier sa propre nature. En résumé, aujourd'hui, sauf des cas très rares, il n'y a que les hommes médiocres et les charlatans qui puissent obtenir la protection des grands. Le génie pauvre et malheureux, qui n'a point la première de ces deux qualités, et qui ne peut se résoudre à acquérir la seconde, ne doit chercher d'autre protecteur et d'autre Mécène que lui-même. Qu'il mette sa confiance en Dieu, qui aide les hommes vertueux, et qui n'allume pas en quelques-uns d'entre eux la flamme sacrée du génie pour l'étouffer en la privant de l'aliment nécessaire ; mais qui l'expose souvent au vent de l'adversité et des persécutions, afin qu'en s'agitant, et en triomphant de ses ennemis, elle augmente en force et en éclat. L'adversité est un don de Dieu ; elle perfectionne les esprits, et fortifie les ames dignes de la supporter. Et quand même il n'en serait pas ainsi, elle est utile, parce qu'elle préserve de la mollesse, et parce que c'est dans le plaisir et non dans la souffrance qu'est le plus grand ennemi de la vertu et des hommes.

L'amour que les grands génies ont pour l'indépendance leur fait aussi prendre en horreur les partis et les factions, qui enlèvent d'un côté ce qu'ils donnent de l'autre, et qui, s'ils étendent hors de leur cercle le pouvoir de celui qui les dirige, le privent de sa liberté. Tout chef de parti est plus ou moins esclave de ceux qui sont sous ses ordres, et il est obligé d'obéir en partie à leurs caprices et à leurs passions, pour conserver son pouvoir. Pour se maintenir dans l'état où elles se trouvent, pour s'étendre ou accroître leurs forces, les factions ont besoin de prudence, de secret, de brigues, de détours, de machinations, de fraudes; tandis que le génie est franc et libre, ennemi de toute feinte et de toute dissimulation, magnanime pour les grandes choses, incapable de se porter à aucune démarche où il reconnaisse un caractère de fourberie, de bassesse ou de petitesse. Il ambitionne de commander, parce que son empire est celui du vrai; mais il veut avoir pour sujets des esprits libres et choisis : il aime à exercer sur les générations à venir une souveraineté large et durable, et non pas à régner obscurément pour quelques jours dans l'enceinte resserrée des cercles et des assemblées. Le pouvoir qui vient des factions a des attraits pour les hommes vulgairement ambitieux et médiocres, mais il est dédaigné de ceux qui aspirent à la gloire et aux grandes choses.

Le génie est ami de la patrie et animé d'un zèle éclairé pour son service. Il n'est pas seulement homme et philosophe, mais il est aussi citoyen, et il sait que les devoirs civils, partant, comme les autres, de la loi morale, sont absolus et inviolables. Il sait que l'amour qui nous est prescrit à l'égard de tous les hommes regarde principalement la patrie ; parce que, outre la fraternité commune, l'homme a un lien de parenté tout particulier avec ceux qui sont du même pays, de la même langue, de la même race que lui ; et parce qu'en ayant reçu la naissance, l'éducation et tous les bienfaits de la civilisation, à l'obligation de la charité se joint chez lui le devoir de la reconnaissance. Voilà pourquoi le Christ a commandé l'amour du prochain ; et le prochain, c'est spécialement la patrie. Celui qui aime sa patrie doit s'étudier à la servir et à lui faire du bien, même à ses propres dépens ; c'est pourquoi les hommes vertueux font tourner à leur profit même les maux qui les accablent, s'ils dirigent leurs efforts vers un noble but, et lui sacrifient même leur vie, s'il en est besoin, car le martyre patriotique est, après le martyre chrétien, le plus grand et le plus héroïque. En un mot, il est beau et glorieux, dans toutes les conditions de fortune, aux yeux de Dieu et des hommes, de souffrir pour la patrie. Celui qui aime sa patrie est plein d'ardeur pour pousser à tout ce qui tourne à son bien et à son avantage ; mais son zèle est gouverné par la sagesse, autant dans l'emploi et le choix des moyens que dans l'élection du but. Celle-ci demande qu'on estime à son prix réel tout ce qui est utile, et que l'on préfère les biens supérieurs aux inférieurs ; ceux-là qu'on emploie les moyens les plus convenables pour atteindre la fin proposée, et les plus dignes de sa sainteté. Ils se trompent donc ceux qui préfèrent les arts d'agrément aux arts utiles, et ceux-ci à la moralité, à la religion et à la sagesse des nations. Celui-là fait pire encore qui a recours à des actes vils et injustes, pour rendre heureux son pays natal ; voilà pourquoi les fauteurs des révolutions violentes et d'une liberté sanglante, sont impies et dignes de mépris. Les plus grands ennemis de la liberté, ce ne sont pas ceux qui l'oppriment, mais ceux qui la déshonorent. Car les premiers la font désirer davantage en en augmentant le prix, et la font aimer même des tièdes et des méchants ; les seconds la rendent odieuse et redoutable aux bons. Le citoyen vertueux sacrifie, s'il le faut, sa vie à la liberté de la patrie ; mais jamais la vertu. La liberté est assurément un grand bien ; elle est pour les états ce qu'est le libre arbitre pour les individus : c'est de là que proviennent la force, la dignité, la gloire, le progrès, la supériorité civile. Elle est par dessus tout nécessaire au génie, lequel, comme une plante généreuse, mère de fruits précieux, a besoin d'un champ découvert, de l'air libre, et ne prend point racine à l'ombre malfaisante du despotisme. Mais le prix d'une vie libre dérive de la moralité, qui en est le principe et la règle suprême, et dont les préceptes sont, comme les règles mathématiques, absolues et irréfragables. Une liberté criminelle est sa propre meurtrière et vaut moins que l'esclavage ; car l'esclave est tyrannisé par les autres, tandis qu'un peuple livré à la licence est son propre tyran ; ce qui fait que le premier est malheureux, mais innocent, et le second misérable et coupable, victime et bourreau. Le vrai philosophe sait sagement éviter tous ces excès, et porte dans l'accomplissement des devoirs civils ce jugement ferme et cette habileté dont il se sert dans la recherche du vrai. Beaucoup de personnes croient aujourd'hui que les hommes studieux et spéculatifs sont impropres aux affaires, et qu'excellents dans la théorie ils sont nuls dans la pratique (38). Cela est très vrai, si l'on parle de la pratique moderne ; parce qu'une certaine proportion devant exister entre les affaires et celui qui les conduit, la frivolité des mœurs et la bassesse des actions est telle de nos jours, que les hommes généreux n'aiment pas à s'en mêler. Et s'ils le font, il est rare qu'ils réussissent, parce que leur manière de procéder est trop en désaccord avec celle de leurs coopérateurs. De même que le sage est fou parmi les insensés, de même celui qui est bon et franc devient mauvais parmi les méchants, et celui qui est grave et fort, ridicule ou insupportable à celui qui se nourrit de futilités et d'immondices. Mais parmi les anciens, qui étaient de tout autres hommes, je trouve que les esprits supérieurs allièrent souvent la sagesse civile aux travaux du génie. Et dans notre Italie, quand le nom de patrie n'y était pas tout-à-fait mort, il ne manqua pas de pareils exemples : il suffit de citer Dante et Michel-Ange. Mais aujourd'hui, outre que presque toute vertu perd à la vie publique, c'est peut-être un bien que les grands génies se tiennent quelquefois éloignés des affaires civiles, pour pouvoir se rendre utiles à la patrie au moyen des lettres et des doctrines. L'avantage qui résulte de la découverte et de la publication de la vérité est tel, qu'il peut bien rendre non-seulement excusable mais même louable le repos civil; surtout si celui qui écrit applique son esprit à ces connaissances qui sont l'objet propre du génie spéculatif. Et les hommes au-dessus du vulgaire sont en cela d'autant plus utiles, que l'amour ardent du vrai, la noblesse de l'ame et la liberté du génie les rendent plus ennemis de toute adulation, et apôtres plus intrépides de la vérité, quelque dure et désagréable qu'elle soit. Sans cette qualité, l'office de l'écrivain est inutile ou funeste ; car les flatteurs des peuples ne sont pas moins nuisibles que ceux des princes. Et les écrivains généreux s'attachent à servir spécialement la patrie, en éveillant et fortifiant le caractère national du peuple auquel ils appartiennent (39). Or, ce but, nos concitoyens l'atteindront en faisant prévaloir les mœurs italiennes sous tous leurs rapports, et en les opposant à la folie de quelques hommes qui voudraient les échanger contre des usages empruntés et étrangers ; montrant en cela autant de sagesse que celui qui exhorterait les Italiens à abandonner ce jardin que la Providence leur a donné à cultiver, pour aller habiter quelque lande stérile et sauvage. Car les nations, outre le climat physique sous lequel elles vivent, ont aussi une sorte de climat moral, qui est leur génie propre, d'autant plus important qu'en le conservant, un peuple peut survivre à la perte du pays natal, et qu'en le perdant la patrie devient son tombeau. Mais outre les mœurs, qui varient selon les peuples, le génie italien a un privilége particulier et qui lui est entièrement propre. Il consiste en ce que le vrai absolu, c'est-à-dire l'Idée dans sa plénitude, est une propriété intrinsèque de l'Italie, comme nation. La religion catholique doit, comme vérité, être chère à tous les peuples; à nous Italiens, elle doit nous être chère comme vraie, et comme nationale. La religion catholique est spécialement nôtre; elle est nôtre, parce que l'Italie l'ayant reçue au sortir du berceau, fut le principal instrument de son accroissement et de sa propagation dans tout le monde barbare et civilisé; elle est nôtre, parce qu'elle règne dans toute la Péninsule avec peu ou point d'opposition des autres cultes; elle est nôtre surtout, parce que nous possédons le siége suprême de son sacerdoce, parce que nous devons à ce siége la gloire d'avoir au milieu de nous la capitale religieuse de l'univers, et de voir revivre la grandeur latine, sans faire couler les larmes et le sang des peuples. Je sais que, par un aveuglement déplorable, une partie des Italiens qui ont reçu de l'éducation ne veulent pas entendre cette vérité; je sais que beaucoup regardent comme un fardeau, et beaucoup hélas! comme une honte pour la commune patrie, ce qui fait sa principale gloire. Mais plus cette erreur est funeste et enracinée, plus il est nécessaire que les grand écrivains emploient à la détruire leur éloquence et leur savoir. Les Italiens de nos jours n'ont pas de meilleur moyen pour servir leur patrie que de travailler à la racheter d'une mort de trois siècles; mais pour la ressusciter, il faut lui rendre l'ame qui consiste principalement dans les croyances de ses pères. Une Italie incrédule et française, ou protestante et allemande serait ridicule, si elle ne faisait frémir de honte et d'indignation. Que le génie italien s'applique donc à ce noble objet ; et en le faisant convenablement, il n'aura pas besoin de s'excuser auprès de la patrie si la condition des temps lui interdit d'agir et ne lui permet que d'écrire.

Enfin le génie est religieux, et c'est dans cette qualité que consiste sa perfection. Il est soumis à Dieu, parce que Dieu est l'unique principe de son existence, de sa vie, de sa puissance. Dieu est l'Idée, et de Lui, comme force créatrice, procède la vertu intellective et active de l'esprit, lequel par conséquent dérivant de Dieu, et se réfléchissant en Dieu, est comme un rayon de lumière qui retourne vers sa source. Si cet ordre est interverti, et si le génie de l'homme se révolte contre son Auteur et objet suprême, il perd la souveraineté dont il a été privilégié, comme un prince qui se détrône lui-même ; et sa domination, comme tous ses autres droits, cessant d'être divine, devient nulle. Mais Dieu, qui parle intérieurement et naturellement, par son Verbe, à l'esprit de tout individu, a parlé d'une manière externe et surnaturelle à tout le genre humain. Et comme l'intellect est le moyen par lequel l'homme saisit la manifestation naturelle du Verbe, de même aussi l'Église est l'organe par lequel il participe à cette lumière révélée, qui surpasse en excellence la raison ; d'où il suit, que l'autorité ecclésiastique est, respectivement aux vérités de la seconde espèce, ce qu'est la lumière intelligible relativement à celles de la première. C'est pourquoi le vrai génie est chrétien et catholique ; et s'il n'était pas l'un et l'autre, il ne serait pas idéal ; car *la révélation du Christ, annoncée par l'Église, est la conséquence nécessaire, et le complément indispensable de l'Idée.* Sa soumission aux oracles de l'Église est sincère, profonde, illimitée, parfaite. Quelque rares et extraordinaires que soient les qualités dont Dieu l'a enrichi, se reconnaissant homme et sujet à l'erreur, il respecte les sentences de ce tribunal qui ne peut faillir, et obéit à l'Église, comme le plus simple de ses enfants. S'il lui arrive de publier ses opinions, cette docilité lui inspire une sécurité qu'il lui serait impossible d'avoir sans cela ; parce que, connaissant la faiblesse de l'esprit humain, il n'ignore pas combien il est facile de se tromper sans vouloir le faire, et de nuire au lieu d'être utile ; d'où il suit, qu'il pourrait toujours douter de sa propre manière de voir, s'il n'avait pas une mère sage et tendre, prompte à secourir ses enfants et à remettre dans le droit chemin ceux qui s'égarent. Il met à obéir cette ardeur, cette résolution, cette force, cette constance, cette grandeur d'ame que l'on apporte d'ordinaire à rechercher la vérité, et à résister à la violence et aux caprices des hommes. Il est docile, comme un enfant, à recevoir la parole de vie ; mais sa docilité n'est pas de la faiblesse. C'est au contraire de la vigueur et de la force d'ame ; parce que la foi n'est point faite pour les pusillanimes et les faibles ; mais néanmoins elle les accueille avec amour, les presse sur son sein, les fortifie par son contact, et se montre pour eux aussi pleine de puissance et de bonté. La religion catholique est la religion des forts, et si aujourd'hui elle est déchue et languissante chez un grand nombre d'hommes, c'est parce que les génies et les ames fortes ne sont pas communs. Elle se réduit en substance à la foi et à l'amour ; deux vertus qui tiennent du surhumain, et requièrent bien souvent la constance d'un héros et la générosité d'un martyr. Comme la puissance sensitive a la prédominance sur les autres facultés, l'homme tend de tous les côtés vers les objets sensibles, et il est porté à y chercher autant le bien, qui doit être le mobile de sa volonté et rassasier ses désirs, que le vrai, qui doit satisfaire son intelligence. De là vient que le sensisme dans la spéculation, et l'égoïsme dans la pratique, sont deux maux natifs enracinés dans le cœur de l'homme, qui arrêtent la connaissance dans les choses externes, et concentrent l'ame en elle-même comme dans les dernières limites de son mouvement. Le christianisme combat cette disposition vicieuse, et imprime à nos facultés une direction tout opposée, en substituant l'Idée au Sens, l'Intelligible au Sensible, Dieu au monde et à nous-mêmes. Par la foi, il élève l'esprit aux vérités rationnelles et à celles qui sont au-dessus de la raison; par la charité, il arrache l'ame au coupable amour de soi-même, et lui prescrit de placer dans le ciel sa fin dernière et l'objet suprême de tous ses désirs. En nous ramenant à chercher en Dieu le souverain vrai et le souverain bien, il rétablit dans l'homme l'ordre rationnel des choses, et détruit jusqu'en ses fondements cette injuste domination, que les sens avaient usurpée sur les facultés et sur les meilleurs penchants. Harmonie étonnante, et bien propre à prouver la vertu surhumaine et la vérité de l'Évangile, qui étant *la restitution parfaite de l'ordre idéal dans les puissances humaines*, manifeste par sa propre nature la divinité de son principe. Mais pour mettre en œuvre une doctrine aussi sublime, pour pratiquer ce double héroïsme de la charité et de la foi, et gagner sur le sens rebelle une bataille difficile, qui dure autant que la vie, il faut une énergie, une grandeur d'ame et une constance inexprimables. Et de la difficulté du combat naît le prix de la victoire, et la beauté singulière du culte qui l'inspire. Quant à la foi en particulier, les hommes de génie, avides de l'évidence, et enhardis par le sentiment de leurs propres forces, se laissent aisément aller à l'orgueil et aspirent à faire de leur esprit la mesure absolue du vrai. Ensuite le caractère de l'époque aide l'incrédulité, et l'accroît par la force incroyable de l'opinion et de l'exemple. Aussi n'est-il pas rare de voir des hommes au-dessus du vulgaire et capables de faire la loi à leur époque, se soumettre à elle et lui obéir, dans les choses les moins raisonnables ; et, victimes infortunées du siècle, ou la proie d'une folle ambition, se laisser entraîner par ce torrent dont ils devraient arrêter le cours. Mais s'ils étaient plus sages qu'ils ne le sont, et s'ils calculaient bien, ils connaîtraient que, même sous le rapport de leur propre réputation, ils ont tort de flatter et de servir les opinions ; parce que la réputation fondée sur l'erreur, s'évanouit promptement avec les doctrines qui la produisent. Le génie catholique seul ne craint point les injures du temps, parce qu'il grave son nom sur les murs d'un temple immortel. Et si, pendant la vie, il est méprisé et persécuté ; il fait éclater sa force en dédaignant ceux qui le méprisent, en préférant l'avenir à ce présent qui a tant d'attraits pour les ames vulgaires ; car cette magnanimité d'esprit est le propre de ceux qui sont au-dessus de la multitude. De plus, la religion, outre qu'elle assure un nom honorable et qui ne périra pas, perfectionne le génie lui-même et lui donne plus de vigueur et d'excellence. Beaucoup de personnes s'imaginent que la profession du catholicisme affaiblit les forces de l'entendement, entrave et retarde les progrès de la science. Si cela était vrai, les hommes religieux devraient se féliciter de vivre dans ce siècle, qui serait à ce compte, catholique par excellence. La foi ne condamne pas la liberté, mais la licence ; elle n'est pas un obstacle, mais un frein ; elle ne combat pas la force, mais la faiblesse, parce que c'est de celle-ci et non de celle-là que proviennent les excès et les fautes de la licence. Les esprits déréglés sont forts en apparence, mais faibles en effet, parce qu'ils se dérobent à l'obéissance légitime pour servir les sens, l'imagination, la coutume. Je pourrais prouver aussi que les habitudes intellectives du parfait chrétien sont toutes favorables au génie et à la recherche du vrai ; mais il y aurait là matière à une longue dissertation (*), et cela n'est pas nécessaire, puisque les exemples suffisent pour nous le démontrer. Les penseurs les plus éminents, qui depuis quinze siècles aient illustré les sciences spéculatives, firent profession de catholicisme, ou du moins ils s'en rapprochèrent lorsqu'ils avaient pris naissance dans les pays hétérodoxes. Qui oserait mettre sur le même rang les chefs de l'hérésie et les défenseurs de la religion catholique ? Si l'on veut distinguer le faste menteur de la vraie grandeur de l'esprit, on n'a qu'à comparer Athanase à Arius, Augustin à Pélage, Bernard à Abeilard, Dante et Borromée à Calvin et à Luther. En tout temps l'expérience a prouvé que l'homme en reniant la vraie foi, perd la moitié de sa valeur et descend au-dessous de lui-même et de sa propre renommée. Plus le génie catholique est brillant et beau, plus le génie hérétique est faible, obscur, grossier, désagréable à contempler. L'hérésiarque est comme un monument en ruine, qui conserve les traces de son ancienne grandeur, mais attriste le spectateur, en lui mettant sous les yeux et lui représentant au naturel la vanité de l'homme et la fragilité de ses œuvres. On peut encore le comparer à ces esprits superbes et précipités du ciel, dont nous parle la religion, qui personnifiés sur la toile ou dans les poëmes, excitent dans celui qui les contemple une impression sublime mais douloureuse et saisissante, et dans lesquels, à travers la misère et la difformité du péché, brille encore un rayon affaibli de la beauté primitive.

La religion donne un prix infini à la vie temporelle de

(*) On trouvera quelques remarques sur ce sujet dans le dernier chapitre du premier livre de cette *Introduction*.

l'homme en la liant étroitement à l'éternelle. Et comme la mort est le passage de l'une à l'autre, elle reçoit des croyances religieuses une valeur et une apparence singulière et nouvelle. La foi embellit la mort et la rend douce, agréable, précieuse, désirable, en la dépouillant de la pensée de la destruction, qui la rend redoutable à la plupart des hommes ; en la représentant comme la délivrance de cette prison terrestre, dans laquelle le plus souvent on languit au lieu de vivre, et comme une renaissance à la vie véritable. Mais pour l'homme livré à l'étude du vrai, et accoutumé à fixer les yeux sur ce voile impénétrable qui lui en cache une partie, la mort acquiert un mérite particulier en lui apparaissant comme *la transformation du surintelligible en intelligible, et la parfaite révélation de l'Idée.* Aussi, loin de redouter la fin fatale qui l'attend, il la désire comme sa délivrance, et il soupire vers l'éternité, qui doit l'initier à un degré plus élevé et plus mystérieux de la science. Le savoir de ce monde est un rudiment élémentaire, qui ne peut se compléter ici-bas. Nous sommes des petits enfants qui apprenons à lire, et notre encyclopédie est un alphabet. Mais cette instruction préparatoire serait inutile, et le désir que nous avons de l'accroître vain et sans but, si l'esprit de l'homme n'avait pas été destiné à jouir ailleurs d'une science complète et parfaite. L'homme juste, quand il atteint la vieillesse, semble acquérir un certain pressentiment du bien dont il va jouir, et rajeunit spirituellement, parce qu'en approchant de sa fin, il touche au moment de retourner à son principe. Cette pensée imprime à la dernière partie d'une vie bien remplie, une dignité et un calme majestueux et solennels. La vieillesse chrétienne est honorable, et sa fin est sereine. Et quand à la vertu vient se joindre e génie et l'éclat d'une grande et pure renommée, les cheveux blancs ont une autorité prophétique. Mais la vieillesse est sombre et lugubre, si elle n'est réjouie par l'espérance ; et la mort de l'homme célèbre est triste, si les consolations de la religion ne l'accompagnent. La pensée de la gloire qu'il laisse après lui ne suffit pas pour le consoler, quand la vie l'abandonne ; elle l'afflige plutôt comme l'image d'un bien qui ne lui appartiendra plus, puisqu'il ne pourra plus ni le goûter, ni le posséder. Théophraste, après une vie très longue et très illustre, reconnut en mourant la vanité de la gloire, et se repentit des fatigues auxquelles il s'était exposé pour l'acquérir (*). Et en effet, à quoi sert le souvenir du bonheur passé, sinon à s'affliger de l'avoir perdu ? On raconte que le célèbre Goëthe invoqua douloureusement la lumière, au moment même où ses yeux se fermaient pour toujours (40). Mais le chrétien qui aspire à jouir de cette lumière, qui ne diminuera point, et à l'égard de laquelle notre jour est une profonde nuit, trouve des motifs pour redoubler de courage ; et quand les biens et la gloire terrestres l'abandonnent, il élève ses pensées vers cette gloire céleste, dont la jouissance est au-dessus de tout ce que nous pouvons concevoir. Cette confiance adoucit l'amertume de la séparation, et prolonge et éternise en quelque sorte pour lui, la possession même de ces biens qu'il abandonne. Il se réjouit en pensant que lorsqu'il jouira de la béatitude au sein de Dieu, son nom sera aussi béni sur la terre. Les lauriers périssables que la mort flétrit, lui sont néanmoins chers et précieux, parce qu'il espère les voir reverdir dans la vie immortelle. La mémoire du génie vertueux vit et fleurit dans le ciel, beaucoup mieux que sur la terre ; parce que le génie bien employé est la vertu : son vrai théâtre est l'assemblée universelle des esprits, et l'éternité tout entière célèbrera ses louanges. Malheur à celui qui abuse des dons

---

(*) Diog. Laër, liv. V, ch. 2, num. 11.

de Dieu, et fait servir à la perdition des hommes le feu céleste qu'il avait reçu pour leur faire du bien ! Aucun malheur n'est comparable à celui-là ; et l'imagination elle-même ne peut mesurer le tourment qu'il doit faire éprouver à la conscience d'un mourant. L'agonie du chrétien, au contraire, est tranquille, et le sentiment de son mérite ne lui cause point de remords. Le souvenir des privilèges qu'il avait reçus ne le trouble point, mais lui inspire un humble sentiment de confiance et de gratitude ; parce que, s'il abandonne le champ qu'il a cultivé, il sait qu'il emporte avec lui les fruits de ses sueurs et de ses fatigues, et il compte les offrir, comme un bon ouvrier, à un maître juste et miséricordieux, qui a promis une éternité de récompenses ineffables à un verre d'eau donné pour l'amour de lui.

NOTES.

NOTES

DU TOME PREMIER.

Note 1.

Si les amateurs qui se donnent pour des Aristarques, joignent à ce défaut la splendeur de la naissance et de la fortune, toute discussion dans laquelle les hommes vraiment studieux voudront entrer avec eux, devra paraître une folie (*). Car, comment un homme pauvre et obscur, bien que savant et plein de génie, pourrait-il jamais avoir raison, dans le temps où nous sommes, contre celui qui possède vingt mille écus de rentes, par exemple, et qui a des titres de noblesse ? Ces avantages ont en effet deux résultats : en premier lieu, ils donnent le privilége de parler de tout sans savoir grand chose ou même rien du tout, et d'être très érudit

---

(*) Elle doit le paraître toujours, et quelquefois elle peut en être une en effet.

sans le moindre travail. En second lieu, les riches et les heureux du monde professent d'ordinaire les opinions que l'usage courant a établies, parce que leur manière de penser est le fruit de lectures sans suite et frivoles, de la conversation, et non pas d'études choisies ni de profondes méditations. Ils sont dans une sorte de satisfaction bienheureuse d'eux-mêmes, qui leur fait croire qu'ils ont atteint le faîte de la sagesse humaine, quand leurs opinions sont gouvernées sur la mode. Il en résulte que, si l'homme studieux s'écarte des idées communes, — comme cela arrive le plus souvent, — et professe des doctrines ou neuves et qui lui sont propres, ou anciennes et en apparence vieillies et surannées, il a contre lui toutes ces vraisemblances qui guident le jugement du vulgaire riche et noble, et son opinion ne peut prévaloir, à moins d'un miracle. Il ne faut donc pas s'étonner si les puissants de nos jours, au lieu de favoriser noblement, comme cela se pratiquait quelquefois chez les anciens, l'homme qui préfère la nature à la fortune, de ces services que l'on peut rendre sans en souffrir et recevoir sans honte, font tout leur possible pour l'avilir, l'étouffer, l'anéantir, à moins qu'il ne rachète par les flatteries le tort grave d'être plus savant ou moins ignorant qu'eux. Ne croyez pas cependant que ces singuliers et aimables Mécènes agissent ainsi par mauvaise foi, et par la malignité d'une ame ignoble et abjecte; ils pensent tout au contraire servir par là la civilisation du siècle. Leur tort vient de leur intelligence, qui n'étant pas toujours noble comme leur sang, les porte à croire qu'ils sont de bons juges des parties les plus éminentes du savoir, et à penser que le proverbe, — si tant est qu'ils entendent le latin, — *ne sutor ultrà crepidam*, est fait seulement pour les cordonniers et non pas pour eux (*).

(*) Si ce proverbe paraît insolent et plébéien à ceux qui sont dans le cas de se le voir appliquer, je leur propose cet autre à la place : *ne sus Minervam*; lequel, à en juger des prétentions par les habitudes, ne devrait offenser aujourd'hui la délicatesse de personne.

Note 2.

Au lieu de déduire la méthode des principes, les philosophes modernes veulent déduire les principes de la méthode. Mais comment trouver la vraie méthode philosophique, si l'on ne possède déjà les principes? Quand on manque de ces derniers, on marche au hasard, ou on introduit dans la philosophie un mode de procéder étranger à son caractère et qui appartient à d'autres sciences. C'est ce que fit en partie Descartes, quand il voulut appliquer aux sciences spéculatives la méthode propre aux sciences naturelles, c'est-à-dire l'observation, et créa le psychologisme. Une des erreurs fondamentales du système cartésien, c'est de placer la méthodologie au-dessus des principes de la science. M. Cousin l'avoue expressément, mais en louant ce défaut. « L'esprit qui... dis-
» tingue Descartes de tous ses devanciers c'est.... l'esprit de
» méthode. Il ne s'agit plus de poser des axiomes, des for-
» mules logiques dont on n'a pas vérifié la légitimité, et de
» produire par leur combinaison une philosophie nominale,
» une sorte d'algèbre, qui ne s'applique à aucune réalité. Il
» faut partir des réalités elles-mêmes. La première qui s'offre
» à nous c'est notre pensée. *On ne peut rien tirer*, dit Descartes,
» *de l'axiome célèbre dans l'école :* impossibile est idem esse et non
» esse, *si l'on n'est pas d'abord en possession d'une existence quelcon-*
» *que ; la proposition : je pense, donc je suis, n'est pas le résultat de*
» *l'axiome général : tout ce qui pense existe ; elle en est au contraire le*
» *fondement.* L'analyse de la pensée, telle est donc la méthode
» cartésienne (*). » Et après avoir loué Descartes de ce procédé, il ajoute : « On peut distinguer deux époques dans l'ère
» cartésienne : l'une où la méthode du maître, malgré sa
» nouveauté, est cependant méconnue ; l'autre où l'on s'efforce

---

(*) Cousin, *cours de philos.* de 1818, *publié par Garnier*, Paris, 1836, p. 2, 3.

» de rentrer dans cette voie salutaire. A la première appar-
» tiennent Malebranche, Spinoza, Leibniz ; à la seconde les
» philosophes du dix-huitième siècle (*). » Il répète plusieurs
fois la même chose dans d'autres endroits de ses ouvrages (**), et déclare avoir suivi lui-même les traces des Cartésiens : « mes premiers soins furent donnés à la méthode. Un
» système n'est guère que le développement d'une méthode
» appliquée à certains objets. Rien n'est donc plus important
» que de reconnaître d'abord et de déterminer la méthode que
» l'on veut suivre (***). »

Il suffit ici d'avoir indiqué une erreur qui règne dans presque toutes les écoles modernes, et qui sera amplement réfutée
par l'ensemble de notre ouvrage.

Note 3.

M. Cousin a importé en France ce paradoxe de Hegel et l'a
défendu d'une manière absolue dans ses nouveaux fragments
philosophiques(****), et avec quelques réserves dans son Cours
de philosophie (*****), où il parle cependant de la scholasti-
que (******) dans les mêmes termes.

Note 4.

Capila ou Kapyla, philosophe indien, que l'on croit avoir
vécu vers le onzième siècle, fut le fondateur d'une secte connue
aujourd'hui sous le nom de *Sank'hia*. Les partisans de cette

---

(*) *Ibid.* p. 3.
(**) *Introd. à l'hist. de la phil.*, leçon 2.
(***) *Fragm. phil*, préf. de la prem. édit. tom. 1, p. 45.
(****) Paris, 1829, pag. 1-8.
(*****) *Introd. à l'hist. de la philosophie*, leçon 2. *Hist. de la phil. du*
xviii° *siècle, leçon* 5.
(******) *Hist. de la phil. du* xviii° *siècle, leçon* 2, 9.

secte, selon l'opinion commune, sont athées ; mais le fait est qu'ils nient seulement la création, croyant, ainsi que presque toutes les sectes indiennes, à l'expansion et à la réabsorption du monde dans l'Être infini. Ce que les doctrines de l'école Sank'hia ont de particulier, c'est la croyance de deux substances éternelles nommées l'une *poroch* ou le mâle, l'autre *prakrati* ou la nature. T.

Note 5.

Les *Védas* sont les livres sacrés des Hindous. William Jones fut le premier qui les fit connaître à l'Europe en traduisant plusieurs curieux passages de l'un de ces livres ; ils ont été traduits depuis en entier. La société asiatique de Paris, aidée par les secours du gouvernement français, en a fait faire une copie dans l'Inde sur les manuscrits originaux. Le Véda originel est considéré par les Hindous comme ayant été révélé à BRAHMA et comme ayant été conservé par la tradition jusqu'à ce qu'il fût arrangé dans son état actuel par un sage, qui obtint par là le surnom de VYA'SA ou *Véda-Vyása ;* c'est-à-dire, *Compilateur des Védas*. Il distribua l'Ecriture indienne en quatre parties, dont chacune porte la dénomination de *Véda*. Chaque *Véda* consiste en deux parties, dénommées les *Mantras* et les *Bráhman'as*, ou les *Prières* et les *Préceptes*. La collection complète des hymnes, prières et invocations, appartenant à chaque *Véda*, est intitulée sa *Sanhitá*. Chaque autre portion de l'Ecriture indienne est comprise sous le titre général de *Divinité*, — *Bráhman'a*. — Ce titre général comprend les préceptes qui inculquent les devoirs religieux, les maximes qui expliquent ces préceptes, et les arguments qui sont relatifs à la théologie. Mais, dans l'arrangement actuel des *Védas*, la portion qui contient des passages appelés *Bráhman'as* en renferme plusieurs qui sont strictement des prières ou *Mantras*. La théologie de l'Ecriture indienne, comprenant la portion argumentative intitulée *Védânta*, est contenue dans des traités nommés *Oupanichads*, dont quelques-uns sont des portions du *Bráhman'a* proprement dit, et dont d'autres se trouvent seulement sous une forme détachée, et un seul fait partie de la *Sanhitá* elle-même.   T.

Note 6.

Un des plaisants usages qui ont cours aujourd'hui dans la république des lettres, chez les Français, c'est que les auteurs se célèbrent et s'exaltent réciproquement. Depuis le plus petit écrivailleur jusqu'à ceux qui, à raison ou à tort, sont regardés comme les premiers et les distributeurs solennels de la louange et de la renommée, l'encensoir passe de main en main, et la France entière est dans des nuages d'encens. L'usage grossier de s'apprécier et de se censurer avec la plume, les combats littéraires ou académiques, qui troublèrent souvent le champ paisible de la science, tout cela n'est presque plus de mode : en échange, chaque écrivain montre pour ses confrères une tendresse et une admiration inexprimables. Tout petit article, tout opuscule qui sort de la presse est un chef-d'œuvre, dont le mérite est bientôt annoncé de toutes parts par la trompette de la renommée, et à qui mille bouches promettent l'immortalité. Si un habitant de la lune descendait parmi nous et qu'il lût les louanges superbes que l'on distribue dans nos feuilles publiques, il serait sans doute étonné de notre fécondité incomparable dans tous les genres de grandeur ; il croirait que, si les sages de la Grèce furent au nombre de sept, il n'y a pas aujourd'hui de province en Europe qui n'en ait des centaines (*). Il est vrai que l'amé-

(*) Cette boutade de l'auteur n'a été que trop légitimée par la manie de la Camaraderie à laquelle les écrivains et les artistes ont souvent emprunté une gloire usurpée. Du reste, les Français n'ont pas manqué d'en faire justice eux-

lioration peut paraître plus apparente que réelle. Les écrivains de nos jours se louent en face et la plume à la main; mais intérieurement et par derrière, ils sont jaloux les uns des autres et se déchirent comme autrefois. Cette manière d'agir est plus prudente; mais elle me paraît beaucoup moins généreuse : et si la politesse s'en contente, je ne sais si la loyauté et la charité chrétienne peuvent en être satisfaites. Sans compter que, si c'est un devoir de ne pas dire d'injures, c'en est un aussi de ne pas flatter. Ces louanges fades et multipliées, dont les livres regorgent aujourd'hui, excitent l'indignation. Si l'arène littéraire n'est pas une lice pour le pugilat, elle n'est pas non plus une salle de bal; et celui qui écrit a mauvaise grâce à imiter les élégants qui complimentent des dames. S'il doit y avoir un peu d'excès de quelque côté, j'aimerais mieux que les hommes de lettres imitassent la fière et virile rudesse des lutteurs, que les entrechats, les manières affectées et délicates des jeunes efféminés. Les anciens ne louaient, ne parlaient pas de cette manière : et je ne puis m'imaginer que Démosthène et Cicéron, Thucydide et Tacite, Dante et Michel-Ange fissent des compliments à la façon des modernes, comme je ne puis me les figurer avec des ajustements conformes à la mode qui règne en souveraine sur les bords de la Seine.

Note 7.

Comme bien loin de réfuter une foule d'écrivains modernes, qui pensent autrement que moi sur les points traités dans mon ouvrage, je n'en fais pas même mention, je dois expliquer mon silence à leur égard. Il vient quelquefois de mon igno-

---

mêmes. Il y a à ce sujet une excellente scène dans la jolie et spirituelle comédie de M. Scribe, intitulée la *Camaraderie*. Les caricatures se sont aussi largement exercées sur ce sujet si fécond en épigrammes. Néanmoins, ni la satire, ni la comédie n'ont corrigé l'abus... C'est qu'il est *profitable!*..   T.

rance, parce que dans ma position de fortune, ne m'étant pas possible de prendre connaissance de tous les livres qui s'impriment, même en France et en Italie seulement, je ne peux raisonnablement en parler ; et je ne sais pas me conformer à l'usage courant de parler des choses et des livres que je ne connais pas. D'autres fois, et à vrai dire souvent, mon silence provient d'un autre motif, que je laisserais volontiers au lecteur le soin de deviner, si je n'avais besoin, pour ma justification, de l'indiquer. Je crois que l'intérêt de la science et le prix du temps pour celui qui lit et qui écrit, demandent qu'on ne fasse point mention des ouvrages qui ne s'élèvent pas au-dessus du médiocre, sous le rapport de la doctrine et du talent de leurs auteurs. Tout ce qui est trivial, léger, ou vulgairement paradoxal, ne mérite pas même d'être nommé ; parce que si l'on voulait suivre à la piste toutes les inepties, les étrangetés et les sottises qui s'impriment chaque jour, on n'en finirait jamais, et on ennuierait sans aucun profit les lecteurs. C'est assez pour eux de remarquer les opinions applicables aux diverses doctrines courantes, et qui suffisent pour en faire connaître la valeur réelle. Le soin de critiquer et de réfuter savamment les livres médiocres, qui paraissent de temps à autre, appartient aux journaux ; je veux dire aux bons journaux qui sont ce qu'ils doivent être. Car un bon journal n'est pas la science, mais la critique de ceux qui la cultivent. Quand on écrit un livre on ne doit tenir compte que des ouvrages de mérite ; et à vrai dire, ceux-ci ne donnent pas beaucoup de peine à quiconque s'occupe de philosopher ; parce que jamais le bon en ce genre ne fut aussi rare, et le mauvais ou le médiocre aussi abondant que de nos jours. Cela suffira pour m'excuser si je passe absolument sous silence certaines compositions récentes, sans avoir égard au jugement qu'en portent les arbitres de la mode. Dans ce nombre je comprends une lourde compilation qui se compose en France sous le titre : d'*Encyclopédie nouvelle*, et dont les auteurs, sortis de l'école de Saint-Simon, ont commencé à publier leurs opinions dans un recueil périodique intitulé : *Revue encyclopédique*. Or, que dire d'une secte qui commence par un journal et finit par un dictionnaire ? Les journaux et les dictionnaires scientifiques, qui ont fait peu de bien au véritable savoir, lui ont causé tant de mal, que quiconque ne sait pas choisir une forme différente de celle-là, pour exprimer ses propres pensées, ne donne pas une présomption bien favorable de sa profondeur philosophique. Les journaux et les dictionnaires sont absolument contraires à l'unité, à la symétrie, à l'enchaînement, à la précision, à la concision, à la clarté, en un mot à l'organisme scientifique ; ils mettent la science en pièces ; rendent tout ordre impossible ; introduisent le chaos dans les doctrines ; entraînent beaucoup de lacunes et de répétitions inévitables ; ce qui fait qu'ils plaisent aux lecteurs frivoles, mais dégoûtent et impatientent celui qui cherche dans les livres un aliment solide et nourrissant. Qu'on remarque bien que je parle ici des journaux qui s'écartent du but qu'ils devraient se proposer. Un esprit peu commun, mais sceptique, comme Bayle, peut se complaire à l'ordre confus d'un dictionnaire, parce qu'il est conforme à son système ; mais un pareil genre de composition doit répugner à un grand philosophe dogmatique, à une intelligence créatrice. Dans le siècle dernier, une secte qui se proposait de détruire tous les ordres établis, conçut l'idée d'une encyclopédie, qui correspondait merveilleusement à son but, et qui en effet démolit tout, et détruisit en France la religion et le vrai savoir. Mais les instruments avec lesquels on démolit et on réduit en poussière un édifice, ne sont jamais ceux avec lesquels on peut le relever ; vouloir donc restaurer la science et reconstituer la religion avec des encyclopédies et autres ouvrages semblables, dont la forme seule exclut la profondeur, est une entreprise ridicule. Il est vrai que les auteurs de l'*Encyclopédie nouvelle* se proposent de continuer la tradition du dix-huitième siècle. La tradition ? Mais que peut être une tradition qui marche sur les traces des philosophes les plus anti-traditionnalistes qu'il y ait jamais eu au monde ? Si l'on ne veut pas abuser

hors du christianisme ; quoique, dans tous les cas, la nouvelle doctrine, si elle prend racine, soit plutôt une rénovation qu'une innovation. Mais dans les pays où règne le culte chrétien, ou dans ceux qui en ont une simple notion, la tentative ne peut y réussir ; parce que le type du vrai qui est devant les yeux de tout le monde ne le permet pas ; la connaissance que l'on a de l'original démasque les mauvaises copies et interdit tout accès au fanatisme et à la fraude. Voilà pourquoi les productions de ce genre meurent avant de naître et sont des avortons ridicules ou abominables (*). L'exemple récent et national des théophilanthropes, et celui spécialement des Saint-Simoniens, auxquels se rattachent, par la communauté des idées et la cause de leur origine, les nouveaux encyclopédistes, auraient dû ouvrir les yeux à ces derniers et leur faire pressentir le sort qui les attend. Peu importe, qu'ayant échoué dans l'établissement d'un culte positif, plus modestes maintenant dans leurs prétentions, ils aspirent seulement à fonder ou à préparer une religion philosophique. Car l'essence de la religion est le dogme ; or, la seule voie ouverte à quiconque est hors du paganisme, c'est le dogme chrétien, ou sa négation, c'est-à-dire l'incrédulité, quelle que soit la forme sous laquelle elle se montre ou le voile dont elle se couvre (**). Vouloir conserver le dogme religieux, sans être chrétien, et vouloir répudier le christianisme sans être déiste, selon la prétention des nouveaux encyclopédistes (***), c'est une suprême folie. En effet, d'où tirera-t-on le nouveau dogme ? Sera-ce des traditions ? Mais si on répudie le fil direct et légitime de la tradition hébraïque, chrétienne et catholique, — et toutes les traditions du monde se tiennent, — on détruit l'autorité du principe traditionnel et on introduit un chaos inextricable. La tradition légitime, que les catholiques reconnaissent, est la

(*) *Consid. sur les doctr. relig. de V. Cousin*, chap. 3, p. 130, 131.
(**) Le rationalisme théologique, par exemple, est une véritable incrédulité.
(***) Voyez art. *Bolinbrock*, tome II.

seule digne de foi, parce que seule elle est régulière, continue et hiérarchique, parce que seule elle fournit une règle constante et inébranlable pour distinguer le vrai du faux dans les souvenirs épars, altérés et confus du genre humain. Aurez-vous recours à l'imagination des idoles fantastiques pour remplacer les êtres surintelligibles? Mais nul homme dont l'esprit soit sain, et qui n'ait pas une ignorance complète des doctrines chrétiennes, ne se résignera à accepter des fantômes pour des vérités et des mystères. Cela était quelquefois possible chez les païens, mais cela ne l'est plus de nos jours; parce que quiconque rejette les mystères de la révélation n'est pas disposé à accepter ceux de l'imagination, si par hasard celle-ci ne domine pas chez lui la raison, ou si la lumière rationnelle n'y est pas éclipsée, c'est-à-dire s'il n'est pas insensé ou imbécile; mais les insensés et les imbéciles font nombre et non pas secte. Voudrez-vous enfin recourir à la raison? Mais dans ce cas vous faites un système de pure philosophie, et non une religion, et vous ne différez en rien des sectateurs du vieux déisme.

Sans compter que pour composer une religion ou une philosophie nouvelle, il faut des dogmes nouveaux; c'est-à-dire une chose impossible; parce que la nouveauté substantielle des idées est impossible dans le cercle du vrai idéal. Du reste, les nouveaux encyclopédistes sont si étrangers à ce qui est mystérieux et caché, qu'il leur manque même ce que l'on peut acquérir dans les sciences spéculatives. Leur système est un syncrétisme indigeste, une copie mal faite et superficielle des doctrines germaniques mêlées à la vieille incrédulité française; et Dieu sait avec quel goût et quelle élégance! Aussi, lorsque je les vois se déchaîner avec tant de fureur qu'ils le font contre M. Cousin, ils me paraissent être des ingrats, parce que, qu'ils le veuillent ou non, celui-ci a été leur maître; et s'il n'avait pas introduit en France le panthéisme et le rationalisme allemand, en les distribuant du haut de la chaire publique et en les parant de l'élégance et de la grâce françaises, les Saint-Simoniens et les nouveaux encyclopédistes ne seraient pas venus au monde. En effet, il est certain que leurs théories sur le progrès, leur plaisir idéal, leur mélange du matérialisme avec le spiritualisme, le panthéisme mystique et sybillin dont ils font profession, et tout ce qu'ils débitent sur les symboles et sur les mythes bibliques, ne sont que des idées germaniques, dépouillées de leur valeur relative, c'est-à-dire de cette nouveauté et de cette profondeur que peut avoir l'erreur elle-même, quand elle est l'œuvre d'esprits savants et virils. On voit dans les nouveaux encyclopédistes, comme dans les copistes de toute espèce, la prétention de vouloir être neufs et supérieurs, et l'impuissance d'y réussir. On voit dans leur style un manque absolu de sobriété, de mouvement, de clarté ; une manière décousue, déclamatoire ; une tendance au brillant et aux images ; une étude continuelle à suppléer au génie par l'esprit, et aux idées par les paroles ; une prolixité vaporeuse et sentimentale qui plaît, je ne sais jusqu'à quel point, aux Français d'aujourd'hui, mais qui certainement est intolérable pour nous, Italiens. Je dis pour nous, c'est-à-dire pour ceux qui conservent quelques traces du caractère ancien ; parce que la Péninsule ne voit que trop fleurir une nouvelle école, à laquelle les extravagances d'au-delà des Monts (*), dans l'art de penser et d'écrire paraissent encore peu de chose. Mais cette école ne prendra point racine sur la terre qui a produit Dante, Arioste, Machiavel, Buonarotti, Galilée, Vico, Alfiéri, Léopardi, Manzoni ; la patrie de la sculpture moderne ne sera jamais celle des brouillards. La manie d'employer un style poétique en prose, spécialement en traitant des matières scientifiques, et le défaut d'un néologisme inutile, sont très certainement l'indice d'une grande pauvreté d'idées, de peu ou point de talent inventif : la fécondité de l'esprit et la propriété simple de l'expression sont inséparables. Les nouveaux encyclopé-

---

(*) Je n'ai pas besoin de faire remarquer que l'auteur étant Italien, et s'adressant plus spécialement à des Italiens, l'expression *au-delà des monts*, désigne toujours la France. T.

distes vous parlent de psychologie, de métaphysique, des dogmes chrétiens, des matières les plus difficiles, qui exigent la plus grande précision et la plus grande propriété dans le langage, sans même connaître les termes élémentaires de la science, et en les employant bien souvent à contre-sens, et ils croient suppléer à la justesse de l'élocution par les fleurs de rhétorique et par la poésie. Peut-on imaginer une métaphysique plus confuse, un plus grand amphigouri que les articles *Ciel* et *Conscience;* une absence d'érudition théologique plus déplacée que dans ceux intitulés : *Augustin, Baptême, Christianisme, Conciles, Confession, Confirmation* (*) Si cette façon de penser et d'écrire s'établit, il faudra complétement désespérer de la philosophie, de la critique, de l'histoire et de toutes les autres branches les plus importantes du vrai savoir. Peut-on se figurer une balourdise plus burlesque que les articles *Amour* et *Amitié*? Et on ne rougit pas d'insérer dans une Encyclopédie, qui est un ouvrage sérieux, du moins dans la pensée première des auteurs, des morceaux écrits dans le style de Berquin ou de Florian? Et on croit bien faire en employant dans des compositions scientifiques une manière d'écrire recherchée, léchée, fade, sans caractère, dont tout homme de quelque mérite aurait honte de se servir, même dans une idylle ou un roman? Et c'est avec un pareil style qu'on attaque la religion ; qu'on porte quelquefois le sarcasme et l'indécence à un degré que ne surent pas atteindre les écrivains les moins retenus du siècle dernier? Telle est par exemple cette singulière apostrophe :
« Ah ! Christ, votre paradis m'épouvante, et j'aime encore
» mieux ma vie passagère avec tous ses désappointements et
» toutes ses peines, que votre immortalité avec toutes ses
» joies et toutes ses récompenses (**). » Et cette autre : « Vous

---

(*) Depuis que l'auteur a écrit ceci, il a paru un petit nombre de livraisons de l'*Encyclopédie nouvelle;* le même esprit dont il se plaint continue à inspirer les rédacteurs : on peut s'en assurer en lisant, entre autres, l'art. *Eucharistie.* T.

(**) Art. *Ciel*, tome III.

» avez connu, ô Jésus, les douleurs du corps ; mais vous n'avez
» pas plus connu les douleurs de l'ame, que vous n'en avez
» connu les jouissances !.... Laissez-nous croire que vous au-
» riez envisagé la condition des femmes avec plus de charité et
» de profondeur, si, sur votre trajet, vous en aviez rencontré
» une digne de vous aimer et d'être aimée de vous, ô le plus
» tendre et le plus sublime des cœurs (*). »

Personne, assurément, ne se serait attendu à trouver des oraisons aussi impies et aussi sottes, qui tiennent tout à la fois du comique et de l'infernal, dans un ouvrage grave et sévère comme celui dont nous parlons, du moins s'il faut en croire le frontispice. Pour donner seulement un échantillon suffisant du bagage philosophique, historique et religieux de nos compilateurs, il faudrait s'étendre plus que ne le comporte une simple note. Le principal mérite d'un bon dictionnaire scientifique consiste dans l'exposition claire, précise, courte et choisie des faits, au moyen de laquelle seulement il peut être de quelque utilité aux personnes studieuses qui le consultent. Or, il est rare que cette qualité se rencontre chez les nouveaux encyclopédistes, qui bien souvent remplissent un article tout entier de généralités vides et de déclamations triviales, sans dire un mot de ce qui en fait le sujet. Lisez, par exemple, l'article *César*, si vous voulez avoir un spécimen de cette manière de composer. Quelquefois ils tombent dans des erreurs historiques, qui sont l'effet ou d'une inadvertance, ou d'une ignorance presque incroyables, dans l'état actuel de la science. Quel est, par exemple, l'ethnographe de nos jours qui place les Illyriens et les Perses du siècle d'Alexandre au nombre des peuples sémitiques, par opposition aux nations indo-germaniques(**)? — Quant à la philosophie, la pensée des compilateurs est on ne peut plus confuse, comme on peut le voir dans les

---

(*) Art. *Célibat*, ibid.
(**) Art. *Alexandre*, tom. 1.

articles *Bonheur, Condillac, Conscience, Eclectisme* (*) et autres ; et il est impossible de se faire une idée précise de leur système. Leur panthéisme et leur doctrine sur l'infinité du monde et sur l'immortalité des ames humaines (**), renferment tant de contradictions qu'il serait trop fastidieux d'en faire seulement l'énumération. On ne peut pas mieux comprendre la confusion de la psychologie avec la philosophie, dont ils se vantent ; et la manière dont ils combattent les doctrines de Cousin et de Jouffroy à ce sujet, peut raisonnablement faire soupçonner à celui qui les lit que ces grands critiques ne connaissent pas même les rudiments de la science dont ils traitent avec pleine assurance. En général, on sent à tout instant, dans le cours de cet ouvrage, le défaut de bonnes études, d'études élémentaires, et les inconvénients qui résultent de lectures faites sans méthode, et que n'a point précédées un noviciat convenable. Comment expliquer autrement les éloges outrés et puérils qu'ils donnent à la philosophie française du dernier siècle : « La mystérieuse puis-
» sance de la philosophie française, révélation nouvelle, voix
» de notre peuple, voix du genre humain, voix de Dieu (***) ? »
Comment expliquer le parallèle qu'ils établissent entre la théories de M. de Lamennais sur la certitude, et la critique de la raison pure (****) ; c'est-à-dire un des travaux les plus superficiels et les moins substantiels qu'ait vu paraître notre époque, avec l'ouvrage le plus neuf et le plus profond, — malgré ses erreurs, — de la psychologie moderne. M. de Lamennais est sans doute un élégant et éloquent écrivain ; mais il ne mérite pas plus assurément une grande réputation comme philosophe que comme politique, érudit ou théologien, même en ne

---

(*) L'art. *Eclectisme*, qui n'est le plus souvent qu'un violent manifeste contre M. Cousin et sa doctrine, a été écrit par P. Leroux ; on l'a publié en un volume à part.   T.

(**) Art. *Ciel.*

(***) Art. *Catherine II*, tom. III.

(****) Art. *Eclectisme*, première part, § 1, note.

considérant que ses premiers écrits. Je cite ce jugement, parce qu'il peut servir de terme de comparaison pour juger la force d'appréciation des nouveaux encyclopédistes dans les matières philosophiques. Il faut peut-être une érudition un peu plus grande pour apprécier leur jugement sur la philosophie de Saint Bonaventure. « Il ne cherche pas, disent-ils, le fondement » de sa foi dans l'ontologie pure, comme Saint Thomas (*). » Saint Bonaventure est, malgré la négligence des historiographes à son égard, un des philosophes les plus éminents du moyen-âge; et son plus grand mérite est précisément d'être un grand ontologiste, et plus ontologiste même que Saint Thomas. — Mais c'est surtout dans les matières théologiques que nos compilateurs sont délicieux. Si vous avez la patience de les lire, vous y apprendrez que les objections faites contre le récit mosaïque au sujet de l'arche sont insolubles (**); que le déluge n'a pu être universel, parce que l'eau de l'Océan ne serait pas suffisante pour couvrir le sommet des montagnes(***); que s'il en était autrement il n'y aurait plus « aucune » garantie dans ce monde pour les établissements auxquels » nous mettons tant de peine et de travail, » et que les *testaments de l'esprit* seraient *périssables comme ceux de la richesse* (****), perte vraiment déplorable, surtout si on entend parler des testaments encyclopédiques, qui se rédigent dans ce siècle et sont assurés de durer éternellement s'il ne survient un nouveau déluge ; que le christianisme est *né du mariage du dogme oriental avec la philosophie grecque*(*****); — opinion que Strausse lui-même n'a pas osé donner comme fondée; — que « on est » étonné de toutes les racines que le christianisme avait déjà, » lorsqu'il commença à prendre son nom ; on est surpris de

(*) Art. *Bonaventure*, tom. II.
(**) Art. *Arche*, tom. I.
(***) Art. *Déluge*, tom. IV.
(****) Art. *Antédiluvien*, tom. I.
(*****) *Vie de Jésus*, traduite par Littré, sect. I, ch. 5, § 41, tom. I.

» voir que le paganisme lui-même lui a servi de berceau ;
» on est dans l'admiration en comprenant que cette religion,
» si nouvelle en apparence, fut la réalisation et la conséquence
» de ce que la philosophie avait enseigné de plus élevé sur la
» nature divine (*) ; » — le lecteur sera plutôt *étonné* que l'on
fasse le christianisme fils du paganisme, au lieu de considérer celui-ci comme une dégénération de celui-là ; — que « la
» pensée chrétienne, la pensée initiale et pour ainsi dire plas-
» tique du christianisme » appartient à l'Arianisme *à aussi
bon droit qu'à l'orthodoxie*, malgré que *les Ariens aient nié que le
verbe soit Dieu*, et aient institué une *religion différente de la catholique* (**); que Saint Athanase et Saint Augustin furent les *fon-
dateurs du catholicisme;* que jusqu'au milieu du *quatrième siècle le
dogme chrétien n'avait point d'unité;* que Saint *Athanase établit soli-
dement la divinité du Christ et le dogme d'un Dieu en trois personnes;*
que Saint Augustin et le christianisme furent presque mani-
chéens ; que le dogme du péché originel *est un manichéisme
chrétien;* et que l'opinion catholique et celle de Manès « c'est
» absolument la même chose, du moins quant à l'existence du
» mal, et à l'empire qu'il exerce sur la terre (***) » — Que
diraient ces grands théologiens si on leur démontrait, comme
on peut le faire de la manière la plus rigoureuse, que sans
le dogme du péché originel, le véritable Manichéisme est
logiquement inévitable ? — Que la formule chrétienne «de Dieu
» le Père et de Dieu le Fils... veut dire : La fatalité règne
» dans la création, ou pour employer les termes mystiques,
» dans le sein de Dieu le Père ; mais le règne de l'intelligence
» viendra, et la fatalité sera vaincue (****); » que Luther a nié

(*) Art. *Arianisme*, tom. 1.
(**) Ibid.
(***) Art. *Athanase, Augustin*, t. 11.
(****) Art. *Arminianisme*, tom. 11 p. 61. Qu'on lise toute cette page si l'on veut avoir un échantillon des inepties qu'on peut dire en philosophant sur les dogmes religieux, quand on ne connaît pas la matière.

la présence réelle du Christ dans l'Eucharistie (*) ; que, nonobstant cela, « Luther...... entendait les mystères du christianisme aussi catholiquement que Bossuet (**) ; » que Bossuet *sacrifiait sans façon beaucoup de pratiques du catholicisme* aux protestants ; qu'il fit *une œuvre de protestantisme ;* qu'il *était au fond atteint et pénétré de protestantisme* (***) ; qu'il faut louer le protestantisme, parce qu'il a délivré le monde *de cette épouvantable tyrannie* du culte des Saints, qui faisait *mépriser la terre et toutes les réputations de la terre* (****) ; que *le christianisme épuisé n'a pu résoudre* les problèmes... de qui ? — de Bayle — (*****) ; que le concile de Nicée ne savait pas l'astronomie, puisqu'il fait descendre aux enfers et monter au ciel le Christ ; que les astronomies modernes ont la gloire d'avoir *ruiné de fond en comble ce fabuleux édifice* (******) ; que, dans les premiers conciles, les évêques n'étaient autre chose que des représentants du peuple, et que le synode de Nicée fut *une véritable assemblée constituante, une véritable convention* (*******) ; que tout individu à l'ave-

(*) Art. *Béranger*, tom. II.

(**) Art. *Bossuet*, tom. II.

(***) Ibid. L'abbé Bergier fut encore plus malheureux, puisque, outre qu'il était aux trois quarts *protestant et philosophe, comme on l'était de son temps,* c'est-à-dire incrédule, *il défendait le christianisme et le catholicisme sans les comprendre* (art. *Bergier*, tom. II.) — Pauvre abbé ! Quant à Bossuet, les nouveaux encyclopédistes ont copié, pour le juger, Joseph de Maistre, qui fut le premier à découvrir le protestantisme de la plus grande lumière moderne de l'Eglise gallicane ; le bon mot fit fortune et fut répété. — Je noterai en passant que les philosophes de l'*Encyclopédie nouvelle*, qui manquent d'invention même dans l'erreur, doivent beaucoup à de Maistre, écrivain paradoxal et plutôt philosophe et érudit amateur, que philosophe et érudit véritable, digne d'éloges dans quelques parties de ses ouvrages, et de blâme dans les autres ; mais qui, avec toutes ses erreurs et ses défauts, est un géant en comparaison de cette multitude de pygmées de toute espèce, qui, depuis dix ou quinze ans, découpent en morceaux ses dépouilles.

(****) Art. *Canonisation*, tom. III.

(*****) Art. *Bayle*, tom. II.

(******) Art. *Ciel*, tom. III.

(*******) Art. *Conciles*, tom. III.

nir, — quand l'*idéal* descendra sur la terre, — sera pour lui-même *pape et empereur*, et que cela est si vrai, que l'auteur croit le voir *écrit en haut*, sur des colonnes de bronze (*), etc. — Cela doit suffire pour donner au lecteur une idée de l'*Encyclopédie nouvelle*. Si ce petit nombre d'extraits lui font désirer d'en connaître davantage, il pourra s'adresser à l'ouvrage même. Pour moi, j'avoue que je ne crois pas opportun, — hors le cas de nécessité, — de rompre une lance avec des adversaires qui possèdent une critique aussi nouvelle et aussi formidable ; c'est du moins ce qui excusera mon silence. Mais à défaut de cela, avant de clore cette longue note, je régalerai encore mes lecteurs d'un petit extrait des nouveaux encyclopédistes, qui donne l'idée d'une plaisante imagination. « Voilà trois siècles qui se sont passés, dit un des illustres » compilateurs, sans que le christianisme ait convoqué un » seul concile ; et aujourd'hui un concile orthodoxe de tous » les évêques ou docteurs du christianisme, serait presque » aussi en arrière de l'état de la science et de la foi humaine, » qu'un concile de pontifes de l'Egypte ou des prêtres de » Jupiter, s'il était possible d'en rassembler un (**). » Qu'aucun catholique ne s'avise de se révolter contre une pareille opinion, ou de faire observer que, quand même les pasteurs catholiques ignoreraient complètement les sciences humaines, comme il plaît au savant encyclopédiste de le supposer, un concile ne serait ni absurde ni ridicule, en tant qu'il pourrait, — pour ce qui regarde le dogme, — s'en rapporter seulement aux traditions constantes et perpétuelles de l'Eglise ; car en parlant ainsi il prouverait qu'il ne pénètre pas le sens profond des nouveaux encyclopédistes. Ceux-ci, en effet, avec leur alchimie des mythes et des symboles, trouvent, sous les dogmes chrétiens, les plus beaux secrets du monde ; et touchant pour ainsi dire la religion avec une baguette magique,

---

(*) Ibid. et art. *Culte*.
(**) Art. *Conciles*, tom. III.

ils en font ce qu'ils veulent ; je ne serais donc pas étonné qu'ils réussissent à prouver, par exemple, que les Pères de Nicée résolurent quelques problèmes de trigonométrie, à propos de la Trinité, et que ceux du Concile de Trente agitèrent une question de chimie dans la controverse de la transubstantiation. Dans ce sens, il est très vrai qu'un concile œcuménique devrait, pour n'être pas *en arrière*, être encyclopédique. Et comme ce titre ne convient mieux à personne qu'à nos compilateurs, et que d'un autre côté ils nous ont donné un bel échantillon d'érudition théologique, et d'une profonde habileté à interpréter avec clarté, précision et efficacité ce que les théologiens catholiques n'entendent plus (*), je pense donc que le seul concile grave et utile qui soit possible de nos jours, devrait être tenu par les Pères de l'Encyclopédie nouvelle.

Note 8.

Peu d'écrivains ont rencontré des apologistes plus nombreux et moins heureux que Byron ; destinée pire que d'avoir beaucoup et de mauvais critiques. Un de ces malheureux louangeurs, et un des plus récents, s'élève contre les *littérateurs plébéiens* qui accusent d'immoralité l'auteur de Manfred, et il conclut en disant : « A toi Byron, prophète désolé, poëte plus déchiré » que Job, et plus inspiré que Jérémie, les peuples de toutes » les nations ouvriront le panthéon des libérateurs de la » pensée et des amants de l'idéal (**)! » Tout l'article est sur ce ton ; je ne sais s'il est noble ou plébéien, mais il est assurément tel, qu'il dispense de toute réplique. En effet, en bonne foi, que peut-on répondre à celui qui compare et préfère Byron à Job et à Jérémie? Rien assurément. Je rougirais de faire mention de ces platitudes, si l'article dans lequel elles se

---

(*) Art. *Bergier*, tom. II.
(**) *Revue des deux mondes*, décembre 1839.

trouvent ne méritait pas qu'on s'y arrête un instant, comme donnant une idée des hommes et de l'époque. Car on y trouve une rage contre le christianisme et le catholicisme, une fureur qui éclate en blasphêmes et en injures, et rappelle à la mémoire le style furibond qui, dans le siècle dernier, faisait les délices des ennemis de la religion. Ainsi, par exemple, en parlant du Dieu de la Bible, l'auteur s'exprime en ces termes : « Ce misérable Jéhovah, qui joue avec les peuples sur » la terre comme un joueur d'échecs avec des rois et des pions » sur un échiquier (*). » S'adressant ensuite à un poëte catholique, il dit : « O grand poëte! philosophe malgré vous! vous » avez bien raison de maudire ce Dieu, que l'Église vous a » donné (**)! » Je laisse de côté la manière, vraiment digne de Luther, dont il parle du Pape, et une ignoble insulte contre un homme qui jouit d'une estime et d'un respect universel. Assurément Silvio Pellico, prodige de générosité et d'innocence dans un siècle vil et corrompu, regardera comme un honneur les outrages d'une plume blasphématrice et habituée à faire rougir par ses écrits les honnêtes gens. Mais ce qu'il importe de faire remarquer, c'est qu'on commence maintenant à remettre en vogue une manière d'écrire tombée en désuétude, et regardée comme indigne par quiconque a reçu une bonne éducation. D'où provient ce changement? De la vitalité de la religion. On lui épargnait naguère les outrages, parce qu'on la tenait pour morte ; mais maintenant on recommence à frapper sur elle, parce qu'on s'est aperçu qu'elle est encore vivante et capable de reprendre au sein de notre civilisation sa première vigueur. Si on la croyait éteinte, comme plusieurs le publient sans le penser, on en parlerait bien différemment ; car le propre du cœur humain n'est pas, même chez les plus égarés, d'insulter aux vaincus. Pour nous, sans approuver les blasphêmes, nous acceptons l'augure qu'ils

---

(*) *Revue des deux mondes*, 1ᵉʳ décembre 1839. — (**) *Ibid.* L'art. où se trouvent ces passages et le précédent, sur lord Byron, est intitulé : *Essai sur le drame fantastisque*, et signé GEORGE SAND. Le *grand poët* est Mickiewicz. T.

nous donnent et nous le croyons plus que fondé. Nous croyons que la religion doit, précisément parce qu'elle commence à revivre dans les ames, s'attendre à un redoublement d'attaques et de fureurs ; et nous ne serions pas étonné si, pour ce qui regarde les *littérateurs* vraiment *plébéiens*, le siècle finissait par une démence plus grande qu'il n'a commencé.

Note 9.

Il y a une certaine classe de lecteurs qui ne peuvent supporter la plus petite dissertation métaphysique, et croient réfuter ce genre d'ouvrages en disant laconiquement et avec mépris : *subtilités !* Je ne sais si ces gens-là, en leur qualité d'ennemis de la métaphysique, seraient en état de donner une définition claire et exacte du subtil, surtout en ce qui ne regarde pas les corps. Pour moi, je ne crois pas que cette qualité fasse tort, par elle-même, à ce que l'on dit, et j'estime le subtil, quand il est vrai, préférable au faux, bien que, pour l'ordinaire, celui-ci soit fort lourd. Si des choses matérielles on peut conclure aux spirituelles, il me paraît que les entités subtiles n'ont pas de quoi faire rougir, et que la science destinée à en traiter n'est pas une niaiserie ; il me paraît, par exemple, que les fluides impondérables, qui doivent être rationnellement très subtils, sont d'une plus grande importance dans la constitution matérielle de l'univers, et par conséquent d'un plus grand prix dans l'ordre de la science, que certains objets de la nature plus massifs et plus apparents. Et je ne pense pas qu'aux théories scientifiques de la chimie, de l'optique et de la mécanique, qui reposent sur des calculs, des investigations et des expériences très subtiles, quelqu'un veuille préférer l'industrie du menuisier ou l'art de fertiliser les champs. Bien plus, je suis persuadé que, généralement parlant, la subtilité est en tout genre préférable à la lourdeur ; à l'exception peut-être de l'esprit ; pour ceci je m'en remets à mes habiles censeurs. Ceux qui accusent les philosophes de trop subtiliser, devraient également blâmer les chimistes, qui font pour les corps la même chose que les autres pour l'esprit, afin d'arriver à la connaissance de leurs éléments. La philosophie est en partie une espèce de chimie intellectuelle, aussi réelle et aussi fondée en nature que la science qui enseigne à composer et à décomposer les corps. Il est vrai que, de même que le moyen-âge vit fleurir une fausse chimie qui se perdait dans les chimères, la même époque et les temps modernes ont vu quelques personnes se livrer à un art mensonger de subtiliser et de rêver en philosophie ; c'est ce que nous prouvent les Scotistes du moyen-âge et les idéologues d'une époque encore récente. Mais la philosophie de ces gens-là est aussi différente de la vraie, que la science des alchimistes de celle des chimistes. Mes savants critiques me permettront donc de faire cas des idées psychologiques et métaphysiques, quelque subtiles qu'elles soient, — mais pourvu qu'elles soient conformes à la vérité, — bien qu'on ne puisse ni les voir ni les toucher, bien qu'elles ne soient ni un alambic, ni un télégraphe, ni une machine à vapeur, ni un chemin de fer, ni un billet de banque, la chose, sans doute, la plus solide et la plus substantielle qu'il y ait aujourd'hui au monde. S'ils ne sont pas de mon avis et aiment les choses matérielles, je leur conseille d'abandonner la lecture de ce livre, ou plutôt de l'échanger contre quelque autre, qui traite de matières plus palpables, plus savoureuses, comme serait, par exemple, un traité sur le sucre de betteraves, ou un ingénieux mémoire sur la culture des pommes de terre.

Note 10.

Il est curieux de voir comment, il y a plus d'un siècle, c'est-à-dire en 1708, quand une partie des grands écrivains français du siècle précédent survivaient encore, et que

les cendres des autres n'étaient pas refroidies, un Italien du plus grand génie, créateur de la philologie philosophique, parlait des qualités et des défauts de l'idiome qui se parle en France. « Galli substantiæ vocabulis abundant :
» substantia autem à se bruta et immobilis, nec comparatio-
» nis est patiens. Quare nec sententias inflammare, quod sine
» motu, et quidem vehementi non fit; nec amplificare et
» exaggerare quicquam possunt. Indidem verba invertere
» nequeunt : quia, cum substantia summum sit genus rerum,
» nihil medium substernit, in quo similitudinum extrema
» conveniant et uniantur. Quamobrem metaphoræ in ejus
» generis nominibus uno vocabulo fieri non possunt : et quæ
» duobus fiunt, ut plurimum duræ sunt. Ad hæc, orationis
» ambitum conati, nihil ultra membra præstiterunt : nec
» ampliores versus, quam quos dicunt Alexandrinos, fun-
» dunt : qui et ipsi, præterquamquod distrophi sunt, cum
» præterea singuli sententias claudant, et bini similiter desi-
» nant; quarum rerum altera omnem minuit amplitudinem,
» altera allevat gravitatem; sunt inertiores tenuioresque ele-
» giacis. Duas duntaxat voculationum sedes, ultimam et
» penultimam habent : et ubi nos ab ultima tertiam acui-
» mus, ii accentum in penultimam transferunt : quod nescio
» quid tenue et subtile sonat : quibus rebus ii nec amplis
» periodis, nec grandibus numeris apti sunt. Sed ut eadem
» lingua omnis sublimis, ornatique dicendi characteris impos,
» sic tenuis patientissima est. Cum enim substantiæ vocabu-
» lis scateat, atque iis ipsis quæ substantias, ut Scholæ dicunt,
» *abstractas* significant, rerum semper summa perstringit.
» Quare didascalico dicendi generi aptissima est : quia ar-
» tes scientiæque summa rerum genera persequuntur. Atque
» hinc factum, ut ubi nos nostros Oratores laudamus, quod
» diserte, explicate, eloquenter dicant; ii laudent suos, quod
» vera cogitarint. Et quum hanc mentis virtutem distracta
» celeriter, apte, et feliciter uniendi, quæ nobis ingenium
» dicitur, appellare volunt, *spiritum* dicunt : et mentis vim

» quæ compositione existit, re simplicissima notant : quod
» subtilissimæ eorum mentes non compositione sed tenui-
» tate cogitationum excellant. Quare si ejus disputationis,
» summis dignæ philosophis, illa pars vera est : linguis inge-
» nia, non linguas ingeniis formari ; hanc novam Criticam
» quæ tota spiritualis videtur, et Analysim, quæ Matheseos
» subjectum, quantum ex se est, omni prorsus corpulentia
» exuit, uni in orbe terrarum Galli vi suæ subtilissimæ lin-
» guæ excogitare potuerunt. Cum hæc igitur omnia ita sint ;
» eloquentiam suæ linguæ parem ab una sententiarum veri-
» tate, tenuitateque, et deducta ordinis virtute commen-
» dant (*). » Après cela vient, comme pour faire contraste, un
court éloge de la langue italienne. Vico parle aussi de l'idiome
français dans la seconde *Science nouvelle* (**), et il y signale
également son affinité avec l'analyse et son éloignement pour
la synthèse ; après quoi il conclut que de pareilles langues,
subtiles mais faibles et impuissantes, sont le propre de
ceux qui, possédant beaucoup de finesse dans la manière de
penser, sont impropres à tout grand travail.

Une qualité de l'idiome français, qui a son principe dans le
génie et le caractère de la nation qui le parle, et dont Vico ne
fait point mention, c'est une certaine légèreté présomptueuse,
un penchant à l'exagération et à l'hyperbole, qui se manifes-
tent et dans les métaphores les plus usuelles, et dans toutes les
parties de l'élocution (***). Qu'on prenne pour exemple les tropes
français les plus communs et que l'habitude a rendus familiers, et l'on verra que le plus souvent ils surpassent en hardiesse le langage figuré des autres langues de l'Europe et spécialement de l'Italienne. De là vient encore que le langage français,
sans en excepter les grands écrivains et les grands orateurs de
cette nation, dit beaucoup plus en apparence qu'en réalité : le
mot, la phrase, la figure dépassent presque toujours la pensée

(*) *Vico, De nost. temp. stud. rat.* Opera lat., tom. 1. p. 20.
(**) Lib. 1. *Degli elementi*, 21. Œuvres, édit. de Milan, tom. v,
(***) Ce n'est pas de cette exagération-là que parle Vico.

qu'ils expriment : on s'aperçoit que l'orateur ou l'écrivain sait ou pense moins que ce qu'il paraît savoir ou penser, au rebours de ce qui arrive relativement aux autres nations et spécialement chez les anciens écrivains italiens et grecs ; cette seule remarque suffit pour diminuer notablement, ou même pour annuler entièrement le plaisir que l'on peut trouver dans la conversation ou dans la lecture. Car ce qui fait plaisir au lecteur ou à l'auditeur, c'est de pouvoir supposer que celui qui parle ou qui écrit, en pense encore plus qu'il n'en dit ; car alors notre esprit voulant pénétrer au-delà du voile des mots, se perd dans un je ne sais quoi de vague et d'indéfini, qui le charme. Mais quand il s'aperçoit que sous les mots il n'y a rien, ou qu'il y a moins qu'ils ne promettent, le charme est détruit, et avec lui disparaît la principale raison qui nous fait sympathiser avec l'écrivain ou l'orateur, et qui excite notre attention et notre curiosité. De ce défaut de correspondance entre le sentiment et la phrase il résulte que le style français, joint à toute la pauvreté de la langue, a beaucoup moins de simplicité, de naturel et de force que celui de nos anciens écrivains : on y trouve un je ne sais quoi de forcé et d'ampoulé qui répugne au génie pélasgique. Et ce que je dis du style, peut également s'entendre de l'homme naturel et artificiel, — puisque, selon Buffon, l'un est l'autre, — et de la manière d'imiter et de peindre la nature humaine. Ainsi, par exemple, les Romains de Corneille peuvent paraître tels sur les bords de la Seine ; mais sur ceux du Tibre, où il est probable que n'est pas totalement éteint l'esprit du Latium, on les prendrait pour des Gradasse, des Rodomont, des paladins, c'est-à-dire pour des hommes nés, non pas à Rome mais à Paris. Les Français donnent, au moral et au physique, leur type à tous les personnages étrangers ; les héros de David sont tous français, la figure même du Christ est française dans la plupart des tableaux de cette nation. L'héroïsme français n'est pas celui des anciens, des véritables Germains, des Italiens du moyen-âge, de Napoléon ; mais c'est l'héroïsme chevaleresque

des croisades, dont le modèle se trouve réellement chez les Francks, mais que ceux-ci reçurent des Gaulois et que les historiens latins nous ont représenté, non pas sous les traits des Romains, d'Arminius ou de Viriate, mais sous ceux de Brennus, de Valens, de Viridomar. Si vous avez vu certaines statues et certaines peintures des Français, représentant leurs illustres guerriers, comme par exemple le prince de Condé, — qu'ils appellent le Grand-Condé, — au milieu d'une mêlée, la perruque sur la tête, l'air furieux, et que vous les compariez avec les images des héros de l'antiquité, ce coup-d'œil seul vaudra mieux qu'une longue dissertation pour vous faire comprendre la différence infinie qu'il y a entre la France moderne et la Grèce et Rome antiques. L'Arioste, dont le génie était éminemment italien, trouva dans le chevalier un type sérieux qu'il entremêla de ridicule, et sans charger le tableau, comme fit Cervantes, il imprima à la chevalerie un cachet de ridicule que ne put effacer même le génie tendre et profond, mais beaucoup moins puissant du Tasse. L'héroïsme antique, c'est-à-dire grec et romain, et l'héroïsme chrétien mais italien et héritier de la vertu romaine, ont une simplicité incomparable, une gravité spontanée, une majesté sans affectation ; ils ne connaissent point cet orgueil, cette légèreté, cette forfanterie, que l'on remarque souvent dans la valeur de nos voisins. On peut en dire autant de la langue, de la poésie, des beaux-arts, de l'éloquence. La poésie lyrique française est trop souvent une amazone en paniers, poudrée et parée. Peu d'écrivains sont dans leur langue aussi grands que Bossuet l'est dans la sienne. Cependant je ne crois pas être le seul de mon avis parmi mes compatriotes, si je dis que je ne puis admirer avec les rhéteurs français quelques passages de cet orateur, comme par exemple le suivant : « O nuit désastreuse ! ô nuit effroyable ! où
» retentit tout-à-coup comme un éclat de tonnerre, cette éton-
» nante nouvelle : Madame se meurt ! madame est morte (*) » !

(*) Oraison fun. d'Henriette d'Anglet.

Je demande si ces exclamations et ces éclats qui ne pourraient être plus grands, quand même se réaliserait le *fractus illabatur orbis* d'Horace, et que l'Univers tomberait en ruines, sont en proportion avec la mort d'une princesse? Pourrait-on en dire d'avantage si on voulait peindre la chute d'un empire ou la fin du monde ? Je laisse de côté ce mot de *madame*, qui représentant à l'imagination les manières délicates et affectées des femmes parisiennes, contraste autant avec la gravité et la simplicité d'une oraison funèbre qu'avec celles de la tragédie ; c'est là un défaut de la langue et non de l'écrivain. Je ne prétends point par là m'arroger le droit d'accuser un auteur aussi remarquable et admirable que Bossuet, d'avoir manqué aux convenances selon la manière de voir des Français : je me borne à dire que de pareilles beautés peuvent être difficilement goûtées par nous Italiens, comme elles ne l'auraient pas été non plus par un Grec ou un Romain de l'antiquité ; car je ne puis me figurer Démosthène, Cicéron, Athanase, Chrisostome, Grégoire de Nazianze capables d'écrire ou de parler de cette façon. Puisque je suis en voie de critiquer, j'ajouterai encore une autre remarque. Sans contester à Mirabeau une grande vigueur d'esprit et d'éloquence, je suis tenté de rire quand je l'entends comparer à Cicéron ou à Démosthène : cela me fait souvenir de Corneille, qui avec la plus grande bonne foi du monde préférait Lucain à Virgile ; car il me semble que sous certains rapports, Mirabeau est le Lucain de l'éloquence, et que les traits si forts, mais si ampoulés et si forcés, qu'on cite de ses discours, sont aussi éloignés du sublime en usage chez les grands orateurs de l'antiquité, que le parlement moderne de Paris a peu de ressemblance avec le sénat de l'ancienne Rome.

Si nous parlons ensuite spécialement de notre époque, nous trouvons que la manière d'écrire en français, la plus en vogue, a une merveilleuse ressemblance avec celle qui avait cours en Italie au dix-septième siècle. Il ne serait pas difficile de retrouver dans Châteaubriand, Hugo, Lamartine une foule de passages, qui, traduits littéralement dans notre idiome, pourraient passer pour appartenir à Pallavicino, Tesauro, Fiamma, Achillini, Ciampoli, Preti et à tous les plus mauvais poëtes et prosateurs qui ont déshonoré notre littérature à cette époque. Je ne veux point inférer de cela que les écrivains français nommés ci-dessus soient mauvais, mais je constate seulement un fait; sachant très bien, du reste, que la France n'est pas l'Italie, et que le siècle actuel n'est pas celui des sécentistes.

A propos des observations de Vico sur le génie philosophique des Français, citées plus haut, on les verra avec plaisir corroborées par une remarque analogue d'un Français plein de sagacité, d'Alembert, qui parle en ces termes de sa propre nation : « Tout ce qui a rapport aux sentiments ne peut être
» l'objet de longues recherches, et cesse de plaire quand on ne
» peut l'acquérir en peu de temps ; quelle que soit l'ardeur
» avec laquelle nous l'embrassons, elle s'éteint bientôt ; et
» l'esprit qui en est fatigué, aussitôt qu'il en est rassasié, se
» met à la poursuite d'un autre objet, qu'il abandonne bien-
» tôt de la même manière. Le contraire a lieu pour la vérité,
» l'esprit ne peut obtenir celle qu'il cherche que par le moyen
» de la méditation ; et pour la même raison sa jouissance est
» proportionnée à la longueur de l'étude qu'il a employée à
» sa recherche. »

Note 11.

« La France gouverne le midi de l'Europe, et c'est toujours
» un peu le passé de la France, qui est le présent de l'élite
» des populations du Portugal, de l'Espagne et de l'Italie.
» Ces belles contrées sont en général et dans la philosophie en
» particulier, ce que les fait la France. Leur présent est le
» passé de la France ; l'avenir de la France décidera de leur
» avenir (*). »

(*) Cousin, introd. à l'hist. de la phil., leçon 13.

Il ne m'appartient pas de parler des Espagnols et des Portugais ; c'est à eux de voir si M. Cousin a tort ou raison. S'il a raison, et que *leur avenir soit celui de la France*, je les plains bien sincèrement. Quant à l'Italie, il est très vrai que le vulgaire, c'est-à-dire, le plus grand nombre, marche sur les traces des Français ; mais le vulgaire, — je ne dis pas la plèbe, — encore qu'il soit bien vêtu et élégant, n'est pas l'élite de la nation. M. Cousin, qui a voyagé en Italie, a dû y observer les singes et non pas les hommes.

Note 12.

On nous demandera peut-être si, à notre avis, l'hétérodoxie moderne touche à son terme dans la spéculation aussi bien que dans la pratique ; ou, en d'autres termes, si le cycle des révolutions est fermé. Car l'hétérodoxie est toujours une révolution qui survient dans la vie civile ou intellectuelle des hommes. Toute révolution est une négation de la souveraineté c'est-à-dire de l'Idée : les révolutions intellectuelles nient l'Idée parlante, les politiques, l'Idée gouvernante ; et après avoir parcouru diverses vicissitudes, elles finissent par le rétablissement de l'empire légitime, c'est-à-dire celui de l'Idée, et comme on dit aujourd'hui, par une *Restauration;* pourvu toutefois qu'on ne prenne pas ce mot dans le sens des légitimistes français. Je dis donc, généralement parlant, que la restauration européenne dépend des peuples et des princes. Si les peuples s'obstinent à ne pas vouloir ressaisir le bien antique, et les princes à maintenir et à rappeler les vieux abus, le mal qui nous afflige se prolongera, et le monde sera troublé par de nouveaux bouleversements. J'avoue que l'aveuglement des peuples et des princes m'épouvante. Ils montrent les uns et les autres une opiniâtreté étonnante à conserver et à caresser ce qui les tue, à repousser ce qui pourrait les sauver. Les peuples aiment l'impiété et la licence ; les rois s'attachent au despotisme. Les bourgeois et les nobles, dans les pays où ils participent au gouvernement, comme en France et en Angleterre, ne se montrent ni plus sages, ni plus humains que les rois; parce qu'ils ne pensent à autre chose qu'à jouir de leur pouvoir au lieu de s'en servir pour améliorer et rendre heureuse la classe la plus nombreuse de la nation. Si on continue de marcher dans cette voie, Gracchus et Spartacus, Zisca et Robespierre ensanglanteront de nouveau l'Europe, et feront de la fin du siècle actuel, comme de celle du dernier, une époque digne des larmes de la postérité.

Pour ce qui regarde les doctrines en particulier, on peut encore douter si les esprits sont vraiment disposés à retourner sans délai à la foi, et si ceux qui le croient ne sont pas trompés par leur désir. En effet, quoiqu'il se présente de moment en moment quelques légers mouvements favorables à la cause de la vérité, il ne paraît pas cependant, toutes choses compensées, que les esprits soient en voie de retour vers la religion : l'incrédulité change de forme, mais non pas de caractère ni de substance. Peu importe que du matérialisme et de l'athéisme on ait passé au rationalisme et à un panthéisme spirituel, ou bien encore à une espèce de christianisme abstrait et spéculatif; tout cela n'est qu'un échange d'opinions, et de là à une foi positive, ferme et agissante, telle qu'on l'exige de l'homme catholique, la distance est grande et le passage difficile. Et je ne sais pas encore si le rationalisme actuel est de nature à durer long-temps. Il me semble qu'aujourd'hui on refait pas à pas ce que l'on fit à la hâte et tout d'un trait au siècle dernier ; c'est-à-dire qu'on essaie d'exécuter scientifiquement et de sang froid ce qu'auparavant on avait précipité avec l'impétuosité des passions et de l'imagination. Les anciens incrédules de France discouraient avec fureur; tandis qu'aujourd'hui en Allemagne, l'impiété est calme et blasphème doctement. Certainement, après les longs circuits de l'erreur, après la vogue d'une fausse science habile à déguiser les sophismes sous le voile de l'érudition, l'esprit humain devra se reposer dans le vrai ; mais avant qu'il atteigne ce but, il faut peut-être qu'il parcoure en entier le cercle de l'erreur : et de même que dans la période de l'impiété ignorante et passionnée, on passa de la négation de la Bible et de la révélation à combattre les vérités rationnelles, et on arriva à l'athéisme ; de même, dans la période de l'impiété savante et calme, qui commence maintenant, on passera aussi de la révélation à la philosophie. Le temps n'est pas éloigné où, du rationalisme bâtard et sans vigueur qui domine aujourd'hui, on passera probablement à un nouveau sensisme qui aura peut-être son origine dans l'Allemagne, pays destiné à donner une forme plus rigoureuse et plus savante aux opinions de Condillac, comme Emmanuel Kant y a perfectionné le psychologisme de Descartes et Hégel le panthéisme. Et déjà on peut conjecturer, à certains signes, que le sensisme commence à s'y introduire et à y être en honneur ; et certainement il surpassera autant celui de Condillac et de Tracy, que l'herméneutique et la critique licencieuse d'Eichhorn et de Gesenius surpassent celles de Voltaire et de Volney. Dans tous les cas, je désire être un faux prophète ; mais j'ai de la peine à croire qu'un siècle, dans lequel un ouvrage comme celui de Strauss a obtenu une grande célébrité et les honneurs de la mode, ne soit pas destiné à finir par une nouvelle édition du *système de la nature*. Cela me paraît d'autant plus probable, que le rationalisme théologique est sensualiste par son principe, par son caractère, par son essence, par sa méthode et par son but, bien qu'au premier aspect il paraisse tout le contraire.

Note 13.

Courier est peut-être le seul Français qui ait su écrire avec une élégante pureté en Italien. On cite quelques lettres écrites par lui dans cette langue à des Italiens, et imprimées avec les réponses dans sa correspondance (*). On y voit, — dois-je le

---

(*) Courier. — Œuvres complètes. Paris, Didot. gr. in-8°.

dire?... oui, pour que nous en rougissions et que nous nous corrigions, — que le littérateur français savait beaucoup mieux écrire l'Italien que ses correspondants. Je crois que c'est à l'étude profonde qu'il avait faite de nos classiques qu'on peut en partie attribuer la supériorité qu'il a montrée à se servir de sa propre langue ; car au jugement de quelques-uns de ses compatriotes, il n'y a pas d'écrivain postérieur au dix-septième siècle qui l'égale ou qui puisse lui être comparé. En effet, les Italianismes les plus gracieux ne sont pas rares dans le style de Courier ; de même qu'ils sont fréquents dans Rabelais, Amyot, Montaigne, Charron, Etienne de la Boëtie. L'opinion de Courier sur les écrivains modernes de son pays est à remarquer ; il disait entre autres choses dans une de ses lettres : « Gardez-vous bien de croire que quelqu'un ait écrit en
» français depuis le règne de Louis XIV ; la moindre femmelette
» de ce temps-là vaut mieux pour le langage que les Jean-
» Jacques, Diderot, d'Alembert, contemporains et postérieurs ;
» ceux-ci sont tous ânes bâtés, *sous le rapport* de la langue,
» pour user d'une de leurs phrases ; vous ne devez pas seule-
» ment savoir qu'ils ont existé (*). » Quant à l'Italien, il l'appelait *la plus belle des langues vivantes* (**).

Note 14.

« C'est le privilége des anciens d'avoir traité de chaque
» chose avec la mesure convenable. Mais nous avons souvent
» cru nous autres modernes, que nous surpasserions de beau-
» coup nos maîtres, si nous convertissions en grandes routes
» battues les chemins écartés où ils ne faisaient que des pro-
» menades ; au risque même de voir les véritables grands
» chemins plus sûrs et plus directs changés à leur tour en
» simples sentiers (***). »

(*) Courier. — Œuvres complètes. Paris, Didot. gr. in-8º.
(**) Ibid. *Lett. à M. Renouard.*
(***) *Du Laocoon*, trad. par Vandenbourgh. Paris, 1802. p. xii et xiii.

Ces considérations de Lessing sont spécialement applicables aux doctrines philosophiques.

Note 15.

Une classe de lecteurs à laquelle un bon journal ecclésiastique peut être d'une grande utilité, ce sont les curés de campagne. Ces hommes vénérables, qui reproduisent souvent, au milieu de la corruption moderne, l'image de cette paternité patriarcale qui embellit les premiers temps du monde et forma l'éducation du genre humain; qui, depuis Rousseau jusqu'à Weiss, ont obtenu la sympathie et les hommages des écrivains les moins favorables à l'autorité du sacerdoce ; manquent le plus souvent, au milieu de leurs fatigues apostoliques, de temps et de secours pour continuer des études sérieuses, lors même que la fortune leur a permis de les commencer. Un livre, qui renferme dans une petite étendue ce qu'il y a de plus important et de plus attrayant dans la science et dans l'histoire, — la contemporaine surtout, — de la religion, et qui présente comme un miroir fidèle de la société la plus vaste qu'il y ait au monde, je veux dire la chrétienté catholique, doit être d'un utile secours à ceux qui sont peut-être la partie la plus précieuse et la mieux méritante, et assurément la plus accablée de travaux, de cette grande république. En Italie, où manquent souvent les moyens, mais où ne manquent jamais le bon sens et le bon vouloir, pour s'emparer autant qu'il est possible de ce qu'il y a de meilleur dans les inventions que le temps amène, on n'ignore pas l'usage des bons journaux, et je me fais un plaisir d'en pouvoir citer un qui s'imprime dans ma province natale. Les rédacteurs du *Propagatore religioso* sont d'autant plus dignes d'éloges qu'à la science, à l'esprit, à la modération, au sentiment du bien et du beau qui les anime, ils joignent ce zèle modeste qui fait choisir parmi les diverses professions non pas les plus brillantes ni les plus profitables à soi-même, mais les plus utiles à la patrie. Dans un siècle où les lettres servent à satisfaire la vanité vulgaire et la soif du gain, c'est une grande vertu que de les faire tourner au seul bien public. Et plus le journaliste vénal, ignorant et présomptueux est méprisable, autant il faut, à mon avis, estimer ceux qui, comme les rédacteurs du *Propagatore*, se proposent un noble but, et savent mettre à la portée du plus grand nombre une érudition, dont ils pourraient retirer de la gloire, s'ils ne s'adressaient qu'à quelques-uns ; art peu apprécié, mais rare et difficile, dans toutes les conditions de temps et de fortune.

Note 16.

Leibniz, dont la modération égalait le génie et le savoir, et dont les opinions, bien que luthériennes, auraient pu faire honte à beaucoup de catholiques de son temps, s'exprime ainsi dans une lettre au P. des Bosses, jésuite : « Optarem....
» concedi doctis, etiam vestris, philosophandi libertatem, quæ
» emulationem parit et ingenia excitat : contra animi servi-
» tute dejiciuntur, neque aliquid egregii ab iis expectes, qui-
» bus nihil indulgeas. Itaque Itali et Hispani, quorum excita-
» tata sunt ingenia, tam parum in philosophia prœstant, quia
» nimis arctantur (*). » Cette sage liberté doit être d'autant plus précieuse aux yeux des catholiques qu'eux seuls peuvent en profiter sans en craindre les abus, attendu la merveilleuse constitution de l'Eglise, qui, par ses principes intrinsèques, est apte à concilier *res olim dissociabiles*, c'est-à-dire, la liberté dans les choses douteuses avec l'unité dans les choses nécessaires, selon la règle de Saint Augustin.

Note 17.

« Ainsi, Messieurs, s'écrie M. Cousin, la piété la mieux

(*) Leibniz, *op. omn.* éd. Dutens, tom. 11, part. 1. p. 277.

» éprouvée ne suffit pas à protéger notre dernière heure.
» Quelles qu'aient été notre vie et NOTRE FOI, si nous ne rétrac-
» tons pas toutes les maximes de l'Église gallicane, si nous ne
» renions pas notre attachement aux lois, notre fidélité à l'Etat,
» nos derniers moments peuvent être privés de ces saintes
» cérémonies qui assurent et adoucissent le passage à une au-
» tre vie. Où en sommes-nous, Messieurs? Dans quel temps
» vivons-nous (*). » Et nous aussi, nous pouvons dire, dans
quel temps vivons-nous, et où en sommes-nous, si un homme
haut placé, qui fait profession de panthéisme et nie la révélation dans ses écrits, ose parler de cette manière du haut de la tribune française sans craindre de faire sourire ceux qui l'écoutent.

NOTE 18.

« Il y a autant ou plus de sujet de se garder de ceux qui,
» par ambition le plus souvent, prétendent innover, que de se
» défier des impressions anciennes, et après avoir assez mé-
» dité sur l'ancien et sur le nouveau, j'ai trouvé que la plupart
» des doctrines reçues peuvent souffrir un bon sens. De sorte
» que je voudrais que les hommes d'esprit cherchassent de
» quoi satisfaire à leur ambition, en s'occupant plutôt à bâtir
» et à avancer, qu'à reculer et à détruire. Et je souhai-
» terais qu'on ressemblât plutôt aux Romains, qui faisaient
» de beaux ouvrages publics, qu'à ce roi vandale, à qui sa
» mère recommanda que ne pouvant pas espérer la gloire
» d'égaler ces grands bâtiments, il en cherchât à les dé-
» truire (**). »

NOTE 19.

Ce malheureux siècle est condamné par la Providence a être spectateur de toute espèce de folies, de honte et de scan-

(*) *Disc. sur la renaiss. de la dom. eccles.*, p. 12.
(**) Leibniz, *nouv. ess. sur l'entend. hum.*, liv. 1, chap. 2.

dale. Il y a peu de temps que quelques évêques de la Lithuanie et de la Russie-Blanche ont renié la foi catholique professée dans ces pays depuis tant de siècles, et ont préféré à la noble et douce paternité du pontife de Rome et à la fraternité de l'Eglise universelle, le joug spirituel de l'oppresseur de leur patrie, et la société impure de l'Eglise moscovite. Quiconque, en Europe, n'est pas Russe ou Barbare, et conserve quelque sentiment de générosité et de pudeur, a dû être étonné non pas de l'usurpation du bourreau de la Pologne, déjà connu pour un monstre infâme, mais de la conduite de ces pasteurs, qui ont livré à la gueule des loups leur propre troupeau, et ont vendu au tyran leur foi, leur ame et leur réputation.

Note 20.

Les oppositions logiques qui ont aidé la réforme des Protestants peuvent se réduire au tableau suivant :

	Catholiques.	Protestants.
1re *Opposition.* De race à race.	Romains; Papes, héritiers spirituels de l'empire romain.	Germains, descendants d'Arminius.
2e *Opposition.* De système à système.	Théologie. Affirmation. Conservation. Stabilité. Dogmatisme. Surnaturalisme. Synthèse. Autorité. Hiérarchie.	Philosophie. Négation. Innovation. Mouvement. Scepticisme. Rationalisme. Analyse. Examen. Démocratie ou Despotisme.

3ᵉ Opposition.	Prêtres	Laïques.
De classe à classe.	Aristocratie élective.	Aristocratie héréditaire des princes et des nobles.
	Caste spirituelle, ou sacerdoce.	Castes matérielles ou militaires, riches, commerçants, etc.

Ces oppositions ne justifient pas la réforme, mais elles l'expliquent.

Note 21.

La profession de bon catholique faite par Descartes dans plusieurs passages de ses ouvrages, peut facilement s'expliquer comme une mesure de prudence ; mais si on la veut regarder comme sincère, il est difficile de la concilier avec les principes de sa doctrine. Ses lettres fournissent suffisamment la preuve qu'il n'était pas disposé à souffrir le martyre par amour de la vérité, et que, s'il avait, comme on le raconte, le courage du soldat, il ne possédait certainement pas celui du citoyen et du philosophe. Ecrivant au P. Mersenne, à propos de Galilée, il lui dit *de ne chercher que le repos et la tranquillité de l'esprit* (*). Lorsqu'un tribunal ecclésiastique eut condamné un point de la doctrine de ce grand homme, il fut tellement effrayé qu'il voulait brûler ses papiers et disait : « Je ne voudrais pour rien du monde » qu'il sortît de moi un discours où il se trouvât le moindre » mot qui fût désapprouvé de l'Eglise (**). » Ne croyez pas qu'il fût le moins du monde poussé par un pieux sentiment de respect envers l'autorité qui l'avait condamné ; car, dans ce cas,

---

(*) OEuvres. Paris, 1824, tom. vi, p. 251.
(**) OEuvres, tom. vi, p. 238, 239.

quoiqu'il ne fût pas question du saint Siége, ni de l'Église, comme il le dit, mais d'une simple congrégation ecclésiastique, nous jugerions sa réserve hautement digne d'éloge. Mais par le contexte de la lettre, on voit qu'il n'était mu que par la crainte de compromettre la tranquillité de sa vie. Dans une autre lettre au même P. Mersenne, écrite un an après, c'est-à-dire en 1634, il le dit expressément : « Je sais bien qu'on
» pourrait dire, que tout ce que les inquisiteurs de Rome ont
» décidé n'est pas incontinent article de foi pour cela, et qu'il
» faut premièrement que le concile y ait passé ; mais je ne suis
» point si amoureux de mes pensées que de me vouloir servir
» de telles exceptions pour avoir moyen de les maintenir ; et
» le désir que j'ai de vivre en repos, et de continuer la vie que
» j'ai commencée en prenant pour ma devise *bene vixit qui bene*
» *latuit*, fait que je suis plus aise, etc., (*) » On voit quels furent le scrupule religieux et le stoïcisme philosophique de notre écrivain ; et que, si le *bene latuit* ne le sauva pas de la vanité, des brigues et des ambitions littéraires, qui furent le but principal de ses travaux et de sa vie, il le rendit au moins prudent envers cette gloire qui pouvait être difficile et périlleuse.

Le procédé méthodique et le doute absolu, dont Descartes fait précéder sa philosophie, ne peuvent en aucune façon s'accorder avec les principes catholiques. Selon lui, nous devons « douter une fois en notre vie de toutes les choses où nous
» trouverons le moindre soupçon d'incertitude. Il sera même
» fort utile, que nous rejetions comme fausses toutes celles,
» où nous pourrons imaginer le moindre doute (**). » Il fait là dessus la revue des choses dont il faut douter. « Nous dou-
» terons en premier lieu, si de toutes les choses qui sont tom-
» bées sous nos sens, ou que nous avons jamais imaginées, il
» y en a quelques-unes qui soient véritablement dans le

(*) *Ibid*, p. 243.
(**) Princ. de la phil. part. I, œuvr., tom. III, p. 63, 64.

» monde... Nous douterons aussi de toutes les autres choses
» qui nous ont semblé autrefois très certaines, même des
» démonstrations de mathématique, et de ses principes, encore
» que d'eux-mêmes ils soient assez manifestes, à cause qu'il y
» a des hommes qui se sont mépris en raisonnant sur de telles
» matières ; mais principalement parce que nous avons ouï
» dire, que Dieu qui nous a créés peut faire tout ce qu'il lui
» plaît, et que nous ne savons pas encore, si peut-être il n'a
» point voulu nous faire tels que nous soyons toujours trom-
» pés, même dans les choses que nous pensons le mieux con-
» naître (*). »... «Nous supposons facilement qu'il n'y a point
» de Dieu, ni de ciel, ni de terre, et que nous n'avons point de
» corps (**). » Telle est pourtant la doctrine exposée dans les
Méditations et dans la *Méthode*, quoique dans ce dernier ouvrage
elle soit moins crûment enseignée. Antoine Arnauld, qui s'a-
perçut dans la suite, comme nous le verrons, du peu d'orthodoxie de Descartes, eut dans le principe la simplicité de croire
que celui-ci entendait parler d'un doute simulé, d'un simple
artifice de méthode, bon à employer pour arriver à la connaissance scientifique du vrai ; et il se plaignit seulement que cela
ne fût pas assez clairement indiqué dans les *Méditations*. «Ve-
» rumtamen haud scio, an aliqua præfatiuncula hæc médita-
» tio præmuniri debeat, qua significetur de iis rebus serio non
dubitari (***) ; » et il conclut en disant : « Non dubito, quin

(*) *Ibid.*, p. 64, 65.

(**) Descartes, *Princ. de la phil.* œuv. tom. III. p. 66. Ainsi au moment où l'on doute de toutes les choses qui tombent sous nos sens, et *même des démons-trations de mathématique*, on allègue pour justifier le doute, *qu'il y a des hommes qui se sont mépris*, et on insiste *principalement* sur cette belle raison, *que nous avons ouï dire, que Dieu qui nous a créés peut faire tout ce qui lui plaît* : au moment où l'on nie l'existence du *ciel, de la terre et des corps*, on ajoute foi à *ce que nous avons ouï dire*, c'est-à-dire à la valeur des signes et de la parole : au moment où l'on *suppose facilement*, — notez cet adverbe, — *qu'il n'y a point de Dieu*, on interprète d'une manière absurde l'omnipotence divine pour en déduire le doute absolu. Le cerveau d'un insensé raisonne assu-rément d'une manière plus saine que celui de Descartes.

(***) Arnauld, œuvr. tom. XXXVIII, p. 33.

» qua pietate est vir clarissimus id attente diligenterque per-
» pendat, et summo sibi studio judicet incumbendum, ne cum
» Dei causam adversus impios agere meditatur, fidei illius
» auctoritate fundatæ, e cujus beneficio immortalem illam
» vitam quam hominibus persuadendam suscepit, se consecu-
» turum sperat, aliqua in re periculum creasse videatur (*). »
Or, que répond à cela Descartes? Il convient peut-être que son
doute absolu est un pur stratagème de méthode? Non certes ;
il se garde bien même d'en parler, et se borne à dire que sa
philosophie est faite seulement pour les forts esprits. « Je con-
» fesse donc ingénument avec lui, que les choses qui sont con-
» tenues dans la première Méditation et même dans les sui-
» vantes, ne sont pas propres à toutes sortes d'esprits, et
» qu'elles ne s'ajustent pas à la capacité de tout le monde;
» mais ce n'est pas d'aujourd'hui que j'ai fait cette déclara-
» tion... Aussi a-ce été la seule raison qui m'a empêché de
» traiter de ces choses dans le discours de la Méthode, qui
» était en langue vulgaire, et que j'ai réservé de le faire dans
» les Méditations, qui ne doivent être lues, comme j'en ai
» plusieurs fois averti, que par les plus forts esprits. Et on ne
» peut pas dire que j'eusse mieux fait, si je me fusse abstenu
» d'écrire des choses, dont la lecture ne doit pas être propre ni
» utile à tout le monde; car je les crois si nécessaires, que je
» me persuade que sans elles on ne peut jamais rien établir
» de ferme et d'assuré dans la philosophie. Et quoique le fer
» et le feu ne se manient jamais sans péril par des enfants ou
» des imprudents ; néanmoins, parce qu'ils sont utiles pour
» la vie, il n'y a personne qui juge qu'il se faille abstenir pour
» cela de leur usage (**) » Il parle ensuite de son opinion, qu'il
ne faut croire au vrai que lorsqu'il est évident, et il répète sa
chanson habituelle, en exceptant les choses qui regardent la
morale et la foi (***); clause dont nous verrons bientôt la valeur.

(*) Ibid. p. 37, 38.
(**) Arnauld. Ibid.
(***) Id. ibid.

Il est donc clair que le doute de Descartes était sérieux, vrai, et non pas supposé, et que le tempérament qu'il y apporte dans quelques passages de ses ouvrages partait seulement de son amour pour les *enfants et les imprudents*, qui n'avaient pas une tête assez forte, ou un estomac assez robuste pour digérer sa doctrine. Que si dans le fragment des *Principes* que nous avons cité, et où il s'exprime plus clairement, il dit : *nous supposons facilement qu'il n'y a point de Dieu*, ce faible palliatif, suggéré peut-être par une observation d'Arnauld (*), est seulement une expression de bienséance, puisqu'il l'applique également à l'existence des corps à l'égard desquels son doute est absolu et sincère, comme on le voit par le contexte et par beaucoup d'autres passages. Sans compter que ce mot, *nous supposons*, s'il se rapporte à l'objet du doute et non pas au doute lui-même, renferme la réalité de l'acte dubitatif. Or, je le demande, la profession du christianisme s'accorde-t-elle avec ce doute sérieux et universel ? Qui se persuadera que celui qui trouve à propos de rejeter toute vérité, dans laquelle *on peut imaginer le moindre doute*, puisse cependant croire aux dogmes mystérieux de la foi qui, malgré les preuves incontestables sur lesquelles ils s'appuient, sont cependant si redoutables pour les sens, si exposés aux railleries d'une raison faible et orgueilleuse ? Comment un homme, qui doute de l'existence de la matière, du monde, de son propre corps ; qui annulle toute l'histoire passée, non-seulement de ses semblables mais la sienne propre ; qui s'imagine être seul dans une complète solitude, sans autre certitude que celle de son doute ; pourra-t-il néanmoins croire logiquement à la révélation, à la mission de l'Homme-Dieu sur la terre, à l'histoire merveilleuse de la religion, à la Bible, aux commandements, aux sacrements, à l'Eglise ? En vérité, si Descartes exige un tel acte de foi, il demande un effort trop difficile même pour la crédulité de ceux

---

(*) Arnauld, œuvres tom. xxviii, p. 34.

NOTES.   181

qui n'ont pas le courage de le suivre dans son apprentissage du doute. Singulière folie dans un philosophe ! Pour conduire l'homme à la connaissance du vrai, il commence par l'en dépouiller ; et si le malheureux reste dans sa douloureuse nudité, et ne sait pas s'en délivrer, qui aura à en répondre à Dieu sinon le téméraire et l'audacieux qui l'a conseillé ?

Il est vrai que de ce doute universel on excepte expressément la morale et la religion. Mais outre que l'exception emporte un énorme paralogisme, on peut demander si la morale et la religion, dans le sens de la clause cartésienne, suffisent à la profession du catholicisme. « Je me formai une » morale par provision, qui ne consistait qu'en trois ou qua- » tre maximes.....La première était d'obéir aux lois et aux » coutumes de mon pays, retenant constamment la religion, en » laquelle Dieu m'a fait la grâce d'être instruit dès mon » enfance (*). » Donc la religion, la foi, la profession du christianisme peuvent être, même pour un seul instant, un article de *morale provisoire!* « Les trois maximes précédentes n'étaient » que sur le dessein que j'avais de continuer à m'instruire ; » car Dieu nous ayant donné à chacun quelque lumière pour » discerner le vrai d'avec le faux, je n'eusse pas cru me » devoir contenter des opinions d'autrui un seul moment, » si je ne me fusse proposé d'employer mon propre jugement » à les examiner lorsqu'il serait temps..... Après m'être » ainsi assuré de ces maximes, et les ayant mises à part avec » les vérités de la foi, qui ont toujours été les premières en » ma créance, je jugeai que pour tout le reste de mes opi- » nions, je pouvais librement entreprendre de m'en défaire(**). » L'honneur que fait Descartes aux vérités de la foi, en leur accordant le privilége d'être *les premières en sa créance,* n'ôte point à ces paroles leur ambiguïté. Mais comme il proteste qu'il veut *examiner lorsqu'il sera temps les opinions que sans cela il*

(*) *Disc. de la méth.*
(**) Descartes, œuv., tom. 1.

ne se contenterait pas de recevoir sur l'autorité d'autrui, on ne comprend pas comment, d'après sa manière de voir, les dogmes religieux, fondés sur la tradition et sur l'enseignement de l'Eglise, peuvent recevoir un privilége particulier; et si on ne le leur accorde pas, il est clair que la foi de Descartes ne diffère pas de celle de Luther, et que l'obéissance *provisionnelle* *à la religion, en laquelle Dieu lui a fait la grâce d'être instruit*, ne peut regarder que la pratique extérieure, ou n'être tout au plus qu'une foi conditionnelle. Mais la foi n'est vraiment chrétienne, n'est catholique, que si elle est absolue. Croire par supposition préalable que l'examen qu'on va faire doit confirmer l'acte que l'on exprime, faire dépendre la foi présente du résultat d'un examen ultérieur, peut disposer en quelques cas, — non pas assurément dans celui de Descartes, — à la foi future ; mais ce ne peut toutefois, dans aucune occurence, être un acte qui mérite le nom de quatrième vertu, non-seulement sous le rapport de la religion, mais même dans les limites de la raison et de la science humaine.

Un anonyme d'un esprit très fin a tourné en ridicule la *morale par provison* de notre philosophe, et lui a opposé quelques objections que le lecteur ne sera peut-être pas fâché de trouver reproduites ici. « Vous avez osé assurer, qu'il ne faut
» pas chercher dans les choses qui regardent la conduite de la
» vie une vérité aussi claire et aussi certaine que celle que
» vous voulez qu'on ait, lorsqu'on s'applique à la contempla-
» tion de la vérité. Quoi donc, ne faut-il pas bien vivre? Et
» comment pourrez-vous bien vivre, c'est-à-dire saintement,
» si vous ne dirigez pas vos actions selon la règle de la vérité?
» La vérité doit-elle donc manquer aux actions morales des
» chrétiens ? Certainement la vie d'un chrétien sera jugée
» très bonne, s'il rapporte toujours toutes ses actions et sa
» personne même à la gloire de Dieu. Cela n'est-il pas aussi
» vrai, qu'aucune autre chose que nous connaissions claire-
» ment et distinctement?.... Est-il jamais obligé de s'abstenir
» de quelque chose, s'il ne connaît clairement, qu'il s'en faut

» abstenir? Et dans les choses où il est question d'agir, ne
» doit-il pas toujours faire ce qu'il voit clairement que Dieu
» demande de lui : car qui peut dire, qu'il soit obligé de faire
» quelque chose par une autre raison? et pourtant un chrétien
» n'étant jamais obligé de faire ou de s'abstenir de quelque
» chose, sans cette lumière et clarté, pourquoi voulez-vous ou
» plutôt, pourquoi supposez-vous moins de vérité dans les
» mœurs que dans les sciences, puisqu'un chrétien se doit
» moins soucier de faillir dans les sciences métaphysiques et
» géométriques que dans les mœurs? Mais, me direz-vous, si
» quelqu'un veut douter, dans la conduite de sa vie, de l'exis-
» tence des corps et des autres objets qui se présentent à lui,
» comme dans la métaphysique, on ne fera presque rien.
» Qu'importe qu'on ne pèche point? Mais, si cela est, vous
» me direz, par exemple : Je n'entendrai donc point la messe
» un jour de dimanche, à cause que je puis douter si les murs
» de l'Eglise que je pense voir sont de vrais murs, ou plutôt,
» ainsi qu'il arrive ordinairement dans les songes, s'ils ne
» sont rien. A cela je réponds, que tandis que vous douterez
» avec raison que ce soient de vrais murs, et que ce soit une
» vraie église, pour lors vous n'êtes point obligé de manger,
» quelque éveillé que vous soyez, si vous ignorez que vous
» ayez du pain devant vous, et si vous croyez être endormi.
» Vous me direz peut-être : Si vous agissez de la sorte, vous
» vous laisserez donc mourir de faim? Et moi je vous répon-
» drai : que je ne suis point obligé de manger s'il ne m'est
» évident que j'aie devant moi de quoi substenter ma vie,
» laquelle, faute d'un aliment qui me soit clairement connu,
» je puis et je dois offrir en holocauste à Dieu, qui ne m'oblige
» point à agir si je ne sais certainement que j'agis et que les
» objets qui sont autour de moi sont réels et véritables. Vous
» n'avez donc point dû établir deux genres de vérité(*). »
L'objection se réduit à trois points : 1° Il est impossible

(*) Œuv. tom. VIII. p. 243 et suiv.

d'admettre des vérités pratiques, sans quelques vérités spéculatives, puisque la morale est l'application du dogme ; 2° il est impossible d'accepter aucune vérité pratique avec les dogmes spéculatifs correspondants, sans reconnaître plusieurs vérités dans l'ordre physique, comme par exemple, l'existence du monde, de son propre corps, des autres hommes, et ainsi de suite ; 3° l'accomplissement de la loi morale, selon les devoirs de l'homme et spécialement du chrétien, présuppose la certitude de la foi vers laquelle l'action est dirigée, de l'ordre auquel se rapporte cette action, et des moyens qui conduisent au but proposé. Que si quelquefois l'homme en est réduit à se diriger d'après de pures probabilités, cela n'empêche pas que, même dans ce cas, il n'y ait quelques notions de certaines, parce que la probabilité ne peut exister s'il n'y a quelque chose de certain. Donc la méthode de doute de Descartes, rejetant toute certitude physique et spéculative, et renversant toute vérité, à partir de l'existence de notre âme propre jusqu'à ce qui est hors de nous, détruit nécessairement les fondements de la morale et ceux de la religion. Quelle réponse faire à ce raisonnement? Un génie philosophique beaucoup plus puissant que celui de Descartes n'aurait pu en faire aucune ; il n'est donc pas étonnant si, dans la sienne, ce philosophe bat la campagne, en disant que dans les choses de la vie on est souvent forcé de se contenter de pures probabilités (*). Oui certes, cela a lieu ; mais cette même doctrine, qui à défaut du certain, est obligée de se contenter du probable, ne peut être bonne, si on ne sait et si on ne croit plusieurs choses avec une certitude pleine et absolue.

On verra plus clairement quelle est l'idée que l'auteur de la Méthode se fait de cette *foi provisoire*, par l'examen d'un autre point de sa doctrine, qui n'est pas moins opposé que le premier à la profession du catholicisme. Je veux parler de sa

---

(*) *Ibid.* p. 267.

célèbre sentence, répétée en plusieurs endroits de ses ouvrages, que le philosophe ne doit donner son assentiment qu'aux idées claires, et qui est le premier des quatre préceptes de sa méthode (*). Or, comment cette règle pourra-t-elle jamais s'accorder avec la foi aux mystères ? Arnauld, qui croyait bonnement à l'orthodoxie de l'auteur, lui conseille encore ici de spécifier que cette réserve n'est applicable qu'aux connaissances naturelles (**). Ce n'est pas ici le lieu d'examiner si même dans l'ordre de ces dernières le précepte est bon ou même possible ; car autrement il ne me serait pas difficile de prouver que les mystères rationnels et naturels ne sont ni moins nombreux ni moins obscurs que les révélés; que le surintelligible se répand dans toutes les parties de nos connaissances; que les idées les plus claires ont un côté obscur et que la lumière intellective la plus brillante est accompagnée d'un nuage impénétrable. Mais ceci n'appartient pas à mon sujet actuel. Ce que je me contente de remarquer, c'est que la règle cartésienne étant générale et absolue, doit logiquement se rapporter, même aux mystères de la religion ; et que la clarté dont il y est parlé, étant immédiate et directe, ne peut s'entendre de cette évidence indirecte et médiate à laquelle participent même les mystères de la révélation, en tant que leur croyance est fondée sur des preuves évidentes et irréfragables. Je dis logiquement, parce qu'en effet Descartes exclut de sa règle la foi et la morale, comme nous avons vu qu'il les avait écartées de son doute méthodique. Mais la clause ne répugne pas moins dans un cas que dans l'autre. Car quel est le motif du privilége ? Comment peut être raisonnable en religion un procédé absurde hors d'elle ? Ou l'esprit humain peut trouver la notion du vrai, même dans les idées obscures, ou non. Dans le premier cas, il doit les accepter même en philosophie ; dans le second, il doit les rejeter même en

---

(*) *Disc. de la Méth.* et *Médit. passim.*
(**) *OEuv.*, tom. xxxviii, p. 34.

religion. Établir, comme base méthodique, que l'intellect ne doit adhérer qu'à l'évidence, s'il veut connaître la vérité et éviter l'erreur, est une chose tout-à-fait inutile, quand on admet quelques exceptions à cette règle. Par conséquent, si nous ne voulons pas supposer que Descartes raisonne à faux d'une manière trop grossière, nous devons inférer que ce qui lui fait exclure la foi et la morale du langage dubitatif de sa méthode et de la première règle de cette même méthode, ce n'est qu'une pure précaution extérieure de politique ou de bienséance. De sorte que cette *fiction* que nous avons vu ne pas devoir être attribuée au doute cartésien, selon la supposition charitable d'Arnauld, nous pourrons, sans calomnie, l'appliquer à la religion et à la foi de Descartes.

Voyons cependant si les termes employés par cet auteur dans divers passages de ses écrits confirment notre opinion. « De quelque preuve et argument que je me serve, dit-il, il en
» faut toujours revenir là, qu'il n'y a que les choses que je
» conçois clairement et distinctement qui aient la force de me
» persuader entièrement (*). » Peut-on parler d'une manière plus générale. « Il n'y a point de doute que Dieu n'ait la puis-
» sance de produire toutes les choses que je suis capable de
» concevoir avec distinction; et je n'ai jamais jugé qu'il lui
» fût impossible de faire quelque chose, que par cela seul que
» je trouvais de la contradiction à la pouvoir bien conce-
» voir(**). » Peut-on faire d'une manière plus expresse, de l'esprit humain la mesure absolue du vrai? Et si l'on peut ou si l'on doit *juger impossible* à Dieu de faire ce qu'on ne peut *bien concevoir sans contradiction*, quel est le mystère révélé qui reste invulnérable? Car l'essence des mystères consiste précisément dans une apparence de contradiction dont on est frappé quand on veut *bien en concevoir* la nature. Dans les règles pour la direction de l'esprit, notre auteur ne parle pas d'une manière moins ex-

(*) *Médit.* 5.
(**) *Médit.* 6.

presse : « Règle deuxième. Il ne faut nous occuper que des
» objets, dont notre esprit paraît capable d'acquérir une con-
» naissance certaine et indubitable ; » ce qui fait qu'il rejette
toutes les connaissances probables (*) Et ne croyez pas que
dans ce passage il entende parler seulement de la certitude et
non de l'évidence immédiate ; car il raisonne ensuite de cette
manière : « Il suit de là que si nous comptons bien, il ne reste
» parmi les sciences faites que la géométrie et l'arithmétique,
» auxquelles l'observation de notre règle nous ramène. » Et
plus loin : « De tout ceci il faut conclure, non que l'arith-
» métique et la géométrie soient les seules sciences qu'il faille
» apprendre, mais que celui qui cherche le chemin de la vé-
» rité ne doit pas s'occuper d'un objet, dont il ne puisse avoir
» une connaissance égale à la certitude des démonstrations
» arithmétiques et géométriques (**). » Enfin, la règle qui suit
éloigne tout doute : « Règle troisième. Il faut chercher sur
» l'objet de notre étude, non pas ce qu'en ont pensé les au-
» tres, ni ce que nous soupçonnons nous-mêmes, mais ce que
» nous pouvons voir clairement et avec évidence, ou déduire
» d'une manière certaine. C'est le seul moyen d'arriver à la
» science(***).» Les connaissances traditionnelles et les preuves
indirectes sont ouvertement proscrites. Or, je demande si un
homme, qui croit aux vérités révélées, peut s'exprimer avec
une telle généralité et une telle précision, — même en ne
voulant parler que des sciences humaines, — sans employer
quelque tempérament qui ramène dans les bornes convenables une méthode si dangereuse, et empêche l'abus qu'on en
peut faire en l'appliquant aux croyances religieuses? Du reste,
j'ai voulu citer ces derniers passages, — qui ne font que répéter la doctrine de la méthode et des autres ouvrages de Descartes, — parce qu'ils sont extraits d'un écrit que M. Cousin

(*) OEuv. tom. xi, p. 206-209.
(**) Ibid. p. 209.
(***) Ibid.

élève jusqu'aux nues, en disant *qu'il égale pour la force, et surpasse peut-être pour la lucidité*, le Discours sur la méthode et les Méditations. Dans cet écrit, et dans un autre qui le suit, « on » voit encore plus à découvert le but fondamental de Descartes » et l'esprit de cette révolution qui a créé la philosophie mo- » derne, et placé *à jamais* dans la pensée le principe de » toute certitude, le point de départ de toute recherche ré- » gulière. On les dirait écrits d'hier, et composés tout exprès » pour les besoins de notre époque. » Et il conclut en disant, que « la main de Descartes y est empreinte à chaque ligne(*). » Je laisse volontiers à M. Cousin sa tranquille confiance sur la perpétuité du psychologisme, et sur l'inexpugnabilité de ce beau système qu'il défend comme sa propre cause; mais je donne pleinement mon assentiment à la dernière ligne de son éloge.

Si nous avions à faire à une de ces fortes têtes, pour lesquelles la logique est le premier besoin, les incohérences que nous avons signalées suffiraient pour démontrer clairement la pensée de Descartes en matière de religion, et rendraient superflue toute recherche ultérieure. Mais tant s'en faut qu'il soit de cette trempe ; son esprit ne s'effraie pas des choses qui répugnent ; loin de là il s'y complaît : et il n'y a pas de philosophe, soit ancien, soit moderne, je ne dis pas qui le surpasse, mais qui l'égale pour la grossièreté et la multiplicité des contradictions. Sous ce rapport nous pourrons donc sans aucune difficulté concilier sa doctrine de la clarté avec le devoir de la foi ; et si, à son avis, il est facile à la toute puissance divine de faire qu'une chose soit et ne soit pas en même temps, il est, selon nous, beaucoup plus facile à Descartes de croire et de ne pas croire tout à la fois. Notre conjecture a d'autant plus de poids, que le philosophe tourangeau commence à la vérifier sur ce même article de la clarté des idées ; comme on le voit par ses réponses aux adversaires des Méditations. Ce livre des

(*) *OEuvr.* de Descartes, tom. xi, p. 1, 2.

Réponses me paraît un de ceux qui mettent le plus en lumière la valeur philosophique de l'auteur, en nous le montrant arrêté à chaque pas des objections qu'on lui fait, lesquelles cependant ne sont pas très profondes, et que la sagacité la plus commune aurait dû prévenir. Mais elles sont neuves pour notre grand penseur; aussi le voyons-nous tout occupé à retrancher, à modifier, à restreindre, à étendre, à arranger ses propres doctrines, et à imaginer les plus curieux tempéraments pour les défendre contre les coups de ses adversaires : je ne crois pas qu'il y ait jamais eu au monde un philosophe plus embarrassé. Cependant, dans ses réponses évasives, il se montre très habile à dissimuler la faiblesse de l'esprit par l'adresse et la souplesse du style. Ainsi, dans la réponse aux secondes objections faites par le P. Mersenne, il est contraint d'avouer que, malgré ses idées claires, Dieu est inconcevable. « Lors-
» que Dieu est dit être inconcevable, cela s'entend d'une pleine
» et entière conception, qui comprenne et embrasse parfaite-
» ment tout ce qui est en lui, et non pas de cette médiocre et
» imparfaite qui est en nous (*). » Mais comment savez-vous, Descartes, que votre connaissance de Dieu n'est point *pleine et entière?* comment savez-vous qu'une partie de Dieu, pour ainsi dire, est inconcevable ? Vous ne le savez certainement pas, puisque vous avez une idée claire et distincte de cette partie. Donc vous admettez comme effectives des choses dont l'idée n'est ni claire, ni distincte. Et vous avez même dit précédemment : « De cela seul que j'aperçois que je ne puis jamais en
» nombrant arriver au plus grand de tous les nombres... je
» puis conclure nécessairement... que cette puissance que j'ai
» de comprendre qu'il y a toujours quelque chose de plus à
» concevoir dans le plus grand nombre, que je ne puis jamais
» concevoir, ne me vient pas de moi-même (**). » Donc vous reconnaissez la réalité du surintelligible ; et dans ce cas,

---

(*) Descartes. *OEuvr.* tom. 1, p. 426.
(**) *Ibid*, p. 425.

quelle est la valeur de votre dernière règle des idées claires?

Dans la réponse aux premières objections faites par Carter, Descartes est contraint de faire le même aveu. « Quant à la » chose qui est infinie, nous la concevons à la vérité positive- » ment, mais non pas selon toute son étendue, c'est-à-dire que » nous ne comprenons pas tout ce qui est intelligible en » elle (*). » Donc il faut admettre certaines vérités qui, bien loin d'être *claires et distinctes*, excèdent absolument notre appréhension. « Pour moi, toutes les fois que j'ai dit que Dieu » pouvait être connu clairement et distinctement, je n'ai » jamais entendu parler que de cette connaissance finie et » accommodée à la petite capacité de notre esprit (**). » Mais pourquoi *la capacité de notre esprit est-elle petite*, et la connaissance qui en résulte *limitée*, sinon parce que les idées les plus claires sont accompagnées d'un élément obscur, qui n'est ni moins réel, ni moins digne de foi qu'elles? C'est une chose curieuse de voir comment cet homme dépourvu du véritable génie philosophique, mais phraseur habile et plein d'esprit, selon l'usage des Français, se défend contre les objections insolubles, nie, altère, adoucit, ajoute, retranche, allonge, selon les circonstances, traitant son propre système comme un morceau de pâte molle tout fraîchement sortie de la huche du boulanger.

Ces contradictions singulières, que je n'ai pas voulu passer sous silence, soit pour compléter cette exposition, soit parce

---

(*) *Ibid.*, 386. Carter dit que « M. Descartes est un homme d'un très grand » esprit et d'une *très profonde* modestie, et sur lequel je ne pense pas que » Momus lui-même pût trouver à reprendre. (*OEuv.*, tom. 1, p. 354). » Il l'appelle *ce grand esprit, ce grand homme, ce grand personnage*. Vers la fin il dit : « Je confesse que ce grand esprit m'a déjà tellement fatigué, qu'au-delà » je ne puis quasi plus rien (p. 367). » Descartes prend ces phrases au sérieux, et il y répond par beaucoup de louanges envers *l'officieux et dévot théologien* (p. 369). Mais si l'on doit juger de l'intention de l'adversaire par l'ensemble de son écrit, je serai porté à croire que le docte théologien de Louvain a voulu quelque peu se moquer du philosophe français.

(**) Descartes, *OEuv.*, tom. 1 p. 387.

qu'elles servent à faire connaître de quel caractère était le génie du père de la philosophie française, semblent nous interdire de pénétrer, comme nous avons l'intention de le faire, dans ses opinions religieuses. En effet, s'il fait aux règles de la méthode autant de restrictions qu'il en faut pour sauver le surintelligible naturel, il pourra de même se composer intérieurement une foi conforme aux mystères révélés, et une *foi* non-seulement *provisionnelle*, mais entière et absolue. Ainsi, le seul moyen de pouvoir connaître véritablement la pensée de Descartes, consiste dans l'examen des passages où il parle expressément de la religion ; or, malgré toute la réserve de l'auteur, il en sortira assez de lumière, pour confirmer l'opinion exprimée au commencement de cette note.

Dans la réponse aux secondes objections, il établit que l'homme doit croire aux obscurités de la foi, parce que bien que la *matière à laquelle nous donnons notre créance*, soit obscure, la *raison formelle qui meut notre volonté à la donner*, est distincte et claire (*). Cette doctrine annule celle de la Méthode où la clarté prescrite regarde la matière des idées, et où sont rejetées toutes les vérités reçues par la voie de l'éducation, comme n'étant ni claires ni directement distinctes ; mais elle est saine et raisonnable en elle-même. Si donc l'auteur se bornait là, nous pourrions nous en tenir contents et satisfaits. Mais il la détruit par ce qu'il ajoute : « Au reste, je vous prie ici de
» vous souvenir, que, touchant les choses que la volonté peut
» embrasser, j'ai toujours mis une très grande distinction
» entre l'usage de la vie et la contemplation de la vérité. Car
» pour ce qui regarde l'usage de la vie, tant s'en faut que je
» pense, qu'il ne faille suivre que les choses que nous con-
» naissons très clairement, qu'au contraire, je tiens qu'il ne
» faut pas même toujours attendre les plus vraisemblables,
» mais qu'il faut quelquefois entre plusieurs choses tout-à-
» fait inconnues et incertaines, en choisir une et s'y détermi-

---

(*) Descartes, *OEuv.*, tom. 1, p. 436 et suiv.

» ner et après cela s'y arrêter aussi fermement, tant que nous
» ne voyons point de raisons au contraire, que si nous l'avions
» choisie pour des raisons certaines et très évidentes.....
» Mais où il ne s'agit que de la contemplation de la vérité, qui
» a jamais nié qu'il faille suspendre son jugement à l'égard
» des choses obscures, et qui ne sont pas assez distinctement
» connues (*)? » Ces considérations nous indiquent que la
réponse précédente n'était qu'une simple déférence envers le
P. Mersenne, puisqu'elles s'accordent parfaitement avec la
doctrine de la *morale provisoire* et des idées claires, qu'elle
rejette. Si on les joint aux autres observations faites plus haut,
y aura-t-il de la témérité à conclure que l'auteur appartenait
à cette école de religieux apathiques, ou comme on dit aujourd'hui, indifférents, qui était déjà si étendue au seizième et au
dix-septième siècles, et qui voilait sous une adroite politique
et sous l'observation des pratiques religieuses, une espèce de
Socinianisme, et quelquefois une incrédulité absolue? Et en
effet, comment les interpréter autrement? Dans quel but distinguer entre *l'usage de la vie* et *la contemplation de la vérité;* entre
la nécessité de se gouverner, dans ses actes, d'après les *vraisemblances* et les *incertitudes*, et l'évidence requise par la connaissance pure; sinon pour en inférer que dans les choses de
la religion, il faut se contenter du *probable*, de *l'incertain*, de
l'inconnu, comme dans la pratique; qu'elles ne requièrent pas
plus l'une que l'autre l'assentiment interne de l'esprit, mais
qu'elles se contentent de la conformité des actions; car une
telle conformité est la seule prescrite et la seule possible quand
il est question de choses *incertaines* ou tout au plus *probables*, et
l'obligation *d'en choisir une, de s'y déterminer*, et de *s'y arrêter
fermement* dans l'usage de la vie, ne peut concerner la conviction de l'intelligence. Que si, lorsqu'il s'agit de la *contemplation de la vérité, il faut suspendre son jugement à l'égard des choses
obscures*, comment une telle contemplation sera-t-elle jamais

(*) Descartes. *OEuv.* t. 1, p. 438, 439.

possible à l'égard des vérités mystérieuses de la religion ; ou bien comment, sans elle, pourront subsister la foi catholique et la profession de la vie chrétienne, laquelle a besoin assurément des œuvres, mais qui est aussi essentiellement contemplative?

Un opposant anonyme écrivait en 1647 presque dans les mêmes termes que le P. Mersenne, et trouvait la première règle de la Méthode incompatible avec la croyance aux mystères révélés (*). Que répond Descartes? Il commence par entrer hors de propos dans la théologie, et dit qu'on peut croire même aux choses obscures, au moyen de *la lumière de la grâce* (**). Mais si ce philosophe avait su ce que c'est que la grâce, il n'aurait pas ignoré qu'elle peut bien suggérer, éclaircir, fortifier les raisons que l'on a de croire, mais qu'elle ne peut les constituer ; autrement la foi ne serait pas distincte du fanatisme et de la superstition, et l'*obéissance* chrétienne ne serait point *raisonnable*. Si les raisons, qui prouvent les dogmes de la foi, n'étaient point croyables par elles-mêmes, c'est-à-dire, si elles n'étaient pas de véritables raisons, la grâce divine ne pourrait jamais les valider. La fin vers laquelle tend ce don céleste, n'est point de donner aux vérités qu'il faut croire une valeur objective, dont elles manquent intrinsèquement, mais de disposer l'esprit à les recevoir, à les goûter, à en sentir le prix et l'efficacité, en dissipant en partie les ténèbres de l'intelligence et en domptant les affections rebelles qui font obstacle à cette tranquille contemplation, et à cette amoureuse étreinte de la vérité dans laquelle consiste la foi parfaite. Mais ce mouvement théologique de Descartes n'est qu'un faux-fuyant; parce que son adversaire lui ayant dit : « Vous êtes chrétien, et même comme vous pensez, » orthodoxe, à qui la sainte Ecriture ordonne d'être toujours » prêt de rendre raison de sa foi (***) ; » il répond que cela *ne le*

(*) Descartes, Œuv., tom. VIII, p. 247 et suiv.
(**) *Ibid.*, p. 271 et 272.
(***) *Ibid*, tom. VIII, p. 249.

regarde point (*). Comment, mon bon Descartes, rendre raison et témoignage de sa propre foi, quand d'autres peuvent la révoquer en doute, ce n'est pas une affaire et même un devoir pour un homme chrétien et catholique? Prévenir le scandale qui peut naître de ses propres écrits, quand il est possible de les interpréter dans un sens défavorable à la religion, ce n'est pas un devoir de conscience? On peut dire en toute confiance que vous n'êtes ni catholique, ni chrétien, ou que vous ne savez point le catéchisme. Et vous parlez de manière à faire croire l'un comme l'autre.

Si l'on veut avoir une preuve à ce sujet et savoir quelle confiance il faut accorder à l'érudition théologique de Descartes, spécialement au sujet de la grâce, qu'on lise une de ses lettres à M. Chanut, dont je me contenterai de citer les lignes suivantes : « Je ne fais aucun doute que nous ne puis-
» sions véritablement aimer Dieu par la seule force de la na-
» ture. Je n'assure point que cet amour soit méritoire sans la
» grâce ; je laisse démêler cela aux théologiens (**). » Pesons toutes les phrases. *Je ne fais aucun doute.* Donc le philosophe est certain de son opinion. *Je n'assure point* : singulière manière de parler chez un catholique, quand il s'agit d'une hérésie. La proposition dont Descartes n'est point *sûr* est l'erreur toute pure de Pélage ; et comme celui qui dit qu'il *n'assure point* une chose, montre qu'il la tient pour vraisemblable, ou du moins en quelque sorte comme probable, chacun voit assez de lui-même quelle en est la conséquence. *Je laisse démêler cela aux théologiens.* Les théologiens ne peuvent se regarder comme blessés par ce magnanime mépris, parce qu'il touche à la foi même, et retombe sur celui qui s'en rend coupable, s'il ignore que tout galant homme est obligé de ne pas croire au hasard et de savoir, quand l'occasion s'en présente, rendre raison de sa croyance. Du reste, Descartes fait preuve d'une ignorance

---

(*) Descartes, *OEuv.*, tome VIII, p. 272.
(**) *Ibid*, tome X, p. 11.

évidente et en pensant qu'on peut vraiment aimer Dieu, sans les secours célestes, et en supposant qu'un tel amour n'est point méritoire par lui-même. On peut discuter si les seules forces de la nature sont capables d'inspirer un amour initial et philosophique ou mercenaire, de la divinité connue par les lumières de la raison ; mais qu'on puisse aimer Dieu d'un *amour véritable*, ou qu'on puisse avoir naturellement un amour même très imparfait pour Dieu considéré comme auteur de la grâce, c'est une opinion à laquelle tout catholique doit faire mauvais accueil, s'il tient à sa foi. L'amour de Dieu considéré comme auteur de la nature et de la grâce, est charité ou espérance, selon que son effet regarde la bonté divine, ou en elle-même, ou dans ses rapports avec les créatures : or tout mouvement de charité ou d'espérance, quelque faible qu'il soit, ne peut surgir naturellement dans les cœurs des hommes, soit à cause de son excellence intrinsèque, qui dépasse tout pouvoir fini, soit à cause de la condition spéciale de l'homme actuel, esclave d'une affection désordonnée pour lui-même et pour les choses sensibles. Et puis, c'est une autre erreur de croire que le *véritable amour de Dieu* ne puisse en aucune manière être méritoire par lui-même ; parce que l'amour et le mérite se correspondent comme la cause et l'effet. La propriété méritoire du véritable amour peut, il est vrai, être neutralisée par une condition extrinsèque, qui se présente toutes les fois que l'amant est en état de péché, et que son amour n'est point tel qu'il le faut pour l'effacer ; parce que l'acte vraiment vertueux ne peut donner naissance au mérite qu'autant qu'il dérive d'une ame pure et sanctifiée ; mais il n'en est pas moins vrai que cet acte en lui-même tend au mérite, et concourt effectivement à le produire, quand une disposition conforme à son excellence anime le cœur de celui qui agit. En résumé, Descartes sépare deux choses qui sont inséparables, car la foi nous enseigne que sans la grâce il n'y a point de mérite, parce que sans la grâce on ne peut *véritablement aimer*. Qu'on voie donc combien Arnauld avait raison d'écrire, en 1669, que les

lettres de Descartes « sont pleines de pélagianisme, et que,
» hors les points dont il s'était persuadé par sa philosophie,
» comme est l'existence de Dieu et l'immortalité de l'ame,
» tout ce qu'on peut dire de lui de plus avantageux, est qu'il
» a toujours paru être soumis à l'Église(*). » Il y a certes quelque différence de ce jugement à celui que l'illustre théologien avait porté vingt ans auparavant en lisant pour la première fois les Méditations. Il avait enfin dépisté le renard.

Il est singulier que la première censure authentique de la philosophie de Descartes soit partie de la congrégation de l'Index ; son décret contre les ouvrages de cet auteur est du 20 novembre 1663. Thomas, avec sa perspicacité ordinaire, s'étonne de ce décret; et Baillet l'attribue aux intrigues d'un particulier (**). Je voudrais aussi en être surpris, si Rome n'avait fait preuve, dans cent autres circonstances, d'une sagacité incomparable à pénétrer au fond des doctrines, à découvrir dans les principes les dernières conséquences qui échappaient aux yeux de tous les contemporains d'un écrivain. Les Congrégations de Rome ne s'attribuent certainement pas l'infaillibilité, et elles peuvent quelquefois être sujettes aux erreurs et aux faiblesses inséparables de la nature humaine ; mais j'ose dire qu'aucune autorité scientifique ou religieuse n'a jamais eu pour ainsi dire un sens idéal et catholique, une faculté capable de deviner les corollaires renfermés dans le germe d'une doctrine, à un degré aussi parfait qu'on les retrouve dans beaucoup de leurs jugements. Tandis que les hommes les plus pieux, et aussi célèbres par leur doctrine que par leur talent, séduits par un faux-semblant, saluaient le cartésianisme naissant comme un système favorable à la religion, sans s'apercevoir des germes funestes qui y étaient cachés, les censeurs romains en eurent le pressentiment, et prononcèrent une sentence que la philosophie européenne s'est chargée, depuis

---

(*) Arnauld. Œuv., tom. I, p. 671.
(**) Ibid. Œuv., tom. xxxviii, p. xix.

deux siècles, de confirmer de la manière la plus solennelle par ses propres œuvres.

Note 22.

Le génie éminemment philosophique de Malebranche fait que souvent il s'éloigne du cartésianisme, encore qu'il prétende être cartésien. Ainsi, par exemple, lorsqu'il veut exposer le procédé initial de l'esprit humain, il commence en disant : « Le néant n'a point de propriétés. Je pense, donc je suis (*). » Il convertit de cette manière en une proposition syllogistique, contre l'expresse intention de Descartes, ce que celui-ci donnait comme un fait primitif. La proposition générale : *Le néant n'a point de propriétés*, équivaut à celle-ci : l'*Etre existe*; et elle se trouve ainsi placée en tête du procédé psychologique conforme à la doctrine de Malebranche sur la primauté et l'universalité de l'idée de l'Etre. L'ontologisme méthodique pourrait-il être plus clair? Et en effet la sublime théorie de la vision en Dieu serait contradictoire dans l'ordre du psychologisme. Et qu'on ne croie pas que ce passage des Entretiens soit une de ces opinions jetées au hasard dans le cours de la conversation, dans lesquelles on ne doit pas rechercher la précision logique ; car Malebranche la répète dans son grand ouvrage et la confirme avec toute la rigueur doctrinale : « Il est certain
» que le néant ou le faux n'est point visible ou intelligible. Ne
» rien voir, c'est ne point voir : penser à rien, c'est ne point
» penser. Il est impossible d'apercevoir une fausseté, un rap-
» port, par exemple, d'égalité entre deux et deux et cinq. Car
» ce rapport ou tel autre qui n'est point, peut être cru, mais
» certainement il ne peut être aperçu, parce que le néant n'est
» pas visible. C'est là proprement le premier principe de toutes
» nos connaissances, c'est aussi celui par lequel j'ai commencé

(*) *Entret. sur la métaph., la relig. et la mort.* entr. 1, tom. 1, p. 8.

» les *Entretiens sur la métaphysique*... Car celui-ci, ordinairement
» reçu des cartésiens : qu'on peut assurer d'une chose ce que
» l'on conçoit clairement être renfermé dans l'idée qui la repré-
» sente, en dépend ; et il n'est vrai qu'en supposant que les
» idées sont immuables, nécessaires et divines (*). »

« Les preuves de l'existence et des perfections de Dieu
» tirées de l'idée que nous avons de l'infini, sont preuves de
» simple vue. On voit qu'il y a un Dieu, dès que l'on voit
» l'infini, parce que l'existence nécessaire est renfermée dans
» l'idée de l'infini, ou pour parler plus clairement, parce
» qu'on ne peut voir l'infini qu'en lui-même. Car le premier
» principe de nos connaissances est que le néant n'est pas
» visible: d'où il suit que si l'on pense à l'infini, il faut qu'il
» soit (**). »

Note 23.

M. Cousin, dans son *Cours de philosophie*, dit « qu'au lieu
» d'accuser Spinoza d'athéisme, il faudrait bien plutôt lui
» adresser le reproche contraire (***). » Dans l'édition la plus
récente de ses Fragments philosophiques le même jugement
se trouve ainsi répété et développé : « Loin d'être un athée,
» comme on l'en accuse, Spinoza a tellement le sentiment de
» Dieu, qu'il en perd le sentiment de l'homme. Cette existence
» temporaire est bornée, rien de ce qui est fini ne lui paraît
» digne du nom d'existence, et il n'y a pour lui d'être vérita-
» ble que l'être éternel. Ce livre tout hérissé qu'il est, à la
» manière du temps, de formules géométriques, si aride et si
» repoussant dans son style, est au fond un hymne mystique,
» un élan et un soupir de l'ame vers celui qui, seul, peut dire
» légitimement : *je suis celui qui suis*. Spinoza.... est essentiel-
» lement juif, et bien plus qu'il ne le croyait lui-même. Le

(*) Rech. de la vér., liv. 4, chap. 11, tom. II, p. 349, 350.
(**) *Ibid.* liv. 6, part. 2, chap. 6. tom. III, p. 220.
(***) *Cours de l'hist. de la phil.*, leçon 11.

» Dieu des juifs est un Dieu terrible. Nulle créature vivante
» n'a de prix à ses yeux, et l'ame de l'homme lui est comme
» l'herbe des champs, et le sang des bêtes de somme
» (Ecclésiaste). Il appartenait à une autre époque du monde,
» à des lumières tout autrement hautes que celles du judaïsme,
» de rétablir le lien du fini et de l'infini, de séparer l'ame de
» tous les autres objets, de l'arracher à la nature, où elle était
» comme ensevelie, et par une médiation et une rédemption
» sublime, de la mettre en un juste rapport avec Dieu.
» Spinoza n'a pas connu cette médiation. Pour lui le fini est
» resté d'un côté et l'infini de l'autre ; l'infini ne produisant le
» fini que pour le détruire sans raison et sans fin...Sa vie est
» le symbole de son système. Adorant l'Eternel, sans cesse
» en face de l'infini, il a dédaigné ce monde qui passe ; il n'a
» connu ni le plaisir, ni l'action, ni la gloire, car il n'a pas
» soupçonné la sienne... Spinoza est un Mouni indien, un
» Soufi persan, un Moine enthousiaste ; et l'auteur auquel
» ressemble le plus ce prétendu athée, est l'auteur inconnu de
» l'*Imitation de Jésus-Christ* (*). »

Je trouve peu de passages, dans les écrits même de M. Cousin, qui nous montrent mieux que celui-ci combien cet écrivain compte sur l'inadvertance ou la bénignité de ses lecteurs. Quand nous n'aurions pas d'autres preuves de son panthéisme, il nous suffirait de ces éloges exagérés qu'il donne à l'athée hollandais, conformément à l'usage des philosophes allemands, qui le portent aux nues. Un des indices infaillibles du panthéisme déguisé des modernes, c'est le jugement qu'ils portent sur Spinoza : si vous voyez qu'ils le louent, qu'ils l'exaltent, qu'ils le préconisent, qu'ils le regardent comme un homme qui a dignement pensé sur Dieu, qu'ils s'indignent contre ceux qui le taxent d'athéisme, et qu'ils en font un Saint dans ses mœurs et dans sa vie, tenez pour certain que les louangeurs sont infectés de la même peste que l'objet de

(*) *Fragm. phil.* Paris, 1838, tom. II, p. 164 et suiv.

leurs éloges. Quant à moi, je trouve très singulier que l'on vante le panthéisme de Spinoza, quand on ne le fait pas pour se faire pardonner le sien ; et je soutiens que, hors ce cas, quiconque doute que ce philosophe fût un véritable athée, prouve qu'il n'a pas lu ou n'a pas compris ses écrits. Tel fut le jugement qu'en portèrent ses contemporains, et qui sera confirmé par la postérité. « Quand on examine de plus près,
» dit Jean Coler, ses sentiments, on trouve, que le Dieu de
» Spinoza n'est qu'un fantôme, un Dieu imaginaire, qui n'est
» rien moins que Dieu ; » et il le compare à l'athée du Psalmiste (*). Burmann l'appelle « le plus impie athée qui ait
» jamais vu le jour (**). » Et comment, en bonne foi, M. Cousin a-t-il pu être trompé par le mot *Dieu*, que Spinoza emploie à tout instant, et par les autres artifices hypocrites de sa plume ?
» Il se donne la liberté d'employer le nom de Dieu et de le
» prendre dans un sens inconnu à tout ce qu'il y a jamais eu
» de chrétien (***). » Cette habitude n'est point propre à Spinoza ; mais on trouve qu'elle a été commune à Vanini, à Hobbes et à tous les athées ou les mauvais théistes de cette époque. Peu importe que Spinoza attribue à son Dieu l'unité substantielle, l'éternité, l'immensité, la nécessité, l'infinité et autres semblables attributs métaphysiques ; puisqu'il n'y a point d'athée de profession, qui ne soit forcé d'attribuer à la nature toutes ou presque toutes ces qualités. D'Holbach, ou l'auteur du Système de la nature, quel qu'il soit, attribue au monde à peu près les mêmes qualités que le philosophe hollandais donne à son Dieu, quoique le langage qu'il emploie soit moins métaphysique. Mais la métapysique de Spinoza n'est qu'apparente, et sa psychologie se réduit au pur sensisme de Condillac, comme on l'a déjà remarqué(****). J'ajoute que l'ontologie spino-

---

(*) *Collect. de vita Spin.* — Spin. op. éd. Paulus, tom. II, p. 642.
(**) *Ibid.*, p. 645.
(***) *Ibid.* p. 642.
(****) Jouffroy, *Cours de droit nat.* tom. I, p. 179, 180.

zienne est infectée de matérialisme ; soit parce qu'une doctrine différente n'aurait pu résulter de cette psychologie, soit parce que le parallélisme établi entre la pensée et l'étendue, comme attributs de Dieu, ne peut s'interpréter autrement (*). Mais les propriétés qui spécialisent la véritable idée de Dieu, et par lesquelles la doctrine du théiste se distingue de celle de l'athée, ce sont les perfections morales qui sont fondées sur la personnalité et sur le libre arbitre. Spinoza accorde à Dieu la pensée, en tant que les diverses pensées des créatures sont modifiées par un attribut divin ; mais il lui refuse l'unité personnelle et cogitative, c'est-à-dire l'intellect et la volonté (**); il lui refuse la faculté de diriger les moyens vers un but, annule l'axiome théologique et la nécessité des causes finales, et tient l'harmonie du monde pour l'effet d'une force aveugle et fatale (***). Il s'ensuit que Dieu n'est point libre par rapport à lui-même ni par rapport à ses ouvrages, mais qu'il est contraint de produire, et qu'il n'est non plus ni bon, ni juste, ni sage, ni prévoyant (****). La liberté et la moralité ôtées à Dieu, on ne peut les attribuer à l'homme, qui se trouvant la proie et le jouet d'un destin inexorable, ne peut et ne doit reconnaître aucun droit, aucun devoir, ni d'autre loi immuable que l'impétuosité de son instinct et la force physique de sa nature (*****). Le système de Hobbes est il par hasard plus détestable que celui-ci ? Quel est le fataliste qui ait dit plus ouvertement que Spinoza que *in nostra potestate non magis sit mentem quam corpus sanum habere* (******)? et qui employant abusi-

---

(*) Spinoza. *Eth.*, part. 2, prop. 2.

(**) *Eth*, part. 1, schol. prop. 17, prop. 31, 32.

(***) *Ibid.*, append., prop. 36.

(****) *Ibid.* part. 1, corol. prop. 6, prop. 16, 17 ; corol, prop. 17 ; schol. 2, prop. 29, 33; schol. 35; append., prop. 36; part. 2, schol. prop. 3.

(*****) *Tract. théol. pol.*, cap. 2, 16; Epist. 23, 25, 32. Eth., part. 1. Append. prop. 36; part. 2, prop. 48 ; part. 4, schol. 2, prop. 37. — *Tract. pol.*, cap. 2, cap. 3.

(******) *Epist.* 25. — *Tract. pol.*, cap. 2, § 6.

vement une phrase de Saint Paul, ait ajouté : *in Dei potestate sumus, sicut lutum in potestate figuli* (*)? Ne dit-il pas expressément, comme Hobbes, que l'état naturel de l'homme est la guerre (**)? Je passe sous silence un grand nombre d'autres conclusions non moins révoltantes, qu'il serait trop long d'énumérer. Et M. Cousin ose comparer un tel homme à l'auteur de l'Imitation, c'est-à-dire du livre le plus beau, le plus pieux, le plus parfait qui soit sorti de la plume d'un homme ; du livre qui nous donne une image la moins imparfaite de cette ineffable divinité que l'on sent dans les Écritures ? En vérité, je crois qu'on doit avoir un peu plus de respect pour la suffisance, et moins de confiance dans la crédulité de ses propres lecteurs. L'athée Spinoza comparé à l'auteur de l'Imitation ! Mais M. Cousin n'a donc pas lu ces paroles : « Quod » quædam Ecclesiæ addunt, quod Deus naturam humanam » assumpserit, monui expresse me quid dicant nescire ; imo, » ut verum fatear, non minus absurde mihi loqui videntur, » quam si quis mihi diceret, quod circulus naturam quadrati » induerit (***) ? » Il n'a pas lu non plus celles-ci : « Apage hanc » exitiabilem superstitionem (la religion catholique), et quam » tibi Deus dedit rationem agnosce, eamque cole, nisi inter » bruta haberi velis (****). » Il n'a donc pas remarqué les autres gentillesses dont est remplie la même lettre ? Ne dit-il pas lui-même que le Dieu de Spinoza est celui des Hébreux, et que le Dieu des Hébreux est un Dieu terrible ? La contradiction et la légèreté ne pourraient se réunir à un plus haut degré qu'elles ne le sont ici. Je dis la légèreté, pour parler avec ménagement, et parce que nous avons d'autres preuves de l'innocence de M. Cousin dans ses erreurs théologiques ; sans cela, affirmer que le Dieu des juifs est différent de celui des

---

(*) *Tract. pol.* cap. 2. § 22.
(**) *Ibid.* § 14. et cap. 3, § 13.
(***) *Epist.* 21.
(****) *Epist.* 74.

chrétiens, citer, pour le prouver, un livre inspiré, et attribuer à ce livre un texte qui ne s'y trouve pas, sont des choses qui mériteraient peut-être d'être qualifiées d'une manière plus sévère. Du reste, M. Cousin ne me paraît pas heureux à propos de citations, car dans le passage en question il attribue à Spinoza ces paroles : *vita est meditatio mortis*, que je ne me souviens pas d'avoir trouvées dans les œuvres de Spinoza ; mais ce que j'y trouve c'est l'opinion contraire ainsi exprimée : « Homo liber de nulla re minus quam de morte cogitat, et ejus » sapientia non mortis, sed vitæ meditatio est (*). » Et c'est la seule conforme aux principes moraux et spéculatifs du système. Que si dans la pratique Spinoza fut sobre, probe, retiré, honnête, ne nous laissons point tromper par cette apparence de vertu, parce que l'orgueil de la pensée, et sa rébellion contre Dieu, sont le plus triste des égarements humains. Spinoza établit expressément que l'humilité et la pénitence ne sont point des vertus (**), et il exclut de la vie morale les deux qualités qui en sont la base, selon l'auteur de l'Imitation.

Note 24.

« D'où vient donc, dis-moi, que quelque part qu'on s'arrête, » en Calabre ou ailleurs, tout le monde se met à faire la révé- » rence, et voilà une cour? C'est instinct de nature ; nous nais- » sons valetaille ; les hommes sont vils et lâches, insolents, » quelques-uns par la bassesse de tous, abhorrant la justice, » le droit, l'égalité, chacun veut être, non pas maître, mais » esclave favorisé. S'il n'y avait que trois hommes au monde, » ils s'organiseraient : l'un ferait la cour à l'autre, l'appelle- » rait Monseigneur, et ces deux unis forceraient le troisième » à travailler pour eux ; car c'est là le point (***). » C'est là ce

(*) *Eth.*, part. 4, prop. 67.
(**) *Ibid.*, prop. 53, 54.
(***) Courier, œuv. compl.

qu'écrivait Courier en 1806, de Crotone, seconde patrie de Pythagore. Le défaut signalé par ces admirables paroles est à proprement parler celui qui est particulier aux Français ; et Courier le confesse, en appelant ses compatriotes le plus *valet de tous les peuples* (*). Il enseigne ailleurs comment, d'ordinaire, *un peuple se fait laquais* (**). Mais ce vice est aujourd'hui plus ou moins commun à tous les peuples d'Europe, et c'est un des points par lesquels nous différons le plus des anciens, ce qui doit causer quelques embarras aux modernes fauteurs du progrès continu.

Note 25.

Comme il arrive aux institutions qui touchent à leurs derniers moments, que leurs partisans perdent la tête et tombent en enfance, quand ils voient les premiers symptômes de leur ruine, il ne manque pas aujourd'hui de gens qui voudraient remettre en honneur les joûtes et les tournois. En 1839, pendant que les chartistes mettaient à feu et à sang quelques parties de l'Angleterre, et que plusieurs milliers d'ouvriers manquaient de pain, une foule de nobles, enfants ou redevenus enfants, s'amusaient à Eglington à courir des lances, et à renouveler les comédies chevaleresques du moyen-âge, sans oublier *the queen of beauty*. Quelque sévère qu'on veuille être envers les inclinations de notre siècle industriel et marchand, il faut avouer que les chemins de fer et les machines à vapeur sont plus utiles que les lices et les tournois.

Note 26.

Leibniz, avec cette profonde et vaste pénétration qui embrassait tout, prédit la révolution française, l'affaiblissement des esprits, la prostration des ames, la prédomination de

---

(*) Courier. *Pamph. des Pamph.*
(**) Id. *Livret de Paul Louis.*

l'égoïsme, la perte de la vertu civile, de tout sentiment généreux et magnanime, comme des effets nécessaires du sensisme et de l'incrédulité, qui commençaient à prévaloir à son époque. On trouvera avec plaisir ici ce passage prophétique de ses écrits : « On peut dire qu'Epicure et Spinoza, par exemple,
» ont mené une vie tout-à-fait exemplaire. Mais ces raisons
» cessent le plus souvent dans leurs disciples ou imitateurs,
» qui, se croyant déchargés de l'importune crainte d'une pro-
» vidence surveillante et d'un avenir menaçant, lâchent la
» bride à leurs passions brutales, et tournent leur esprit à sé-
» duire et à corrompre les autres ; et s'ils sont ambitieux et
» d'un naturel un peu dur, ils seront capables, pour leur plai-
» sir ou avancement, de mettre le feu aux quatre coins de la
» terre, comme j'en ai connu de cette trempe que la mort a
» enlevés. Je trouve même que des opinions approchantes
» s'insinuent peu à peu dans l'esprit des hommes du grand
» monde, qui règlent les autres, et dont dépendent les affaires,
» et se glissant dans les livres à la mode, disposent toutes
» choses à la révolution générale dont l'Europe est menacée,
» et achèvent de détruire ce qui reste encore dans le monde
» des sentiments généreux des anciens Grecs et Romains, qui
» préféraient l'amour de la patrie et du bien public, et le soin
» de la postérité à la fortune et même à la vie. Ces *publick*
» *spirits*, comme les Anglais les appellent, diminuent extrême-
» ment, et ne sont plus à la mode ; et ils cesseront davantage
» quand ils cesseront à être soutenus par la bonne morale et par
» la vraie religion que la raison naturelle même nous ensei-
» gne. Les meilleurs du caractère opposé, qui commence à ré-
» gner, n'ont plus d'autre *principe* que celui qu'ils appellent de
» l'*honneur*. Mais la marque de l'honnête homme et de l'homme
» d'honneur chez eux est seulement de ne faire aucune bas-
» sesse comme ils la prennent. Et si pour la grandeur ou par
» caprice quelqu'un versait un déluge de sang, s'il renversait
» tout sens dessus dessous, on compterait cela pour rien, et
» un Hérostrate des anciens ou bien un don Juan dans le

» festin de Pierre, passerait pour un héros. On se moque hau-
» tement de l'amour de la patrie, on tourne en ridicule ceux
» qui ont soin du public, et quand quelque homme bien inten-
» tionné parle de ce que deviendra la postérité, on répond :
» alors comme alors. Mais il pourra arriver à ces personnes
» d'éprouver elles-mêmes les maux qu'elles croient réservés
» à d'autres. Si l'on se corrige encore de cette maladie d'esprit
» épidémique, dont les mauvais effets commencent à être
» visibles, ces maux peut-être seront prévenus ! mais si elle
» va croissant, la Providence corrigera les hommes par la révo-
» lution même qui en doit naître. Car, quoi qu'il puisse arriver,
» tout tournera toujours pour le mieux en général au bout du
» compte, quoique cela ne doive et ne puisse pas arriver sans
» le châtiment de ceux qui ont contribué même au bien par
» leurs actions mauvaises (*). »

Note 27.

Je mets Napoléon au nombre des Italiens, parce que la Corse a toujours appartenu moralement et géographiquement à l'Italie, et que, politiquement même, elle n'a jamais, que je sache, fait partie de la France jusqu'à l'époque où naquit Napoléon (**). Cela n'est peut-être pas vrai, selon les doctrines géographiques qui ont cours en France, mais c'est sans réplique suivant celles qui sont reçues dans le reste de l'Europe ; car un Corse issu d'une ancienne famille italienne ne peut pas plus être regardé comme français, que les Bramanes de Surate ou de Benarès ne sont anglais, ou que ne furent espagnols les Indiens du Pérou et du Mexique, nés l'année que Cortez et Pizarre s'emparèrent de Tenoctitlàn et de Cuzco. Les Parisiens pensent différemment et appellent France la Corse, ce qui est

---

(*) Nouv. ess. sur l'entend. hum., liv. IV, chap. 16.

(**) Suivant une tradition, dont l'examen est du reste peu important, Napoléon serait né un an avant que la Corse tombât sous la domination française.

aussi vrai que si l'on disait que la Méditerranée est un lac français, comme le disait, si je m'en souviens bien, Napoléon lui-même pour flatter la vanité française.

Note 28.

À propos de la chute de Napoléon, et de la fameuse journée qui mit fin à son empire, je régalerai mes lecteurs d'un fragment délicieux de M. Cousin, il est emprunté à ses leçons :
« Vous le savez, ce ne sont pas les populations qui paraissent
» sur les champs de bataille, ce sont les idées, ce sont les cau-
» ses. Ainsi à Leipsig et à Waterloo ce sont deux causes qui se
» sont rencontrées : celles de la monarchie paternelle et de la
» démocratie militaire. Qui l'a emporté, Messieurs ? Ni l'une
» ni l'autre. Qui a été le vainqueur ? qui a été le vaincu à Water-
» loo ? Messieurs, il n'y a pas eu de vaincus. (*Applaudissements*).
» Non, je proteste qu'il n'y en a pas eu : les seuls vainqueurs
» ont été la civilisation européenne et la Charte. (*Applaudisse-*
» *ments unanimes et prolongés.*) Oui, Messieurs, c'est la Charte...
» appelée à la domination en France, et destinée à soumettre,
» je ne dis pas ses ennemis, elle n'en a pas, elle n'en a plus,
» mais tous les retardataires de la civilisation française. (*Ap-*
» *plaudissements redoublés* (*). » Je connais peu de scènes dans tous les comiques anciens et modernes aussi dramatiques que ce monologue et le chœur qui l'accompagne.

Note 29.

Un jeune homme d'un bon naturel, mais très riche de cette frivolité et de cette vanité puérile qui manquaient à son oncle, a cru pouvoir prouver que *les peuples refont maintenant, ou veulent refaire l'œuvre de Napoléon*. Je ne crois pas que les peuples, quel-

---

(*) *Introd. à l'hist. de la phil.*, leçon 13.

que dégénérés et corrompus qu'ils soient, puissent être accusés de complicité avec le plus sauvage et le plus implacable ennemi de la liberté des peuples qu'ait eu le monde. Je dis le plus sauvage, parce que les conquérants barbares, depuis Brennus et Genséric jusqu'à Louis XIV et Charles XII, dans leurs dévastations, ne s'attaquaient qu'aux parties matérielles, et pour ainsi dire au corps des États ; tandis que Napoléon voulait en tuer l'esprit, et il y serait parvenu, si la Providence n'y avait mis la main. Si son empire s'était consolidé, il ne se serait pas passé deux siècles avant que la barbarie morale de l'Europe n'eût surpassé celle des anciens Huns, et les amis de la liberté auraient été obligés d'aller la chercher sur les bords de l'Euphrate ou du Nil. Attila, qui rendait hommage dans la majesté du souverain Pontife à la divine indépendance du christianisme, et épargnait, en faveur de lui, la terre d'Italie, fut moins funeste à nous en particulier et à la civilisation en général, fut moins impie qu'un homme né en Italie, qui, doublement parricide, voulut placer sous le joug de la France et sa religion et sa patrie. Je n'ignore pas que ces idées ne sont pas de mode et qu'il est d'usage aujourd'hui de louer Napoléon, comme ce l'était il y a quinze ans de le maudire et de lui refuser, — ce qui est souverainement ridicule, — même le génie. Mais je ne crois pas que tout le monde soit tenu de changer d'opinion comme on change de vêtement. Que les Français, qui sont avides de dominer et ont besoin d'être gouvernés par une volonté plus forte que la leur, regrettent Napoléon, il n'y a là rien d'étonnant ; de même qu'il n'est pas non plus surprenant que quelques autres nations européennes, martyrisées par de mauvais et faibles princes, ne se rappellent que la vigueur, la fermeté, la force d'âme vraiment admirable de leur ancien oppresseur, quand elles les comparent à la poltronnerie et à la lâcheté modernes. Un autre motif fait regretter à beaucoup de personnes le gouvernement impérial, c'est la bonté et la sagesse de ses principes administratifs ; sous ce rapport seulement on peut admettre l'opinion d'un écrivain qui appelle l'Empereur le Castruccio (*) de l'Italie septentrionale, qu'il élève, dit-il, en moins de dix ans au rang d'une puissance (**). Mais Napoléon n'eut en cela d'autre mérite que d'accomplir et d'exécuter beaucoup de réformes dont on sentait le besoin, que l'époque exigeait impérieusement, et auxquelles il devait faire droit pour consolider sa propre autorité. Mais les réglements administratifs, quelque importants qu'ils soient, ne constituent pas en majeure partie l'essence de l'ordre civil; et un peuple peut être parfaitement en règle sous ce rapport, et mériter cependant sous beaucoup d'autres le nom de barbare. Ceux qui mettent le bonheur politique d'un peuple dans la bonté de l'administration, ne sont pas plus sages que ceux qui font consister la perfection de la civilisation dans l'élégance des manières, et la vertu dans la politesse.

Pour donner une idée des variations survenues en France en un petit nombre d'années dans l'opinion publique, relativement à Napoléon, je puis citer un écrivain; mais je dois avertir mes lecteurs que je le fais de mémoire. Lamennais a plusieurs fois parlé de Napoléon. Il le loua, si je ne me trompe, lorsqu'il était empereur; ce qui donna occasion dans la suite, à je ne sais plus qui, de lui dire : *Ah! monsieur l'abbé, vous avez aussi fléchi le genou devant Baal!* Après sa chute et lorsqu'il était captif, il le bafoua, et il est difficile d'imaginer une invective plus amère que celle qui se trouve imprimée parmi quelques-uns de ses anciens *Mélanges;* le fiel avec lequel il l'a écrite, lui a fait oublier le bon goût et gâter une phrase admirable de Bossuet. Enfin en 1836, lorsque Napoléon commençait à appartenir au domaine de la sévère histoire, il l'a appelé *le plus grand homme des temps modernes* (***). Je ne sais si une pareille mar-

---

(*) Castruccio-Castrucani, l'un des plus vaillants chefs des Gibelins, né à Lucques, en 1281; il reçut de l'empereur Louis de Bavière l'investiture du duché de Lucques, fut excommunié par le Pape, et mourut en 1330.   T.

(**) Pecchio, Essai hist. sur l'adm. finan. de l'ex-roy. d'Ital. *Avertissement.*

(***) *Aff de Rome.*

che est noble, sage et généreuse ; mais assurément elle exprime à merveille le caractère du siècle dans lequel nous nous trouvons.

Cette sagesse individuelle est peu de chose comparativement au spectacle que nous donne la sagesse publique. Depuis que la France a recouvré d'une puissance rivale les cendres de son ancien souverain, il serait difficile de se faire une idée de ce qui se dit dans les assemblées et dans les cercles, de ce qui s'imprime dans les journaux. Il est plaisant de voir les Français, si impatients de toute domination étrangère, faire assaut à qui honorera et portera aux nues un Italien adroit, qui sut, intrépide cavalier, les brider et les conduire, en leur faisant croire qu'il était un de leurs compatriotes. Il est plaisant de voir les amis de la liberté célébrer un homme qui l'étouffa en France, qui chercha à l'étouffer également dans les autres pays, et viola les droits publics de la manière la plus complète et la plus brutale dont on trouve un exemple dans l'histoire ancienne et dans la moderne. Il est plaisant de voir les zélés partisans de la gloire et de l'indépendance nationale, se vanter des conquêtes sanglantes qu'on n'a pas su conserver, d'une domination passagère qui a amené une honteuse servitude, et exalter celui qui, le premier, depuis Charles VII, ouvrit les portes de Paris aux insultes de l'étranger. Il est plaisant de voir les cosmopolites, les philanthropes, les humanitaires, qui s'épuisent en tendresse pour leurs frères, vénérer presque comme un dieu le plus grand et le plus infatigable bourreau des hommes qui, depuis Tamerlan, ait ensanglanté notre hémisphère. De toute manière, ce que fait et dit la France sur ce point, est digne d'une sérieuse attention, et on doit savoir gré au grand ministre qui a procuré ce nouveau divertissement aux peuples de l'Europe.

Note 30.

Pour connaître et juger sainement le caractère moral d'un

homme, il faut avoir avec lui quelque rapport de convenance ; il faut se mettre à sa place, et se revêtir en quelque sorte de ses sentiments, parce qu'on ne peut se former une idée de ses semblables qu'en les étudiant en soi-même. Aussi, quand même nous aurions des relations avec les habitants de Saturne ou de Jupiter, ou de toute autre planète, il est probable que cela ne nous suffirait pas pour pénétrer leur nature, et que la connaissance que nous en aurions serait en beaucoup de parties moins profonde que celle que nous possédons sur l'instinct et les autres propriétés internes des animaux de notre globe ; supposé toutefois qu'ils soient aussi différents de nous que leur demeure diffère de la nôtre, ce qui paraît conforme à la variété et à la richesse inépuisable de la nature. Or, il faut avoir égard à la même observation quand il s'agit d'apprécier nos semblables ; car la distance des temps et des lieux, la diversité des tempéraments, des coutumes, des races sont singulièrement remarquables. Peu de nations sont aussi différentes de génie que l'Italie et la France, bien qu'elles soient voisines et limitrophes par leur position ; et quoique l'uniformité de la vie civile, la décadence de tout esprit patriotique, l'instinct servile de l'imitation étrangère, et beaucoup d'autres causes rendent les Italiens de jour en jour plus dépendants des Français, cependant le caractère national n'est pas encore tout-à-fait éteint chez les premiers, et il se montre avec énergie quand il trouve une de ces trempes individuelles, riches et puissantes, chez lesquelles la nature est plus forte que les circonstances extérieures et résiste à l'influence de l'éducation, de l'habitude et de l'exemple. L'homme dans lequel ces conditions se soient le mieux réalisées dans l'époque contemporaine, c'est sans contredit Victor Alfiéri. Peu d'ames furent plus antifrançaises, plus empreintes de notre cachet, mieux frappées, pour ainsi dire, au coin de l'antique génie italien, mieux ressemblantes à ces grands hommes qui n'étaient pas communs même dans l'âge d'or de l'ancienne Italie, et qui étaient déjà plus que rares parmi les contemporains de Dante et de Michel-Ange.

Qu'y a-t-il donc d'étonnant qu'Alfiéri ait écrit le *Misogallo*, et qu'à sa juste aversion contre la manie de l'imitation française il se mêle quelque exagération? Par la même raison, les Français ne pourront jamais sentir et sainement juger le mérite supérieur des ouvrages d'Alfiéri et la singularité merveilleuse de son caractère et de sa vie. M. Villemain a voulu parler de notre tragique dans ses leçons sur la littérature française, ouvrage écrit dans un style pur, élégant, spirituel, harmonieux, et avec beaucoup de savoir pour ce qui regarde sa patrie. Mais qu'y a-t-il de commun entre un Parisien et Victor Alfiéri? Je voudrais que les Français et les Italiens fissent entre eux ce pacte, que les critiques des deux pays s'abstiendraient d'entrer dans des jugements trop particuliers sur les compositions purement littéraires de leurs voisins respectifs, et qu'ils se borneraient, pour ce qui regarde le bon goût, aux choses de leur pays: il me semble que cela tournerait à l'avantage de la véritable instruction et au profit des deux peuples. Ainsi, par exemple, quand je lis que M. Villemain disait au milieu des applaudissements de ses auditeurs que Châteaubriand est *un génie plus éclatant* qu'Alfiéri, (*) loin de m'en scandaliser ou de m'en étonner, je trouve que, comme Français, il a raison; je serais plutôt étonné si les habitants des bords de la Seine pensaient autrement. Et si les littérateurs qui habitent les rives du Giarretta, du Gavigliano, du Tibre, de l'Arno, du Pô, entreprenaient de prouver le contraire et d'écrire de longs articles sur Châteaubriand, et sur le roman de *René, livre incomparable pour la profondeur et la poésie*(**), ils auraient gravement tort. Je voudrais que l'illustre auteur eût gardé la même réserve et se fût abstenu d'employer trois leçons consécutives à montrer qu'Alfiéri fut une espèce de Gradasse politique, et un copiste du théâtre français. Nous ne saurions pas, il est vrai, que Victor Amédée II, qui *eut plus d'une fois l'honneur d'être battu par*

(*) *Cours de littérat. franç.*, part. 2, leçon 9.
(**) *Ibid.*, part. 1, leçon 24.

NOTES. 213

Catinat, agrandit ses états en *conquérant* l'île de Sardaigne, que *la langue habituelle du Piémont est un italien un peu corrompu; fort semblable à l'italien de Venise* (*); qu'Alfiéri, introduit devant le Pape Pie VI, « fit une grande témérité, il baisa la main du » pape, privilége qui n'est réservé qu'aux cardinaux (**); » qu'après ses premières études, *pour assurer sa gloire*, il voulut se transporter en France; que la saisie de ses livres le remplit « de la colère la plus implacable et la plus poétique qui soit ja- » mais entrée dans l'ame d'un homme depuis feu le Dante (***); » que « Alfiéri, formé par les exemples de la France, imitateur » de la tragédie française du dix-septième siècle, disciple des » opinions et de la philosophie du dix-huitième, » est français (*nous appartient à double titre*) *par l'imagination et le raisonnement;* que « il n'alla jamais plus loin que le théâtre français; » qu'il copia les Français sans l'avouer, et spécialement Corneille, auquel il prit « ce dialogue si vif et si coupé, cette forme si » brusque et si rapide, ces vers dont la poésie italienne frémit, » qui sont coupés, fendus en deux, par une réplique soudaine » et violemment alternée; » que l'on peut hésiter (*j'hésite toujours*) *à le croire né poëte dramatique;* que « ses pièces sont tou- » jours des tragédies françaises avec les confidents de moins,

---

(*) *Ibid.*, part. 2, leçon 9. — Les auteurs de l'*Encyclopédie nouvelle* nous apprennent qu'Alfiéri, *dans la première moitié de sa vie*, écrivit en Piémontais; « car il n'avait d'abord d'autre idiome pour exprimer sa pensée, que celui du » Piémont sa patrie; et ce fut dans l'idiome de la Toscane, où se parle l'Italien le » plus pur, qu'il voulut écrire ses œuvres. » (Art. *Alfiéri*, tom. 1). C'est à peu près comme si l'on disait que Racine ne voulut pas écrire ses tragédies dans le dialecte de la Gascogne, mais qu'il choisit pour cela l'idiome français, beaucoup plus pur que celui-là.

(**) *Ibid.*, part. 2, leç. 9. — Alfiéri faisant le récit de cette audience, dit que Pie VI ne consentit pas à ce qu'il lui baisât le pied. « Comme j'étais à » genoux devant lui, il me frappa sur la joue comme un père qui caresse son fils, » et me fit relever ». (*Vie*, époque 4, chap. 10.) Mais il raconte le baisement de pied fait à Clément XIII *beau vieillard, vénérable par sa majesté*. Il est permis de ne pas remarquer ou d'oublier ces minuties, mais il ne l'est pas de les rapporter à contre sens.

(***) Lieu cité, leçon 9.

» et la république de plus ; » que « lorsque Alfiéri, prenant le
» cadre de la tragédie française pour le type universel, se borne
» à mettre des monologues à la place des confidents, et à sup-
» primer les récits à la fin des pièces, sans les épargner ail-
» leurs, aucune innovation réelle ne suit cette espèce de ré-
» forme de détail ; » que « quand Alfiéri s'est fatigué de ces
» éternels confidents, sur l'épaule desquels le prince s'appuie,
» et qui sont là pour écouter de longs récits, en faisant de
» temps en temps une petite réflexion, afin de donner au prince
» le temps de reprendre haleine et d'achever son histoire,
» quand au lieu de ces entretiens commodes, il laisse un
» prince tout seul sur le théâtre, et l'oblige de se raconter à
» lui-même les choses qu'il a faites et les sentiments qu'il
» éprouve, » il n'y a ni nouveauté ni progrès, mais que c'est
encore un pire défaut, parce que « peu de princes, à chaque
» occasion, se promenant seuls à grands pas, disent tout haut
» leurs pensées et leurs affaires, comme un poëte récite ses
» vers ; » que « Horace ne voulait pas qu'il y eût quatre per-
» sonnages parlant à la fois sur la scène ; mais il n'aurait pas
» exigé du poëte de n'en mettre que quatre dans toute une tra-
» gédie, » et que pour avoir ignoré cette profonde distinction,
et cru qu'Horace *exigeait* quatre personnages, Alfiéri en a
presque toujours mis quatre seulement dans ses tragédies ; que
« dans les sujets mythologiques, Alfiéri, plus imitateur des
» Français que des Grecs eux-mêmes, n'a pas égalé ces mo-
» dèles de seconde main qu'il avait trop suivis (*) ; » que « son
» théâtre n'est que le théâtre français, je ne dirai pas épuré,
» mais rétréci ; » que dans la conjuration des Pazzi « le *prin-*
» *cipal* conjuré était Salviati, l'achevêque de *Florence* ; le *prin-*
» *cipal* assassin était le prêtre Stéphano ; » qu'Alfiéri « était
» l'homme en qui éclatait le plus la philosophie française du
» dix-huitième siècle (**) ; » et qu'enfin l'*Oreste* et le *Saül* doivent

(*) Lieu cité, leçon 10.
(**) *Ibid.*, leçon 11.

être les tragédies les plus médiocres de notre tragique, puisque le professeur français, qui se propose de donner une idée juste de son théâtre, et en passe en revue les principales compositions, ne fait pas la moindre mention de celles-ci (*). Je n'entreprendrai pas d'apprécier ces belles opinions ; ce serait une matière trop étrangère à mon sujet et trop longue pour une note ; d'ailleurs j'espère qu'un savant Italien, mon ami, dont le jugement épuré égale la solide érudition, ne laissera point passer sans réponse les erreurs de M. Villemain sur la littérature italienne (**); et montrera que, si le troupeau servile des imitateurs fut trop nombreux dans notre Péninsule, la race des Italiens courageux et libres n'y fut jamais entièrement éteinte, et que parmi eux aucun ne peut être mis, dans ces derniers temps, en parallèle avec Alfiéri.

Cependant, avant de terminer cette note, je veux dédommager le goût du lecteur par deux extraits d'un ouvrage italien nouvellement publié, qui parvient en ce moment même à ma connaissance. César Balbo, observant que le Piémont est une espèce de Macédoine ou de Prusse italienne, comme une Florence du dix-huitième siècle, un état, un peuple, dont la jeunesse fut longue, lente et grossière, ajoute : « et tant il est
» vrai que l'activité et la dignité de l'état est le mobile ordi-
» naire de l'activité et de la dignité des lettres, la seule pro-
» tection efficace qu'elles puissent avoir, qu'alors enfin, »
c'est-à-dire quand il fut libre de la domination espagnole,
« le Piémont entra dans la littérature italienne, et y entra

(*) Que diraient les Français d'un critique italien qui, parlant du théâtre de Racine et de Corneille, ne dirait pas un mot d'*Athalie* ni de *Polyeucte* ?

(**) Entre les curiosités que cet écrivain peut fournir aux divertissements des Italiens, il ne faut pas oublier son jugement sur l'apologie de Lorenzino de Médicis, regardé par lui comme une *froide et amphatique déclamation* (Journ. des sav., sept. 1838.) Chacun sait que nos critiques les plus difficiles et les plus ingénieux tiennent cette apologie pour un chef-d'œuvre d'éloquence auquel peu d'ouvrages anciens ou modernes en ce genre peuvent être comparés. Voir entre autres Giordani (*lett. al. Caponni*) et Léopardi (op. mor.)

» glorieusement avec Alfiéri et Lagrange. » Après avoir ensuite fait remarquer que le culte du Dante fut principalement ressuscité par les œuvres d'Alfiéri et de Monti, il parle ainsi de ces deux poëtes : « le premier, apportant de sa province, qu'il fit
» entrer dans la littérature italienne, je ne sais si je dois dire
» la force ou la grossièreté et la dureté rustique, restaura
» peut-être la vigueur de toute la littérature ; mais ce qui est
» sûr, il rétablit le culte du Dante. C'était une ame vraiment
» Dantesque. Amour, colère, orgueil, alternatives de modé-
» ration et d'exagération, changements de partis, tout est
» pareil dans ces deux hommes. Et l'imitation n'est point
» cherchée, mais involontaire, libre et intrinsèque. Monti eut
» plutôt l'esprit que l'ame Dantesque, et ses changements
» vinrent plutôt chez lui de la flexibilité que de la colère ;
» aussi son imitation est extérieure, et seulement dans les
» formes et dans les images (*). » Ce peu de paroles en disent beaucoup plus sur le Piémont et Alfiéri que les trois verbeuses leçons du professeur parisien ; et on peut en conclure si c'est avec raison que le grand disciple du Dante est appelé le plagiaire de Corneille, et l'imitateur de la France. J'ai voulu citer ce passage, autant à cause de sa vérité, que pour avoir occasion de mentionner un ouvrage excellent ; car parmi les écrits récents de notre langue, il y en a très peu d'aussi instructifs, d'aussi sages, d'aussi pleins de pensées élevées, que la Vie du Dante, par César Balbo.

Note 31.

Descartes dit que « la première et la principale cause de
» nos erreurs sont les préjugés de notre enfance(**). » Cela est-il vrai? Je ne le crois pas. Il y a dans l'enfance le germe de

---

(*) Balbo, *Vita di Dante*. Turin, 1839.
(**) Descartes, *Œuv.*, tom. III, p. 112.

l'erreur et du vice, mais encore caché et non développé ; il y a une innocence d'esprit aussi bien que de mœurs, une heureuse ignorance du faux et du mal. Bien entendu que je parle de cet âge qui s'appelle plus spécialement l'enfance, dans lequel la raison commence à s'exercer, et non pas de celui qui précède et durant lequel, en ce qui regarde l'action de ses facultés, l'homme ne dépasse pas encore le caractère sensitif de l'animal. Dans l'enfance il y a ignorance, et non pas erreur. Ce que l'enfant affirme expressément et positivement, suivant les inspirations de son propre esprit, est vrai. Et si quelquefois il tombe dans l'erreur, il ne l'embrasse le plus souvent que d'une manière irrésolue, vague, indéterminée, et comme une impression confuse qui est plutôt de l'ignorance que toute autre chose, et qui commence à devenir l'erreur seulement dans l'adolescence ou dans la jeunesse, quand l'assentiment qui lui est donné est entier, positif, parfait, comme une œuvre de la réflexion et de la délibération. L'erreur n'est, en effet, que la confusion d'une demi-connaissance avec une connaissance entière ; je veux dire, de la connaissance avec l'ignorance. Car les préoccupations, ou comme on dit aujourd'hui, les préjugés, n'appartiennent pas, généralement parlant, à l'enfance mais à l'âge viril, de même qu'ils sont plutôt le propre des nations un peu civilisées que des barbares et des sauvages. Je n'exclus pas de l'enfance les commencements des erreurs et des passions, mais bien leur entier développement ; ce qui revient à dire que la corruption originelle, pour ce qui regarde une partie de ses conséquences, ne se développe pas complètement avant que l'individu et la société ne soient parvenus à leur maturité.

Note 32.

Le pouvoir civil des Papes dans le moyen-âge fut une véritable souveraineté européenne, une dictature tribunitienne, parfaitement légitime, fondée en partie sur le consentement des peuples, en partie sur l'autorité spirituelle du Pape lui-même. Du côté des peuples on ne peut nier la légitimité d'un pareil pouvoir, puisque nous le voyons consenti par les diverses souverainetés nationales, qui toutes reconnaissaient dans le Pontife un arbitre suprême. Or, toutes les fois qu'une souveraineté légitime en reconnaît une autre, par le fait seul de cette reconnaissance elle l'autorise, lors même que par ses antécédents elle n'aurait pas été légitime. Mais pourquoi reconnut-on, pour arbitre de l'Europe, le Pape plutôt qu'un autre homme ou un autre prince? Parce que le *Pape seul avait la capacité nécessaire pour exercer cet arbitrage.* La capacité personnelle et la souveraineté traditionnelle réunies, constituent la légitimité parfaite. Et cette capacité des Papes ne provenait pas seulement des qualités individuelles de ces pontifes et des principes électifs de leur succession, mais de leur rang spirituel, c'est-à-dire, de ce qu'ils *étaient les chefs de la société conservatrice et propagatrice du vrai idéal.* Le chef d'une société qui avait pour but de ramener à l'unité le genre humain, et qui y avait jadis réduit l'Europe, cet homme dépourvu de forces et doué d'une autorité immense, était le seul apte à remplir l'office d'arbitre pacifique des nations, et jouissait dans la chrétienté de cet empire moral qu'un bon pasteur exerce sur les hommes de son diocèse ou de sa paroisse. C'est, à ce qu'il me semble, dans ce sens qu'il faut entendre les paroles de ces mêmes Pontifes lorsqu'ils affirmaient qu'ils avaient reçu de Dieu leur pouvoir civil, comme partie ou dépendance du rang éminent qu'ils occupaient dans l'Église. Le Christ en effet en faisant du Pape le *chef spirituel du genre humain,* lui donna virtuellement tous ces pouvoirs, qui devaient successivement se développer et se traduire en actes, moyennant le concours des conditions extérieures nécessaires pour les actualiser ; et parmi ces conditions, le consentement des souverainetés nationales respectives était suffisant pour réaliser l'arbitrage civil du monde. Remarquons en effet que cet arbitrage, dont l'Europe est aujourd'hui privée et hors duquel les nations se trouvent en état de guerre les unes relativement aux autres, ne peut résider d'une manière durable dans aucun gouvernement ou aucun prince séculier, parce que ces gouvernements et ces princes pouvant être parties litigantes, ne sont pas de bons arbitres. Il ne peut donc être conféré à d'autres qu'à un homme doué d'une très grande force morale, et dépourvu d'une force matérielle suffisante, comme est le Pape. Comme chef spirituel, il est en effet l'autorité la plus grande qui se trouve sur la terre, et il a reçu de la Providence, autant sous le rapport naturel que sous le rapport surnaturel, l'investiture de cette souveraine et pacifique domination. De plus, le Pape étant le conservateur et le propagateur suprême de l'Idée, de laquelle dérive l'organisation civile des peuples, par le moyen du langage, doit encore être considéré comme le *chef civil des nations, auxquelles il commande non point par la force des armes, mais par l'autorité de la parole.* La parole est le lien qui unit l'intelligible au sensible, l'esprit à la matière, et le droit spirituel au temporel; et c'est en vertu d'elle que le pouvoir purement spirituel du sacerdoce peut avoir une influence sur le monde civil. Cette idée de la suprématie spirituelle du sacerdoce s'exerçant par le moyen de la parole, et réglant par elle la société civile, conféra, dans la première période du régime des castes, l'autorité suprême du gouvernement à la classe hiératique. L'arbitrage du Pape, qui résumait dans sa personne tout le sacerdoce, était une conséquence de l'action sacerdotale qui forme et civilise les nations; conséquence nécessaire pour l'Europe du moyen-âge, comme pour les temps primitifs, et qui contenait ce qu'il y a de bon dans le principe des castes sans en avoir les inconvénients. Telle est l'idée juste que nous devons nous faire de l'autorité civile exercée par le Pape dans le moyen-âge. Mais elle ne diffère pas moins de l'opinion des Gallicans que des théories de certains modernes exagérateurs, tels que de Maistre et Lamennais, qui ont écrit sur ce sujet avec beaucoup d'esprit mais avec fort peu de jugement.

Les recherches de cette nature seraient importantes quand même elles n'auraient qu'un but historique et scientifique. Mais elles peuvent, même de nos jours, en avoir un pratique, parce qu'il est important de ne pas oublier que l'arbitrage civil est un pouvoir inséparable du pontificat chrétien. Son exercice, comme celui de tout autre arbitrage, dépend du consentement des parties, c'est-à-dire des souverainetés nationales respectives ; mais son principe est indélébile. Que si les divisions religieuses de l'Europe, l'hérésie, le schisme et l'incrédulité qui y dominent dans une notable partie, y rendent cet arbitrage impossible pour le moment, il pourrait bien arriver que les Italiens entreprissent en quelque manière de le faire revivre. L'Autriche travaille depuis fort long-temps, avec tout l'art d'une secrète et coupable politique, à étendre sa domination en Italie et à en absorber toutes les provinces, depuis le Vesolo jusqu'à l'Adriatique. Les légations sont la première proie qu'elle convoite et sur laquelle s'abattront avidement les serres impériales, aussitôt que l'occasion se présentera. Je ne crois pas que les bons Italiens, quelles que soient leurs opinions politiques, puissent hésiter un seul instant, quand il s'agit de choisir entre un ancien gouvernement italien et un nouveau joug barbare, entre une monarchie nationale et une tyrannie ultramontaine. La liberté est une belle chose, mais l'indépendance nationale est de beaucoup meilleure ; l'une fait le bonheur d'un peuple, l'autre lui donne un nom, l'existence et la vie. La haine politique contre la domination autrichienne et impériale est donc le sentiment dans lequel doivent se réunir toutes les opinions ; et comme à la haine il faut opposer l'amour, quel est le principe qui puisse servir à mettre en harmonie les ames de tous les Italiens, sinon cette douce et sainte paternité du Pontife romain, aussi ancienne que le christianisme, et qui, malgré l'impiété et l'indifférence de l'époque, est encore révérée par les peuples catholiques? Le temps n'est peut-être pas bien éloigné où, tout ce qui a les sentiments d'un homme devra se serrer autour du vénérable pasteur, pour préserver et pour défendre contre la rapacité et la perfidie de Vienne les belles provinces situées entre l'Adriatique et l'Apennin, et faire servir la puissance morale et religieuse de la Papauté à délivrer la Péninsule de la domination étrangère. Car ceux qui pensent que l'aigle impériale n'aspire point à porter son bec sur quelque nouveau lambeau de l'Italie, en attendant qu'il puisse l'absorber tout entière, sont dans une bien grande erreur, et regretteront un jour, mais vainement, leur confiance insensée. Ces sentiments ne me sont pas, je l'espère, particuliers, mais ce sont ceux de tous les enfants véritables et sensés de l'Italie; et il est important de les répéter et de les inculquer dans les esprits, afin que la génération naissante en fasse son profit et se prémunisse contre les sophismes de certains écrivains, apologistes impudents du joug autrichien, apostats éhontés du nom et de l'honneur italiens.

Note 33.

Charles Botta, dans son dernier ouvrage historique (*), croit que le gouvernement représentatif n'est pas applicable à l'Italie, parce que, entre autres choses, les parlements et les orangers sont incompatibles. Les autres raisons qu'il allègue ne sont pas plus fortes ; ce serait donc une perte de temps de le réfuter, comme aussi d'examiner son tribunat *d'un petit nombre d'individus, trois peut-être, ou du moins pas plus de cinq ou sept,* qu'il regarde comme une protection suffisante de la liberté des nations. Tout ce raisonnement est si faible, qu'il inspire une pitié bienveillante pour celui qui en est l'auteur, et qu'on voudrait pouvoir l'effacer pour l'honneur d'un homme qui, par son talent d'écrivain, a bien mérité de sa patrie. Il suffit de jeter un coup-d'œil sur nos histoires pour s'assurer que les parlements sont aussi anciens, et peut-être plus anciens en

(*) Liv. 5o. Voir aussi *Hist. de l'Italie de 1789 à 1814*, liv. 26, 27.

Italie que les orangers ; car si, selon la doctrine d'Aristote (*), l'antique se rapproche du naturel, il n'y a aucun pays où le gouvernement populaire, — très différent du plébéien, — soit plus naturel que dans notre Péninsule. En effet, quelque haut qu'on remonte dans ses souvenirs, on la trouve remplie d'états libres et d'assemblées civiles ; et même, si on en excepte les trois derniers siècles, — depuis que deux conquérants, Charles-Quint d'abord et ensuite Napoléon, ont impitoyablement étouffé les dernières étincelles de la liberté italienne, — on peut dire que le régime de la liberté fut perpétuel dans notre pays, et que dans tous les temps les Italiens furent indépendants.

S'il est ensuite question du gouvernement représentatif en particulier, on voit que bien loin qu'on puisse le regarder comme étranger à l'Italie, il y a fleuri sous diverses formes, comme dans tout le reste de l'Europe, pendant l'espace de plusieurs siècles. Car ceux qui s'imaginent que cette forme de gouvernement est une invention anglaise ou germanique, se trompent grandement ; la vérité est qu'elle n'est pas plus anglaise que sicilienne ou espagnole, et qu'elle naquit spontanément et presque simultanément dans les divers états de l'Europe, aussitôt que la société catholique ayant dompté la férocité des barbares, put établir une nouvelle vie civile et lui imprimer sa propre forme. Assurément Botta, qui loue Emmanuel Philibert d'avoir aboli les Etats-Généraux de Savoie, au lieu de les améliorer (**), ne pouvait croire utiles à l'Italie ces ordres qui, malgré toutes leurs imperfections, la firent jadis libre, grande, puissante et digne d'envie. Du reste, ce n'est pas le seul point sur lequel il se soit écarté de la vérité et ait violé les lois de la saine critique et de la sévère histoire. Il est à regretter que l'annaliste de l'Italie n'ait pas répondu, sous certains rapports, à ce que tout le monde espérait de son bon et loyal caractère comme homme privé, à ce qu'on attendait du

---

(*) Aristote, *rhetor.*, liv. II, 9.
(**) Botta, *hist. d'Italie*, liv. 14.

peintre franc et sincère de l'indépendance américaine. S'il avait raconté les révolutions des états de l'Italie avec la même sincérité qu'il a mise dans le récit des actions de Washington, et si au lieu d'être favorable aux dynasties régnantes, et sévère seulement pour celles qui sont éteintes, il s'était montré également sévère et juste pour toutes, il n'aurait pas obtenu certainement les croix et les pensions de quelques princes ; mais en retour, il mériterait cette gloire que les rois ne peuvent donner et que les contemporains et la postérité accordent à celui qui sait être historien véridique et citoyen libre.

Je ne voudrais pas que de ces critiques on inférât que je ne reconnais pas dans les derniers ouvrages historiques de Botta beaucoup de qualités éminentes, même pour ce qui regarde les doctrines qui y sont professées. L'attachement à la patrie ; l'amour de l'indépendance nationale de l'Italie ; la haine et le mépris pour les imitations étrangères ; la condamnation des persécutions religieuses ; l'aversion pour tout despotisme plébéien, monarchique ou féodal ; l'indignation contre l'injustice, la tyrannie, la cruauté, les exécutions sanglantes, les trahisons, les actes vils ou inhumains, quel que soit le manteau dont on les couvre ; l'éloge de la vertu même humble et abandonnée, et de l'héroïsme malheureux ; l'amour pour les lettres et les sciences, et en somme tous les sentiments nobles et magnanimes dont l'auteur est rempli, et qui sont par lui souvent exprimés avec une éloquence pleine d'élégance et de force, sont dignes des plus grands éloges et assurent à Botta un rang élevé parmi nos écrivains les plus distingués. Beaucoup lui reprochent de manquer de philosophie ; accusation juste et fondée, si l'on veut parler de cette vraie philosophie qui s'appuie sur une solide, vaste et profonde érudition, qui n'est pas commune même hors de l'Italie, qui est très rare en France et un peu moins en Allemagne : Botta en est aussi dépourvu qu'il s'en montre peu soucieux. Mais si l'on veut parler de cette science qui est aujourd'hui répandue sous le nom de philosophie de l'histoire, et qui a cours dans les chaires publiques et dans les journaux, je crois qu'il faut savoir gré à Botta d'avoir su s'en préserver; et j'aime beaucoup mieux qu'il ressemble à Guicciardini, à Varchi, à Segni et à ces autres bons vieux écrivains de notre pays, qu'à certains auteurs modernes dont le nom fait grand bruit.

Mais un point sur lequel notre historien me paraît d'autant plus digne d'être loué qu'il a été critiqué davantage, c'est son amour pour l'ancienne république de Venise. Je ne veux pas nier que cette passion ne l'ait pas poussé à quelque exagération; mais quelle faute est plus digne d'excuse que l'excès dans les louanges données à la grandeur opprimée et malheureuse? Venise est spécialement la gloire du moyen-âge. L'Angleterre elle-même, depuis l'époque d'Elisabeth ou de Cromwel jusqu'à nos jours, n'offre pas un spectacle plus grand et plus magnifique, — eu égard à la différence de l'état et de l'époque, — que la patrie des Dandolo, des Polo, des Morosini. Mais si Venise ne le cède pas en grandeur à l'Angleterre, elle la surpasse en justice et en générosité envers les peuples étrangers, dans le respect du droit des gens, dans l'amour de la civilisation universelle. Quant à l'ordre intérieur, les Dix et les Plombs ne sont assurément pas des choses dignes d'éloge, et ont produit quelquefois de déplorables résultats. Mais encore le mal a-t-il été exagéré, et dans tous les cas, il ne l'a pas emporté sur le bien. Le peuple italien, non-seulement aujourd'hui, mais depuis plus d'un siècle, juge l'ancienne Venise d'après les contes et les mensonges des Français; et il croit qu'il suffit, pour la condamner, de dire qu'elle était aristocratique. Vous trouverez une foule d'écrivains qui portent aux nues la démocratie anglo-américaine, et qui accablent de mépris l'aristocratie vénitienne. Mais les patriciens de l'Adriatique n'étaient pas les bourreaux de leurs frères, ils ne croyaient pas, comme le peuple souverain de l'Amérique, que la Providence eût créé une race tout entière de créatures semblables à eux pour servir de jouets ou d'instruments à ceux qui jouissent de la liberté. Entre tous les patriciats anciens et modernes, il n'y en eut aucun ou du moins très peu d'aussi légitimes dans leur origine, d'aussi modérés dans leur possession, d'aussi humains dans leurs usages, d'aussi bienfaisants et glorieux dans leurs actes, que celui de Venise ; aucun ou très peu eurent ce singulier privilége d'être plus formidables à eux-mêmes, qu'aux classes inférieures des citoyens. Honneur à Botta de ne s'être pas laissé épouvanter par les clameurs d'un siècle servile, d'avoir racheté de l'infamie la victime italienne la plus illustre de deux tyrannies étrangères réunies. Venise fut glorieuse même au moment de sa mort, puisqu'elle expira sous les coups de ce double fléau dont les traces sanglantes sont encore toutes fraîches sur le corps déchiré de la commune patrie. Que les bons Italiens, puisqu'ils ne peuvent plus s'instruire aux vivants exemples de ce siége vénérable de l'antique dignité civile, s'animent au moins d'un esprit généreux, en méditant son histoire ; qu'ils se persuadent que, si l'aristocratie héréditaire à ses défauts, et que, si l'on peut imaginer un gouvernement meilleur, la fierté patricienne est plus honorable et moins funeste pour les nations, que la bassesse populaire et la barbarie plébéienne.

Note 34.

Je serais fâché que l'on conclût de ce que je dis dans le texte que je ne reconnais pas l'utilité des bons journaux ou que je pense qu'il ne peut y en avoir de bons. Toute chose est excellente quand elle est dirigée vers un but raisonnable. Trois espèces de journaux sont non-seulement utiles, mais presque nécessaires aujourd'hui dans tout pays civilisé. Les uns sont des feuilles politiques, qui publient et examinent les actes du gouvernement, et exercent une sorte de censure sur les affaires publiques. Leur office est comparable, dans nos habitudes modernes, à celui du tribunat populaire chez les anciens : critiquer ceux qui gouvernent et protéger la liberté. Les gouvernements libres et représentatifs ne peuvent s'en passer. Leur influence peut être utile non-seulement aux affaires de l'Etat, mais aussi aux mœurs ; et je crois que si les cours des princes sont aujourd'hui de beaucoup meilleures qu'elles n'étaient autrefois, il faut l'attribuer en partie à la libre censure de la presse, qui, au moyen du voisinage et des communications réciproques des divers états de l'Europe, fait sentir son influence même dans les pays où elle n'existe pas. Assurément les scandales et les infamies des princes de la maison d'Anjou, des Valois, des Bourbons de France, de Naples et d'Espagne pourraient difficilement avoir lieu aujourd'hui même dans les cours de Turin, de Vienne, de Pétersbourg, parce qu'on y a quelqu'égard à ce qui s'imprime à Londres et à Paris. Je ne veux pas dire par là qu'il ne se commette plus d'infamies ; mais tandis qu'autrefois on ne les déguisait pas, et que souvent même on en faisait parade, aujourd'hui on cherche à les cacher, et par conséquent le mauvais exemple est moins funeste aux bonnes mœurs des peuples. Pour ce qui regarde la politique, je ne sais si la manière dont on écrit aujourd'hui les feuilles périodiques est bien propre à atteindre le but qu'on s'y propose. La bonne foi en est presque complétement bannie, et chacun écrit selon l'intérêt et le caprice de son parti. Le gouvernement a toujours raison, ou toujours tort. Un journal vraiment impartial qui n'aurait égard ni aux personnes, ni aux partis, mais seulement au bien et à la vérité, aurait peu de lecteurs et par conséquent peu d'abonnés ; c'est là un très grand mal et la principale cause qui a fait des fonctions de journaliste un métier et un trafic. Mais ce sont là les vices des hommes et du temps, et non pas de la chose elle-même.

La seconde espèce de journaux utiles ce sont les journaux scientifiques dont le but principal est de donner un aperçu suffisant des livres qui se publient, des découvertes qui se font successivement dans différents lieux dans chaque branche des sciences. L'Allemagne en a beaucoup d'excellents, et la France très peu. Ces publications sont d'un grand secours pour les études, quand elles sont écrites par des hommes très instruits et qui connaissent bien le sujet qu'ils traitent. Je citerai par exemple le *Journal des Savants*, qui se publie en France. Toute personne qui est amie du vrai savoir doit garder un sentiment de reconnaissance à ces patients compilateurs, qui sont pour la plupart des érudits, et de très grands érudits, et qui cependant ne dédaignent pas l'humble fonction de rendre compte des travaux des autres, sans qu'ils puissent s'en promettre aucune gloire, mais seulement la satisfaction d'être utiles aux personnes studieuses. La forme de ces articles décèle souvent une main de maître ; exposition concise et très lucide, critique sobre et substantielle, nulle pompe de style, point d'étalage déplacé de rhétorique et d'éloquence, point de ces vides et frivoles généralités, que l'on trouve dans les autres journaux et dans les *feuilletons* des gazettes ; et qui font que souvent, après avoir lu un article entier sur un ouvrage, on n'a aucune idée de celui-ci, parce que la plupart du temps le journaliste le dérobe à vos yeux sous des fleurs de rhétorique, sous ses considérations particulières, et ne vous laisse apercevoir que les trésors de sa propre science. Et celle-ci est telle le plus souvent, que personne n'en voudrait.

La dernière espèce de journaux qui peuvent être profitables, ce sont les journaux populaires. Ce sont les plus difficiles de tous, et ils demandent dans leurs rédacteurs beaucoup de talent et de savoir ; mais aussi quand ils sont bien faits, ils sont utiles, comme instrument efficace de l'instruction du peuple. Il nous suffit d'avoir indiqué un genre de compositions, dont nous ne pourrions détailler tous les avantages dans les limites d'une note.

Quant aux journaux religieux, qui appartiennent en partie à cette troisième classe et en partie à la seconde, j'en ai déjà parlé ailleurs.

Note 35.

Notre siècle a emprunté du précédent l'abus du général, qui est aujourd'hui si fastidieux et si commun. Cela peut paraître singulier, puisque le sensisme dominait dans le dix-huitième siècle, et que le sensisme s'occupant des choses sensibles, c'est-à-dire des faits, devrait s'arrêter au particulier. Mais l'étude de celui-ci est longue, pénible, difficile ; elle réclame la sagacité de l'esprit, la patience de l'ame, une grande et profonde constance dans les études. Le chemin des généralités est plus court et plus aisé, et par conséquent plus conforme au génie léger et peu laborieux des sensistes. Mais les généralités dans lesquelles ils se complaisent ne sont pas celles qui sont soigneusement induites des particularités, ou déduites des concepts idéaux ; car dans ces deux cas les paresseux auraient plus perdu que gagné. Les généralités idéales sont la réalité même, parce que dans l'Idée s'individualise l'universel et se concrète l'abstrait ; ou pour mieux dire, l'Idée n'est ni abstraite ni concrète, ni générale ni particulière ; mais elle est supérieure à tous ces ordres, et réunit tout à la fois en elle le genre et l'individu. Les sensistes ne vont pas à la poursuite de ces généralités qui sont trop élevées, parce que le chemin qui y conduit est rapide et malaisé et qu'ils préfèrent les plaines aux montagnes escarpées. Ils s'amusent pourtant quelquefois à donner des apparences d'idées à certains faits imparfaitement connus, mettant dans leur exposition un certain air de méthode rationnelle, qui, en réalité, ruine en même temps l'étude des faits et celle des idées. Cet usage de sensualiser les idées, sous l'apparence d'idéaliser les choses sensibles, est très fréquent aujourd'hui, parce que le sensisme se perpétue sous les formes du rationalisme. Mais ce n'est qu'une vaine ombre du rationalisme, sous laquelle on cherche à voiler la doctrine opposée, afin d'en rendre l'aspect moins désagréable ; ce qui doit suffire à ceux qui aiment les travestissements. Avec cette manière de procéder, non-seulement on ruine les idées, mais on nuit même aux choses de l'ordre sensible ; de telle sorte que le sensisme arrive à nier les sens, comme toute erreur détruit son propre sujet. Et que reste-t-il après cette double ruine ? Rien. — Tel est en réalité, sauf un petit nombre d'exceptions, le patrimoine actuel de la philosophie.

Note 36.

Je ne voudrais pas qu'on inférât de ce que je dis ici que je répudie toute la littérature française du siècle dernier, et que je ne reconnais pas tout ce qu'elle renferme de solide, de grand, de vraiment digne de passer à la postérité. Sans parler de Montesquieu et de Buffon, auteurs d'ouvrages immortels, qui seraient peut-être moins célèbres, mais plus parfaits, si ces grands hommes avaient fait moins de concessions à l'esprit de l'époque ; sans parler non plus des découvertes multipliées, ni des travaux précieux et quelquefois admirables dans les sciences civiles, mathématiques et physiques ; il y a une classe d'auteurs peu connus aujourd'hui mais très dignes de l'être, et qui, à mon avis, ne font pas peu d'honneur à la France de ce siècle. Je veux parler des philologues et des érudits consciencieux, graves et profonds qui fleurirent à cette époque en beaucoup plus grand nombre même qu'à l'époque actuelle. Les Mémoires de l'Académie des Inscriptions représentent la bonne érudition française du dix-huitième siècle, comme l'Encyclopédie, — à l'exception d'un petit nombre de parties, — nous en représente l'esprit frivole et superficiel. On peut considérer ceux-là comme la continuation et le perfectionnement des études classiques commencées dans le siècle précédent, sous la direction des croyances religieuses ; celle-ci est au contraire l'abandon de ces mêmes études, une continuation de la folle tentative faite, le siècle précédent, par Bayle dans l'histoire et par Descartes dans la philosophie, et l'introduction de ce savoir faux et léger qui dure encore aujourd'hui. Il ne faut donc pas s'étonner si la littérature encyclopédique est toujours l'objet des plus grands éloges, tandis que les noms de ces savants philosophes ne sont pas même connus, excepté d'un très petit nombre d'érudits. Mais assurément un recueil qui fut illustré dès son principe et dans la suite de sa publication par les Fréret, les Duperron, les Barthélemy, et qui compte parmi ses derniers compilateurs les Sainte-Croix, les Sacy, les Rémusat, mériterait d'être plus connu des hommes studieux. Par la même raison, la réputation de Deguignes et de Gébelin fut et est encore bien au-dessous de leur mérite; et tandis que tout le monde retentissait des éloges de Diderot, d'Helvétius, de Condillac et d'une foule d'auteurs pareils, combien croirions-nous qu'il y eut de gens, je ne dis pas qui eussent lu, mais même qui connussent seulement l'histoire des Huns et le Monde primitif? Si à ces travaux on ajoute ceux de Bochart, de d'Herbelot, de Gaubil et de Duperron, on aura les six ou sept ouvrages de philologie orientale, les plus remarquables qui soient sortis de la plume des Français avant le siècle actuel. Si l'on considère la quantité de livres orientaux que Deguignes dut déchiffrer, pour écrire l'histoire très embrouillée de populations anéanties, — si nouvelles pour l'Europe qu'on n'y savait pas même encore leurs noms, — à une époque où l'étude des langues asiatiques était plus difficile qu'aujourd'hui, l'imagination s'effraie à calculer les fatigues que dut lui coûter son travail qui, comparé à la frivole abondance des livres contemporains ou postérieurs, me représente une pyramide d'Egypte entourée des cabanes pauvres et peu solides des Arabes modernes. Je sais que l'érudition du Monde primitif est entachée de graves erreurs, qu'elle manque souvent de critique, et qu'elle pèche par cet esprit paradoxal qui était le vice de l'époque; cependant ce livre est riche de matériaux précieux ; sans compter qu'il mit en circulation quelques idées neuves et profondes et fournit à beaucoup d'écrivains des matériaux dont ils se servirent comme de leur propre bien ; car aucun livre peut-être, si on en excepte celui de Vico, ne fut aussi effrontément pillé que le grand ouvrage du pauvre Gébelin, qui fut à quelques égards, par le caractère de son génie et de ses études, le Vico de la France. Je noterai en passant qu'il fut un des rares connaisseurs et appréciateurs de ce même Vico, dont il parle en ces termes : « Vico, jurisconsulte » italien, dans son profond ouvrage intitulé *Science nouvelle,* » et qui est presque dans le goût et le style des sages de l'an- » tiquité, dont il veut expliquer les instructions et le génie (*). » Il serait trop long de rechercher les causes qui s'opposèrent à la célébrité juste et méritée de ces hommes si savants ; qui firent, par exemple, que l'*Origine des cultes* a fait plus de bruit que le *Monde primitif,* quoique les paradoxes qui, dans ce dernier ouvrage, sont contenus dans les limites d'une certaine modération, soient poussés dans celui-là jusqu'à l'excès le plus ridicule et le plus blâmable. Du reste, le lecteur n'ignore pas que le tort le plus grave de Gébelin fut d'être un homme religieux, respectueux envers les traditions auxquelles les peuples modernes doivent leur splendeur, et d'avoir rendu hommage dans plusieurs endroits de son ouvrage à la vérité et à l'excellence du Christianisme.

Que dirons-nous du P. Gaubil, qui, au jugement du premier sinologue de notre siècle, fut le plus grand sinologue européen de tous les temps ; dont les travaux, comme antiquaire et orientaliste, prouvent une érudition vaste et profonde, jointe à un esprit très pénétrant, et paraissent presqu'incroyables lorsque l'on considère que l'auteur était encore un grand astronome et un apôtre infatigable et plein de zèle (**).

Que dirons-nous du grand Anquetil Duperron ? homme

(*) *Monde prim. — Du génie allég. et symb. de l'antiq.*, p. 64.
(**) A. Remusat, *nouv. mél. asiat.*, tom. ii, p. 277, 290.

vraiment unique, dans lequel on ne sait ce qu'on doit le plus admirer, la rare instruction, ou la patience inépuisable, ou l'austérité des mœurs, ou la sainteté de l'ame et de la vie. Jeune, pauvre, inconnu, mais rempli d'une ardeur inexprimable pour la science, il part seul pour l'Inde, presque sans autre provision de voyage qu'une volonté de fer et un courage indomptable. Le but de son voyage ce n'est ni la puissance, ni la richesse, pour lesquelles le vulgaire affronte quelquefois courageusement les dangers ; mais c'est le savoir le plus singulier. Il aspire à la conquête d'un livre, et avec lui d'une antique littérature, d'une antique civilisation, qu'il veut décrire et faire connaître aux savants de l'Europe; entreprise non moins difficile et beaucoup plus noble et plus utile que celles d'une foule de conquérants. La pauvreté, les maladies, les privations de tout genre, l'indifférence et la malveillance des hommes, les périls sur mer et sur terre, les difficultés et les obstacles innombrables d'un pays à demi-barbare et tout-à-fait étranger aux mœurs de l'Europe, mettent sa constance à de longues et dures épreuves, mais ne peuvent ni l'affaiblir ni la vaincre. En racontant une de ces terribles épreuves, avec cette simplicité qui rend si agréable et si précieux le récit de son voyage, il s'exprime ainsi : « Cet état d'abandon me parut » digne de mon courage, et je continuai ma route (*). » Sa patience triompha enfin de tous les obstacles et le fit arriver à son but. S'étant procuré, malgré la jalouse vigilance des Parsis, le texte original des ouvrages attribués à Zoroastre, il en expliqua ou plutôt en devina le sens, les traduisit avec plus de fidélité qu'on ne pouvait alors le désirer, et les accompagna de la première notice exacte sur les langues iraniennes qui ait été faite en Europe. Il fit encore connaître les Oupanichads; et il ne tint pas à lui que, sans un cas fortuit de guerre, il ne rapportât le corps entier des Védas, et qu'il ne donnât à la France la gloire de créer en Europe l'étude du Sanskrit. Mais

(*) *Zendavesta*. Paris, 1771, tom. I, p. 11.

ces travaux herculéens et leurs dignes résultats ne sont pas encore la partie la plus belle de sa vie. Anquetil était de mœurs non-seulement pures, mais austères (*) et dans un siècle impie, il fut très religieux. Son commentaire sur les Oupanichads prouve tout à la fois et son profond savoir dans la théologie catholique, et la pureté et la sévérité de sa foi, aussi bien que son aversion pour les erreurs et la corruption de l'époque (**). Cet ouvrage fut écrit par lui à Paris, entre les années 1794 et 1801, et il est plein de généreuses invectives, exprimées avec une rude et souvent bizarre éloquence. Si le lecteur ne s'épouvante pas de la mauvaise latinité, il pourra ne pas être fâché que je lui en donne un court spécimen.

« Meditatio, scientia, pænitentia, quasi tres vectes quibus
» gravis admodum massa (homo), huc usque vel moveri haud
» potis, e terra sursum attollitur. — Hæc Europæ dicere, sur-
» dum est alloqui. Sexuum congressus, epulæ, alea, concen-
» tus, comœdia, saltatio, ignes artificiosi, *illuminationes*; illud,
» illud usque ad nauseam repetitum, toties decantatum occi-
» dentalis hominis oblectamentum; ea summa (Τò *nec plus*
» *ultrà*) viri, qui mente ut et corpore, Orientali præcellere se
» jactat, gloriatur, voluptas suprema, his in terris felicitas.
» Infelix! qui sensibus mancipatus, animæ immemor, mate-
» riæ involvi et volutari, unicum ducit vitæ, vere animalis,
» objectum. Nihil mirum; quæ nescis haud dedignari, dimi-
» dia scientia est; et gravissima spernunt vel antiquitatis mo-
» nita! Stoica *homines* fecit philosophia; porcos *Epicurea*, quæ
» nunc *Encyclopedica* (***). »

Mais ce qui paraîtra plus singulier, c'est qu'il nourrit ces sentiments d'une vertu pieuse et incorruptible depuis sa première jeunesse, et qu'il les conserva constamment dans la fougue de l'âge et pendant tout le reste de sa vie. Un jeune

---

(*) Voyez la dédicace singulière des Oupanichads.
(**) Voyez *Oupanichads*, édit. de 1801, tom. I et tom. II.
(***) *Oupanichads*, tom. I.

Français, et un lettré du dix-huitième siècle, entreprend seul un voyage très lointain, séjourne et vit pendant plusieurs années au milieu d'un peuple idolâtre et extrêmement dépravé, sous un de ces climats ardents qui excitent avec tant d'attraits aux plaisirs des sens, et qui domptent souvent la vertu des hommes les plus mûrs et les plus expérimentés ; et au milieu de tant de périls il conserve la pureté et la piété d'un anachorète ! Peu s'en fallut même qu'il ne reçût l'honneur du martyre ; en effet, attiré par une imprudente et docte curiosité dans un temple des Guèbres, il fut menacé de la mort, s'il ne réparait son audace par un acte de respect sacrilége, mais il répondit constamment : je suis chrétien ; parole noble et belle, d'autant plus admirable que l'héroïsme qui la dictait est moins apprécié de nos jours. Que l'on compare cet exemple de magnanimité catholique avec ceux de Seetzen et de Burckhardt, — hommes à tous autres égards pleins de mérite et honorables, — qui se font musulmans pour pouvoir visiter le berceau et le tombeau de Mahomet ; qu'on le compare avec celui d'un autre voyageur, qui souilla de son apostasie le même sol où le généreux Laing en avait donné, en mourant, un tout contraire ; qu'on le compare avec celui de beaucoup d'ambassadeurs ou de négociants anglais de l'Inde, qui pour un vil gain adorent le grand Lama, et portent de pieuses offrandes aux pieds de la statue de Bouddah ; et on sera obligé d'avouer que peu d'hommes méritent comme Anquetil la reconnaissance des vrais sages, l'approbation des hommes pieux et vertueux, la vénération et l'amour de toute la postérité.

La Providence, qui, même dans les temps les plus calamiteux, ne manque jamais de venir au secours de ses enfants, ni de la gloire humaine de la foi, comme un phare divin qui les sauve au milieu des tempêtes, laisse quelquefois affaiblir mais jamais s'éteindre cette génération de vrais savants qui associent au plus haut degré la religion et le culte des sciences profanes. Ce double héritage cultivé par les grands hommes que nous avons nommés, — pour ne pas sortir de la philologie, — fut recueilli vers la fin du siècle dernier par un homme, qui devait d'abord égaler et ensuite surpasser ses propres prédécesseurs. Sylvestre de Sacy, fut, au jugement des savants, le premier orientaliste de ce siècle, tant sous le rapport du talent, que pour l'étendue et la profondeur de son érudition, pour le grand nombre, la diversité et l'excellence de ses travaux, pour la nouveauté et l'importance des méthodes et des accroissements positifs dont il a doté la science. Or, cet homme illustre, vénéré comme le maître de ceux-là même qui instruisent l'Europe, fut très religieux, et allia constamment la religion et la science, durant une carrière de quatre-vingts ans, pleine d'études et de découvertes merveilleuses, riche d'une gloire littéraire dont notre siècle a vu peu d'exemples. En 1793, quand le culte catholique fut aboli en France, Sacy, qui était alors dans toute la vigueur de ses trente-cinq ans, fit assidument célébrer les divins mystères dans sa propre maison, au péril de sa fortune et de sa vie. Quelque temps avant sa mort, arrivée le 21 février 1838, il dicta un testament commençant par ces paroles, qui sont le portrait véritable de son ame et de sa foi :

« Avant de rien régler de ce qui concerne mes affaires
» temporelles et les intérêts de ma famille, je regarde comme
» un devoir sacré pour moi qui ai vécu dans un temps où
» l'esprit d'irréligion est devenu presqu'universel et a produit
» tant de catastrophes funestes, de déclarer en présence de
» Celui au regard de qui rien n'est caché, que j'ai toujours
» vécu dans la foi de l'Eglise catholique, et que si ma con-
» duite n'a pas toujours été, ainsi que j'en fais l'humble aveu,
» conforme aux règles saintes que cette foi m'imposait, ces
» fautes n'ont jamais été chez moi le résultat d'aucun doute
» sur la vérité de la religion chrétienne et sur la divinité de
» son origine ; j'espère fermement qu'elles me seront pardon-
» nées par la miséricorde du Père céleste, en vertu du sacrifice
» de Jésus-Christ mon sauveur, ne mettant ma confiance
» dans aucun mérite qui me soit propre et personnel, et recon-

» naissant du fond du cœur que je ne suis par moi-même que
» faiblesse, misère et indigence (*). »

Ces belles et saintes paroles sont dignes de l'homme qui rendit témoignage au Christianisme durant toute sa vie; qui parlant des cérémonies et des autres parties accidentelles et variables de la religion, écrivait en 1817 : « Toutes ces varia-
» tions sont l'ouvrage des hommes, aussi *passent-elles;* le fond
» et l'essence de la religion chrétienne est d'une origine céleste
» et ne *passera* point (**). »

Note 37.

Les considérations suivantes de Malebranche viennent à propos pour distinguer le faux esprit du génie, et elles prouvent la sagacité de l'illustre philosophe à pénétrer le caractère des hommes, bien qu'il passât sa vie dans la retraite.

« Il y a bien de la différence entre la véritable finesse de
» l'esprit et la mollesse, quoique l'on confonde ordinairement
» ces deux choses. Les esprits fins sont ceux qui remarquent
» par la raison jusqu'aux moindres différences des choses ; qui
» prévoient les effets qui dépendent des causes cachées peu
» ordinaires et peu visibles ; enfin ce sont ceux qui pénètrent
» davantage les sujets qu'ils considèrent. Mais les esprits
» mous n'ont qu'une fausse délicatesse ; ils ne sont ni vifs ni
» perçants ; ils ne voient pas les effets des causes même les
» plus grossières et les plus palpables ; enfin ils ne peuvent
» rien embrasser, rien pénétrer, mais ils sont extrêmement
» délicats pour les manières. Un mauvais mot, un accent de
» province, une petite grimace les irrite infiniment plus qu'un
» amas confus de méchantes raisons. Ils ne peuvent reconnaî-
» tre le défaut d'un raisonnement, mais ils sentent parfaite-

---

(*) *Journal des Débats*, 28 avril 1840.
(**) *Ap.* Sainte-Croix. *Rech. sur les myst. du pag.* Paris, 1817, tom. I, p. 452, not.

» ment bien une fausse mesure et un geste mal réglé. Cepen-
» dant ce sont ces sortes de gens qui ont le plus d'estime dans
» le monde, et qui acquièrent plus facilement la réputation de
» bel esprit. Car lorsqu'un homme parle avec un air libre et
» dégagé; que ses expressions sont pures et bien choisies;
» qu'il se sert de figures qui flattent les sens, et qui excitent les
» passions d'une manière imperceptible; quoiqu'il ne dise
» que des sottises, et qu'il ny ait rien de bon ni rien de vrai
» sous ces belles paroles, c'est, suivant l'opinion commune,
» un bel esprit, c'est un esprit fin, c'est un esprit délié. On ne
» s'aperçoit pas que c'est seulement un esprit mou et efféminé,
» qui ne brille que de fausses lueurs et qui n'éclaire jamais,
» qui ne persuade que parce que nous avons des oreilles et des
» yeux, et non point parce que nous avons de la raison... On
» peut joindre à ceux dont on vient de parler un fort grand
» nombre d'esprits superficiels, qui n'approfondissent jamais
» rien, et qui n'aperçoivent que confusément la différence des
» choses, non par leur faute, comme ceux dont on vient de parler,
» car ce ne sont point les divertissements qui leur rendent l'esprit
» petit, mais parce qu'ils l'ont naturellement petit... La plu-
» part de ceux qui parlent en public, tous ceux qu'on appelle
» grands parleurs, et beaucoup même de ceux qui s'énoncent
» avec beaucoup de facilité, quoiqu'ils parlent fort peu, sont
» de ce genre. Car il est extrêmement rare que ceux qui médi-
» tent sérieusement puissent bien expliquer les choses qu'ils
» ont méditées. D'ordinaire ils hésitent quand ils entrepren-
» nent d'en parler, parce qu'ils ont quelque scrupule de se
» servir de termes qui réveillent dans les autres une fausse
» idée. Ayant honte de parler simplement pour parler, comme
» font beaucoup de gens qui parlent cavalièrement de toutes
» choses, ils ont beaucoup de peine à trouver des paroles qui
» expriment bien des pensées qui ne sont pas ordinaires (*)....
» Le stupide et le bel esprit sont également fermés à la vérité.

(*) MALEBRANCHE, Recherch. de la vér., liv., part. 2, chap. 8.

» Il y a seulement cette différence, qu'ordinairement le stu-
» pide la respecte, et que le bel esprit la méprise (*). »

Note 38.

C'est par des raisons semblables qu'on croit communément aujourd'hui en France que les hommes d'un grand esprit ont peu de vertu, ou même pire encore; et au contraire, si la vertu est abondante, on croit que l'esprit ne peut être que médiocre. Ainsi Lafayette, l'un des hommes peu nombreux dont doit s'honorer, je ne dis pas la France, mais notre siècle, n'avait point d'esprit, comme le savent même les ignorants, tandis que Talleyrand en était pétri. Pour avoir de l'esprit en France, il faut être méchant, avide, vil, insolent, bavard, vantard, menteur, traître et surtout souverainement égoïste; il faut compter ses années par ses changements d'opinion. J'ai entendu dire cent fois du vénérable Lafayette : *c'est un homme usé*, parce qu'il avait eu le malheur de penser en 1830 comme en 1789. Et ne croyez pas qu'en parlant ainsi on voulût blâmer certaines erreurs spéculatives par lesquelles ce grand homme paya son tribut à l'époque où il vivait; ce qui déplaisait en lui, c'était sa fermeté d'ame et non la qualité de ses opinions. Je me souviens d'avoir lu, je ne sais plus où, que *l'honnête homme est rarement un homme de génie*. L'auteur de cette belle sentence devait se croire un scélérat et être en réalité un honnête homme.

Note 39.

Il peut paraître au premier abord absurde et ridicule de dire que les sciences spéculatives doivent s'accommoder au génie national de l'écrivain, puisque le vrai, étant absolu,

---

(*) Malebranche. *Entret. sur la métaph., sur la relig. et sur la mort.*

n'appartient pas à un homme et à un pays plutôt qu'à un autre. Mais si l'on considère bien le travail intellectif que l'on fait pour exprimer ce même vrai, on trouve que les idées principales prennent une forme et une couleur à l'aide des idées accessoires, que les abstractions et les généralités se fortifient et prennent un corps à l'aide des sentiments et des images, que les doctrines se corroborent par les faits et les exemples. Or, pour distinguer tous ces éléments, pour les voir dans leur ensemble, pour les disposer et les exprimer par le langage, pour en composer un discours suivi, et leur donner cette forme qu'on appelle style, chaque écrivain procède d'une manière qui lui est particulière et qui diffère de toutes les autres manières possibles ; de sorte que, si l'on suppose qu'un sujet soit traité par plusieurs personnes avec une égale vérité, chacun de ces travaux doit cependant différer des autres et avoir, pour ainsi dire, un visage et une physionomie qui lui sont particuliers. Or, cette spécialité est de deux sortes dans les grands écrivains ; l'une part de leur trempe individuelle, l'autre de leur caractère civil, et exprime le génie de la nation à laquelle ils appartiennent. Pour ce qui regarde cette seconde qualité, la langue et le style dont se sert l'écrivain y ont une très grande part, parce qu'ils sont une vive expression de la physionomie nationale. Aussi un bon citoyen n'écrit jamais dans la langue d'un autre peuple, à moins qu'il n'y ait nécessité, et croit avec un de nos anciens auteurs « qu'on écrit et
» qu'on répond mieux, avec plus d'honneur, et moins de
» soupçon d'adulation et de servitude, dans sa propre langue,
» que dans celle des autres (*). » Et, comme toute langue a beaucoup de formes de style qui lui sont propres, celui qui veut bien écrire doit s'y conformer ; parce que le style est l'élément spirituel de la parole, et comme l'âme du langage, dont les mots sont le corps, et comme les matériaux de sa structure organique. Mais l'élocution seule ne suffit pas, et il faut d'autres

---

(*) Caro. *Lettres fam.*

conditions pour donner à un livre une couleur conforme à l'esprit particulier de la nation. Si vous lisez Dante, Pétrarque, Machiavel, Arioste, Galilée, même sans avoir égard à l'idiome divin dans lequel ils écrivent, et en ne faisant attention qu'à leur manière de sentir et de penser, vous vous apercevez que ces écrivains sont de notre pays. Cette limpidité et ce calme de la pensée, cette virilité simple et robuste, ce bon sens, cette sagacité, cette modération, cette justesse qui vous prouvent un esprit bien fait, dans lequel les diverses facultés se balancent entre elles, et enfin cette clarté et cette tournure inimitable de leurs idées ; voilà autant de qualités qui se trouvent rarement réunies hors de l'Italie. C'est en exprimant et en colorant ces qualités divines avec leur manière spéciale de penser et d'écrire, que les bons auteurs peuvent ennoblir le génie propre de la nation à laquelle ils appartiennent.

Note 40.

Voici comment un biographe français de Goëthe raconte sa mort :

« Un matin son œuvre était consommée, il était assis dans
» son cabinet d'étude ; l'hiver s'éloignait de la terre... On eût
» dit que la nature renouvelée frappait à la fenêtre avec tous
» les bruits de la terre et de l'air. »

— Nos sécentistes écrivaient-ils mieux ? —

« L'octogénaire en se levant avait rencontré le bras de la
» mort, il comprit ce que cela voulait dire. Sa main s'efforça
» de tracer quelques lignes dans le vide ; puis après avoir
» murmuré ces mots : « Qu'il entre plus de lumière, » il s'ar-
» rangea plus commodément dans un coin de son fauteuil, et
» rendit l'ame. Telle fut sa fin ; il mourut comme Frédéric II,
» comme Rousseau, comme tous les aigles de la terre : l'œil
» tourné vers le soleil (*). »

(*) *Revue des deux mondes*, tom. xx, p. 273, 274.

Je ne m'occupe pas du style de ce morceau, enflé et faux comme le peuple l'aime ; mais il n'y a certainement pas d'exhortation à l'incrédulité plus efficace que le spectacle d'un homme illustre et octogénaire, qui se présente au tribunal du Juge suprême, sans donner le moindre signe de repentir ni de religion. Et la vie avait correspondu à la mort. Le même biographe raconte que Goëthe haïssait la religion catholique, comme rappelant aux hommes l'idée de la mort.

« De là sa haine contre le catholicisme, qui a peut-être le tort
» de nos jours » — peut-être encore que la mort est une invention de nos jours ? — « de proclamer trop haut la souveraineté de
» la mort dans la vie. Le bruit lamentable des cloches l'im-
» portune à ses heures de travail ; tous ces symboles consola-
» teurs mais tristes, dont la religion peuple la campagne, trou-
» blent la sérénité de sa promenade du printemps. Sa nature
» hautaine se révolte contre cette invasion de la terre par la
» mort, et sa fureur éclate chaque fois qu'il rencontre dans les
» verts sentiers le pas stérile de cet hôte incommode : il lui
» faut l'existence dans sa plénitude, sans arrière-pensée de
» départ et d'adieu... La croix même de Jésus, le signe divin
» de la rédemption, ne trouve pas grâce devant lui : il n'aime
» pas voir les larmes se mêler à la rosée du ciel..... Philoso-
» phe païen, amant passionné de la sève, de la végétation et
» de la vie, pour lui la mort serait encore la vie, sans les fan-
» tômes inventés par le catholicisme (*). »

Qu'on lise le reste de cette notice biographique, qui peut être amusante, même quand on n'a en vue que le bon goût et la saine philosophie. Quel profond égoïsme dans cet homme ! Pour obtenir une fausse paix, pour se tromper lui-même sur un mal inévitable, il déteste le lit du malade, la cloche funèbre, le cercueil du pauvre, les cérémonies extrêmes de la religion ; il abhorre enfin la croix, et il fuit le moindre indice qui peut lui rappeler à l'esprit les douleurs et les infortunes

---

(*) *Revue des deux mondes*, tom. XX, p. 272, 273.

de ses frères ! Que deviendrait le monde, si tous les hommes ressemblaient à Goëthe ? Nous aurions en abondance des drames, comme Faust, pour enseigner le scepticisme, et des romans, comme Werther, pour pousser au suicide ; mais corrompre et désespérer les hommes, est-ce par hasard apporter un remède convenable à leurs misères ?

TABLE

DU PREMIER VOLUME.

PRÉFACE.

	Pages
— Idée générale de l'ouvrage et sa division en deux livres.	II
— L'histoire des religions appartient à celle de la philosophie.	VI
— Solution de quelques objections à ce sujet.	VII
— Perpétuité de la philosophie.	XI
— De la méthode critique suivie par l'auteur dans les recherches historiques.	XIV
— Réponses aux ennemis des compilations.	XV
— De la méthode doctrinale observée par l'auteur; pourquoi il préfère l'analyse à la synthèse.	XVIII
— Éclaircissements sur un ouvrage antérieur.	XX
— Profession catholique de l'auteur.	XXII
— Réponse à ceux qui l'accusent d'être trop catholique.	XXIV
— La modération dans les doctrines n'est pas aujourd'hui de mode.	XXV
— Moyen facile et court pour arriver à la gloire.	XXVII
— Dans quel sens l'auteur est ami du progrès.	XXIX

	Pages
— Sa protestation à l'égard des personnes en général; à l'égard des écrivains vivants et morts, en particulier.	XXX
— De Georges Byron.	XXXV
— Des sentiments qui ont porté l'auteur à écrire.	XXXIX
— Contre la secte des Gallo-Italiens.	XLI
— Funeste influence de la France.	LI
— De l'hétérodoxie moderne en général, et de la philosophie allemande en particulier.	ibid.
— Les Italiens doivent philosopher d'après eux-mêmes.	LV
— Du style philosophique.	LVII
— Importance de la langue par rapport aux choses.	LVII
— Éloge d'Antonio Cesari.	LVIII
— Contre les mauvais amateurs d'idées.	LIX
— Des bavards.	LXIV
— Contre la manière barbare d'écrire, dominante en Italie.	LXV
— Clarté, briéveté, simplicité, précision et pureté du style.	LXVIII
— Exemples italiens d'élocution philosophique parfaite.	ibid.
— De la manière dont on peut innover dans la langue.	LXIX
— Excuse de l'auteur sur la langue et le style dont il s'est servi.	LXXI
— Les destinées futures de l'Italie dépendent de la nouvelle génération.	LXXIII
— Exhortation aux jeunes Italiens.	LXXV
— Utilité de la vraie philosophie.	LXXX
— Elle ne doit effrayer ni les bons gouvernements ni les bons princes.	ibid.
— Son opportunité pour restaurer la religion.	LXXXV
— La philosophie doit être cultivée spécialement par les ecclésiastiques.	LXXXVII
— Éloge du clergé italien.	LXXXVIII
— Du clergé français; son ancienne instruction, et sa vertu dans tous les temps.	XC
— De la manière dont les lettres sont cultivées par quelques ecclésiastiques français.	XCII
— De la participation des ecclésiastiques à la vie sociale.	XCIX
— De la liberté catholique dans la culture des doctrines.	C
— Que le clergé catholique doit être supérieur, même dans les sciences profanes, pour atteindre pleinement le but de son ministère.	CI
— De certaines sectes politiques qui nuisent à la religion.	CII
— Des théologiens laïques qui inondent la France; leur présomption.	CIX
— Alliance de la philosophie avec la religion.	CXIII
— La doctrine catholique est la seule doctrine religieuse qui ait une valeur scientifique.	CXIV
— Comment le nouveau s'accorde avec l'ancien dans les choses philosophiques.	CXVI

TABLE. 245

— L'auteur conclut en exhortant les Italiens à délivrer les sciences spéculatives des nouveaux barbares. CXIX

LIVRE PREMIER.

DES DOCTRINES.

CHAPITRE PREMIER.

DE LA DÉCADENCE DES SCIENCES SPÉCULATIVES EN GÉNÉRAL.

— Contraste entre l'état florissant des sciences mathématiques et physiques, et l'abaissement de la philosophie à notre époque. 3
— Causes génériques de cet abaissement. 5
— Considérations, à ce propos, sur l'état de la philosophie dans les diverses parties de l'Europe. 9
— La différence qu'il y a entre les doctrines françaises et les doctrines allemandes vient de leurs rapports différents avec la religion. ibid.
— De René Descartes. 10
— Les sensistes modernes sont ses disciples légitimes, beaucoup plus que ceux de Malebranche et des autres Cartésiens. 11
— Du panthéisme germanique; il est tempéré par les traditions religieuses; l'Idée y est obscurcie mais non entièrement éteinte. 14
— D'Emmanuel Kant. 16
— Pourquoi les Allemands protestants furent, en philosophie, plus éloignés de l'impiété que les Français catholiques. 17
— Différence du génie spéculatif chez les Français et les Allemands. 21
— De la philosophie anglaise; ses différences avec la française et l'allemande. 23
— Des philosophes italiens du quinzième et du seizième siècle. 26
— De Jean-Baptiste Vico; son éloge. 29
— Épilogue. 31

CHAPITRE SECOND.

DE LA DÉCADENCE DES ÉTUDES SPÉCULATIVES PAR RAPPORT AU SUJET.

— Infériorité spéculative et morale des peuples modernes par rapport aux anciens. 33
— Le caractère spécial de l'homme moderne est la frivolité. 36
— La cause de ce vice est la faiblesse de la faculté volitive. 39
— Influence de la volonté sur la connaissance et sur l'esprit de l'homme. 41

	Pages
— La médiocrité littéraire des modernes naît de la légèreté de leur esprit.	45
— Exemples récents et italiens d'une volonté forte : Napoléon et V. Alfiéri.	47
— Éloge d'Alfiéri.	49
— La force de la volonté dépend en grande partie de l'éducation.	60
— Ce que c'est que l'éducation.	61
— Sa nécessité.	ibid.
— Des diverses formes que prit l'éducation selon les temps et les peuples.	62
— Elle fut publique chez les anciens et quasi-publique au moyen-âge.	63
— De l'œuvre du clergé dans l'éducation de la jeunesse.	67
— L'éducation devient privée chez les modernes.	69
— Les causes en sont dans les fausses théories anglaises et françaises en politique et en pédagogie.	ibid.
— De Jean-Jacques Rousseau.	71
— Erreurs de son Émile.	72
— Des doctrines politiques sur la liberté de l'éducation.	73
— Leur fausseté.	75
— L'éducation manque presque totalement dans l'état présent de l'Europe.	77
— Défauts des méthodes d'enseignement en vigueur.	78
— L'enseignement public doit être un, fort, et dépendant de l'État.	ibid.
— Frivolité de l'enseignement des facultés tel qu'il a lieu aujourd'hui dans les pays les plus civilisés.	80
— Des journaux.	82
— Défauts et funeste influence des journaux comme on les écrit le plus souvent en France.	ibid.
— Ils nuisent aux lettres et aux sciences.	ibid.
— Nécessité de l'instruction publique et d'un pouvoir suprême qui la dirige.	86
— La première ne répugne point aux mœurs, ni la seconde à la liberté politique des modernes.	ibid.
— Ce que c'est que le génie spéculatif.	90
— De la secte des sophistes modernes et des artisans de paroles.	92
— Leurs qualités.	94
— On passe en revue les principales qualités du génie spéculatif, conclusion du chapitre.	101

NOTES.

Note 1. — Sur les amateurs qui font métier de critiques. 137

Note 2. — Que la méthode philosophique doit se déduire des prin-

TABLE. 247

	Pages
cipes, et non les principes de la méthode.	139
Note 3. — M. Cousin exclut l'histoire des religions de celle de la philosophie.	140
Note 4. — Sur Capila ou Kapyla.	ibid.
Note 5. — Sur les Védas et les Oupanichads.	141
Note 6. — De la glorification réciproque des modernes écrivains français.	142
Note 7. — D'une nouvelle encyclopédie.	143
Note 8. — Sur une apologie récente de Byron.	158
Note 9. — Aux ennemis des subtilités.	160
Note 10. — Sur la langue et l'éloquence françaises.	161
Note 11. — Sur la primauté de la France.	167
Note 12. — L'hétérodoxie moderne n'est peut-être pas encore à son terme.	168
Note 13. — De la supériorité de Paul-Louis Courier dans la connaissance de la langue et des écrivains de l'Italie.	170
Note 14. — Passage de Lessing sur la sobriété et la retenue des écrivains anciens.	171
Note 15. — Sur l'utilité des bons journaux ecclésiastiques.	172
Note 16. — Passage de Leibniz sur la liberté catholique des écrivains.	173
Note 17. — Plainte de M. Cousin contre le clergé français.	ibid.
Note 18. — Passage de Leibniz contre les détracteurs des doctrines anciennes.	174
Note 19. — Sur l'apostasie de quelques prélats russes.	ibid.
Note 20. — Des causes de la Réforme.	175
Note 21. — Que la sincérité de Descartes, dans la profession qu'il fait d'être catholique, est pour le moins douteuse.	176
Note 22. — Malebranche n'est pas Cartésien quant au premier principe de sa philosophie.	197
Note 23. — Que M. Cousin a une idée très inexacte du spinozisme.	198
Note 24. — Passage de P.-L. Courier sur l'instinct servile des modernes.	203
Note 25. — Sur certains rénovateurs des tournois et des joûtes.	204
Note 26. — Passage de Leibniz sur l'abjection morale des hommes modernes.	ibid.
Note 27. — Sur la patrie de Napoléon.	206
Note 28. — Passage de M. Cousin sur la bataille de Waterloo.	207
Note 29. — Sur certains louangeurs de Napoléon.	ibid.
Note 30. — Du Jugement que M. Villemain a porté sur Alfiéri.	210
Note 31. — Sur les erreurs de l'enfance.	216
Note 32. — Sur l'arbitrage civil des papes dans le moyen-âge.	217
Note 33. — Critique et éloge de Charles Botta.	221
Note 34. — Sur l'utilité de trois classes de journaux.	225
Note 35. — Sur l'abus des généralités.	228
Note 36. — Éloge de quelques érudits français.	229
Note 37. — Passage de Malebranche sur les esprits frivoles.	236

NOTE 38. — Si les hommes de génie peuvent être vertueux. 238
NOTE 39. — De quelle manière le génie national peut imprimer sa forme aux sciences spéculatives. *ibid.*
NOTE 40. — Sur le caractère moral et sur les derniers moments de Goëthe. 240

FIN DU TOME PREMIER.

SOMMAIRES DU SECOND VOLUME.

CHAPITRE III.

DE LA DÉCADENCE DES ÉTUDES SPÉCULATIVES PAR RAPPORT A L'OBJET.

— De l'Idée. — Elle est primitive, indémontrable, évidente et certaine par elle-même. — Nécessité de la parole pour déterminer et repenser l'Idée. — Les progrès de la connaissance idéale répondent à la perfection de l'instrument que l'on emploie, c'est-à-dire de la parole. — Le langage fut inventé par l'Idée qui se parle elle-même. — L'évidence et la certitude réflective ont besoin de la parole. — Le sensible est nécessaire pour pouvoir repenser l'intelligible. — L'Idée est l'unité organique, la force motrice, et la loi qui régit le genre humain. — L'Idée est l'ame des ames, l'ame de la société universelle. — Elle peut s'obscurcir, mais non s'éteindre tout-à-fait. — De son premier obscurcissement et des effets qui en résultèrent. — Perte de l'unité idéale et mort morale du genre humain. — Diversité des races. — De la restauration surnaturelle de l'unité primitive. — Du genre humain selon l'élection, substitué au genre humain, selon la nature. — L'Eglise est le rétablissement électif et successif du genre humain. — Vicissitudes historiques de l'Eglise. — Avec la perte de l'unité idéale le genre humain vit diminuer son infaillibilité, qui passa dans l'Eglise.

— Quand le genre humain recouvrera ce privilège. — Qui est hors de l'Eglise, est hors du genre humain. — Composition organique de l'Eglise. — L'Eglise est la conservatrice et la propagatrice de l'Idée ; elle unit le principe du repos à celui du mouvement. — Des formules définitives de l'Eglise. — De la science idéale, rationnelle et révélée. — Rapports réciproques de ces deux parties. — La science rationnelle ou la philosophie, se divise en deux grandes époques, dont chacune correspond à une révélation. — Le lien entre la révélation et la philosophie est la tradition. — L'altération de la tradition, et par conséquent de la vérité, fut dans son origine une confusion des langues. — L'effet de cette confusion fut le gentilisme. — L'organisation ecclésiastique est le seul moyen par lequel la tradition puisse se conserver intacte. — De l'Eglise judaïque et de sa différence avec l'Eglise chrétienne. — La philosophie païenne avait avec la révélation primitive une relation différente de celle qui se trouve entre la philosophie chrétienne et la révélation évangélique. — Deux traditions : la religieuse et la scientifique. — Deux classes de systèmes philosophiques : les uns traditionnels et orthodoxes, les autres anti-traditionnels et hétérodoxes. — Les premiers se subdivisent en progressifs et rétroactifs. — Caractères principaux qui distinguent les systèmes hétérodoxes des orthodoxes. — La philosophie orthodoxe est perpétuelle. — Divers modes selon lesquels les systèmes hétérodoxes peuvent rompre le fil de la tradition. — Trois âges de la philosophie chrétienne. — De l'âge moderne. — Du psychologisme : sa définition ; de l'ontologisme qui lui est opposé. — Le psychologisme est l'hétérodoxie moderne des sciences philosophiques. — Descartes en est le fondateur ; grand mathématicien, pauvre philosophe. — Paralogismes puérils de sa méthode. — Présomption intolérable de son entreprise et de ses promesses. — Causes qui donnèrent au cartésianisme de l'importance et une certaine vogue. — Deux doctrines et deux littératures en présence l'une de l'autre, dans le quinzième et le seizième siècles. — Abus et désordres qui régnaient alors. — Nécessité d'une réforme catholique. — Trois réformes hétérodoxes : les deux premières religieuses, la troisième philosophique. — L'Allemand Luther, et l'Italien Socino, auteurs des deux premières ; le français Descartes de la troisième. — Vices de la Scolastique, qui préparèrent les erreurs plus modernes. — Analogie de la méthode protestante avec la méthode cartésienne. — Descartes n'affranchit pas la philosophie, comme on le croit aujourd'hui, mais il la réduisit en esclavage. — Contradictions ridicules de sa doctrine. — Descartes ne ressemble ni à Socrate pour la méthode, ni à Platon pour la théorie des idées innées. — Vices de la sentence cartésienne : *je pense, donc je suis.* — Le sensisme en est la conséquence. — Absurdité du sensisme. — La prédomination du sensisme a rapetissé la philosophie moderne. — Il a également nui aux études historiques. — La religion est la clé de l'histoire. — La philosophie née du cartésianisme se divise en cinq écoles. — Du rationalisme psychologique différent de l'ontologique. — Deux classes de philosophes français. — De quelques éclectiques français en particulier. — Enumération des divers défauts et des inconvénients de l'éclectisme et du psychologisme. — Objections des psychologues ; réponse. — Du sens ontologique. — L'ontologisme est conforme au caractère et au procédé du cartésianisme. — Résumé de ce qui a été dit dans ce chapitre.

CHAPITRE IV.

DE LA FORMULE IDÉALE.

— Ce qu'on entend par formule idéale. — Méthode que l'auteur se propose de suivre dans cette recherche. — Du Premier psychologique, ontologique et philosophique. — Le Premier philosophique embrasse les deux autres. — Diverses doctrines sur le Premier psychologique et ontologique. — La théorie d'Antonio Rosmini sur l'idée de l'Être, considéré comme Premier psychologique, se réduit à quatre points. — Critique du système de Rosmini : le Premier philosophique est l'Être réel. — L'Être réel est abstrait et concret, général et particulier, individuel et universel tout à la fois. — La philosophie moderne erre souvent en changeant le concret en abstrait. — Divers genres d'abstractions et de compositions. — Le Premier philosophique contient un jugement. — Qualités spéciales de ce jugement : 1° il se compose d'un seul concept qui se replie sur lui-même ; 2° il est objectif, autonome et divin, c'est-à-dire que ce qui juge est identique à ce qui est jugé. — Le jugement divin étant le Premier chaînon de la philosophie, celle-ci est, dans son principe, une science divine et non une science humaine. — Le jugement divin contenu dans le principe philosophique, ne suffit pas pour constituer la formule idéale. — Recherche d'un autre concept pour compléter la formule. — De la notion d'*existence* ; analyse du concept et du mot. — Il est impossible de s'élever logiquement du concept de l'existence à celui de l'Être. — Il faut donc descendre du concept de l'Être à celui d'existence. — Nécessité d'un concept intermédiaire pour effectuer cette transition dans le procédé descendant. — L'idée de création est le lien entre les deux autres. — Objections à ce sujet : réponse. — Le procédé psychologique correspond à l'ontologique. — L'esprit humain est spectateur continu, direct et immédiat de la création. — L'idée de création contient un fait primitif et divin, qui est le premier anneau des sciences physiques et psychologiques ; par conséquent toute l'Encyclopédie humaine est divine dans son principe. — Complément de la formule idéale. — Autre jugement contenu dans la même formule. — Distinction et indivisibilité psychologique de l'Être et de l'existant. — Du vrai idéal et du fait idéal. — Objections contre notre procédé idéal : réponse. — De l'organisme idéal. — Problèmes métaphysiques qui ne peuvent se résoudre que par notre formule, et qui en confirment la vérité. — 1° Du nécessaire et du contingent. — 2° De l'intelligible. — 3° De l'existence des corps. — Mauvaise méthode de beaucoup de philosophes pour combattre l'idéalisme. — 4° De l'individualisation. — 5° De l'évidence et de la certitude. — Possibilité du miracle prouvée *à priori*. — Nouvelles objections contre la formule idéale : réponse. — 6° De l'origine des idées. — Divers systèmes des philosophes sur ce point. — Critique de la doctrine de Rosmini, que toutes les idées naissent de celle de l'Être par voie de génération. — Exposition sommaire de notre doctrine sur l'origine des idées ; elle se réduit à trois points. — Accord de notre doctrine avec une sentence de Vico. — 7° Des jugements analytiques et synthétiques. — Exposition de notre doctrine sur les diverses classes de jugements synthétiques. — 8° De la nature du raisonnement. — Aperçus sur les autres questions qui ont rapport à notre formule. — Les erreurs philosophiques ont pour cause principale l'oubli ou l'obscurcissement de l'idée de création. — Vaines promesses des éclectiques modernes et faiblesse de la philosophie actuelle. — Pour la restaurer, il faut abolir le psychologisme. — Le Christianisme a renouvelé la formule idéale. — De Saint Augustin, son éloge; il fonda la science idéale. — De la science idéale catholique; ses prérogatives. — Des Scolastiques; leurs défauts. — Du nominalisme et de sa funeste influence sur le réalisme. — En quoi consiste le parfait réalisme. — Critique du principe fondamental de Descartes au moyen de la formule idéale. — De Spinoza. — Trois époques de la philosophie allemande. — L'ontologisme des panthéistes allemands est seulement apparent. — Critique de leur système. — Vices du panthéisme en général. — Conformités du panthéisme avec l'hétérodoxie religieuse, et en particulier avec les opinions des protestants, et avec celles des Hébreux, depuis l'abrogation divine de leur culte.

NOTES.

— Les sensations sont les signes des choses. — Passage de Leibniz sur l'union de la pensée avec la parole. — Sur la base ontologique de la véracité. — Indivisibilité morale du Pape et de l'Eglise. — Sur la mutabilité de la vérité, selon les panthéistes. — Sur l'universalité logique de l'erreur. — Passage de Spinoza sur l'ontologisme. — Passage de M. Cousin sur le psychologisme de Descartes. — Jugement de Leibniz sur Descartes et sur sa doctrine. — Du mérite de Descartes dans les sciences physiques. — Opinion de Descartes sur les spéculations des mathématiciens. — Passage de Menjot sur Descartes. — Des larcins littéraires de Descartes. — Examen du scepticisme cartésien. — Passage d'Ancillon sur le style de Descartes. — De la présomption et de l'arrogance de Descartes. — Sur une proposition de Vico. — Dans quel but les chefs de la Réforme supprimèrent le surintelligible révélé. — Que les Italiens ont le génie de la sculpture. — Différence entre les Sociniens et les rationalistes modernes. — Examen de l'opinion de Descartes sur son *je pense*. — Sur le *non* de Luther. — Sur le cercle vicieux de Descartes. — Examen de cette opinion de Descartes, que Dieu peut changer les essences des choses. — Véritable idée de la philosophie socratique et platonicienne. — Sur les idées innées de Descartes. — Sur un mot de Thomas. — Passage de Leibniz sur le *je pense* de Descartes. — Le siècle actuel continue celui qui l'a précédé. — Passage de Stewart sur les sottises des philosophes. — Passage de M. Cousin sur les fortes études. — Sur la religion de Napoléon. — Critique de deux opinions de Jouffroy. — M. Cousin ne connaît pas le système de Malebranche. — A quelle époque naquit la philosophie moderne, selon M. Cousin. — De l'ontologisme chrétien. — Divers passages de Malebranche sur la vision idéale. — Examen de la doctrine de Rosmini sur la vision idéale. — *Chapitre premier*; l'Être idéal de Rosmini est chimérique, bien qu'il ne soit pas subjectif. — *Cha*-

pitre second ; l'Être idéal de Rosmini est objectif et absolu, bien qu'il soit distinct de Dieu. — Passages de Saint Bonaventure et de Gerson sur la vision idéale. — Identité du concret et de l'abstrait, de l'individuel et du général dans l'ordre des choses absolues. — Passage de Malebranche et de Leibniz sur le langage intérieur de l'Idée. — Sur la confusion des mots *être* et *exister*. — Passage de Vico sur la différence qu'il y a entre les mots *être* et *exister* et sur l'usage impropre qu'en fait Descartes. — Passages de Descartes dans lesquels ce philosophe prend ces deux mots comme synonymes. — Sur le mot *existences* employé dans la formule. — Sur les notions du nécessaire, du possible, du contingent et sur les principes qui en dérivent. — De la dualité idéale. — Passage de Malebranche sur l'impossibilité de démontrer l'existence des corps. — Sur les rapports de convenance du système cartésien avec le spinozisme. — Passage de Leibniz sur le même sujet. — Sur deux objections de Paulus contre le système de Spinoza. — Un mot sur les traditions panthéistiques des Rabbins. — D'une opinion de Hégel empruntée à Leibniz.

www.ingramcontent.com/pod-product-compliance
Lightning Source LLC
Chambersburg PA
CBHW050420170426
43201CB00008B/480